DIE BIBEL

DIE BIBEL

Ausgewählt,
nacherzählt und illustriert
für junge Menschen

Delphin Verlag

15. Auflage 1986

Die amerikanische Originalausgabe dieser Auswahl wurde zusammengestellt von Pater Joséph E. Krause, Professor für Religion am St. Thomas College, St. Paul, Minnesota, und Dr. Samuel Terrien, Union Theological Seminary, New York. – Die Übersetzung besorgte Gisela Stege. – Die Durchsicht und Redaktion des Textes übernahm Dr. Alfred Läpple, München.

Mit kirchlicher Druckerlaubnis, München 29. 5. 1967 GV 5250/4, Matthias Defregger, Generalvikar.

© 1964 by Western Publishing International S. A., Zug.
© 1962 by Fratelli Fabbri Editore, Milan.
© 1968 by Delphin Verlag, München und Zürich for the German Edition.
ISBN 3.7735.4915.6

Vorwort

Die Bibel ist das heilige Buch der Christen. Das Wort »Bibel« kommt aus der griechischen Sprache und bedeutet »Buch«, obwohl die Bibel aus vielen verschiedenen Büchern besteht. Diese Bücher wurden geschrieben in einem Zeitraum von ca. 1000 Jahren, von verschiedenen Menschen, an verschiedenen Orten, aber immer geführt und inspiriert von Gott. Die Bücher des Alten Testamentes sind im Original hebräisch geschrieben, die des Neuen Testamentes dagegen griechisch. Die Bibel erzählt, beginnend mit der Entstehung der Welt, den Lauf der Geschichte und das Schicksal der Völker. Sie lehrt, daß die Geschichte einem göttlichen Plan folgt und daß das Leben des einzelnen Menschen darin seinen festen Platz und seinen Sinn hat.

Die einzelnen Teile der Bibel nennt man »Buch«, wie z. B. »Das Buch Ruth« oder »Das Buch der Könige«. Jedes Buch verfolgt einen anderen Zweck. Einige sind historisch und erzählen die Geschichte und Geschichten des auserwählten Volkes Gottes, der Kinder Israel. Andere sind prophetisch und sprechen von kommenden Dingen, die Gott im Laufe der Geschichte zur Erfüllung bringt. Wieder andere Bücher wollen religiöse Weisheit lehren oder Anweisungen für das tägliche Leben geben. Das »Buch der Psalmen« ist eine Sammlung heiliger Gesänge, die früher im Gottesdienst gesungen wurden. Einige Teile haben mehr erzählende Form, wie das Buch Ruth oder die Geschichte des ägyptischen Josef.

Vom christlichen Standpunkt unterscheidet man zwei große Teile der Bibel: das Alte Testament und das Neue Testament. Keiner der beiden kann für sich allein bestehen. Das Alte Testament bereitet das Neue vor; das Neue Testament vervollständigt das Alte. Jesus und seine Jünger kannten die heiligen Schriften des Alten Testamentes sehr genau, wie auch viele ihrer Zeitgenossen. Auch die Schriften von Paulus und der anderen neutestamentlichen Schriftsteller sind voller Zitate und Hinweise auf das Alte Testament. Als Jesus nach einem »Zeichen« gefragt wurde, verwies er auf die bekannte Erzählung, die aus dem Leben des Propheten Jona überliefert worden ist. Wie Jona drei Tage und drei Nächte im Leib des Walfisches war, so würde der Menschensohn drei Tage und drei Nächte im Herzen der Erde sein, und wie Jona würde er zu neuem Leben auferweckt. — Der Name »Christus« ist die griechische Übersetzung des hebräischen Wortes »Messias«.

Am Beginn des Neuen Testamentes stehen die vier Evangelien, die von dem Leben Jesu Christi auf Erden berichten. Es sind vier verschiedene Bücher von vier verschiedenen Autoren: Matthäus, Markus, Lukas und Johannes. Da alle vier die Botschaft von Christus enthalten, sind sie in dieser Ausgabe zusammengefaßt, wie überhaupt diese Auswahl biblischer Texte einen ersten Überblick über die wichtigsten Ereignisse des Alten wie des Neuen Testamentes vermitteln will. Daher wurden auch die Texte des Alten Testamentes in vier Abschnitten zusammengefaßt und nicht in der ursprünglichen Form der verschiedenen Bücher dargeboten.

Die vorliegende Ausgabe ist im Rahmen einer internationalen Zusammenarbeit entstanden. Die deutsche Fassung hat sich an die Textauswahl gehalten, die für dieses Vorhaben von bekannten amerikanischen Geistlichen verschiedener Konfessionen getroffen wurde.

Diese Bibel will das Interesse der jungen Menschen für religiöse Fragen wecken und den Weg zur Lesung der ungekürzten Bibel ebnen, die heute und auch in Zukunft die Grundlage des christlichen Glaubens und Lebens ist.

DAS ALTE TESTAMENT

DAS NEUE TESTAMENT

DAS ALTE TESTAMENT

Die Schöpfung und die Patriarchen

Der erste Tag

Im Anfang schuf Gott den Himmel und die Erde. Die Erde aber war wüst und leer. Alles war finster, und der Geist Gottes schwebte über den Wassern.

Und Gott sprach: »Es werde Licht!« Und es ward Licht.

Und Gott sah, daß das Licht gut war, und er schied das Licht von der Finsternis. Und Gott nannte das Licht Tag, und die Finsternis nannte er Nacht. Und es ward Abend, und es ward Morgen: ein Tag.

Der zweite Tag

Und Gott sprach: »Es werde eine Feste inmitten der Wasser, und sie scheide die Wasser voneinander.« Gott machte das Firmament, und er schied die Wasser über dem Firmament von den Wassern unter dem Firmament.

Gott nannte das Firmament Himmel. Und es ward Abend, und es ward Morgen: der zweite Tag.

Der dritte Tag

Und Gott sprach: »Das Wasser unter dem Himmel sammle sich an *einem* Ort, damit das trockene Land sichtbar werde.« Und es geschah also. Gott nannte das trockene Land Erde, und das Wasser nannte er Meer. Und er sprach:

»Die Erde lasse wachsen Gras und Pflanzen, die Samen tragen, und Bäume, die Früchte bringen.« Und es geschah also. Und Gott sah, daß es gut war. Das war der dritte Tag.

Der vierte Tag

Und Gott sprach: »Es sollen Lichter werden am Firmament des Himmels, die Tag und Nacht voneinander scheiden. Sie sollen als Zeichen dienen und zur Bestimmung von Zeiten, Tagen und Jahren. Sie sollen Lichter sein am Firmament des Himmels, und auf die Erde leuchten.« Und es geschah also. Gott machte die zwei großen Lichter: das größere Licht, damit es den Tag beherrsche, und das kleinere Licht, damit es die Nacht beherrsche.

Und er machte die Sterne und setzte sie an das Firmament des Himmels, damit sie auf die Erde leuchteten, den Tag und die Nacht beherrschten und das Licht von der Finsternis schieden. Und Gott sah, daß es gut war.
Das war der vierte Tag.

Der fünfte Tag

Und Gott sprach: »Das Wasser bringe hervor viele lebende Wesen, und Vögel sollen fliegen über der Erde am Firmament des Himmels!« Und Gott schuf die großen Seetiere und alles, was da lebt, die vielen Tiere im Wasser und die Vögel am Himmel. Und Gott sah, daß es gut war.
Er segnete die Tiere und sprach:
»Seid fruchtbar und mehret euch und füllet die Wasser des Meeres. Und die Vögel sollen sich mehren auf der Erde.« Das war der fünfte Tag.

Der sechste Tag

Und Gott sprach: »Die Erde bringe hervor lebende Wesen: Vieh, kriechende Tiere und Wild des Feldes!« Und es geschah also. Und Gott sah, daß es gut war.
»Lasset uns Menschen machen nach unserem Bilde, die uns ähnlich sind; sie sollen herrschen über die Fische im Meer und über die Vögel des Himmels, über das Vieh, über alles Wild des Feldes und über alles, was sich auf der Erde regt.«
Gott der Herr hat den Menschen aus dem Staub der Erde gebildet und ihm den Lebensatem eingehaucht, und so ward der Mensch ein lebendes Wesen.
Und Gott der Herr sprach:
»Es ist nicht gut, daß der Mensch allein sei. Ich will ihm eine Gefährtin schaffen.«
Doch zuerst brachte Gott alle Tiere des Feldes, alle Vögel des Himmels, die er aus der Erde geschaffen hatte, dem Menschen, um zu sehen, wie er sie nennen würde. Und der Mensch gab allem Vieh und allen Vögeln des Himmels und allen Tieren des Feldes Namen. Doch für sich selbst fand der Mensch keine Gefährtin.

Da ließ Gott der Herr den Menschen in einen tiefen Schlaf fallen. Und als er schlief, nahm Gott eine von seinen Rippen heraus. Aus dieser Rippe machte Gott der Herr eine Frau und führte sie zu dem Manne hin. Der Mann sagte:

»Dies ist nun Bein von meinem Bein und Fleisch von meinem Fleisch. Sie soll Männin heißen, denn aus dem Mann ist sie genommen.« Und der Mann und die Frau waren nackt und schämten sich nicht.

Gott schuf den Menschen nach seinem Bilde. Nach dem Bilde Gottes schuf er ihn. Als Mann und Frau schuf er sie. Und Gott segnete sie und sprach zu ihnen:

»Seid fruchtbar und mehret euch und füllet die Erde und herrschet über die Fische des Meeres, über die Vögel des Himmels und über alles, was sich auf der Erde regt.

Siehe, ich gebe euch alle Pflanzen, die Samen tragen, und alle Bäume, die Früchte bringen, alles, was auf der Erde wächst; das soll eure Speise sein. Aber allen Tieren der Erde, allen Vögeln des Himmels und allem, was sich regt auf der Erde und Lebensatem hat, gebe ich das Gras und die Pflanzen zur Nahrung.« Und es geschah also. Und Gott sah an, was er gemacht hatte, und es war sehr gut.

Das war der sechste Tag.

Der siebte Tag

Der Himmel und die Erde waren vollendet und gefüllt mit lebenden Wesen. Am siebten Tag ruhte Gott von seinem Werk und allem, was er gemacht hatte. Gott segnete den siebten Tag und heiligte ihn, denn an diesem Tag hat Gott geruht.

Gott der Herr machte die Erde und den Himmel, und alle Pflanzen, noch ehe sie in der Erde waren, und alle Bäume des Feldes, noch ehe sie wuchsen. Und als Gott den Menschen gemacht hatte, da stieg ein Dunst auf von der Erde und bewässerte allen Boden.

Der Garten Eden

Die Schilderung der Heiligen Schrift über den Anfang der Welt, die Erschaffung der ersten Menschen, das Paradies und den Sündenfall, ist nicht als Augenzeugenbericht zu verstehen. Von einem geschichtlich sehr späten Standort aus haben die Menschen versucht, über den Ursprung der Welt, über den Sinn und das Ziel des Menschenlebens, aber auch über die quälende Frage nach dem Ursprung des Bösen, nachzudenken.

Immer wieder wurden die Menschen von der Frage beunruhigt: Woher kommt das Böse in der Welt und im Herzen des Menschen? Hat Gott selbst das Böse erschaffen? Gibt es neben dem guten, ewigen Gott einen bösen Dämon, der das Schöpfungswerk Gottes stören und gefährden will? Der biblische Bericht vom Paradies und Sündenfall übermittelt jene Antwort, die der grübelnde Menschengeist, angeleitet von Gott, gefunden hat: Alles in der Welt ist aus der Hand des guten Gottes hervorgegangen. Die Welt ist gut, ja sehr gut. Das Böse ist dadurch in die Welt gekommen, daß der Mensch in seiner Freiheit sich gegen die Ordnung Gottes erhoben hat und gegen oder ohne Gott leben wollte.

Gott pflanzte einen Garten in Eden, im Osten, und da hinein setzte er den Menschen, den er gebildet hatte. Und der Herr ließ allerlei Bäume aus der Erde wachsen, solche, die lieblich zum Anschauen waren, und solche, deren Früchte gut zur Nahrung waren. In die Mitte des Gartens pflanzte er den Baum des Lebens und den Baum der Erkenntnis des Guten und des Bösen.

Es entspringt aber ein Strom in Eden und bewässert den Garten, und hinter dem Garten teilt er sich in vier Arme. Der erste heißt Pison, der zweite Gihon, der dritte Hiddekel und der vierte Euphrat.

Und Gott der Herr nahm den Menschen und setzte ihn in den Garten Eden, damit er ihn bebaue und pflege. Und Gott gebot dem Menschen und sprach:

»Von allen Bäumen im Garten darfst du essen, nur nicht vom Baum der Erkenntnis des Guten und des Bösen. Von dem darfst du nicht essen, denn wenn du davon ißt, mußt du sterben.«

Die Schlange
im Garten

Die Schlange aber war listiger als alle Tiere des Feldes, die der Herr gemacht hatte, und sie sprach zu der Frau: »Gott hat euch wohl gar verboten, von den Früchten der Bäume des Gartens zu essen?«

Die Frau sprach: »Wir dürfen von den Früchten der Bäume des Gartens essen, nur nicht von dem Baum in der Mitte des Gartens.

Davon hat Gott gesagt: 'Ihr dürft nicht davon essen, und sie nicht anrühren, sonst müßt ihr sterben.'«

»Ihr müßt nicht sterben«, sprach die Schlange. »Gott weiß, daß euch die Augen aufgehen werden, wenn ihr von den Früchten eßt; ihr werdet wie Gott sein und wissen, was gut und böse ist.«

Adam und Eva essen von der verbotenen Frucht

Die Frau sah, daß der Baum lieblich zum Anschauen war und seine Früchte gut zur Nahrung. Sie wollte von den Früchten essen, weil sie klug machten.

Sie pflückte von seinen Früchten und aß, und sie gab davon auch dem Mann, der bei ihr war, und er aß auch.

Da gingen beiden die Augen auf, und sie sahen, daß sie nackt waren. Da hefteten sie Feigenblätter zusammen, um sich zu bedecken.

In der Abendkühle wandelte Gott der Herr im Garten. Der Mann und die Frau hörten die Stimme des Herrn und verbargen sich vor seinem Angesicht unter den Bäumen des Gartens.

Und Gott der Herr rief den Mann und sprach: »Adam, wo bist du?«

»Ich hörte deine Stimme im Garten«, sprach der Mann. »Da fürchtete ich mich, weil ich nackt bin, und versteckte mich.«

Gott der Herr sprach: »Wer hat dir gesagt, daß du nackt bist? Hast du etwa von dem Baum gegessen, den ich euch verboten hatte?«

Der Mann sprach: »Die Frau, die du mir zur Gefährtin gegeben hast, die hat mir von den Früchten des Baumes gegeben; da habe ich gegessen.«

Da sprach Gott der Herr zu der Frau: »Was hast du getan?«

Die Frau antwortete: »Die Schlange hat mich verführt; da habe ich gegessen.«

Adam und Eva werden aus dem Paradies vertrieben

Da sprach Gott der Herr zur Schlange:

»Weil du das getan hast, bist du verflucht vor allem Vieh und vor allen Tieren des Feldes. Auf dem Bauche sollst du kriechen und Staub fressen dein Leben lang. Ich will Feindschaft setzen zwischen dir und der Frau, und zwischen deinem Samen und ihrem Samen. Er soll dir den Kopf zertreten, und du sollst ihm nach der Ferse schnappen.«

Und zu der Frau sprach er:

»Ich will dir viele Leiden machen; mit Schmerzen sollst du deine Kinder gebären. Nach deinem Manne wirst du verlangen; er aber soll dein Herr sein.«

Und zu dem Mann sprach er: »Weil du auf deine Frau gehört und von der verbotenen Frucht gegessen hast, soll deinetwegen der Erdboden verflucht sein. Mit Mühsal sollst du dich von ihm nähren dein Leben lang. Dornen und Disteln soll er dir tragen, und du sollst das Gras des Feldes essen. Im Schweiße deines Angesichts sollst du dein Brot essen, bis du zurückkehrst zur Erde, von der du genommen bist; denn Erde bist du, und zur Erde mußt du zurück.«

Gott der Herr machte dem Manne und seiner Frau Kleider von Fellen und legte sie ihnen um.

Und Gott der Herr sprach:

»Siehe, der Mensch ist geworden wie wir; er weiß, was gut und böse ist. Wenn er nun noch seine Hand ausstreckt und vom Baum des Lebens ißt, so wird er ewig leben.«

Darum schickte Gott der Herr die Menschen fort aus dem Garten Eden, damit der Mann die Erde bebaue, aus der er gemacht war. Er trieb sie hinaus und stellte Cherubim östlich vom Garten Eden auf und ein flammendes Schwert, damit sie den Weg zum Baum des Lebens bewachten.

Kain und Abel, Adams Söhne

Adam nannte seine Frau Eva, und sie wurde die Mutter aller Menschen. Sie gebar Kain und sprach: »Mit Gottes Hilfe habe ich einen Sohn bekommen.« Und später gebar sie den Abel, seinen Bruder.

Abel wurde Schäfer, Kain aber wurde Akkerbauer. Eines Tages geschah es, daß Kain von den Früchten des Ackers dem Herrn ein Opfer brachte. Und auch Abel brachte das fetteste und beste seiner Lämmer. Und der Herr sah mit Wohlgefallen auf Abel und sein Opfer, mit Kain und seinem Opfer aber war er nicht zufrieden. Da wurde Kain böse und machte ein grimmiges Gesicht.

Und Gott sprach zu ihm:

»Kain, warum bist du so böse? Warum blickst du so finster?«

Kain antwortete nicht; doch später, als Kain mit seinem Bruder auf dem Felde war, erhob Kain die Hand gegen Abel und schlug ihn tot.

Und Gott sprach zu Kain: »Wo ist dein Bruder Abel?«

Kain sprach: »Ich weiß es nicht. Bin ich denn der Hüter meines Bruders?«

Gott aber sprach: »Was hast du getan? Das Blut deines Bruders schreit zu mir empor vom Ackerland. Der Boden, der aus deiner Hand das Blut deines Bruders empfangen hat, schreit wider dich. Verflucht sollst du sein, und wenn du den Acker bebaust, soll er dir von nun an seine Früchte nicht mehr geben. Unstet und flüchtig sollst du sein auf Erden.«

Da sprach Kain zu dem Herrn: »Eine so schwere Strafe kann ich nicht tragen. Sieh, du vertreibst mich heute vom Acker, und ich muß mich vor dir verbergen. Unstet und flüchtig muß ich sein auf Erden, und wer mir begegnet, wird mich totschlagen.«

Doch Gott sprach: »Wer immer Kain totschlägt, an dem wird sein Tod siebenfach gerächt.«

Der Herr versah Kain mit einem Zeichen, damit keiner, der ihm begegnete, ihn totschlug.

Dann ging Kain hinweg vom Angesicht des Herrn und wohnte im Lande Nod, östlich von Eden.

Im Lande Nod nahm Kain eine Frau, und sie gebar ihm Henoch, seinen Sohn. Kain baute eine Stadt und nannte sie nach seinem Sohn Henoch. Und Henoch wurde der Vater derer, die in den Zelten und bei den Herden wohnen, und derer, die auf der Zither spielen und auf der Schalmei.

Inzwischen gebar Eva einen anderen Sohn. Sie nannte ihn Seth, denn Gott hatte ihn ihr für Abel gegeben. In Seth hatte Gott Adam

mit einem Sohn gesegnet, der seinem Vater glich. Adam wurde sehr alt, und Eva gebar noch viele Söhne und Töchter.

So mehrten sich die Menschen auf der Erde, und auf Adam und Eva folgten noch viele Generationen. Und in der neunten Generation lebte ein Mann namens Noah. Noah war ein frommer Mann, der beste unter seinen Zeitgenossen, und er lebte nach Gottes Gebot. Er hatte drei Söhne: Sem, Ham und Japhet.

Noah und die Arche

Der Herr aber sah, daß die Menschen sehr verdorben geworden waren, und daß ihr Sinn und ihr Herz nur nach dem Bösen stand. Da reute es ihn, die Menschen geschaffen zu haben auf Erden, und es bekümmerte ihn tief.

Und Gott sprach zu Noah:

»Ich habe das Ende allen Fleisches beschlossen. Alle Lebewesen werde ich auf der Erde vertilgen, denn die Erde ist voll Übel und Missetat.

Mache dir eine Arche von Nadelholz. Teile sie in viele Zellen und mache sie innen und außen dicht mit Pech. So sollst du sie bauen:

dreihundert Ellen* lang, fünfzig Ellen breit und dreißig Ellen hoch. Mache ein Fenster hinein, und an der Seite eine Tür. Drei Stockwerke soll die Arche haben: ein unteres, ein zweites und ein drittes.

Das sollst du tun, denn ich lasse eine Sintflut über die Erde kommen, die alle Lebewesen vertilgen soll. Doch mit dir will ich einen Bund schließen. Du sollst in die Arche gehen mit deinen drei Söhnen und deiner Frau und den Frauen deiner Söhne.

Von allen Tieren auf Erden sollst du von jeder Art ein Paar in die Arche führen und sie bei dir am Leben erhalten. Ein Männchen und ein Weibchen sollen es sein, von jeder Art; Vögel, Vieh und alle Tiere, die auf der Erde kriechen, von allen Geschöpfen sollst du ein Paar bei dir aufnehmen und erhalten.

Du sollst auch von jeglicher Speise, die man ißt, nehmen und dir einen Vorrat anlegen, und das soll dir und den Tieren als Nahrung dienen.«

Die große Flut

Noah war schon sehr alt, als die Sintflut über die Erde kam.

Und der Herr sprach zu Noah:

»Gehe in die Arche, du und alle, die bei dir sind. Denn nach sieben Tagen will ich es regnen lassen auf die Erde, vierzig Tage und vierzig Nächte lang. Ich will alle Wesen, die ich gemacht habe, vom Erdboden vertilgen.« Und Noah tat, wie der Herr ihm geboten hatte.

Er ging mit seinen Söhnen Sem, Ham und Japhet, mit seiner Frau und den Frauen seiner Söhne in die Arche. Von den Vögeln, von den Tieren des Feldes, von allem, was da kriecht, kam je ein Paar zu Noah in die Arche, Männchen und Weibchen, wie Gott es dem Noah geboten hatte.

Und der Herr schloß hinter ihnen die Arche zu. Nach sieben Tagen kamen die Wasser der Sintflut über die Erde; die Brunnen der

großen Tiefe brachen auf, und die Fenster des Himmels öffneten sich. Vierzig Tage und vierzig Nächte fiel der Regen auf die Erde. Und die Wasser wuchsen und hoben die Arche, und sie schwamm hoch über der Erde.

Und die Flut wurde stärker, und die Wasser stiegen weit über die Erde. Die Arche fuhr über das Wasser dahin. Und die Wasser stiegen immer höher über die Erde, bis alle hohen Berge unter dem Himmel bedeckt waren. Fünfzehn Ellen stiegen die Wasser über die Berge, und sie waren alle bedeckt.

Alle Wesen, die auf der Erde lebten, mußten sterben: Vögel, Vieh, die Tiere des Feldes, alles, was da kriecht, und alle Menschen. Alles was auf der Erde atmete, wurde vertilgt. Nur Noah blieb übrig, und was mit ihm in der Arche war.

Da gedachte Gott des Noah und all der Tiere, die mit ihm in der Arche waren. Gott ließ einen Wind über die Erde wehen, und die Wasser sanken.

Die Arche landet

Die Brunnen der Tiefe und die Fenster des Himmels schlossen sich, und dem Regen des Himmels wurde Einhalt getan. Nach einhundertfünfzig Tagen nahmen die Wasser ab, so daß sich die Arche am siebzehnten Tag des siebten Monats auf dem Berg Ararat niederließ. Die Wasser aber sanken noch weiter, bis zum ersten Tag des zehnten Monats. Da waren die Spitzen der Berge zu sehen. Nach vierzig Tagen öffnete Noah das Fenster der Arche und ließ einen Raben ausfliegen, und der flog hin und her. Er ließ auch eine Taube ausfliegen, um zu sehen, ob irgendwo das Wasser schon auf dem Boden getrocknet war. Doch die Taube fand keinen Platz, wo ihr Fuß ruhen konnte, und kam in die Arche zurück, denn noch war Wasser über der ganzen Erde. Noah streckte die Hand aus und nahm sie wieder zu sich in die Arche.

Er wartete noch sieben Tage, dann ließ

* Eine Elle = 50 cm

er die Taube wieder ausfliegen. Am Abend kam die Taube zurück und siehe da, sie trug einen frischen Ölzweig im Schnabel. Da merkte Noah, daß sich die Wasser von der Erde verlaufen hatten.

Dann wartete er nochmals sieben Tage und ließ die Taube abermals ausfliegen. Diesmal kam die Taube nicht wieder.

Die Wasser waren von der Erde getrocknet. Da öffnete Noah das Fenster der Arche. Er schaute hinaus und sah, daß der Erdboden trocken war.

Da redete Gott mit Noah und sprach:

»Nimm mit dir hinaus die Vögel, das Vieh und alle Lebewesen, die bei dir sind, damit sie fruchtbar sind und sich mehren auf Erden.«

Da ging Noah hinaus mit seinen Söhnen, seiner Frau und den Frauen seiner Söhne. Und alles Wild und Vieh und alle Vögel verließen die Arche.

Noah aber baute dem Herrn einen Altar und brachte ihm Brandopfer von allen reinen Tieren und allen reinen Vögeln.

Der Herr roch den lieblichen Duft und sprach zu sich selbst:

»Nie mehr will ich die Erde um der Menschen willen verfluchen. Ich will auch nicht mehr alle Lebewesen vertilgen, wie ich es getan habe. Solange die Erde besteht, sollen nicht mehr aufhören Saat und Ernte, Frost und Hitze, Sommer und Winter, Tag und Nacht.«

Und Gott segnete Noah und seine Söhne und sprach zu ihnen:

»Seid fruchtbar und mehret euch, und füllet die Erde. Furcht und Schrecken vor euch sollen haben alle Tiere der Erde, alle Vögel des Himmels, alles, was auf der Erde kriecht, und alle Fische des Meeres. Alles, was sich regt und lebt, das sei eure Speise. Wie ich euch einst die grünen Pflanzen gab, gebe ich euch nun all diese Dinge.«

Und dann redete er weiter und sprach:

»Siehe, ich schließe einen Bund mit euch und euren Nachkommen und allen lebenden Wesen, die bei euch sind. Den Vögeln, dem Vieh und allen, die aus der Arche kommen, verspreche ich, daß nie wieder alle Lebewesen von den Wassern der Sintflut vertilgt werden sollen, und daß nie wieder eine Sintflut die Erde zerstören soll.

Dieses Versprechen ist ein Bund, den ich schließe zwischen mir und euch und allen Lebewesen, die bei euch sind, auf ewige Zeiten.«

Der Regenbogen

Und Gott sprach:

»Ich stelle meinen Regenbogen in die Wolken, und dieser Bogen soll das Zeichen sein für den Bund zwischen mir und der Erde.

Wenn ich nun eine Wolke über die Erde schicke, dann soll sich der Bogen zeigen in der Wolke, und ich will des Bundes gedenken zwischen mir und euch und allen Lebewesen auf der Erde.«

Noah lebte noch lange nach der Flut und starb in sehr hohem Alter.

Noahs Söhnen wurden nach der Sintflut wieder Söhne geboren, und sie gingen hin und wurden die Väter aller Völker der Erde.

Der Turm zu Babel

Nachdem Gott den Bund mit Noah geschlossen hatte, vermehrten sich Noahs Nachkommen in großer Zahl, und eine Generation folgte auf die andere.

Zu dieser Zeit hatten aber die Menschen der ganzen Erde nur *eine* Sprache und redeten dieselben Worte. Als sie nun vom Osten her aufbrachen, fanden sie eine Ebene im Lande Sinear, und sie ließen sich dort nieder. Sie sprachen untereinander:

»Kommt, laßt uns Ziegel formen und sie hart brennen.« Die Ziegel dienten ihnen als Steine, und als Mörtel nahmen sie Asphalt.

Und sie sprachen: »Lasset uns eine Stadt bauen und einen Turm, dessen Spitze den Himmel berührt. So wollen wir uns ein Denkmal schaffen, damit wir uns nicht mehr über die ganze Erde verstreuen.«

Da kam der Herr herab, um die Stadt zu besehen und den Turm, den die Menschenkinder gebaut hatten. Und er sprach:

»Die Menschen der Erde sind *ein* Volk und haben alle *eine* Sprache. Wenn ihnen dieses gelingt, wird ihnen nichts unmöglich sein, was immer sie sich auch vornehmen. Lasset uns darum hinabfahren und ihre Sprache verwirren, damit keiner mehr des anderen Sprache versteht.«

So zerstreute sie der Herr über die ganze Erde, und sie ließen ab, die Stadt zu bauen. Daher heißt die Stadt Babel, weil dort der Herr die Sprache verwirrt und die Menschen von dort über die ganze Erde zerstreut hat.

Gott gibt dem Abram ein Versprechen

Im Lande Haran lebte ein Mann namens Abram. Abram war der Sohn des Tharah, der von Sem abstammte. Tharah und seine Familie kamen aus Ur in Chaldäa.

Eines Tages sprach Gott zu Abram:

»Ziehe fort aus deiner Heimat und von deiner Verwandtschaft und von deines Vaters Haus in das Land, das ich dir zeigen werde. Dann will ich ein großes Volk aus dir machen und dich segnen und deinen Namen berühmt machen. Segnen will ich, die dich segnen, und wer dir flucht, den will ich verfluchen. Durch dich sollen alle Geschlechter der Erde gesegnet sein.«

So zog Abram fort, wie ihm der Herr geboten hatte. Er war fünfundsiebzig Jahre alt, als er Haran verließ. Mit sich nahm er Sarai, seine Frau, und Lot, den Sohn seines Bruders, und all ihre Habe, ihr Vieh und die Leute, die sie in Haran erworben hatten. Sie wanderten aus, um in das Land Kanaan zu ziehen.

Sie zogen durch Kanaan bis nach Sichem in der Ebene Moreh, wo die Kanaaniter wohnten. In Sichem erschien dem Abram der Herr und sprach:

»Dieses Land will ich deinen Nachkommen geben.«

Abram baute in Sichem dem Herrn einen Altar. Danach brach er auf und kam an ein Gebirge östlich von Bethel und schlug sein Zelt auf zwischen Bethel im Westen und Ai im Osten. Auch dort baute er einen Altar und rief den Namen des Herrn an. Dann setzte er seine Reise nach Süden fort.

Es kam aber eine Hungersnot über das Land. Da zog Abram weiter nach Ägypten und blieb dort, bis die Hungersnot vorüber war. Dann kehrte er zurück zu der Stätte zwischen Bethel und Ai, wo er einen Altar gebaut hatte, und rief abermals den Namen des Herrn an.

Abram und Lot

Abram war sehr reich an Vieh, Silber und Gold; auch Lot, der mit ihm zog, war sehr reich und hatte Schafe, Rinder und Zelte. Das Land konnte sie aber nicht alle ernähren; sie konnten daher nicht beisammen bleiben. So kam es zum Streit zwischen Abrams Hirten und Lots Hirten. Es lebten aber auch die Kanaaniter und die Pheresiter im Lande. Da sprach Abram zu Lot:

»Es soll nicht Zank sein zwischen dir und mir, zwischen deinen Hirten und meinen Hirten; wir sind doch alle verwandt. Steht dir nicht das ganze Land offen? So trenne dich doch von mir. Willst du nach links, so gehe ich nach rechts. Oder willst du nach rechts, so gehe ich nach links.«

Da erhob Lot seine Augen und sah, daß die ganze Jordan-Ebene wasserreiches Land war. Es war wie der Garten des Herrn und wie ein Teil des Landes Ägypten.

Da wählte Lot die ganze Jordan-Ebene und brach auf nach Osten. So trennten sie sich voneinander.

Abram blieb im Lande Kanaan; Lot aber ließ sich nieder in den Städten der Ebene und schlug sein Zelt in der Nähe von Sodom auf.

Als sich nun Lot von Abram getrennt hatte, sprach der Herr zu Abram:

»Hebe deine Augen auf und schaue nach

Norden, Süden, Osten und Westen. Das ganze Land, das du vor dir siehst, will ich dir und deinen Nachkommen geben für alle Zeiten. Deine Nachkommen will ich zahlreich machen wie den Staub der Erde, so daß man, wenn man den Staub zählen kann, auch deine Nachkommen zählen kann.

Auf, durchziehe das Land in der Länge und in der Breite, denn dir will ich es geben.«

Da brach Abram mit seinen Zelten auf, ließ sich in der Ebene von Mamre zu Hebron nieder und baute dort dem Herrn einen Altar.

Bald darauf kam Krieg in das Land. Der Feind nahm Lot und seine Habe mit und verschleppte sie aus Sodom. Abram jedoch rettete Lot und seine Habe und sein Volk und brachte sie zurück.

Gott erscheint Abram

Danach erschien der Herr dem Abram und sprach zu ihm:

»Fürchte dich nicht, Abram, ich bin dein Schild; dich erwartet reicher Lohn.«

Abram sprach: »O Herr, mein Gott, was willst du mir geben? Ich habe keine Kinder, und mein Erbe ist Elieser von Damaskus, mein Knecht.«

Da sprach der Herr zu ihm: »Nicht er soll dein Erbe sein, sondern dein eigener Sohn.«

Und er führte Abram hinaus und sprach:

»Schaue auf zum Himmel und zähle die Sterne, wenn du es kannst. So zahlreich wie die Sterne sollen deine Nachkommen sein.« Und Abram glaubte dem Herrn, und der Herr schaute auf ihn mit Wohlgefallen.

Und Gott sprach zu ihm:

»Ich bin der Herr, der dich aus Ur in Chaldäa herausgeführt hat, damit dir dieses Land zu eigen gehöre.

Du sollst wissen, daß deine Kinder als Fremdlinge weilen werden in einem Land, das ihnen nicht gehört. Sie werden dort als Sklaven leben und vierhundert Jahre lang unterdrückt werden. Doch will ich auch über das Volk, dem sie dienen müssen, Gericht halten, und danach werden sie mit reicher Habe davonziehen.«

An jenem Tag schloß der Herr mit Abram einen Bund und sprach:

»Deinen Kindern und Kindeskindern gebe ich dieses Land, vom Fluß Ägyptens bis an den großen Strom, den Euphrat, und alle Völker, die darin wohnen.«

Abraham bekommt seinen Namen

Als Abram neunundneunzig Jahre war, erschien ihm der Herr und sprach:

»Ich bin der allmächtige Gott. Gehorche meinen Geboten und tue kein Unrecht. Ich will einen Bund schließen mit dir, und dein Volk über alle Maßen vermehren.«

Abram warf sich auf sein Angesicht, und Gott redete mit ihm und sprach:

»Dieses ist mein Bund mit dir: Du sollst der Vater vieler Völker werden. Darum sollst du nicht mehr Abram heißen, sondern Abraham soll dein Name sein, denn ich mache dich zum Vater vieler Völker. Ich schließe meinen Bund mit dir, und dieser Bund zwischen mir und dir und deinen Nachkommen über alle Generationen soll ewig sein. Dein Geschlecht soll wachsen, und Völker und Könige hervorbringen. Dir und deinen Nachkommen gebe ich das Land Kanaan, wo du als Fremdling wohnst, zu

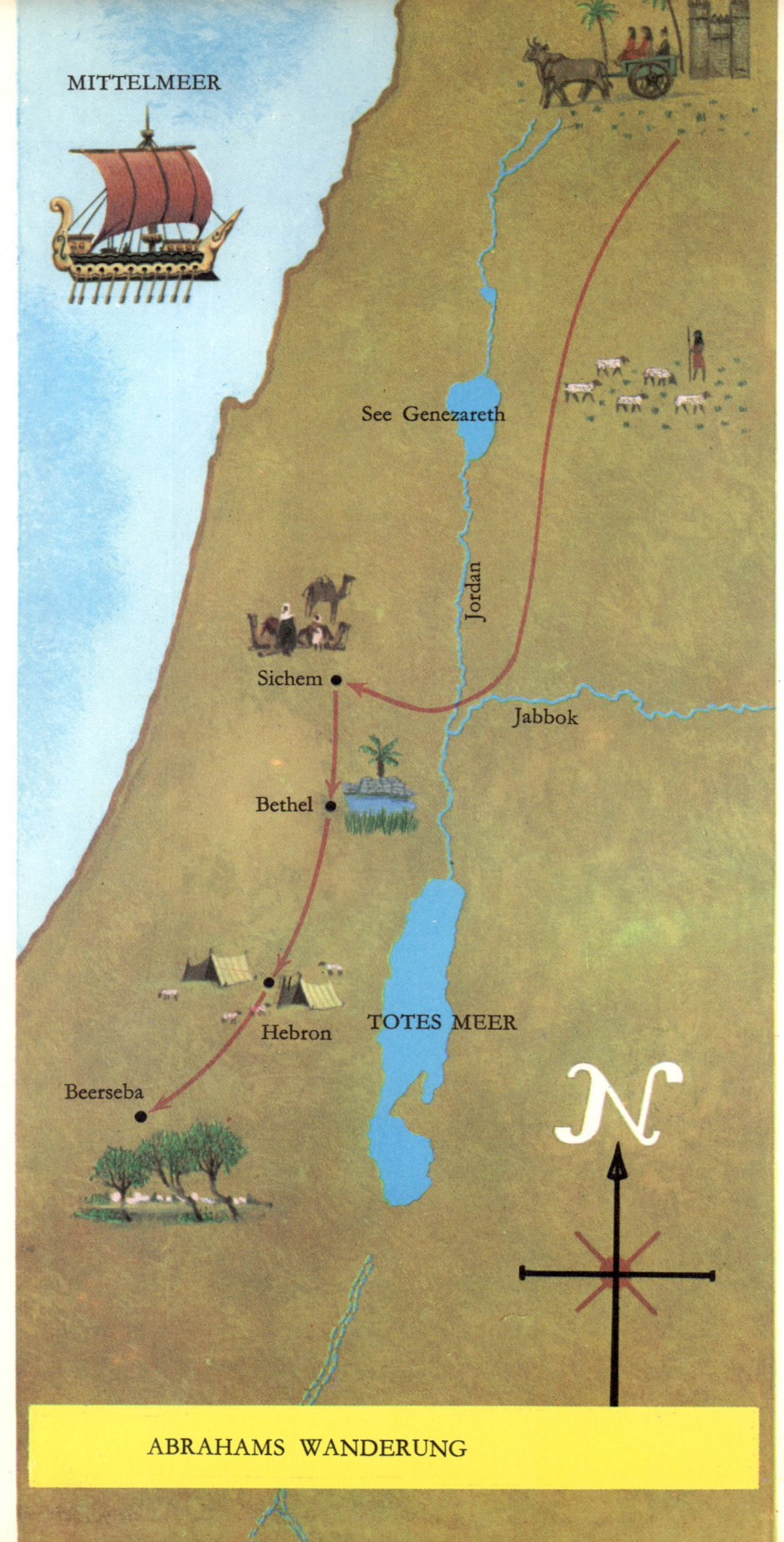

ABRAHAMS WANDERUNG

ewigem Besitz, und ich will euer Gott sein.

Deine Frau Sarai sollst du nicht mehr Sarai nennen, sondern Sara soll ihr Name sein. Ich will sie segnen, und von ihr sollst du einen Sohn haben. Sie soll die Mutter von Völkern und Königen werden.«

Abraham warf sich auf sein Angesicht und lachte und sprach bei sich:

»Ein Hundertjähriger soll noch einen Sohn bekommen? Und Sara soll mit neunzig Jahren noch Mutter werden?«

Da sprach Gott:

»Sara, deine Frau, soll dir einen Sohn gebären, den sollst du Isaak nennen. Ich will meinen ewigen Bund schließen auch mit ihm und seinen Nachkommen.«

Die drei Engel

Der Herr erschien Abraham in der Ebene von Mamre, während er am Eingang seines Zeltes saß; er kam, als der Tag am heißesten war, in Gestalt von drei Engeln. Als Abraham die Augen hob, sah er drei Männer vor sich stehen. Er eilte ihnen entgegen, verneigte sich und hieß sie willkommen.

Dann nahm Abraham Butter und Milch und ein Kalb und setzte es vor die Männer hin. Er selber bediente sie unter dem Baum, während sie aßen.

Da sprachen sie zu ihm: »Wo ist Sara, deine Frau?«

Da sprach er: »Dort im Zelt.«

Einer der Männer sprach: »Deine Frau Sara wird einen Sohn bekommen.«

Sara aber hörte es im Eingang des Zeltes hinter ihm. Sie und Abraham waren hochbetagt und viel zu alt, um noch Kinder zu bekommen. Darum lachte Sara vor sich hin.

Da sprach der Herr zu Abraham:

»Warum lacht Sara und denkt, sie ist zu alt, um Kinder zu bekommen? Zur festgesetzten Zeit wird Sara einen Sohn haben.«

Der Herr tat, wie er versprochen hatte, und zu der Zeit, die der Herr bestimmt hatte, gebar Sara dem Abraham in hohem Alter einen Sohn. Und Abraham nannte seinen Sohn Isaak, das heißt 'Er wird lachen'.

Gott hält Gericht über Sodom und Gomorrha

Abraham begleitet die Männer noch eine Strecke Weges in Richtung Sodom. Der Herr aber sprach: »Wie kann ich Abraham verbergen, was ich tue? Ich will hinabsteigen und Sodom und Gomorrha vertilgen.«

Abraham legte Fürbitte ein, aber es waren nicht einmal zehn Gerechte in den Städten.

Die Männer kamen gegen Abend nach Sodom, und Lot, der am Stadttor wohnte, nahm sie in sein Haus auf. Beim Morgengrauen drängten die Boten Gottes Lot und spra-

chen: »Auf, nimm deine Frau und deine beiden Töchter, und wer sonst noch zu deiner Verwandtschaft gehört, führe sie aus dieser Stadt, damit nicht auch du umkommst wegen der Sündenschuld der Stadt.« Aber Lot zögerte. Da nahmen die Männer ihn und die Seinen an der Hand und führten sie hinaus. Und sie sprachen: »Schaut nicht rückwärts, sondern rettet euch ins Gebirge.«

Als die Sonne über die Erde hervortrat, ließ der Herr Feuer und Schwefel auf Sodom und Gomorrha vom Himmel regnen und zerstörte diese Städte und alle, die darin wohnten. Lots Frau aber schaute sich um und erstarrte zur Salzsäule. Als aber Abraham in das Flachland schaute, in dem Sodom und Gomorrha lagen, sah er nur noch den Qualm von der Erde aufsteigen wie den Qualm eines Schmelzofens.

Gott prüft den Glauben Abrahams

Als Isaak ein Knabe von vierzehn Jahren geworden war, stellte Gott Abraham auf die Probe. Er sprach zu ihm: »Nimm deinen einzigen Sohn Isaak und schlachte ihn zum Brandopfer auf dem Berg, den ich dir zeigen werde.«

Am andern Tage sattelte Abraham seinen Esel, nahm Isaak und zwei Knechte mit, spaltete Holz und zog zu dem Berg, den ihm Gott bezeichnet hatte.

Abraham sprach zu seinen Knechten, als sie an den Fuß des Berges gekommen waren: »Wartet hier. Ich will mit Isaak opfern und anbeten, dann kommen wir wieder zu euch zurück!« Seinem Sohn Isaak lud er das Opferholz auf. Abraham aber nahm den Feuerbrand und das Schlachtmesser. Unterwegs sagte Isaak zu seinem Vater Abraham: »Siehe, wir haben Holz und Feuer, wo aber ist das Opferlamm?«

Abraham antwortete:

»Gott wird sich schon ein Opferlamm ausersehen, mein Sohn.«

Sie gingen miteinander den Berg hinauf. Abraham baute dort den Altar, schichtete das Holz auf, band seinen Sohn Isaak und legte ihn oben auf das Holz. Dann griff er zum Schlachtmesser, um seinen Sohn als Opfergabe darzubringen. Da rief der Engel des Herrn vom Himmel: »Abraham! Abraham! Tu dem Knaben nichts zuleide. Jetzt weiß ich, daß du gottesfürchtig bist und mir nicht einmal deinen einzigen Sohn vorenthalten hast!«

Da erhob Abraham seine Augen und sah einen Widder, der sich mit seinen Hörnern in einer Dornenhecke verfangen hatte. Abraham ergriff ihn und opferte ihn anstatt seines Sohnes.

Zum zweiten Mal rief der Engel des Herrn vom Himmel: »Weil du deinen einzigen Sohn um meinetwillen nicht schonen wolltest, will ich dich segnen und deine Nachkommen zahlreich machen wie die Sterne des Himmels und wie der Sand am Meer.«

Hierauf kehrte Abraham mit Isaak und seinen Knechten nach Beerseba zurück.

Eine Frau für Isaak

Viele Jahre später war Abraham sehr alt; der Herr hatte ihn in allem gesegnet. Eines Tages sprach Abraham zu Elieser, dem ältesten Knecht seines Hauses, der alle seine Güter verwaltete:

»Gib mir deine Hand und schwöre bei dem Herrn, dem Gott des Himmels und der Erde, daß du für meinen Sohn keine Frau unter den Töchtern der Kanaaniter nimmst, unter denen ich wohne. Schwöre daher bei dem Herrn, daß du in meine Heimat nach Haran ziehst und dort unter meiner Verwandtschaft eine Frau für meinen Sohn Isaak holst.«

Da sprach der Knecht zu ihm: »Was soll aber geschehen, wenn die Frau, die ich auswähle, mir nicht in dieses Land folgen will? Soll ich dann deinen Sohn in das Land zurückführen, aus dem du gekommen bist?«

Abraham sprach zu ihm: »Bringe meinen Sohn ja nicht dorthin. Der Herr, der Gott des Himmels, der mich aus meines Vaters Haus und aus dem Land meiner Verwandten genommen hat, hat einen Bund mit mir geschlossen und mir geschworen: 'Deinen Nachkommen will ich dieses Land geben'.

Er wird einen Engel vor dir hersenden, und du sollst dort eine Frau für meinen Sohn suchen. Wenn aber die Frau nicht mit dir kommen will, dann bist du von deinem Eide befreit. Aber meinen Sohn darfst du nicht in dieses Land bringen.«

Da gab der Knecht dem Abraham, seinem Herrn, die Hand und schwor zu tun, was er verlangte.

Abrahams Knecht bricht auf

Dann nahm der Knecht Elieser zehn von den Kamelen seines Herrn und allerlei Kostbarkeiten seines Herrn und brach auf.

Er zog nach Mesopotamien, nach Haran, der Stadt Nahors. Vor den Toren der Stadt ließ er an einem Brunnen seine Kamele lagern, zur Abendzeit, als die Frauen herauskamen, um Wasser zu schöpfen.

Und Elieser betete:

»O Herr, du Gott meines Herrn Abraham, schenke mir doch heute eine glückliche Entscheidung und erweise dich gütig gegen Abraham, meinen Herrn! Ich stelle mich jetzt hier an den Brunnen, wenn die Töchter der

Stadtbewohner herauskommen, um Wasser zu schöpfen. Das Mädchen aber, zu dem ich sage 'Nimm doch deinen Krug herunter und laß mich trinken!' und das dann spricht: 'Trinke, und auch deine Kamele will ich tränken', das soll es sein, das du für deinen Knecht Isaak bestimmt hast. Daran will ich erkennen, daß du dich gegen meinen Herrn gütig erweist.«

Ehe er noch sein Gebet beendet hatte, da kam ein Mädchen aus der Stadt. Es war Rebekka, deren Vater der Sohn von Abrahams Bruder Nahor war. Sie trug ihren Krug auf der Schulter. Das Mädchen war sehr schön, jung und unverheiratet.

Sie stieg zum Brunnen hinab, füllte ihren Krug und kam wieder herauf.

Rebekka am Brunnen

Da lief ihr Abrahams Knecht entgegen und sprach: »Laß mich doch ein wenig Wasser aus deinem Kruge trinken!«

Sie sprach: »Trinke, Herr!«

Schnell nahm sie den Krug herab und gab ihm zu trinken. Als sie ihm genug zu trinken gegeben hatte, sprach sie: »Auch für deine Kamele will ich Wasser schöpfen, bis sie genug getrunken haben.«

Eilends leerte sie ihren Krug in die Tränkrinne, lief zum Brunnen, um Wasser zu schöpfen, und schöpfte es für alle seine Kamele. Der Mann aber schaute verwundert zu und schwieg still, um zu sehen, ob der

Herr seiner Reise Erfolg beschieden habe, oder nicht.

Als nun die Kamele genug getrunken hatten, nahm der Mann einen goldenen Ohrring, ein halbes Lot schwer, und zwei Armreifen, auch von schwerem Gold. Und er sprach: »Wessen Tochter bist du? Sage es mir doch! Finden wir in deines Vaters Haus wohl Platz zum Übernachten?«

Da sprach sie zu ihm: »Ich bin die Tochter Bethuels, des Sohnes von Milka und Nahor. Wir haben Stroh und Futter genug, und auch Platz zum Übernachten.«

Da verneigte sich der Mann, fiel vor Gott dem Herrn nieder und sprach: »Gelobt sei der Herr, der Gott meines Gebieters Abraham, der seine Gnade und Treue meinem Gebieter nicht entzogen hat! Mich hat Gott wahrhaftig zum Hause des Bruders meines Herrn geführt!«

Das Mädchen aber lief zum Hause ihrer Mutter und erzählte dort alles.

Laban, Rebekkas Bruder

Nun hatte Rebekka einen Bruder, der hieß Laban. Als er die Ohrringe sah, und die Reifen an den Armen seiner Schwester, und als er hörte, was seine Schwester Rebekka erzählte, lief er zu dem Knecht Abrahams hinaus und fand den Mann noch immer am Brunnen bei seinen Kamelen.

Laban sprach zu ihm:

»Komm herein, Gesegneter des Herrn! Warum bleibst du da draußen stehen? Ich habe schon das Haus aufgeräumt und auch für die Kamele Platz gemacht.«

Da kam der Mann ins Haus. Laban zäumte die Kamele ab und gab ihnen Stroh und Futter. Er brachte ihm und seinen Leuten Wasser, damit sie sich die Füße wuschen.

Dann setzte er Abrahams Knecht zu essen vor. Der aber sprach: »Ich esse nicht, bis ich meinen Auftrag ausgerichtet habe.«

Laban erwiderte: »So rede!«

Der Mann sprach: »Ich bin Abrahams Knecht. Der Herr hat meinen Gebieter reichlich gesegnet, und er ist reich geworden. Der Herr hat ihm Schafe und Rinder, Silber

und Gold, Knechte und Mägde, Kamele und Esel gegeben. Und Sara, die Frau meines Herrn, hat ihm noch im Alter einen Sohn geboren, dem hat er all seine Güter übergeben.«

Dann erzählte der Knecht, daß Abraham ihn mit dem Auftrag ausgeschickt habe, für Isaak eine Frau zu suchen, und daß der Herr ihn zu Rebekka geführt habe. »Und nun, wenn ihr meinem Herrn Huld und Treue erweisen wollt, so sagt es mir. Wenn nicht, sagt es mir auch, damit ich weiß wie ich mich verhalten soll.«

Da antworteten Laban und Bethuel wie aus einem Munde: »Das hat der Herr gefügt! Wir können nichts dazu sagen, weder Gutes noch Schlimmes. Da hast du Rebekka! Nimm sie und ziehe hin. Sie soll die Frau von deines Gebieters Sohn werden, wie es der Herr bestimmt hat.«

Als Abrahams Knecht ihre Worte hörte, warf er sich vor dem Herrn zur Erde nieder. Dann holte er silbernes und goldenes Gerät und Gewänder und gab sie Rebekka. Auch ihrem Bruder und ihrer Mutter schenkte er Kostbarkeiten.

Danach aßen und tranken sie, er und die Männer, die bei ihm waren, und übernachteten. Als sie aber am nächsten Morgen aufstanden, sprach Elieser: »Laßt mich nun zu meinem Herrn zurückkehren.«

Rebekkas Bruder und ihre Mutter erwiderten: »Laß doch das Mädchen noch eine Weile bei uns, wenigstens zehn Tage. Danach magst du ziehen.«

Da sprach er zu ihnen: »Haltet mich nicht zurück. Der Herr hat meiner Reise doch Erfolg geschenkt. Laßt mich zurückkehren zu meinem Gebieter.«

Sie sprachen: »Wir wollen das Mädchen rufen und sie fragen.«

So riefen sie Rebekka und sprachen zu ihr: »Willst du mit diesem Manne ziehen?«

Sie antwortete: »Ja, ich will.«

Also ließen sie ihre Schwester Rebekka und ihre Amme mit dem Knechte Abrahams und seinen Leuten ziehen. Sie segneten Rebekka, und Rebekka machte sich mit ihren Mägden auf. Sie setzten sich auf die Kamele und folgten dem Manne. Der Knecht nahm Rebekka und zog davon.

Isaak und Rebekka

Einst verließ Isaak um die Abendzeit seine Wohnung im Südland und ging aufs Feld hinaus. Als er die Augen erhob, sah er Kamele des Weges kommen.

Als Rebekka die Augen erhob und Isaak sah, stieg sie von ihrem Kamel und sprach zu dem Knecht: »Wer ist der Mann dort, der uns auf dem Feld entgegenkommt?«

Der Knecht antwortete: »Das ist der Sohn meines Herrn.«

Da nahm sie einen Schleier und verhüllte sich. Der Knecht aber erzählte Isaak alles, was er ausgerichtet hatte. Da führte Isaak die Rebekka in Saras Zelt. Er nahm sie zur Frau und gewann sie lieb.

Esau und Jakob

Als Isaak sechzig Jahre war, gebar Rebekka ihm Zwillingssöhne. Der Erstgeborene war ganz und gar mit rötlichen Haaren bewachsen, wie mit einem Mantel. Sie nannten ihn Esau. Seinen Bruder nannten sie Jakob.

Als die Knaben heranwuchsen, wurde Esau ein tüchtiger Jäger, ein Mann des freien Feldes; Jakob aber wurde ein ruhiger Mann, der in den Zelten wohnte. Isaak hatte den Esau lieber, weil er gern Wildbret aß; Jakob aber war der Liebling Rebekkas.

Eines Tages kochte Jakob ein Linsengericht. Da kam Esau müde vom Felde heim und war hungrig. Er sprach zu Jakob:

»Gib mir doch von der guten Linsensuppe da zu essen, denn ich bin hungrig.«

Aber Jakob sprach: »Verkaufe mir zuvor dein Erstgeburtsrecht«! Denn Esau als der Ältere sollte alle Güter seines Vaters erben.

Esau antwortete: »Ich muß ja doch sterben, was soll ich da mit meinem Erstgeburtsrecht anfangen?«

Doch Jakob sprach: »Erst mußt du schwören!«

Esau schwor und verkaufte dem Jakob sein Erstgeburtsrecht. Da erst gab Jakob dem Esau das Brot und die Linsensuppe. Esau aß und trank, stand auf und ging davon.

So gering achtete Esau sein Erstgeburtsrecht.

Rebekka und Jakob verbünden sich gegen Isaak

Als Isaak alt war und seine Augen trübe wurden, so daß er nicht mehr sehen konnte, rief er Esau, seinen älteren Sohn, und sprach zu ihm:

»Mein Sohn!«

Esau antwortete: »Hier bin ich.«

Da sprach Isaak: »Sieh, ich bin alt geworden und weiß nicht, wann ich sterben muß. So nimm nun dein Jagdgerät, Köcher und Bogen, geh aufs Feld und jage mir ein Wildbret. Dann bereite mir ein gutes Gericht, wie ich es gern habe, und bringe es mir zum Essen, damit meine Seele dich segne, ehe ich sterbe.«

Rebekka aber hörte zu, wie Isaak mit seinem Sohn Esau redete. Als nun Esau aufs Feld ging, um für seinen Vater ein Wildbret zu jagen, sprach Rebekka zu ihrem Sohn Jakob:

»Sieh, ich habe gehört, wie dein Vater zu deinem Bruder Esau sagte: 'Bring mir ein Wildbret und bereite mir ein gutes Gericht zum Essen, dann will ich dich vor dem Angesicht des Herrn segnen, ehe ich sterbe!' Darum höre auf mich, mein Sohn, und tue, wie ich dir befehle.

Geh zur Herde und hol mir zwei schöne Ziegenböcklein; dann will ich deinem Vater ein gutes Gericht bereiten, wie er es gern hat. Das sollst du deinem Vater hintragen, damit er esse und dich vor seinem Tode segne.«

Jakob aber sprach zu seiner Mutter Rebekka:

»Sieh, mein Bruder Esau ist behaart, und ich bin glatt. Vielleicht betastet mein Vater mich und hält mich dann für einen Betrüger. Ich bringe dann einen Fluch über mich, und nicht einen Segen.«

Doch seine Mutter sprach zu ihm:

»Der Fluch soll über mich kommen, mein Sohn! Hör du nur auf mich und geh die Böcklein holen.«

So ging er und holte die Böcklein und brachte sie seiner Mutter. Seine Mutter bereitete ein gutes Gericht, wie es sein Vater gern hatte.

Dann nahm Rebekka die besten Kleider ihres ältesten Sohnes Esau, die sie bei sich im Hause hatte, und legte sie Jakob, ihrem jüngeren Sohne an. Die Felle der Ziegenböcklein aber legte sie ihm um die Arme und um seinen glatten Hals.

Dann gab sie das gute Gericht, das sie bereitet hatte, und das Brot ihrem Sohn Jakob in die Hand.

So ging Jakob zu Isaak hinein und sprach: »Mein Vater!«

Isaak antwortete: »Hier bin ich. Wer bist du, mein Sohn?«

Jakob sprach zu seinem Vater: »Ich bin Esau, dein Erstgeborener. Ich habe getan, wie du mir befohlen hast. Setze dich auf und iß von meinem Wildbret, damit deine Seele mich segne.«

Isaak aber sprach zu seinem Sohn: »Mein Sohn, wie kommt es, daß du es so schnell gefunden hast?«

Jakob antwortete: »Weil der Herr, dein Gott, es mir geschickt hat.«

Da sprach Isaak zu Jakob: »Komm näher, mein Sohn, damit ich dich betasten kann, ob du wirklich mein Sohn Esau bist, oder nicht.«

Jakob trat näher zu seinem Vater Isaak, und Isaak betastete ihn und sprach:

»Die Stimme ist Jakobs Stimme, aber die Arme sind Esaus Arme.«

Er erkannte ihn nicht, denn seine Arme waren behaart wie die Arme seines Bruders Esau. So segnete er ihn denn. Und noch einmal sprach er: »Bist du wirklich mein Sohn Esau?«

Jakob antwortete: »Ja, das bin ich.«

Da sprach Isaak: »So bringe es mir, und ich will essen von meines Sohnes Wildbret, damit meine Seele dich segne.«

Jakob brachte ihm das Gericht, und er aß. Er brachte ihm Wein, und er trank.

Dann sprach sein Vater Isaak zu ihm:

»Komm her, mein Sohn, und küsse mich.«

Jakob kam und küßte ihn. Isaak roch den Geruch seiner Kleider, und er segnete ihn und sprach:

»Siehe, der Geruch meines Sohnes
ist wie der Geruch des Feldes,
das der Herr gesegnet hat.
Gott gebe dir vom Tau des Himmels
und vom Fett der Erde
und Überfluß an Korn und Wein!
Länder sollen dir dienen
und Völker sich vor dir beugen!
Du sollst Herr über deine Brüder sein,
und deiner Mutter Söhne
sollen sich vor dir beugen!
Verflucht sei, wer dir flucht,
und gesegnet sei, wer dich segnet!«

Als nun Isaak den Segen über Jakob eben gesprochen hatte und Jakob kaum von seinem Vater Isaak fortgegangen war, da kam sein Bruder Esau von der Jagd heim. Auch er bereitete ein gutes Gericht und trug es seinem Vater hinein.

Er sprach zu seinem Vater: »Richte dich auf, Vater, und iß von dem Wildbret deines Sohnes, damit mich deine Seele segne.«

Sein Vater Isaak aber sprach zu ihm:

»Wer bist du?«

Er antwortete: »Ich bin dein Sohn, dein Erstgeborener, Esau.«

Da erschrak Isaak über alle Maßen und sprach:

»Wer ist denn der, der ein Wild bereitet und es mir hereingebracht hat? Nun habe ich schon gegessen, ehe du kamst, und ihn gesegnet. Und er wird gesegnet bleiben.«

Isaak entdeckt den Betrug

Als Esau die Worte seines Vaters hörte, schrie er laut auf in seinem Schmerz und sprach zu seinem Vater:

»Segne auch mich, Vater!«

Doch Isaak sprach:

»Dein Bruder ist gekommen und hat dir hinterlistig den Segen weggenommen.«

Esau sprach:

»Mit Recht heißt er Jakob*, denn zweimal hat er mich nun hintergangen. Das Erstgeburtsrecht hat er mir genommen, und nun nimmt er mir auch noch den Segen.«

Weiter sprach er: »Hast du für mich denn keinen Segen mehr?«

Isaak antwortete und sprach zu Esau:

»Sieh, ich habe ihn zum Herrn über dich gemacht, und alle seine Brüder habe ich ihm zu Knechten gegeben. Ich habe ihm Korn und Wein gegeben. Was kann ich da noch für dich tun, mein Sohn?«

Esau sprach zu seinem Vater:

»Hast du denn nur den einen Segen, Vater? Segne auch mich, Vater!«

Esau fing laut zu weinen an. Da antwortete sein Vater Isaak und sprach zu ihm:

> »Sieh, fern vom Fett der Erde
> soll deine Wohnung sein
> und fern vom Tau
> des Himmels droben.
> Von deinem Schwerte mußt du leben,

> und deinem Bruder sollst du dienen.
> Einst aber
> wirst du sein Joch
> von deinem Nacken abschütteln.«

Esau aber haßte den Jakob um des Segens willen, mit dem sein Vater ihn gesegnet hatte. Esau sprach bei sich selbst: »Bald kommt die Zeit der Trauer um meinen Vater; dann will ich meinen Bruder Jakob töten.«

Als nun Rebekka diese Worte ihres Sohnes Esau hinterbracht wurden, ließ sie ihren jüngeren Sohn Jakob rufen.

Sie sprach zu ihm: »Sieh, dein Bruder Esau will Rache an dir nehmen und dich töten. Darum höre auf mich, mein Sohn; mache dich auf und flieh zu meinem Bruder Laban nach Haran. Bleibe eine Weile bei ihm, bis sich deines Bruders Zorn von dir wendet und er vergißt, was du ihm angetan hast. Dann will ich nach dir schicken und dich nach Hause holen lassen.«

Isaak rief Jakob, und er gebot ihm und sprach: »Du sollst dir keine Frau nehmen unter den Töchtern Kanaans. Mache dich auf und ziehe nach Mesopotamien, zum Hause Bethuels, des Vaters deiner Mutter, und nimm dir eine Frau unter den Töchtern Labans, des Bruders deiner Mutter. Der allmächtige Gott segne dich, damit das Land, in dem du als Fremdling weilst, und das Gott dem Abraham gegeben hat, dein eigen werde.«

So entließ Isaak seinen Sohn Jakob.

Jakobs Flucht und Traum

Jakob aber zog aus von Beerseba und machte sich auf den Weg nach Haran. Als er eine Tagereise zurückgelegt hatte und die Sonne untergegangen war, übernachtete er. Er nahm einen von den Steinen des Ortes, legte ihn unter seinen Kopf und schlief ein.

Da träumte ihm, eine Treppe sei auf die Erde gestellt, die mit der Spitze den Himmel berührte, und die Engel Gottes stiegen auf ihr auf und nieder.

* der Hinterlistige

Und siehe, der Herr stand vor ihm und sprach: »Ich bin der Herr, der Gott deines Vaters Abraham, und der Gott Isaaks. Das Land, auf dem du ruhst, will ich dir und deinen Nachkommen geben. Deine Nachkommen sollen zahlreich werden wie der Staub der Erde; nach Westen und nach Osten, nach Norden und nach Süden sollst du dich ausbreiten. Durch dich und deine Nachkommen sollen alle Geschlechter der Erde gesegnet sein.

Siehe, ich bin mit dir und will dich behüten überall, wo du hinziehst, und dich in dieses Land zurückbringen. Ich will dich nicht verlassen, bis ich alles getan, was ich dir versprochen habe.«

Als Jakob aus seinem Schlaf erwachte, sprach er: »Fürwahr, der Herr ist an diesem Ort, und ich wußte es nicht.« Er fürchtete sich und sprach:

»Hier ist das Haus Gottes; hier ist die Pforte des Himmels.«

In der Frühe des andern Morgens erhob sich Jakob. Er nahm den Stein, den er unter sein Haupt gelegt hatte, richtete ihn auf als Malstein, goß Öl darauf und nannte die Stätte Bethel (Gotteshaus).

Dann legte Jakob ein Gelübde ab, indem er sprach:

»Wenn Gott mit mir ist und mich behütet auf dem Weg, den ich jetzt ziehe, wenn er mir Brot gibt zum Essen und Kleider zum Anziehen, und wenn ich wohlbehalten in meines Vaters Haus zurückkehre, dann soll der Herr mein Gott sein, und dieser Stein den ich als Malstein aufgerichtet habe, soll ein Gotteshaus werden; und von allem, was du mir schenkst, o Gott, will ich dir den Zehnten geben.«

Jakob und Rahel

Dann machte sich Jakob auf und wanderte nach dem Land im Osten. Als er sich umschaute, sah er auf dem Feld einen Brunnen, an dem lagerten gerade drei Herden Schafe, denn aus dem Brunnen pflegten die Hirten die Herden zu tränken. Ein großer Stein lag über der Öffnung. Wenn alle Herden dort versammelt waren, wälzten die Hirten den Stein von der Öffnung und tränkten die Schafe; dann brachten sie den Stein wieder an seine Stelle über der Öffnung.

Jakob sprach zu den Hirten:

»Meine Brüder, wo seid ihr her?«

Sie antworteten: »Wir sind von Haran.«

Er sprach zu ihnen: »Kennt ihr Laban, den Sohn Nahors?«

Sie antworteten: »Gewiß kennen wir ihn.«

Er sprach zu ihnen: »Geht es ihm gut?«

Sie antworteten: »Ja, es geht ihm gut. Doch sieh, da kommt eben seine Tochter Rahel mit den Schafen.«

Während er noch mit ihnen redete, war Rahel mit den Schafen ihres Vaters herangekommen, die sie stets hütete. Als Jakob Rahel, die Tochter seines Oheims Laban, sah, wälzte er den Stein von der Öffnung des Brunnens und tränkte die Schafe seines Oheims Laban.

Jakob küßte Rahel und begann vor Freude zu weinen. Dann sagte er Rahel, daß er ein Verwandter ihres Vaters und Rebekkas Sohn sei. Da ließ sie die Herde allein, lief hin und sagte es ihrem Vater.

Laban aber kam herbeigeeilt, um Jakob, den Sohn seiner Schwester, zu begrüßen; er umarmte und küßte ihn und führte ihn in sein Haus. Jakob erzählte Laban seine ganze Geschichte. Laban sprach zu ihm: »Ja, du bist von meinem Fleisch und Bein.« Und Jakob blieb einen Monat bei ihm.

Da sprach Laban zu ihm:

»Du bist mein Verwandter, aber sollst du mir darum umsonst dienen? Sage mir, was soll dein Lohn sein?«

Nun hatte Laban zwei Töchter. Die ältere hieß Lea, und die jüngere Rahel. Lea war unscheinbar, Rahel aber war schön.

Jakob gewann Rahel lieb.

Daher sprach er:

»Ich will dir sieben Jahre dienen, wenn du mir danach Rahel, deine jüngere Tochter, gibst.«

Laban antwortete: »Es ist besser, ich gebe sie dir, als daß ich sie einem fremden Manne gebe. Bleibe bei mir.«

Also diente Jakob sieben Jahre um Rahel, und sie kamen ihm vor wie ein paar Tage, so lieb hatte er sie.

Jakob will Laban verlassen

Als die sieben Jahre um waren, sprach Jakob zu Laban:

»Gib mir nun meine Frau, denn ich habe den Vertrag erfüllt.« Und Laban bereitete die Hochzeitsfeier vor. Am Abend aber, als

erhörte ihr Gebet, und sie gebar einen Sohn, den nannte sie Josef.

Als Jakob dem Laban zwanzig Jahre gedient hatte, war er über die Maßen reich; er besaß viel Vieh, Mägde und Knechte, Kamele und Esel. Da vernahm er, daß die Söhne Labans sagten:

»Jakob hat das ganze Gut unseres Vaters an sich gebracht; von unseres Vaters Besitz hat er all diesen Reichtum erworben.«

Jakob sah an Labans Miene, daß er anders zu ihm war als früher.
Der Herr sprach daher zu Jakob:

»Kehre zurück in das Land deiner Väter, in deine Heimat! Ich will mit dir sein.«

Da ließ Jakob Rahel und Lea zu sich auf das Feld rufen, wo er mit seiner Herde war, und sprach zu ihnen:

»Ich sehe am Gesicht eures Vaters, daß er nicht mehr so zu mir ist, wie er früher war; aber der Gott meines Vaters ist mit mir gewesen. Ihr selber wißt doch, daß ich eurem Vater mit allen Kräften gedient habe. Euer Vater aber hat mich betrogen und mir den Lohn zehnmal verändert. Gott aber hat nicht zugelassen, daß er mir Schaden antut.

Der Engel Gottes sprach zu mir im Traume: ,Jakob, ich bin der Gott, der dir zu Bethel erschienen ist, wo du einen Malstein gesalbt und mir ein Gelübde getan hast. Mache dich auf, ziehe fort aus diesem Lande und kehre in deine Heimat zurück.'«

Da antworteten Rahel und Lea und sprachen zu ihm: »Tue alles, was Gott dir gesagt hat.«

Da machte sich Jakob auf, lud seine Kinder und Frauen auf die Kamele, nahm all sein Vieh und all seine Habe, um zu seinem Vater Isaak in das Land Kanaan zu ziehen.

es dunkel war, führte Laban seine Tochter Lea zu Jakob hinein, und Jakob heiratete sie, denn er glaubte, es sei Rahel. Als Jakob merkte, daß er betrogen worden war, sprach er zu Laban:

»Was hast du mir angetan? Habe ich dir nicht um Rahel gedient?«

Laban antwortete:

»In unserem Land ist es nicht Sitte, die jüngere Tochter vor der älteren zu verheiraten. Doch wenn du versprichst, mir noch sieben Jahre zu dienen, so will ich dir Rahel auch noch zur Frau geben.«

So nahm Jakob Rahel auch noch zur Frau, denn damals war es Sitte, daß ein Mann mehrere Frauen hatte. Er diente Laban noch sieben Jahre. Rahel aber hatte er lieber als Lea.

Rahel bekam keine Kinder und war sehr unglücklich. Lea aber schenkte Jakob viele Söhne. Da erbarmte sich der Herr Rahels; er

Jakob und Rahel ziehen fort

Laban aber war gegangen, seine Schafe zu scheren, und Jakob stahl sich heimlich hinweg. Er floh mit allem, was sein war, setzte über den Euphrat und nahm Richtung auf den Berg Gilead.

Gott aber kam des Nachts im Traum zu dem Syrer Laban und sprach:

»Hüte dich, mit Jakob anders als freundlich zu reden!«

Jakob hatte sein Zelt auf dem Berg aufgeschlagen. Laban und seine Verwandten eilten ihm nach und schlugen ihre Zelte in der Nähe auf. Dann kam Laban zu Jakob und sprach: »Was hast du getan? Warum bist du heimlich entflohen und hast meine Töchter weggeführt wie Kriegsgefangene? Warum hast du mir nichts gesagt, damit ich dich mit Freudengesängen, mit Tamburinen und Harfen hätte geleiten können? Du hast mir nicht einmal erlaubt, meine Enkel und Töchter zum Abschied zu küssen. Wahrhaftig, töricht hast du gehandelt. Ich hätte wohl die Macht, dir Böses zu tun, aber der Gott deines Vaters hat heute nacht zu mir gesprochen und gesagt: ,Hüte dich, mit Jakob anders als freundlich zu reden!' Nun, du bist gewiß weggezogen, weil du Sehnsucht hast nach deines Vaters Haus. Warum aber hast du die Statuette meines Hausgottes gestohlen?«

Jakob wußte nicht, daß Rahel die im Familienbesitz Labans befindliche Statue des Hausgottes gestohlen hatte und antwortete:

»Durchsuche die Zelte, und was dir gehört, das nimm. Wer aber deine Götterstatuette gestohlen hat, der soll sterben.«

Da ging Laban in das Zelt Jakobs, in das Zelt Leas und in das Zelt der Mägde, aber die Statue des Gottes fand er nicht. Rahel hatte sie nämlich in ihrem Kamelsattel versteckt und sich darauf gesetzt. Da sprach Rahel zu ihrem Vater:

»Zürne mir nicht, daß ich mich nicht vor dir erhebe, aber ich fühle mich heute nicht wohl.«

Jakob aber wurde zornig, hatte einen Wortwechsel mit Laban und sprach zu ihm: »Was habe ich dir getan, welches Verbrechen habe ich begangen, daß du mich so verfolgst? Du hast nun all mein Hab und Gut durchsucht. Was hast du gefunden, das dir gehört? Lege es hier hin, vor meine Verwandten und vor deine Verwandten, damit sie Recht sprechen zwischen uns. Seit zwanzig Jahren bin ich bei dir; deine Schafe und Ziegen haben sich vermehrt, und keinen Widder habe ich von deiner Herde gegessen. Am Tage verzehrte mich die Hitze, und in der Nacht der Frost. Der Schlaf floh meine Augen. Vierzehn Jahre habe ich dir um deine beiden Töchter gedient, sechs Jahre um deine Herde, und trotzdem hast du mir den Lohn zehnmal verändert.

Hättest du dich nicht vor dem Gott meines Vaters, dem Gott Abrahams und Isaaks, gefürchtet, du hättest mich mit leeren Händen ziehen lassen. Gott hat mein Elend und die Arbeit meiner Hände gesehen, und heute nacht hat er dich zurechtgewiesen.«

Laban antwortete und sprach zu Jakob:

»Diese Töchter sind meine Töchter, diese Kinder sind meine Kinder, dieses Vieh ist mein Vieh, und alles, was du da siehst, ist mein.

Aber was könnte ich gegen meine Töchter und gegen die Kinder, die sie geboren haben, tun? Darum komm, wir wollen einen Vertrag schließen, ich und du. Wir wollen einen Steinhaufen machen, und der soll Zeuge sein zwischen mir und dir.«

Jakob und Laban schließen einen Vertrag

Da nahm Jakob einen Stein und richtete ihn als Malstein auf. Laban sprach zu seinen Verwandten:

»Sammelt Steine und schichtet einen Haufen!«

Sie sammelten Steine, schichteten sie auf und hielten ein Mahl auf dem Haufen. Dann sprach Laban zu Jakob:

»Sieh den Steinhaufen hier, und sieh den Malstein hier, den ich errichtet habe zwischen mir und dir. Dieser Haufe ist Zeuge, und dieser Malstein ist Zeuge: Ich darf nicht über diesen Haufen hinaus zu dir hinüber, und du darfst nicht über diesen Haufen hinaus zu mir in böser Absicht. Der Gott Abrahams und der Gott Nahors sei Richter zwischen uns!«

Jakob schwor bei der Furcht seines Vaters Isaak. Danach brachte er ein Opfer dar auf dem Berg, und sie aßen und blieben auf dem Berge über Nacht.

Am anderen Morgen in der Frühe erhob sich Laban, küßte seine Enkel und seine Töchter und segnete sie. Dann kehrte er zurück in seine Heimat Haran.

Jakob schickt Boten zu Esau

Auch Jakob zog seines Weges; da begegneten ihm die Engel Gottes.

Als Jakob sie sah, sprach er: »Dies ist das Heerlager Gottes.«

Danach schickte Jakob Boten vor sich her zu seinem Bruder Esau in das Gebiet Edoms. Er befahl ihnen: »So sollt ihr zu meinem Herrn Esau sprechen: ,Dein Knecht Jakob läßt dir sagen: Ich bin bei Laban in der Fremde gewesen und habe mich bis jetzt dort aufgehalten. Ich habe Rinder, Esel und Schafe, Knechte und Mägde erworben, und nun sende ich meinem Herrn Botschaft, damit ich Gnade finde vor seinen Augen.'«

Bald kehrten die Boten zu Jakob zurück und sprachen: »Wir sind zu deinem Bruder Esau gekommen; er zieht dir schon entgegen mit vierhundert Mann.«

Da fürchtete Jakob sich sehr und war betrübt. Er teilte die Leute, die bei ihm waren, und die Schafe, Rinder und Kamele in zwei Lager, denn er dachte: »Wenn Esau auf das eine Lager trifft und es vernichtet, kann doch das andere Lager noch entrinnen.«

Jakob sprach:

»O Gott meines Vaters Abraham und Gott meines Vaters Isaak, errette mich vor meinem Bruder Esau, denn ich fürchte, er wird kommen und mich schlagen, und weder Mutter noch Kinder verschonen. Du hast doch gesagt: ,Ich will dir Gutes tun und dein Geschlecht zahlreich machen wie den Sand am Meer, den man nicht zählen kann.'«

Jakob verbrachte die Nacht an der Stätte seines Gebetes. Dann nahm er aus seinem Besitz ein Geschenk für seinen Bruder Esau:

zweihundert Ziegen und zwanzig Böcke, zweihundert Schafe und zwanzig Widder, dreißig säugende Kamele mit ihren Füllen, vierzig Kühe und zehn Stiere, zwanzig Eselinnen mit zehn Füllen.

Dies alles übergab er seinen Knechten, jede Herde für sich. Zum ersten Knecht sprach er:

»Wenn dir mein Bruder Esau begegnet und dich fragt: ,Wem gehörst du, und wo willst du hin? Wem gehören diese Tiere, die du vor dir hertreibst?' so sollst du sagen: ,Sie gehören deinem Knecht Jakob. Sie sind ein Geschenk, das er meinem Herrn Esau sendet. Sieh, er kommt selber hinter uns her.'«

Den gleichen Befehl gab Jakob dem zweiten Knecht, und dem dritten, und allen, die hinter den Herden hergingen:

»So sollt ihr zu Esau sprechen, wenn ihr ihn trefft.«

Denn Jakob dachte:

»Ich will ihn mit dem Geschenk, das ich vor mir herschicke, versöhnen; dann erst will ich ihm ins Angesicht sehen. Vielleicht nimmt er mich gnädig auf.«

Die Knechte machten sich auf mit dem Geschenk; Jakob aber blieb die Nacht im Lager.

Während der Nacht stand er dann auf, nahm seine beiden Frauen und seine beiden Mägde und seine elf Söhne, und ging über die Furt des Jabbok. Er führte sie über den Fluß; auch all seine Habe brachte er hinüber.

Jakob aber blieb allein zurück. Die ganze Nacht hindurch rang er mit einem Engel. Bei Tagesanbruch sprach der Engel: »Laß mich los!« Jakob antwortete: »Ich lasse dich nicht, du segnest mich denn!« Da sagte der Engel:

»Du sollst nicht mehr Jakob heißen, sondern Israel. Denn du hast mit Gott gerungen und du hast gesiegt.«

Jakob und Esau versöhnen sich

Als nun Jakob seine Augen erhob, sah er Esau kommen und vierhundert Mann mit ihm. Da verteilte er die Kinder auf Lea, Ra-

hel und die beiden Mägde. Er stellte die Mägde mit ihren Kindern voran, dahinter Lea mit ihren Kindern, und Rahel mit Josef zuletzt.

Er selbst ging vor ihnen her und verneigte sich siebenmal zur Erde, bis er bei seinem Bruder war. Esau aber eilte ihm entgegen, umarmte ihn, fiel ihm um den Hals und küßte ihn, und sie weinten. Als Esau nun die Augen erhob und die Frauen mit ihren Kindern sah, sprach er:

»Wer sind diese da bei dir?«

Jakob antwortete: »Das sind die Kinder, die Gott deinem Knecht in seiner Gnade geschenkt hat.«

Die Mägde traten heran mit den Kindern und verneigten sich. Dann trat auch Lea heran mit ihren Kindern, und sie verneigten sich. Danach traten Josef und Rahel heran und verneigten sich auch.

Esau sprach: »Was sollen denn all diese Herden bedeuten, denen ich begegnet bin?«

Jakob antwortete: »Sie sollen mir helfen, Gnade zu finden vor deinen Augen.«

Esau sprach: »Ich habe genügend, mein Bruder. Behalte, was du hast.«

Jakob antwortete: »Weil ich Gnade vor dir gefunden habe, so nimm wenigstens das Geschenk von mir an, denn ich habe ja dein Angesicht schauen dürfen, wie man Gottes Angesicht schaut, und du hast mich gütig aufgenommen.

Nimm doch die Gabe an, die ich dir gebracht habe, denn Gott hat es mir in Gnaden beschert, und ich habe vollauf genug.«

So drängte Jakob seinen Bruder, bis dieser das Geschenk annahm.

Esau sprach: »Laß uns nun aufbrechen! Ich will vor dir herziehen.«

Jakob aber sprach: »Mein Herr sieht, daß die Kinder noch zart sind, und daß ich für die säugenden Schafe und Rinder sorgen muß. Wenn sie sich überanstrengen, und sei es nur einen Tag, so stirbt mir die ganze Herde.

Mein Herr ziehe doch seinem Knechte voraus. Ich will so schnell nachfolgen, als das Vieh und die Kinder wandern können, bis ich zu meinem Herrn nach Seir komme.«

Esau sprach: »So will ich von den Leuten, die ich bei mir habe, einige bei dir lassen.«

Jakob antwortete: »Wozu das? Ich bin glücklich und sicher, wenn ich Gnade finde vor meinem Herrn.«

Da zog Esau an jenem Tag wieder seines Weges nach Seir.

Jakob aber zog nach Sichem im Lande Kanaan und lagerte vor der Stadt.

Er kaufte das Stück Land, auf dem er sein Zelt aufgeschlagen hatte, um den Wert von hundert Lämmern. Dort errichtete er einen Altar und nannte ihn ,El ist der Gott Israels'.

Josef und seine Brüder

Jakob aber blieb in dem Lande Kanaan, wo sein Vater als Fremdling geweilt hatte. Sein Sohn Josef, ein starker, gesunder Junge, hütete jeden Tag die Herden mit all seinen Brüdern, den Söhnen der Frauen seines Vaters.

Jakob aber hatte Josef lieber als alle seine andern Söhne, weil er ein Sohn des Alters war, und er ließ ihm ein prächtiges Gewand machen.

Als nun seine Brüder sahen, daß ihr Vater ihn lieber hatte als alle seine andern Söhne, haßten sie ihn und konnten kein freundliches Wort mehr mit ihm reden.

Einst hatte Josef einen Traum, den erzählte er seinen Brüdern. Er sprach:

»Hört doch zu, was mir geträumt hat! Wir banden Garben auf dem Felde. Da richtete sich auf einmal meine Garbe auf und blieb stehen. Eure Garben aber stellten sich um meine Garbe herum und verneigten sich vor ihr.«

Da sprachen seine Brüder zu ihm:

»Du willst wohl unser König sein und über uns herrschen?«

Sie haßten ihn daher wegen seiner Träume und seiner Worte noch mehr.

Ein anderesmal hatte er wieder einen Traum; auch den erzählte er seinen Brüdern und sprach:

»Seht, ich habe wieder einen Traum gehabt: Die Sonne, der Mond und elf Sterne verneigten sich vor mir.«

Diesen Traum erzählte er auch seinem Vater. Sein Vater schalt ihn und sprach zu ihm:

»Was ist das für ein Traum, den du gehabt hast? Sollen etwa ich und deine Mutter und deine Brüder kommen und vor dir niederfallen?«

Josefs Brüder sind neidisch

Seine Brüder wurden neidisch auf ihn; sein Vater aber dachte bei sich über die Sache nach.

Als nun seine Brüder nach Sichem gingen, um dort die Schafe ihres Vaters zu weiden, sprach Jakob zu Josef:

»Du weißt, deine Brüder weiden bei Sichem die Schafe. Komm, ich will dich zu ihnen senden.«

Josef erwiderte: »Hier bin ich.«

Jakob sprach zu ihm: »So geh und schau, ob es deinen Brüdern und der Herde gut geht, und bringe mir Nachricht.«

So schickte er Josef hin aus dem Tal von Hebron, und Josef kam nach Sichem. Als er dort auf dem Felde herumirrte, traf er einen Mann. Dieser fragte ihn:

»Was suchst du?«

Josef antwortete: »Ich suche meine Brüder. Kannst du mir sagen, wo sie die Herden hüten?«

Der Mann sprach: »Sie sind von hier weggezogen, denn ich hörte sie sagen: Laßt uns nach Dothan gehen.«

Da ging Josef seinen Brüdern nach und fand sie bei Dothan.

Als sie ihn von ferne sahen, dachten sie, bevor er herankam, einen Plan aus, ihn zu töten. Sie sprachen zueinander:

»Seht, da kommt der Träumer! Wir wollen ihn töten und in eine Zisterne werfen. Später sagen wir, ein wildes Tier habe ihn gefressen. So wird sich zeigen, was aus seinen Träumen wird!«

Als Ruben das hörte, sprach er:

»Töten wollen wir ihn nicht! Vergießt kein Blut! Werft ihn lieber in die Zisterne da in der Wüste, doch legt nicht Hand an ihn!«

Das sagte er, weil er ihn aus ihrer Hand erretten und seinem Vater zurückbringen wollte.

Josef wird in die Zisterne geworfen

Als nun Josef zu seinen Brüdern kam, zogen sie ihm sein prächtiges Gewand aus, das er trug. Sie ergriffen ihn und warfen ihn in die Zisterne. Die Zisterne aber war leer und Wasser war nicht darin.

Dann setzten sie sich zum Essen nieder. Plötzlich sahen sie eine Karawane von Ismaelitern daherkommen, aus Gilead, deren Kamele mit Gewürzen, Balsam und Myrrhen beladen waren, die sie nach Ägypten bringen wollten.

Da sprach Juda zu seinen Brüdern:

»Was nützt es uns, wenn wir unsern Bruder erschlagen und sein Blut verbergen? Kommt, wir wollen ihn an die Ismaeliter verkaufen, aber nicht Hand an ihn legen; er ist doch unser Bruder und unser Fleisch.«

Und seine Brüder hörten auf ihn. Sie zogen Josef aus der Zisterne und verkauften ihn um zwanzig Silberstücke an die Ismaeliter; diese brachten Josef nach Ägypten.

Die Brüder nahmen das Gewand Josefs, schlachteten einen Ziegenbock und tauchten das Gewand in das Blut. Dann brachten sie das prächtige Gewand ihrem Vater und sprachen: »Das haben wir gefunden. Weißt du, ob es deines Sohnes Leibrock ist?«

Er betrachtete ihn und sprach:

»Es ist meines Sohnes Rock. Ein wildes Tier hat ihn gefressen. Mein Josef ist zerrissen worden!«

Jakob zerriß vor Schmerz seine Kleider, legte ein Trauergewand an und trauerte lange Zeit um seinen Sohn. Alle seine Söhne und Töchter gingen zu ihm, um ihn zu trösten. Aber er wollte sich nicht trösten lassen und sprach: »Vor Trauer werde ich zu meinem Sohn ins Totenreich hinabfahren!«

So sehr beweinte ihn sein Vater.

Josef in Ägypten

Als Josef nach Ägypten gebracht worden war, kaufte ihn Potiphar, der Kämmerer des Pharao, der Oberste der Leibwache, von den Ismaelitern.

Der Herr war aber mit Josef, und es geriet alles wohl, so daß er im Hause seines Gebieters, des Ägypters, bleiben durfte. Als nun sein Gebieter sah, daß der Herr mit ihm war, und daß der Herr ihm alles wohl gelingen ließ, fand Josef große Gunst bei ihm und wurde sein Aufseher. Potiphar setzte Josef über sein Haus und seinen ganzen Besitz.

Von da an segnete der Herr das Haus des Ägypters um Josefs willen, und der Segen des Herrn ruhte auf allem, was er besaß, in Haus und Feld. Darum überließ Potiphar Josef alles, was er besaß, und kümmerte sich um nichts mehr als um die Speise, die er aß.

Josef aber war schön von Gestalt und Angesicht. Als er erwachsen war, konnte sich

die Frau seines Herrn an ihm nicht satt sehen und gewann ihn lieb. Er aber liebte sie nicht und sprach zu ihr:

»Sieh, mein Herr kümmert sich um nichts mehr im Hause, und alles, was er besitzt, hat er mir übergeben. Er selbst ist in diesem Hause nicht größer als ich. Er hat mir nichts vorenthalten als dich, weil du seine Frau bist. Wie könnte ich dich lieben und ein so großes Unrecht begehen und gegen Gott sündigen?«

So ging sie zu Josefs Herrn und erzählte ihm Lügen über Josef und sprach:

»Der hebräische Sklave, den du ins Haus gebracht hast, hat Böses mit mir getrieben und als ich meine Stimme erhob und schrie, ist er entflohen.«

Als Josefs Herr die Rede seiner Frau hörte, wurde er zornig; er nahm Josef und warf ihn in das Gefängnis, wo die Gefangenen des Königs waren.

Der Traum des Obermundschenks

Danach begab es sich, daß der Mundschenk und der Bäcker des Königs von Ägypten sich an ihrem Herrn versündigten. Da ließ der Pharao sie in das Gefängnis werfen, in dem Josef gefangen lag. Der Oberste der Leibwache gab ihnen Josef, damit er sie bediene.

Eines Nachts hatten beide, der Mundschenk und der Bäcker des Königs von Ägypten, einen Traum, jeder einen anderen. Als Josef am Morgen zu ihnen hereinkam, sah er, daß sie traurig waren. Da fragte er sie:

»Warum seht ihr heute so traurig aus?«

Sie antworteten: »Wir haben geträumt, und wir haben niemand, der unsern Traum auslegt.«

Josef sprach zu ihnen: »Die Auslegung ist allein Gottes. Doch erzählt mir eure Träume!«

Da erzählte der Obermundschenk dem Josef seinen Traum und sprach zu ihm:

Der Herr aber war mit Josef und machte ihn bei dem Gefängnisaufseher beliebt. Also vertraute ihm der Aufseher alle Gefangenen

im Gefängnis an; sie mußten tun, was er sagte.

Der Gefängnisaufseher brauchte sich um nichts zu kümmern, was Josef tat, denn der Herr war mit Josef und ließ alles, was Josef tat, wohl gelingen.

»Ich träumte, ich sehe einen Weinstock vor mir, und an dem Weinstock waren drei Reben. Er trieb, stand auch schon in voller Blüte, und seine Trauben wurden reif. Ich hielt den Becher des Pharao in der Hand, nahm die Trauben, drückte ihren Saft in den Becher und gab ihn dem Pharao in die Hand.«

Josef sprach zu ihm:

»Dies ist die Deutung deines Traumes: Die drei Reben sind drei Tage. In drei Tagen wird der Pharao dein Haupt erhöhen und dich wieder in dein Amt einsetzen. Du darfst dem Pharao wieder den Becher reichen wie früher, als du sein Mundschenk warst.

Dann aber denke an mich, wenn es dir gut geht! Erweise mir den Gefallen und lege beim Pharao ein gutes Wort für mich ein, damit ich aus diesem Gefängnis komme, denn ich bin aus dem Land der Hebräer entführt worden; auch hier habe ich nichts Böses getan, um in den Kerker geworfen zu werden.«

Der Traum des königlichen Oberbäckers

Als der Oberbäcker sah, daß Josef dem Traum eine günstige Deutung gegeben hatte, sprach er zu ihm:

»Auch ich habe geträumt. Ich trug drei Körbe voll Weißbrot auf dem Kopf. Im obersten Korb war allerlei Backwerk für den Pharao, aber die Vögel fraßen es aus dem Korb auf meinem Kopf.«

Josef antwortete ihm und sprach:

»Dies ist die Deutung deines Traumes: Die drei Körbe sind drei Tage. In drei Tagen wird der Pharao dich rufen und an einen Baum hängen lassen, und die Vögel werden dein Fleisch fressen.«

Drei Tage darauf war der Geburtstag des Pharao. Er gab allen seinen Dienern ein Mahl

und ließ auch den Mundschenk und den Oberbäcker rufen. Den Obermundschenk setzte er
wieder in sein Amt ein, und er durfte dem
Pharao wieder den Becher reichen. Den Oberbäcker aber ließ er hängen, wie Josef es ihnen
gesagt hatte.

Aber der Obermundschenk dachte nicht
mehr an Josef, sondern vergaß ihn.

Die Träume des Pharao

Zwei volle Jahre vergingen. Dann hatte der
Pharao eines Nachts einen Traum: Er stand
am Nil und sah sieben schöne, fette Kühe aus
dem Wasser steigen und im Gras weiden.
Danach sah er sieben andere Kühe aus dem
Nil steigen; sie waren häßlich und mager. Sie
stellten sich neben die sieben schönen, fetten
Kühe und fraßen sie auf. Da erwachte der
Pharao.

Dann schlief er wieder ein und hatte einen
anderen Traum: Sieben Ähren wuchsen auf
einem Halm, voll und schön. Nach ihnen sah
er sieben leere Ähren wachsen, die der Ostwind verdorrt hatte. Die sieben verdorrten
Ähren verschlangen die sieben vollen Ähren.
Da erwachte der Pharao und merkte, daß er
geträumt hatte.

Am nächsten Morgen aber war er beunruhigt. Darum ließ er alle Wahrsager und
Weisen Ägyptens rufen und erzählte ihnen
seine Träume. Doch keiner konnte sie dem
Pharao deuten.

Da sprach der Obermundschenk zum Pharao:

»Ich muß heute an meine Unterlassung denken. Als der Pharao zornig über seine Knechte
war und mich und den Oberbäcker in das
Gefängnis des Obersten der Leibwache gab,
da hatten wir, ich und er, in derselben Nacht
einen Traum, jeder von anderer Bedeutung.
Nun war dort ein hebräischer Jüngling bei

uns, ein Sklave des Obersten der Leibwache,
dem erzählten wir unsere Träume, und er legte
sie uns aus. Jedem Traum gab er eine andere
Deutung. Genau so, wie er uns sagte, ist es
gekommen: Mich hat man wieder in mein
Amt eingesetzt, und den Bäcker hat man
gehängt.«

Da ließ der Pharao Josef rufen. Man holte
ihn eilends aus dem Kerker, er wusch sich,
erhielt neue Kleider und trat vor den Pharao.

Da sprach der Pharao zu Josef:

»Ich habe einen Traum gehabt; niemand
kann ihn deuten. Ich habe aber erfahren, daß
du Träume auslegen und deuten kannst.«

Josef antwortete dem Pharao:

»Nicht ich, sondern Gott wird dem Pharao
eine Antwort geben!«

Der Pharao erzählt Josef seine Träume

Nun sprach der Pharao zu Josef:

»Ich träumte, ich stehe am Ufer des Nil.
Da stiegen aus dem Nil sieben schöne, fette
Kühe und weideten im Gras. Nach ihnen
stiegen sieben andere Kühe . herauf, dürr,
häßlich und mager. Diese fraßen die sieben
ersten, fetten Kühe. Als sie diese aufgefressen
hatten, merkte man ihnen nichts an; sie waren

noch immer so häßlich und mager wie zuvor. Da erwachte ich.

Dann hatte ich noch einen Traum: Sieben Ähren wuchsen auf *einem* Halm, voll und schön. Nach ihnen wuchsen sieben dünne Ähren, vom Ostwind verdorrt. Die dünnen Ähren verschlangen die sieben schönen Ähren. Das habe ich den Traumdeutern erzählt, aber keiner kann mir die Träume erklären.«

Da sprach Josef zum Pharao:

»Die beiden Träume des Pharao bedeuten dasselbe. Gott hat dem Pharao verkündet, was er tun will.

Die sieben schönen Kühe und die sieben schönen Ähren bedeuten sieben Jahre; es ist derselbe Traum. Die sieben mageren, häßlichen Kühe und die sieben leeren, vom Ostwind verdorrten Ähren bedeuten sieben Hungerjahre. Das meinte ich, als ich dem Pharao sagte: 'Gott hat dem Pharao gezeigt, was er tun will.' Es werden sieben Jahre kommen mit großer Fülle in ganz Ägypten. Nach ihnen werden sieben Hungerjahre kommen; allen Überfluß Ägyptens wird man vergessen, denn der Hunger wird das Land verzehren.

Daß aber der Pharao zweimal geträumt hat, bedeutet, daß alles bei Gott fest beschlossen ist und daß es bald geschehen wird.

Darum soll der Pharao einen verständigen und weisen Mann senden und ihn zum Statthalter über ganz Ägypten machen. Dann soll der Pharao Beamte einsetzen über das Land, um in den sieben Jahren der Fülle ein Fünftel der Ernte zu erheben im Lande Ägypten.

Sie sollen alles Getreide dieser guten Jahre, die nun kommen werden, einsammeln und das Korn aufspeichern zur Verfügung des Pharao. Sie sollen das Getreide in die Städte schaffen und es dort verwahren. So wird das Getreide dem Lande als Vorrat dienen in den sieben Hungerjahren, die über das Land Ägypten kommen werden, damit die Bevölkerung nicht vor Hunger sterbe.«

Der Plan gefiel dem Pharao und allen seinen Dienern. Der Pharao sprach zu seinen Dienern:

»Könnten wir wohl einen Mann finden, der so vom Geiste Gottes erfüllt ist wie dieser?«

Der Pharao belohnt Josef

Zu Josef aber sprach der Pharao:

»Niemand ist so verständig und weise wie du, denn dir hat Gott dies alles kundgetan. Du sollst über mein Haus gesetzt sein, und deinem Wort soll mein ganzes Volk gehorchen. Nur um den Thron will ich höher sein als du. Sieh, ich setze dich zum Statthalter über das ganze Land Ägypten.«

Und der Pharao zog seinen Siegelring vom Finger und steckte ihn Josef an die Hand. Er kleidete ihn in Gewänder von feinstem Linnen und legte die goldene Kette um seinen Hals. Dann ließ er ihn auf seinem zweiten, königlichen Wagen fahren, und vor ihm herrufen: »Beugt die Knie!« So setzte der Pharao ihn zum Statthalter über ganz Ägypten. Der Pharao sprach zu Josef:

»Ich bin der Pharao, und ohne deinen Willen soll niemand im ganzen Lande Ägypten die Hand oder den Fuß regen!« Und der Pharao verlieh Josef den Namen Zaphenat-Paneah* und gab ihm Asnath, die Tochter Potipheras, des Priesters von On, zur Frau.

Josef bekommt Söhne: Manasse und Ephraim

Josef war dreißig Jahre alt, als er vor den Pharao, den König von Ägypten, gerufen wurde. Dann zog Josef von Pharao fort und fuhr durch das ganze Land Ägypten. In den sieben Jahren der Fülle aber trug das Land Korn im Überfluß. Josef ließ das Getreide sammeln und in die Städte bringen, in jede Stadt tat er das Getreide von den Feldern ihrer Umgebung.

So speicherte Josef das Korn auf, so viel wie der Sand am Meer, so viel, daß er bald aufhörte, es zu messen, denn es war unermeßlich viel.

Asnath, die Tochter Potipheras, des Priesters von On, schenkte Josef, noch ehe die Hungerjahre kamen, zwei Söhne.

Den ersten nannte Josef Manasse. »Denn«, sprach er, »Gott hat mich all meine Leiden und meines Vaters Haus vergessen lassen.«

Den zweiten nannte er Ephraim: »Weil Gott mich fruchtbar gemacht hat im Land meines Elends.«

* d. h.: Der Gott spricht, und er lebt

Als die sieben Jahre der Fülle im Lande Ägypten vorüber waren, begannen die sieben Hungerjahre, wie Josef gesagt hatte. Es kam eine Hungersnot über alle Länder, im ganzen Lande Ägypten jedoch war Brot. Als aber auch das Land Ägypten Hunger litt, schrie das Volk zum Pharao um Brot. Da sprach der Pharao zu allen Ägyptern:

»Geht zu Josef! Was er euch sagt, das tut!«

Die Hungersnot aber kam über die ganze Erde. Josef öffnete alle Kornspeicher und verkaufte den Ägyptern Getreide. Die Hungersnot war schwer im Lande Ägypten. Alle Welt kam zu Josef nach Ägypten, um Korn zu kaufen, denn die Hungersnot war groß in der ganzen Welt.

Josefs Brüder in Ägypten

Als Jakob hörte, daß in Ägypten Korn verkauft wurde, sprach er zu seinen Söhnen:

»Was seht ihr euch lange um? Ich höre, daß in Ägypten Korn verkauft wird. Zieht hinab und kauft dort Getreide, damit wir zu essen haben und nicht sterben.«

Da zogen die zehn Brüder Josefs aus, um in Ägypten Korn zu kaufen. Aber Benjamin, den jüngsten Bruder, ließ Jakob nicht mit ihnen ziehen, denn er befürchtete, es könne ihm etwas zustoßen.

So kamen unter den Leuten, die Korn kaufen wollten, auch die Söhne Jakobs, denn es herrschte Hungersnot im Lande Kanaan. Nun war Josef der Statthalter im Lande, der allem Volk im Lande Korn verkaufte. Als Josefs Brüder zu ihm kamen, warfen sie sich vor ihm zur Erde nieder.

Sobald Josef seine Brüder sah, erkannte er sie. Aber er stellte sich fremd gegen sie, fuhr sie hart an und fragte:

»Wo kommt ihr her?«

Sie sprachen: »Aus dem Lande Kanaan; wir wollen Korn kaufen.«

Aber Josefs Brüder erkannten ihn nicht. Da mußte Josef an die Träume denken, die er von ihnen geträumt hatte. Er sprach zu ihnen:

»Ihr seid Spione! Ihr seid gekommen, die Geheimnisse dieses Landes zu erkunden!«

Sie erwiderten ihm: »Nein, Herr! Deine Knechte sind gekommen, um Korn zu kaufen. Wir sind ehrliche Leute, und keine Spione!«

Aber Josef sprach zu ihnen:

»Es ist so, wie ich sagte: Ihr seid gekommen, die Geheimnisse dieses Landes zu erkunden!«

Sie antworteten: »Wir waren zwölf Brüder, die Söhne *eines* Mannes im Lande Kanaan. Der jüngste ist jetzt noch bei unserm Vater, und einer ist nicht mehr.«

Josef aber sprach zu ihnen:

»Es ist so, wie ich gesagt habe: Spione seid ihr! Aber ich will euch prüfen. Beim Leben des Pharao, ihr sollt nicht von hier fortziehen, ehe nicht euer jüngster Bruder herkommt. Sendet einen von euch hin, daß er euren Bruder hole. Ihr anderen aber bleibt hier gefangen. So will ich prüfen, ob ihr die Wahrheit sprecht. Wenn nicht, so seid ihr Spione, so wahr der Pharao lebt.«

Er ließ sie alle ins Gefängnis einliefern.

Am dritten Tag aber sprach Josef zu ihnen:

»Wollt ihr am Leben bleiben, so tut dies, denn ich bin gottesfürchtig: Seid ihr ehrliche Leute, so lasset einen von euch hier im Gefängnis. Ihr andern aber zieht hin und nehmet genug Getreide mit heim, den Hunger eurer Familien zu stillen. Dann bringt euren jüngsten Bruder zu mir, als Beweis, daß eure Worte wahr sind, damit ihr nicht sterben müßt.«

Sie sprachen untereinander: »Wahrlich, wir haben uns schuldig gemacht an unserem Bruder. Wir sahen seine Seelenangst, als er uns anflehte, aber wir hörten nicht auf ihn. Darum kommt nun diese Not über uns.«

Ruben antwortete ihnen:

»Habe ich euch nicht gesagt: 'Versündigt euch nicht an dem Knaben?' Doch ihr wolltet nicht hören. Nun müssen wir für sein Blut bezahlen.«

Sie wußten aber nicht, daß Josef sie verstand, denn er redete durch einen Dolmetscher mit ihnen. Josef ging hinaus, und er weinte.

Dann kehrte er zu ihnen zurück und redete mit ihnen. Er nahm den Simeon von ihnen fort und ließ ihn vor ihren Augen binden.

Danach befahl er seinen Knechten, ihnen die Säcke mit Korn zu füllen und einem jeden das Geld wieder in den Sack zu legen und ihnen Reiseproviant mitzugeben.

Die Brüder kehren nach Hause zurück

Sie luden ihr Korn auf ihre Esel und zogen fort. Als sie aber in einer Herberge halt machten und einer seinen Sack auftat, um seinem Esel Futter zu geben, sah er sein Geld oben im Sacke liegen.

Da sprach er zu seinen Brüdern: »Mein Geld ist wieder in meinem Sack!«

Da verloren sie den Mut. Sie sahen sich erschrocken an und sprachen:

»Was hat Gott uns angetan?«

Als sie nun heimkamen zu ihrem Vater Jakob nach Kanaan, erzählten sie ihm alles, was ihnen begegnet war.

»Der Mann, der Herr im Lande ist, hat hart mit uns geredet und uns für Spione gehal-

ten. Doch wir sprachen zu ihm: 'Wir sind ehrliche Leute, wir sind keine Spione. Wir sind zwölf Brüder. Einer ist nicht mehr, und der Jüngste ist jetzt noch bei unserem Vater im Lande Kanaan.' Da sprach der Mann, der Herr des Landes, zu uns:

'Ihr sollt mir beweisen, daß ihr ehrliche Leute seid. Laßt einen von euch Brüdern hier bei mir, nehmt genug Korn mit, den Hunger eurer Familien zu stillen und zieht heim. Aber bringt mir euren jüngsten Bruder. Daran will ich erkennen, daß ihr keine Spione seid, sondern ehrliche Leute. Dann erst will ich euch euren Bruder wiedergeben, und ihr mögt frei im Lande umherziehen und handeln.'«

Als sie die Säcke leerten, da fand ein jeder den Beutel mit seinem Geld in seinem Sack. Als sie aber, sie und ihr Vater, die Beutel mit dem Gelde sahen, fürchteten sie sich. Da sprach Jakob zu ihnen:

»Ihr habt mir meine Kinder genommen. Josef ist nicht mehr, Simeon ist nicht mehr, und Benjamin wollt ihr mir auch noch nehmen. All dies muß ich noch erleben!«

Da erwiderte Ruben seinem Vater:

»Du magst meine beiden Söhne töten, wenn ich dir Benjamin nicht wiederbringe. Überlasse ihn mir; ich bringe ihn dir gewiß zurück.«

Doch Jakob sprach: »Mein Sohn soll nicht mit euch ziehen, denn sein Bruder ist tot, und er allein ist noch übrig. Wenn ihm etwas zustoßen sollte auf dem Weg, so würdet ihr meine grauen Haare vor Kummer ins Grab hinunterbringen.«

Benjamin geht nach Ägypten

Die Hungersnot aber dauerte an im Land. Als Jakob und seine Söhne das Korn, das sie aus Ägypten geholt, aufgegessen hatten, sprach ihr Vater zu ihnen:

»Geht noch einmal hin und kauft uns ein wenig zu essen.«

Da erwiderte ihm Juda:

»Wenn du unseren Bruder mit uns gehen läßt, so wollen wir hinabziehen und dir zu essen kaufen. Willst du ihn aber nicht mitgehen lassen, so ziehen wir nicht hinab. Denn der Mann hat zu uns gesagt: 'Ihr dürft mir nicht mehr unter die Augen treten, wenn ihr euren Bruder nicht mitbringt.'«

Jakob aber sprach: »Warum habt ihr mir das zuleide getan und dem Manne gesagt, daß ihr noch einen Bruder habt?«

Sie antworteten:

»Der Mann hat genau nach uns und unserer Verwandtschaft gefragt: 'Lebt euer Vater noch? Habt ihr noch einen Bruder?' Da sagten wir ihm, wie es ist. Konnten wir denn ahnen, daß er sagen würde: 'Bringt euren Bruder her'?«

Dann sprach Juda zu seinem Vater Jakob:

»Gib mir den Knaben mit, so wollen wir uns aufmachen und hinziehen, damit wir zu leben haben und nicht sterben, wir und du und unsere Kinder.

Ich will die Verantwortung für ihn übernehmen. Von mir sollst du ihn wieder fordern. Wenn ich ihn dir nicht wiederbringe, so will ich mein Leben lang die Schuld tragen. Hätten wir nicht so lange gezögert, so wären wir jetzt schon wieder zurück.«

Da sprach ihr Vater Jakob zu ihnen:

»Wenn es denn sein muß, so tut dies: Füllt von den besten Früchten des Landes in eure Säcke und bringt es dem Manne als Geschenk, ein wenig Balsam und Honig, Gewürze, Myrrhe, Datteln und Mandeln. Nehmt auch den doppelten Betrag an Geld mit euch. Dann könnt ihr das Geld, das in eure Säcke gelegt wurde, zurückgeben. Vielleicht ist ein Irrtum unterlaufen.

Nehmt also euren Bruder und geht noch einmal zu dem Manne. Der allmächtige Gott lasse euch Barmherzigkeit finden vor dem Manne, daß er Benjamin und euren anderen Bruder mit euch ziehen lasse! Denn wenn ich um meine Kinder trauern muß, so ist meine Trauer sehr bitter.«

Da nahmen die Brüder das Geschenk und den doppelten Betrag an Geld, und zogen mit Benjamin nach Ägypten und traten vor Josef.

Die Brüder werden in Josefs Haus geführt

Als Josef den Benjamin bei ihnen sah, gebot er seinem Hausverwalter:

»Führe diese Männer ins Haus, schlachte ein Tier und bereite ein Mahl, denn sie sollen mit mir zu Mittag essen.«

Der Mann tat, wie Josef befohlen hatte, und führte die Brüder in Josefs Haus.

Sie aber fürchteten sich, als sie in Josefs Haus geführt wurden und sprachen: »Wir werden hier hereingeführt wegen des Geldes, das beim ersten Mal wieder in unsre Säcke gekommen ist. Er will über uns herfallen, uns zu Sklaven machen und uns die Esel wegnehmen.«

Darum traten sie zu dem Mann, der Josefs Haus verwaltete, redeten mit ihm an der Pforte und sprachen:

»Mein Herr, wir sind schon einmal hierher gekommen, um Korn zu kaufen, doch als wir auf der Rückreise in die Herberge kamen und unsere Säcke aufmachten, da lag zur allgemeinen Überraschung eines jeden Geld oben in seinem Sack, und zwar der volle Betrag. Dieses Geld haben wir nun wieder mitgebracht.

Wir haben aber auch noch anderes Geld bei uns, um Nahrungsmittel zu kaufen. Wir wissen nicht, wer das Geld in unsere Säcke gelegt hat.«

Der Hausverwalter aber sprach: »Fürchtet euch nicht! Euer Gott und eures Vaters Gott hat euch einen Schatz in die Säcke getan. Euer Geld ist mir übergeben worden.«

Er brachte den Simeon zu ihnen heraus.

Dann führte er die Brüder in Josefs Haus, reichte ihnen Wasser, damit sie sich die Füße wuschen, und gab ihren Eseln Futter. Sie aber machten das Geschenk bereit, um es Josef zu geben, wenn er am Mittag kam, denn sie hatten gehört, daß sie mit ihm essen sollten.

Als Josef nach Hause kam, übergaben sie ihm das Geschenk, das sie bei sich hatten, und warfen sich vor ihm zur Erde.

Er aber begrüßte sie und sprach: »Geht es eurem alten Vater gut, von dem ihr erzählt habt? Ist er noch am Leben?«

Sie antworteten: »Deinem Knecht, unserem Vater, geht es gut; er ist noch am Leben.«

Sie verneigten sich vor ihm bis zur Erde.

Als Josef seinen Bruder Benjamin erblickte, den Sohn seiner Mutter, sprach er:

»Ist das euer jüngster Bruder, von dem ihr mir erzählt habt?« Danach sprach er: »Gott sei dir gnädig, mein Sohn!«

Dann aber ging Josef eilig in sein Zimmer, denn er war tief bewegt beim Anblick seines Bruders und mußte weinen. Dann wusch er sein Angesicht, kam wieder heraus und sprach: »Tragt das Essen auf!«

Josef ißt mit seinen Brüdern zu Mittag

Man trug aber ihm und den Brüdern getrennt auf, und auch den Ägyptern, denn die Ägypter dürfen nicht mit den Hebräern essen; das ist den Ägyptern verboten.

Die Brüder aber saßen Josef gegenüber, dem Alter nach, vom Erstgeborenen bis zum Jüngsten. Die Männer sahen sich deshalb verwundert an.

Josef ließ ihnen Gerichte auftragen von seinem Tische. Dem Benjamin aber wurde fünfmal mehr aufgetragen als den anderen.

Sie tranken mit ihm und waren guter Dinge.

Dann gebot Josef seinem Hausverwalter: »Fülle den Männern die Säcke mit Getreide, soviel sie mitführen können, und lege jedem sein Geld oben in den Sack. Dem Jüngsten aber lege oben in den Sack zu dem Geld für das Korn meinen silbernen Becher.«

Der Hausverwalter tat, wie ihm Josef gesagt hatte.

Am Morgen, als es Tag wurde, ließ man die Männer mit den Eseln ziehen. Kaum aber hatten sie die Stadt verlassen, da sprach Josef zu seinem Hausverwalter:

»Jage den Männern nach! Wenn du sie eingeholt hast, so sprich zu ihnen: 'Warum habt ihr Gutes mit Bösem vergolten? Ist das nicht der Becher, aus dem mein Herr trinkt, und aus dem er weissagt? Da habt ihr Böses getan!'«

Als der Hausverwalter sie einholte, redete er so mit ihnen. Sie aber antworteten:

»Herr, warum redest du so? Ferne sei es von deinen Knechten, so etwas zu tun! Das Geld, das wir in unseren Säcken fanden, haben wir doch aus dem Lande Kanaan zurückgebracht! Warum sollten wir aus dem Hause deines Herrn Silber oder Gold stehlen? Der unter uns, bei dem es gefunden wird, der soll sterben, und wir andern wollen deine Sklaven sein.«

Der Hausverwalter sprach:

»Ja, genau so, wie ihr gesagt habt, soll es sein! Der, bei dem es gefunden wird, soll mein Sklave sein. Ihr andern aber geht frei aus.«

Hastig ließ jeder seinen Sack auf die Erde herab und machte ihn auf. Der Hausverwalter aber suchte nach: Beim Ältesten begann er, und beim Jüngsten hörte er auf. Den Becher fand er in Benjamins Sack.

Da zerrissen die Brüder vor Schmerz ihre Kleider, luden die Säcke wieder auf die Esel und kehrten in die Stadt zurück.

Juda trat mit seinen Brüdern in das Haus Josefs, und sie warfen sich vor ihm zur Erde. Da sprach Josef zu ihnen:

»Warum habt ihr das getan? Wißt ihr denn nicht, daß ein Mann wie ich es gewiß bemerken würde«?

Juda antwortete: »Was sollen wir meinem Herrn sagen? Wie sollen wir reden und womit uns rechtfertigen? Gott hat die Schuld deiner Knechte an den Tag gebracht. Siehe, wir sind meines Herrn Sklaven, wir alle, und vor allem der, bei dem der Becher gefunden wurde.«

Josef aber sprach: »Gott behüte, daß ich das verlange! Nur der, bei dem der Becher gefunden wurde, soll mein Sklave sein. Ihr andern mögt in Frieden zu eurem Vater ziehen.«

Juda bittet Josef

Da trat Juda zu ihm heran und sprach: »Mein Herr, laß doch deinen Knecht ein Wort reden vor deinen Ohren! Laß nicht deinen Zorn entbrennen gegen deinen Knecht, auch wenn du so mächtig bist wie der Pharao.

Mein Herr hat seine Knechte gefragt: 'Habt ihr noch einen Vater oder einen Bruder?' Da antworteten wir: 'Wir haben noch unseren alten Vater und einen kleinen Bruder, der ihm im Alter geboren wurde. Sein anderer Bruder ist tot, und so ist er allein von seiner Mutter geblieben. Sein Vater hat ihn sehr lieb.'

Da sprachst du zu deinen Knechten: 'Bringt ihn herab zu mir, damit ich ihn sehe. Wenn euer jüngster Bruder nicht mit euch herabkommt, dürft ihr mir nicht mehr unter die Augen treten!'

Als wir nun zu unserem Vater hinaufkamen, berichteten wir ihm deine Worte. Darauf sprach unser Vater: 'Zieht wieder hin und kauft uns ein wenig zu essen.' Wir aber sprachen: 'Wir können nicht hinabziehen. Nur wenn unser jüngster Bruder bei uns ist, ziehen wir hinab. Denn wir dürfen dem Manne nicht unter die Augen treten, wenn unser jüngster Bruder nicht bei uns ist.'

Da sprach unser Vater: 'Ihr wißt ja selbst, daß mir meine Frau nur zwei Söhne geschenkt hat. Einen habe ich schon verloren; er ist von wilden Tieren zerrissen worden. Ich habe ihn bis heute nicht wiedergesehen. Wenn ihr mir diesen nun auch noch nehmt, und es stößt ihm etwas zu, so bringt ihr meine grauen Haare vor Kummer hinab ins Grab.'

Wenn ich daher nun zu meinem Vater heimkomme, und er sieht, daß der Knabe nicht bei uns ist, an dem er doch mit ganzer Seele hängt, wird er gewiß sterben. Deine Knechte haben ihren Vater vor Kummer ins Grab gebracht.

Denn ich habe für den Knaben die Verantwortung übernommen und gesprochen: 'Wenn ich ihn dir nicht wiederbringe, so will ich mein Leben lang die Schuld tragen.'

Darum erlaube, daß ich an der Stelle des Knaben hierbleibe als Sklave meines Herrn. Den Knaben aber laß heimziehen mit seinen Brüdern. Denn wie könnte ich zu meinem Vater hinaufziehen, wenn der Knabe nicht bei mir ist? Ich könnte das Leid nicht mit ansehen, das dann über meinen Vater käme!«

Josef gibt sich zu erkennen

Da konnte sich Josef nicht länger zurückhalten vor allen, die um ihn herumstanden. Er befahl:

»Alle sollen hinausgehen!« So gingen alle Ägypter hinaus, und Josef gab sich seinen

Brüdern zu erkennen. Aber er weinte so laut, daß die Ägypter es hörten. Auch im Palast des Pharao hörte man es.

Josef sprach zu seinen Brüdern: »Ich bin Josef. Lebt mein Vater noch?«

Aber seinen Brüdern blieb das Wort im Munde stecken, so sehr erschraken sie vor ihm.

Dann sprach Josef zu seinen Brüdern: »Kommt doch zu mir heran!«

Sie traten näher zu ihm heran. Da sprach er: »Ich bin Josef, euer Bruder, den ihr nach Ägypten verkauft habt. Doch nun fürchtet euch nicht, weil ihr mich hierher verkauft habt. Gott hat mich vor euch hergesandt, um euch am Leben zu erhalten.

Zwei Jahre ist nun schon die Hungersnot im Lande, und noch fünf Jahre wird es weder Saat noch Ernte geben. Darum habt nicht ihr mich hierher gesandt, sondern Gott. Er hat mich dem Pharao zum Berater gegeben und zum Herrn über sein Haus und zum

Herrscher über das ganze Land Ägypten.

Nun eilt und zieht hinauf zu meinem Vater und sagt ihm: 'Das läßt dir dein Sohn Josef sagen: Komm herab zu mir und zögere nicht! Du sollst im Land Gosen wohnen, nahe bei mir, du, deine Kinder und deine Kindeskinder mit deinen Schafen und Rindern und allem, was dein ist. Ich will für dich sorgen, denn noch fünf Jahre wird die Hungersnot dauern, damit du mit deinem Hause nicht in Armut gerätst.'

Ihr und mein Bruder Benjamin seht es ja mit eigenen Augen, daß ich selbst es bin, der mit euch redet. Erzählt meinem Vater von all meinen Ehren in Ägypten und von allem, was ihr gesehen habt. Dann kommt eilends mit meinem Vater hierher!«

Josef fiel seinem Bruder Benjamin um den Hals und weinte, und auch Benjamin weinte. Dann küßte er alle seine Brüder und weinte mit ihnen. Danach redeten seine Brüder mit ihm.

Des Pharaos Einladung

Die Kunde davon kam auch in den Palast des Pharao. Es hieß: »Josefs Brüder sind gekommen.« Darüber freuten sich der Pharao und seine Diener.

Der Pharao befahl Josef, seinen Brüdern zu sagen: »Beladet eure Tiere und ziehet heim in das Land Kanaan. Holt euren Vater und eure Familien und kommt zu mir; ich will euch den besten Teil des Landes Ägypten geben, und ihr sollt vom Reichtum des Landes essen.« Auch ließ er ihnen sagen: »Nehmt euch Wagen aus Ägypten für eure Kinder und Frauen und bringt euren Vater hierher. Eure Habe bringt nicht mit, denn das Beste, was das Land Ägypten bietet, soll euch gehören.«

Also gab Josef seinen Brüdern Wagen und Reiseproviant. Jedem schenkte er ein Festkleid; dem Benjamin aber schenkte er dreihundert Lot Silber und fünf Festkleider. Seinem Vater sandte er zehn Esel, beladen mit Waren aus Ägypten, und zehn Eselinnen mit Korn, Brot und Speisen für den Weg.

Dann entließ er seine Brüder, und sie zogen fort. Er sprach zu ihnen: »Streitet nicht unterwegs!«

Sie zogen aus Ägypten hinauf in das Land Kanaan zu ihrem Vater Jakob. Sie berichteten ihm alles und sprachen:

»Josef ist noch am Leben! Ja, er ist Herr über das ganze Land Ägypten!«

Doch Jakobs Herz blieb kalt, denn er glaubte ihnen nicht. Da erzählten sie alles, was Josef zu ihnen geredet hatte. Als er aber die Wagen sah, die Josef gesandt hatte, ihn zu holen, da lebte ihr Vater Jakob wieder auf. Und er sprach:

»Jetzt glaube ich alles! Mein Sohn Josef lebt noch. Ich will hin und ihn sehen, ehe ich sterbe!«

Jakobs Traum

Jakob brach auf mit allem, was er hatte. Als er nach Beerseba kam, brachte er dem Gott seines Vaters Isaak Opfer dar.

Da redete Gott des Nachts im Traum mit ihm und sprach:

»Jakob! Jakob!«

Er antwortete: »Hier bin ich!«

Und Gott sprach:

»Ich bin Gott, der Gott deines Vaters. Fürchte dich nicht, nach Ägypten hinabzuziehen, denn ich will dich dort zu einem großen Volk machen. Ich selber ziehe mit dir hinab nach Ägypten. Ich werde dich auch wieder heraufführen, und Josef soll dir beim Sterben die Augen schliessen.«

Da machte sich Jakob auf von Beerseba. Seine Söhne hoben ihren Vater, ihre Kinder und Frauen auf die Wagen, die der Pharao gesandt hatte, sie hinzuführen. Sie nahmen ihre Herden und ihre Habe mit, die sie im Lande Kanaan erworben hatten. So kam Jakob nach Ägypten, und mit ihm sein ganzes Geschlecht: seine Söhne und seine Enkel, seine Töchter und seine Enkelinnen. Alles brachte er mit nach Ägypten.

Jakob in Ägypten

Als sie nun in das Land Gosen kamen, ließ Josef seinen Wagen anspannen, um seinem Vater Jakob entgegenzuziehen. Als er ihn sah, fiel er ihm um den Hals und weinte lange. Dann sprach Jakob zu Josef:

»Nun, da ich dich wiedergesehen habe und weiß, daß du noch am Leben bist, will ich gern sterben.«

Josef nahm fünf von seinen Brüdern und stellte sie dem Pharao vor. Da sprach der Pharao zu Josefs Brüdern: »Was ist eure Tätigkeit?« Sie antworteten: »Wir sind Schafhirten. Laß doch deine Knechte im Lande Gosen bleiben, denn im Land Kanaan herrscht schwere Hungersnot.« Da sprach der Pharao zu Josef: »Dein Vater und deine Brüder sind zu dir gekommen. Das Land Ägypten steht dir offen. Laß deinen Vater und deine Brüder im besten Teil des Landes Gosen wohnen. Wenn du tüchtige Leute unter ihnen kennst, so mache sie zu Aufsehern über meine eigenen Herden.«

Da brachte Josef seinen Vater Jakob herein und stellte ihn dem Pharao vor. Jakob segnete den Pharao.

Die Hungersnot

Josef verschaffte seinem Vater und seinen Brüdern eigenen Besitz im Lande Ägypten, und zwar den besten Teil des Landes, im Gebiet von Ramses, wie der Pharao geboten hatte. Josef versorgte seinen Vater und seine Brüder und das ganze Haus seines Vaters mit Nahrung nach der Anzahl der Kinder.

Nun war aber die Hungersnot sehr schwer. Das Land Ägypten und das Land Kanaan verschmachteten vor Hunger. So ließ sich Josef von den Leuten im Lande Ägypten und im Land Kanaan Geld geben und gab ihnen Korn dafür. Das Geld lieferte er im Palast des Pharao ab.

Als im Lande Ägypten und im Land Kanaan das Geld ausgegangen war, kamen alle Ägypter zu Josef und sprachen:

»Gib uns Brot! Warum läßt du uns vor deinen Augen sterben? Denn das Geld ist zu Ende.«

Josef sprach: »Gebt euer Vieh her, so will ich euch Brot dafür geben.«

Da brachten sie ihr Vieh, und Josef gab ihnen Brot dafür, für die Pferde, die Schafe, die Rinder und die Esel.

So versorgte er sie in jenem Jahr mit Brot um den Preis all ihres Viehs. Als das Jahr vorüber war, kamen sie im zweiten Jahr wieder zu ihm und sprachen:

»Wir können es unserem Herrn nicht länger verschweigen: Das Geld ist zu Ende, und auch das Vieh gehört schon unserem Herrn. So bleibt denn nichts mehr, das wir unserem Herrn geben können, als unser Leib und unser Feld. Warum sollen wir vor deinen Augen zugrundegehen, wir und unser Feld?

Kaufe uns und unser Feld gegen Brot, damit wir am Leben bleiben und nicht sterben, und damit das Feld nicht veröde. Dann wollen wir und das Feld dem Pharao dienen.«

So kaufte Josef für den Pharao alles Ackerland in Ägyten. Alle Ägypter verkauften ihren Acker, weil die Hungersnot sie hart drückte.

So wurde das Land Eigentum des Pharao. Das Volk aber machte er dem Pharao dienstbar von einem Ende Ägyptens zum anderen.

Nur die Priester behielten ihr Ackerland, denn die Priester hatten vom Pharao ein festes Einkommen an Speise, und sie nährten sich von diesem Einkommen, das der Pharao ihnen gab. Darum brauchten die Priester ihr Ackerland nicht zu verkaufen.

Josef sprach zum Volke:

»Nun habe ich euch und euer Land für den Pharao gekauft. Da habt ihr Saatgut, nun bebaut das Feld. Aber von der Ernte müßt ihr den fünften Teil dem Pharao geben; die anderen vier Teile sollen euch gehören, damit ihr das Feld besäen könnt und zu essen habt mit euren Kindern.«

Sie sprachen: »Du hast uns das Leben gerettet. Wenn wir nur Gnade finden vor unserem Herrn, so wollen wir gern dem Pharao dienen.«

Josef machte es zum Gesetz, daß die Ägypter dem Pharao von ihrer Ernte den fünften Teil geben mußten. Nur das Ackerland der Priester war davon ausgenommen.

Jakob lebte noch siebzehn Jahre im Lande Ägypten, bis er sehr alt war. Als Jakob sterben sollte, ließ er seinen Sohn Josef rufen und sprach zu ihm:

»Willst du mir einen Gefallen tun, so erweise mir die Liebe und Treue und begrabe mich nicht in Ägypten. Wenn ich zu meinen Vätern gehe, bringe mich aus Ägypten heraus und begrabe mich in ihrer Grabstätte. Begrabe mich, wo sie Abraham und seine Frau Sara, wo sie Isaak und seine Frau Rebekka begraben haben, und wo ich Lea begraben habe.«

Josef sprach: »Ich will tun, wie du gesagt hast.«

Jakob aber sprach: »Schwöre es mir!«

Und Josef schwor. Da verneigte sich Jakob zu Häupten der Lagerstätte. Dann sprach er zu Josef:

»Sieh, ich sterbe nun; Gott aber wird mit euch sein und euch wieder in das Land deiner Väter führen!«

Dann rief Jakob seine zwölf Söhne und sprach:

»Versammelt euch, damit ich euch verkünde, was euch in der Zukunft zustoßen wird. Kommt zusammen, ihr Söhne Jakobs, und höret auf Israel, euren Vater!«

Jakob, der Israel genannt wurde, verkündete ihnen, daß aus seinen zwölf Söhnen die zwölf Stämme Israels hervorgehen würden. Er sprach der Reihe nach zu allen seinen Söhnen: Ruben, Simeon, Levi, Juda, Issaschar, Sebulon, Benjamin, Dan, Naphtali, Gad, Josef und Asser. Er verkündete, daß Judas Stamm von allen andern gepriesen werde, daß alle sich vor ihm neigen würden. Er segnete jeden einzelnen seiner Söhne.

Dann gab Jakob seinen Geist auf und wurde versammelt zu seinem Volke.

Da warf sich Josef über seinen Vater, weinte über ihm und küßte ihn. Dann befahl er den Ärzten, seinen Vater einzubalsamieren.

Die Ärzte balsamierten Israel ein. Die Ägypter beweinten ihn siebzig Tage lang.

Als die Trauerzeit vorüber war, sprach Josef zum Hof des Pharao:

»Wollt ihr mir einen Gefallen tun, so redet für mich vor dem Pharao und sagt zu ihm, daß mein Vater mich hat schwören lassen, ihn in der Grabstätte zu begraben, die er sich im Land Kanaan selbst gegraben hat. Der Pharao lasse mich hinaufziehen und meinen Vater begraben; danach will ich wieder kommen.«

Der Pharao sprach:

»So ziehe hinauf und begrabe deinen Vater, wie er es gewünscht hat.«

Josef begräbt seinen Vater

Da zog Josef hinauf, seinen Vater zu begraben. Es zogen mit ihm alle Diener des Pharao, die Ältesten seines Hauses und alle

Ältesten des Landes Ägypten, dazu das ganze Haus. Nur die Kinder, ihre Schafe und Rinder ließen sie im Lande Gosen. Auch Wagen und Reiter zogen mit ihm hinauf. Es war eine große Karawane.

Als sie nun zur Stechdorntenne kamen, die jenseits des Jordan liegt, hielten sie dort eine große und bittere Totenklage. Josef veranstaltete eine Totenfeier für seinen Vater, sieben Tage lang.

Jakobs Söhne trugen ihren Vater in das Land Kanaan, wie er ihnen befohlen hatte,

»Dein Vater hat vor seinem Tode an-
geordnet: 'So sollt ihr zu Josef sagen: Vergib
doch deinen Brüdern ihre böse Tat und die
Sünde, die sie begingen, als sie so übel an
dir gehandelt haben'«

Josef aber weinte, als sie ihm das sagen
ließen. Dann erst gingen seine Brüder selbst
zu ihm, fielen vor ihm nieder und sprachen:

»Nimm uns als deine Knechte!«

Josef sprach zu ihnen: »Fürchtet euch nicht!
Auch ich stehe unter Gott. Ihr wolltet mir
zwar Böses tun, aber Gott lenkte es zum
Guten, damit geschehe, was jetzt sichtbar ist:
ein großes Volk am Leben zu erhalten.

Darum seid ohne Furcht! Ich will für euch
und eure Kinder sorgen.«

Er tröstete sie und redete ihnen gut zu.

und begruben ihn in der Höhle auf dem
Feld Machpela.

Als Josef seinen Vater begraben hatte,
kehrte er nach Ägypten zurück, er und seine
Brüder und alle, die mit ihm hinaufgezogen
waren, seinen Vater zu begraben.

Als nun ihr Vater tot war, sprachen Josefs
Brüder:

»Was aber geschieht, wenn Josef uns all
das Böse heimzahlt, das wir ihm angetan
haben?«

Darum ließen sie dem Josef sagen:

So blieb Josef in Ägypten, er und seines Vaters Haus.

Josef sah Ephraims und Manasses Kinder und Kindeskinder. Als er hundertundzehn Jahre alt war, sprach Josef zu seinen Brüdern:

»Ich sterbe nun; Gott aber wird sich euer annehmen und euch aus diesem Lande hinwegführen in das Land, das er Abraham, Isaak und Jakob verheißen hat.«

Josef nahm den Söhnen Israels einen Eid ab und sprach: »Wenn sich Gott euer annehmen wird, so nehmt meine Gebeine von hier mit.«

Als er starb, war Josef ein alter Mann, aber nicht so alt, wie sein Vater gewesen war. Man balsamierte ihn ein und legte ihn in Ägypten in einen Totenschrein.

Der Auszug aus Ägypten

Die Geburt des Mose

Die Israeliten waren fruchtbar. Sie mehrten sich und wurden über die Maßen zahlreich, so daß das Land Ägypten von ihnen voll war.

Da kam ein neuer König in Ägypten, der nichts von Josef wußte. Der neue Pharao sprach zu seinem Volke:

»Seht, das Volk der Israeliten ist zahlreicher und mächtiger als wir. Wir wollen schlau gegen sie vorgehen, damit ihrer nicht noch mehr werden. Sonst könnten sie sich mit unseren Feinden verbünden und gegen uns kämpfen und aus dem Lande wegziehen.«

So setzten die Ägypter Fronvögte über die Israeliten, die sie zu harter Sklavenarbeit zwangen. Sie mußten dem Pharao die Vorratsstädte Pithom und Ramses bauen. Aber je mehr die Ägypter sie unterdrückten, um so stärker nahmen die Israeliten an Kraft und Zahl zu.

Da befahl der König von Ägypten den Hebammen der Hebräerinnen:

»Wenn eine Hebräerin ein Kind zur Welt bringt, und es ist ein Knabe, so tötet ihn. Ist es aber ein Mädchen, so mag es am Leben bleiben.«

Weil aber die Hebammen gottesfürchtig waren, taten sie nicht, wie der König von Ägypten ihnen geboten hatte, sondern ließen die Knäblein am Leben. Da rief der König die Hebammen und sprach zu ihnen:

»Warum habt ihr das getan? Warum habt ihr die Knäblein am Leben gelassen?«

Die Hebammen antworteten dem Pharao: »Die Kinder der hebräischen Frauen sind immer schon geboren, wenn wir kommen.«

Gott aber war erfreut über die Hebammen und ließ es ihnen gut gehen. Das Volk vermehrte sich und wurde sehr zahlreich. Da gebot der Pharao allen seinen Leuten:

»Alle Knaben, die den Hebräern geboren werden, werft in den Nil; alle Mädchen aber laßt am Leben.«

Moses im Schilf

Es war aber ein Mann aus dem Hause Levi, dessen Frau schenkte ihm einen Sohn. Als sie sah, daß er schön war, versteckte sie ihn drei Monate lang. Als sie ihn aber nicht länger verstecken konnte, nahm sie ein Körbchen von Binsen, überzog es mit Harz und Erdpech und legte das Kind hinein. Dann setzte sie es ins Schilf am Ufer des Nil. Seine Schwester aber stellte sich in einiger Entfernung auf um zu sehen, was nun geschehen werde.

Da kam die Tochter des Pharao an den Nil herunter, um zu baden. Während ihre Dienerinnen am Ufer auf und ab gingen, sah sie das Binsenkörbchen mitten im Schilf. Sie sandte eine Magd hin und ließ es holen.

Als sie das Binsenkörbchen öffnete, sah sie ein weinendes Knäblein. Da hatte sie Mitleid mit ihm, sie sprach: »Das ist eins von den Kindlein der Hebräer.«

Da trat die Schwester des Knäbleins vor und sprach zu der Tochter des Pharao:

»Soll ich hingehen und dir eine hebräische Amme suchen, die für das Kindlein sorgt?«

Die Tochter des Pharao antwortete ihr: »Ja, gehe hin.« Das Mädchen ging hin und rief die Mutter des Kindes. Da sprach die Tochter des Pharao zu der Frau: »Nimm diesen Knaben mit dir und sorge für ihn; ich will dir deinen Lohn geben.«

So nahm die Mutter den Knaben und sorgte für ihn. Als der Knabe groß geworden war, brachte sie ihn der Tochter des Pharao. Diese nahm ihn als Sohn und nannte ihn Mose. »Denn«, sprach sie, »ich habe ihn aus dem Wasser gezogen.«

Mose in Midian

Als Mose groß geworden war, ging er hinaus zu seinen Stammesgenossen und sah ihre Fronarbeit. Da sah er, wie ein Ägypter einen seiner hebräischen Stammesgenossen schlug. Er schaute sich nach allen Seiten um, und als er sah, daß niemand in der Nähe war, erschlug er den Ägypter und verscharrte ihn im Sande.

Als er am nächsten Tag wieder hinausging, stritten gerade zwei Hebräer miteinander. Da sprach er zu dem, der im Unrecht war:

»Warum schlägst du deinen Nächsten?«

»Wer hat dich zum Richter über uns gesetzt? Willst du mich auch töten, wie du den Ägypter getötet hast?«

Da fürchtete sich Mose, denn er dachte: »Die Sache muß bekannt geworden sein.«

Auch der Pharao hörte davon und wollte den Mose töten. Aber Mose floh vor dem Pharao in das Land Midian.

Dort setzte er sich an einen Brunnen. Der Priester der Midianiter hatte sieben Töchter. Diese kamen, schöpften Wasser und füllten die Tränkrinnen, um die Schafe ihres Vaters zu tränken. Da kamen Hirten und jagten sie weg. Aber Mose erhob sich, half ihnen und tränkte ihre Schafe.

Als sie nun heimkamen zu ihrem Vater, sprach dieser:

»Warum kommt ihr heute so früh nach Hause?«

Sie antworteten:

»Ein Ägypter hat uns gegen die Hirten geholfen. Er hat uns sogar Wasser geschöpft und die Schafe getränkt.«

Da sprach er zu seinen Töchtern: »Wo ist er? Warum habt ihr den Mann dort gelassen? Ruft ihn her, er soll mit uns essen.«

Mose willigte ein, bei dem Manne zu bleiben, und dieser gab Mose seine Tochter Zippora zur Frau.

Zippora schenkte Mose einen Sohn, und er nannte ihn Gersom, das heißt Gast, denn er sprach: »Gast bin ich geworden in fremdem Land.«

Es geschah im Verlaufe dieser langen Zeit, daß der König von Ägypten starb. Die Israeliten aber seufzten unter ihrer Sklaverei und schrien, und ihr Wehgeschrei drang empor zu Gott. Gott hörte ihr Wehklagen und gedachte seines Bundes mit Abraham, Isaak und Jakob.

Gott sah hinab auf die Israeliten und hatte Mitleid mit ihnen.

Gott ruft Mose

Mose aber hütete die Schafe seines Schwiegervaters, des Priesters der Midianiter. Einst trieb er die Schafe über die Steppe hinaus und kam an den Gottesberg Horeb. Der Engel des Herrn erschien ihm in einer Feuerflamme, die aus dem Dornbusch hervorschlug. Als er hinsah, da brannte der Busch, aber der Busch verbrannte nicht.

Da dachte Mose:

»Ich will doch hingehen, um mir diese wunderbare Erscheinung anzusehen und um nachzuschauen, warum der Dornbusch nicht verbrennt.«

Als der Herr sah, daß Mose herkam, um nachzusehen, rief er ihm aus dem Dornbusch zu:

»Mose! Mose!«

Er antwortete: »Hier bin ich.«

Da sprach Gott: »Komm nicht näher! Ziehe die Schuhe von deinen Füßen, denn der Ort, darauf du stehst, ist heiliges Land!«

Dann sprach Gott:

»Ich bin der Gott deines Vaters, der Gott Abrahams. der Gott Isaaks und der Gott Jakobs.«

Da verhüllte Mose sein Angesicht, denn er fürchtete sich, Gott anzuschauen.

Der Herr sprach:

»Ich habe das Elend meines Volkes in Ägypten gesehen, und seine Klagen über die Sklaventreiber habe ich gehört. Ich kenne ihre Leiden. Darum bin ich herniedergestiegen, sie aus der Gewalt der Ägypter zu erretten und sie aus jenem Land hinauszuführen in ein schönes, weites Land, in ein Land, wo Milch und Honig fließt.

Darum komm, ich will dich zum Pharao senden, damit du mein Volk, die Israeliten, aus Ägypten führest.«

Mose aber sprach zu Gott:

»Wer bin ich denn, daß ich zum Pharao gehen und die Israeliten aus Ägypten führen sollte?«

Und Gott sprach:

»Ich werde mit dir sein, und dies sei dir das Zeichen, daß ich es bin, der dich gesandt hat: Wenn du das Volk aus Ägypten führst, werdet ihr an diesem Berge Gott verehren.«

Da sprach Mose zu Gott:

»Wenn ich nun zu den Israeliten komme und ihnen sage: 'Der Gott eurer Väter hat mich zu euch gesandt', und sie fragen mich: 'Welches ist sein Name', was soll ich ihnen dann antworten?«

Und Gott sprach zu Mose:

»So sollst du zu den Israeliten sagen: 'Der Herr, der Gott eurer Väter, der Gott Abrahams, der Gott Isaaks und der Gott Jakobs hat mich zu euch gesandt.

Jahwe, das ist mein Name ewiglich. So will ich angerufen sein von Geschlecht zu Geschlecht.'

Gehe hin und versammle die Ältesten Israels und sage ihnen alles, was ich dir gesagt habe; sie werden auf dich hören. Du aber sollst mit den Ältesten Israels zum König von Ägypten gehen und zu ihm sagen: 'Der Herr, der Gott der Hebräer, ist uns begegnet. Laß uns drei Tagereisen weit in die Wüste ziehen, damit wir dem Herrn, unserem Gott, dort opfern können.'

Aber ich weiß, daß der König von Ägypten euch nicht ziehen lassen wird. Darum werde ich meine Hand ausstrecken und Ägypten mit all meinen Machttaten schlagen. Danach wird er euch ziehen lassen.«

Die Wunderzeichen

Da entgegnete Mose:

»Wenn sie mir aber nicht glauben und nicht auf mich hören wollen, sondern sagen: 'Der Herr ist nicht erschienen'?«

Der Herr sprach zu ihm:

»Was hast du da in der Hand?«

Er antwortete: »Einen Stab.«

Da sprach Gott: »Wirf ihn auf die Erde!« Und Mose warf ihn auf die Erde; da wurde er zu einer Schlange, und Mose schreckte vor ihr zurück. Aber der Herr sprach zu Mose: »Strecke deine Hand aus und fasse sie beim Schwanz!« Er streckte seine Hand aus und ergriff sie. Da wurde sie in seiner Hand wieder zum Stabe. Gott sprach:

»So werden die Leute glauben, daß dir der Herr erschienen ist, der Gott ihrer Väter, der Gott Abrahams, der Gott Isaaks und der Gott Jakobs.«

Der Herr sprach weiter zu Mose:

»Lege deine Hand an deine Brust!«

Er legte die Hand an seine Brust. Als er sie wieder hervorzog, war sie vom Aussatz weiß wie Schnee. Der Herr sprach:

»Lege nochmals deine Hand an deine Brust!«

Er legte die Hand nochmals an seine Brust. Als er sie wieder hervorzog, war sie wieder wie sein anderes Fleisch. Gott sprach:

»Wenn sie dir nicht glauben und auf das erste Zeichen hin nicht hören wollen, so werden sie doch auf das zweite Zeichen hin glauben. Wenn sie aber auf beide Zeichen hin nicht glauben und nicht auf dich hören wollen, so nimm Wasser aus dem Nil und

gieße es auf das trockene Land; dann wird das Wasser, das du aus dem Nil geschöpft hast, auf dem trockenen Land zu Blut werden.«

Mose aber sprach zu dem Herrn:

»Aber Herr, ich bin kein guter Redner. Ich war es nie, und bin es auch jetzt nicht, seit du mit deinem Knechte redest. Ich bin nicht beredt, ich habe eine schwere Zunge, so daß ich stottere.«

Da sprach der Herr zu ihm:

»Wer hat des Menschen Mund erschaffen? Wer macht ihn stumm oder taub oder sehend oder blind? Bin nicht ich es, der Herr? So gehe nun hin: Ich will in deinem Munde sein und dich lehren, was du sagen sollst.«

Doch Mose sprach: »Ach Herr, sende doch einen anderen!«

Da wurde der Herr zornig über Mose und sprach:

»Ist denn nicht dein Bruder Aaron da, der Levit? Ich weiß, daß er ein guter Redner ist. Siehe, er kommt dir entgegen. Wenn er dich sieht, wird er sich von Herzen freuen. Rede also mit ihm und lege ihm meine Worte in seinen Mund. Ich aber will mit deinem und mit seinem Munde sein und euch lehren, was ihr tun sollt.

Er soll für dich zum Volke reden und dein Mund sein. Du aber sollst für ihn an Gottes Statt sein. Diesen Stab nimm in die Hand; mit ihm sollst du die Zeichen tun.«

Mose kehrt nach Ägypten zurück

Da ging Mose hin, kehrte zu seinem Schwiegervater zurück und sprach zu ihm:

»Ich möchte gerne zu meinen Brüdern nach Ägypten zurückkehren, um zu sehen, ob sie noch am Leben sind.«

Sein Schwiegervater antwortete: »Zieh hin in Frieden.«

Der Herr sprach zu Mose in Midian:

»Geh, kehre nach Ägypten zurück; denn die dir nach dem Leben trachteten, sind alle tot.«

Da nahm Mose seine Frau und seine Kinder, setzte sie auf den Esel und kehrte nach Ägypten zurück; auch nahm er den Stab Gottes mit. Darauf sprach der Herr zu Mose. »Wenn du wieder nach Ägypten kommst, so tue vor dem Pharao alle die Wunder, die ich dir in die Hand gegeben habe. Ich aber werde sein Herz hart machen, damit er das Volk nicht ziehen läßt.«

Der Herr sprach zu Aaron:

»Gehe Mose entgegen in die Wüste!«

Aaron ging und begegnete Mose am Berge Gottes und küßte ihn. Mose sagte Aaron alles, was der Herr ihm aufgetragen, und

zeigte ihm alle Wunderzeichen, die Gott ihm befohlen hatte.

Da gingen Mose und Aaron hin und versammelten alle Ältesten der Israeliten. Aaron verkündete alle Worte, die der Herr zu Mose geredet hatte. Mose aber tat vor dem Volk die Beglaubigungszeichen. Und das Volk glaubte.

Als sie dann hörten, daß der Herr sich der Israeliten angenommen und ihr Elend gesehen habe, verneigten sie sich und beteten den Herrn an.

Der Pharao und die Israeliten

Danach gingen Mose und Aaron zum Pharao hinein und sprachen zu ihm: »So sprach der Herr, der Gott Israels: 'Laß mein Volk ziehen, daß es mir in der Wüste ein Fest feiere.'«

Der Pharao antwortete:

»Wer ist der Herr, daß ich ihm gehorchen und die Israeliten ziehen lassen soll! Ich weiß nichts von dem Herrn. Ich werde die Israeliten auch nicht ziehen lassen. Warum wollt ihr, Mose und Aaron, das Volk von seiner Arbeit holen? Hinweg mit euch! Das Gesindel ist schon zahlreich genug, und ihr wollt sie noch von ihrem Frondienst ruhen heißen?«

Darum befahl der Pharao am selben Tag den Fronvögten und den Aufsehern des Volkes:

»Ihr sollt den Leuten zum Ziegelmachen kein Stroh mehr geben wie bisher. Sie sollen selbst hingehen und sich Stroh zusammenlesen. Doch sollt ihr dieselbe Zahl Ziegel von ihnen verlangen; davon dürft ihr nichts ablassen, denn sie sind faul. Aus diesem Grunde schrei-

en sie: 'Wir wollen hingehen und unserem Gott opfern.' Gebt ihnen mehr Arbeit, damit sie keine Zeit haben, leerem Geschwätz zu lauschen.«

Da gingen die Fronvögte und Aufseher des Volkes hinaus und verkündeten:

»Der Pharao befiehlt, euch kein Stroh mehr zu geben. Geht selber hin und holt euch Stroh, wo ihr es findet. Von der Arbeit aber wird euch nichts erlassen.«

Da zerstreute sich das Volk im ganzen Lande Ägypten, um Stroh zu sammeln. Die Fronvögte bedrückten sie und sprachen: »Ihr müßt an jedem Tag dieselbe Arbeit leisten, wie bisher, als Stroh da war.« Die Aufseher der Israeliten, die von den Fronvögten des Pharao über sie gesetzt waren, wurden geschlagen, und man sprach zu ihnen: »Warum habt ihr heute eure bestimmte Menge an Ziegeln nicht geliefert, wie bisher?«

Da gingen die Aufseher der Israeliten hinein und klagten vor dem Pharao:

»Warum handelst du so an deinen Knechten? Man gibt uns kein Stroh, und doch sagt man zu uns: 'Macht Ziegel!' Nun werden wir sogar geschlagen! So versündigst du dich an deinem Volke.«

Der Pharao aber sprach: »Faul seid ihr, wirklich faul! Darum sprecht ihr: 'Wir wollen hingehen und dem Herrn opfern.'

Hinweg von mir und an die Arbeit! Stroh wird euch nicht gegeben, aber die bestimmte Zahl von Ziegeln müßt ihr liefern!«

Als die Aufseher der Israeliten sahen, daß die Menge der geforderten Ziegel nicht herabgesetzt wurde, verließen sie den Pharao. Da trafen sie Mose und Aaron, und sie sprachen zu ihnen:

»Der Herr strafe euch dafür, daß ihr uns beim Pharao und seinen Leuten verhaßt gemacht habt, und sie uns töten wollen!«

Gott spricht mit Mose

Da wandte sich Mose wieder an den Herrn und sprach: »Herr, warum handelst du so übel an deinem Volke? Warum hast du mich denn gesandt? Seit ich zum Pharao gegangen bin, in deinem Namen zu reden, hat er diesem Volke nur Übles getan; aber gerettet hast du dein Volk nicht.«

Der Herr aber sprach zu Mose:

»Nun sollst du sehen, was ich dem Pharao antun werde. Nur durch eine starke Hand gezwungen, wird er sie ziehen lassen. Erst durch eine starke Hand gezwungen, wird er sie aus seinem Lande vertreiben.

Ich bin der Herr. Ich bin dem Abraham, dem Isaak und dem Jakob erschienen als der allmächtige Gott. Ich habe versprochen, ihnen das Land Kanaan zu geben.

Darum sage zu den Israeliten: 'Ich bin der Herr. Ich will euch von der Last der Fronarbeit Ägyptens freimachen und euch aus eurer Knechtschaft erretten. Ich will euch zu meinem Volke machen, und ich will euer Gott sein. Ich will euch in das Land bringen, das ich Abraham, Isaak und Jakob verheißen habe. Dieses Land will ich euch zu eigen geben, ich, der Herr'«

Mose sagte dies den Israeliten. Diese aber hörten nicht auf Mose, aus Kleinmut und

vor harter Arbeit. Da sprach der Herr zu Mose:

»Geh, sage deinem Bruder Aaron alles, was ich dir sagen werde. Aaron soll es dem Pharao sagen, damit er die Israeliten aus seinem Lande ziehen läßt. Ich aber will das Herz des Pharao verhärten und viele Zeichen und Wunder tun im Lande Ägypten. Der Pharao wird nicht auf euch hören. Dann will ich die Hand auf Ägypten legen und mein Volk Israel durch gewaltige Gerichte aus dem Lande Ägypten führen.

Die Ägypter werden erkennen, daß ich der Herr bin, wenn ich meine Hand über Ägypten ausstrecke und die Israeliten aus ihrer Mitte hinwegführe.«

Die zehn Plagen

Da taten Mose und Aaron, wie ihnen der Herr geboten hatte. Mose war achtzig Jahre alt, Aaron war dreiundachtzig Jahre alt, als sie mit dem Pharao redeten.

Danach sprach der Herr zu Mose und Aaron:

»Wenn der Pharao zu euch sagt: 'Weist euch durch ein Wunder aus', so sollst du zu Aaron sagen: 'Nimm deinen Stab und wirf ihn vor den Pharao hin'. Dann wird er zur Schlange werden.«

Da gingen Mose und Aaron zum Pharao und taten, wie der Herr geboten hatte. Aaron warf seinen Stab vor den Pharao und seine Leute hin, und er wurde zur Schlange.

Aber der Pharao ließ seine Weisen und

Zauberer rufen. Auch sie warfen ihren Stab hin, und es wurden Schlangen daraus. Aber Aarons Stab verschlang die anderen Stäbe.

Die Plage des Flusses

Doch das Herz des Pharao blieb verstockt, und er hörte nicht auf sie, wie es der Herr vorausgesagt hatte. Da sprach der Herr zu Mose:

»Das Herz des Pharao ist verstockt. Er weigert sich, das Volk ziehen zu lassen. Begib dich morgen früh zum Pharao und tritt ihm entgegen am Ufer des Nil, in der Hand den Stab, der zur Schlange geworden ist.

Dann sprich zu ihm: 'Der Herr, der Gott der Hebräer, hat mich zu dir gesandt um dir zu sagen: Laß mein Volk ziehen, damit es mir in der Wüste diene! Doch du hast bisher nicht hören wollen. Darum spricht der Herr also: Daran sollst du erkennen, daß ich der Herr bin: Siehe, ich will mit dem Stab in meiner Hand auf das Wasser des Flusses schlagen, dann wird es sich in Blut verwandeln. Die Fische im Nil werden sterben, der Nil wird in Fäulnis übergehen, und es wird die Ägypter ekeln, das Wasser des Nils trinken.'«

Weiter sprach der Herr zu Mose:

»Sage zu Aaron: 'Nimm deinen Stab und strecke deine Hand aus über die Gewässer Ägyptens, über die Flüsse und Kanäle, über die Teiche und Wasserbecken, daß sie zu Blut werden. Alles Wasser im ganzen Lande Ägypten, auch das in den hölzernen Gefäßen und in den Steinkrügen, werde zu Blut.«

Mose und Aaron taten, wie der Herr geboten hatte: Aaron erhob den Stab und schlug vor den Augen des Pharao und seiner Leute auf das Wasser im Nil, und alles Wasser im Nil verwandelte sich in Blut. Die Fische im Nil starben, und der Nil ging in Fäulnis über, so daß die Ägypter kein Wasser mehr aus dem Nil trinken konnten.

Die ägyptischen Zauberer aber taten dasselbe mit ihren geheimen Künsten. Das Herz des Pharao blieb verstockt; er hörte nicht auf Mose und Aaron, wie es der Herr vorausgesagt hatte.

Da wandte sich der Pharao und ging zurück zu seinem Palast, nahm sich aber dies nicht zu Herzen. Alle Ägypter gruben in der Umgebung des Nil nach Wasser, um zu trinken; denn das Nilwasser konnten sie nicht trinken. Das dauerte volle sieben Tage, nachdem der Herr den Nil geschlagen hatte.

Die Plage der Frösche

Danach sprach der Herr zu Mose:

»Gehe zum Pharao und sage zu ihm: 'So sprach der Herr: Laß mein Volk ziehen, daß es mir diene! Wenn du dich aber weigerst, es ziehen zu lassen, so will ich dein ganzes Gebiet mit Fröschen plagen. Der Nil soll von Fröschen wimmeln. Sie sollen heraufsteigen und in deinen Palast, in dein Schlafzimmer und auf dein Bett kommen, auch in die Häuser deiner Leute und deines Volkes, in deine Backöfen und deine Kochtöpfe. An dir, an deinem Volke und an allen deinen Leuten sollen die Frösche heraufkriechen.'«

Der Herr sprach zu Mose:

»Sage zu Aaron: 'Strecke deine Hand mit dem Stabe aus über die Flüsse, die Kanäle und die Teiche und laß die Frösche über das Land Ägypten kommen.'«

Aaron streckte seine Hand aus über die Gewässer Ägyptens; da kamen die Frösche herauf und bedeckten das Land Ägypten.

Aber die Zauberer taten dasselbe mit ihren geheimen Künsten. Sie ließen die Frösche über das Land Ägypten kommen.

Da rief der Pharao Mose und Aaron zu sich und sprach:

»Legt bei eurem Gott Fürbitte ein, damit er die Frösche von mir und meinem Volke nimmt. Ich will dann das Volk ziehen lassen, damit es seinem Gott opfere.«

Mose antwortete dem Pharao:

»Sage mir, wann ich für dich, für deine Leute und für dein Volk bitten soll, damit die Frösche von dir und deinen Häusern vertrieben werden; nur im Nil sollen sie bleiben.«

Der Pharao sprach: »Morgen.« Da antwortete Mose:

»Wie du es wünschst! Du sollst erkennen, daß der Herr, unser Gott, nicht seinesgleichen hat. Die Frösche sollen von dir und deinen Häusern, von deinen Leuten und von deinem Volke genommen werden; nur im Nil sollen sie noch bleiben.«

Als Mose und Aaron aus dem Palast des Pharao hinausgegangen waren, betete Mose zum Herrn wegen der Frösche, die er dem Pharao geschickt hatte. Der Herr tat, wie Mose gebetet hatte: Die Frösche starben in den Häusern, in den Dörfern und auf dem Felde. Man schüttete sie in Haufen zusammen, so daß über dem Land ein übler Geruch lag.

Als aber der Pharao sah, daß es ihm besser ging, verhärtete sich sein Herz wiederum, und er hörte nicht auf Mose und Aaron, wie es der Herr vorausgesagt hatte.

Die Plage der Mücken

Danach sprach der Herr zu Mose:

»Sage zu Aaron: 'Strecke deinen Stab aus und schlage in den Staub auf der Erde', damit er zu Mücken werde im ganzen Lande Ägypten.«

Sie taten also: Aaron streckte die Hand mit dem Stabe aus und schlug in den Staub auf der Erde. Er wurde zu Mücken und kam über die Menschen und das Vieh im ganzen Lande Ägypten.

Die Zauberer versuchten dasselbe zu tun mit ihren geheimen Künsten, aber dieses Mal konnten sie es nicht. Da sprachen sie zum Pharao:

»Das ist Gottes Fügung!«

Trotzdem blieb das Herz des Pharao auch diesmal verstockt; er ließ das Volk nicht ziehen.

Die Plage der Stechmücken

Danach sprach der Herr zu Mose:

»Tritt morgen in der Frühe vor den Pharao und sage zu ihm: 'So spricht der Herr: Wenn du mein Volk nicht ziehen läßt, daß es mir diene, so lasse ich auf dich und deine Leute, auf dein Volk und deine Häuser die Stechmücken los, daß die Häuser der Ägypter voll werden von den Stechmücken, und sogar der Boden, auf dem sie stehen. An jenem Tage will ich aber mit dem Lande Gosen, wo mein Volk wohnt, eine Ausnahme machen, so daß es dort keine Stechmücken gibt. Du sollst erkennen, daß ich der Herr über die Erde bin. Morgen will ich eine Scheidewand setzen zwischen deinem und meinem Volk.'«

Der Herr tat also: Eine Menge Stechmücken kam in den Palast des Pharao und in die Häuser der Leute, ja, über das ganze Land Ägypten. Das Land litt schwer unter den Stechmücken.

Da rief der Pharao Mose und Aaron zu sich und sprach:

»Nun, so geht, opfert eurem Gott hier in Ägypten!«

Mose sprach:

»Wir können unserm Gott nicht vor den Ägyptern opfern, weil ihnen unsere Opfer ein Greuel sind. Wenn wir vor den Augen der Ägypter opfern, so würden sie uns steinigen! Drei Tagereisen weit wollen wir in die Wüste ziehen und dann dem Herrn, unserem Gott, opfern, wie er befohlen hat.«

Da sprach der Pharao:

»Ich will euch ziehen lassen, damit ihr in der Wüste eurem Gott opfern könnt. Nur eines fordere ich: daß ihr nicht allzu weit wegzieht! Legt auch Fürbitte für mich ein!«

Mose antwortete: »Sobald ich von dir hinausgegangen bin, will ich den Herrn bitten, daß die Stechmücken morgen vom Pharao, von seinen Leuten und von seinem Volke weichen. Der Pharao darf uns aber nicht wieder täuschen und das Volk doch nicht ziehen lassen, dem Herrn zu opfern!«

Dann ging Mose vom Pharao weg und legte Fürbitte ein bei dem Herrn. Der Herr tat, wie Mose gebetet hatte: Er ließ die Stechmücken weichen vom Pharao, von seinen Leuten und von seinem Volke, so daß keine einzige übrigblieb.

Aber der Pharao blieb auch diesmal in seinem Herzen hart und ließ das Volk nicht ziehen.

Die Plage über das Vieh

Danach sprach der Herr zu Mose:

»Gehe zum Pharao und sage zu ihm: 'So spricht der Herr: Laß mein Volk ziehen, damit es mir diene! Wenn du dich aber weigerst, so wird die Hand des Herrn mit einer furchtbaren Pest über dein Vieh kommen, über Pferde, Esel und Kamele, über Rinder und Schafe. Der Herr wird aber einen Unterschied machen zwischen dem Vieh der Israeliten und dem Vieh der Ägypter: Von allem, was den Israeliten gehört, wird kein Stück umkommen.'«

Der Herr bestimmte eine Zeit und sprach: »Morgen werde ich dieses tun.« Am anderen Morgen starb alles Vieh der Ägypter. Von dem Vieh der Israeliten aber starb kein einziges Stück.

Da ließ der Pharao nachsehen, doch immer noch war sein Herz verstockt, und er ließ das Volk nicht ziehen.

Die Plage der Geschwüre

Danach sprach der Herr zu Mose und Aaron:

»Nehmt euch beide Hände voll Ofenruß! Mose streue ihn vor den Augen des Pharao in die Luft! Dann wird er zu Staub werden über dem ganzen Lande Ägypten, und es werden daraus an den Menschen und am Vieh im ganzen Land Geschwüre entstehen.«

Sie nahmen den Ofenruß und traten vor den Pharao. Mose streute ihn in die Luft. Da entstanden an den Menschen und am Vieh Geschwüre, die aufbrachen.

Die Zauberer aber konnten wegen ihrer Geschwüre Mose nicht entgegentreten, denn die Geschwüre kamen auch über die Zauberer wie über alle Ägypter.

Aber der Herr machte das Herz des Pharao hart. Er hörte nicht auf sie, wie es der Herr dem Mose vorausgesagt hatte.

Die Plagen von Hagel und Feuer

Danach sprach der Herr zu Mose:

»Tritt morgen in der Frühe vor den Pharao und sage zu ihm: ›So spricht der Herr, der Gott der Hebräer: Diesmal will ich dich, deine Leute und dein Volk all meine Plagen spüren lassen, damit du erkennst, daß in aller Welt nicht meinesgleichen ist! Noch immer willst du mein Volk nicht ziehen lassen. Darum will ich morgen um diese Zeit einen furchtbaren Hagel niedergehen lassen, wie er noch nicht dagewesen ist in Ägypten, seit seiner Gründung. Bringe dein Vieh und alles, was du auf dem Felde hast, in Sicherheit; denn alle Menschen und die Tiere, die sich auf dem Felde befinden und nicht im Haus Schutz suchen, werden sterben, wenn der Hagel auf sie niedergeht.‹«

Wer nun unter den Leuten des Pharao das Wort des Herrn fürchtete, der ließ seine Knechte und sein Vieh in die Häuser flüchten. Wer sich aber nicht an das Wort des Herrn hielt, der ließ seine Knechte und sein Vieh auf dem Felde.

Wie ihm der Herr befohlen hatte, streckte Mose seinen Stab zum Himmel. Der Herr ließ es donnern und hageln, und Feuer fuhr zur Erde nieder. Es war ein Hagel, und ein unaufhörliches Feuer unter dem Hagel, wie man es nie gesehen hatte, seit Menschen in Ägypten lebten. Der Hagel erschlug alles, was auf dem Felde war, Menschen, Vieh und Pflanzen; er brach alle Bäume auf dem Felde. Nur im Lande Gosen, wo die Israeliten wohnten, hagelte es nicht.

Da ließ der Pharao Mose und Aaron rufen und sprach zu ihnen:

»Diesmal bin ich schuldig. Euer Gott ist im Recht, ich aber und mein Volk, wir sind im Unrecht. Legt Fürbitte ein bei eurem Gott. Es ist nun mehr als genug Ich will euch ziehen lassen; ihr sollt nicht länger bleiben.«

Als nun Mose vom Pharao hinweg und zur Stadt hinausgegangen war, breitete er seine Hände zu dem Herrn aus. Da hörten Donner und Hagel auf. Aber der Pharao verharrte in seiner Sünde; sein Herz blieb verstockt, und er ließ die Kinder Israel nicht ziehen.

Die Plage der Heuschrecken

Danach sprach der Herr zu Mose:

»Ich habe dies alles getan, damit du deinen Kindern und Kindeskindern erzählen kannst, wie ich die Ägypter bestraft und welche Zeichen ich ihnen gegeben habe, damit ihr erkennt, daß ich der Herr bin.«

Da gingen Mose und Aaron zum Pharao und sprachen zu ihm:

»So spricht der Herr, der Gott der Hebräer: ›Wie lange willst du dich noch weigern, dich vor mir zu demütigen? Laß mein Volk ziehen, sonst bringe ich morgen Heuschreckenschwärme in dein Land, die den ganzen Boden bedecken, so daß man die Erde nicht mehr sehen kann. Sie sollen alles auffressen, was euch nach dem Hagel noch übrig geblieben ist, und alle Bäume kahlfressen, die auf dem Felde wachsen. Sie sollen deine Häuser, die Häuser deiner Leute und die Häuser aller Ägypter füllen, wie es deine Väter und Vorväter nie gesehen haben.'«

Sie wandten sich und gingen vom Pharao hinaus.

Nun sprachen die Diener zum Pharao:

»Wie lange soll dieser Mensch uns noch Verderben bringen? Laß doch die Leute ziehen, daß sie ihrem Gott dienen! Siehst du noch nicht ein, daß Ägypten zugrundegeht?«

Da wurden Mose und Aaron zum Pharao zurückgerufen, und er sprach zu ihnen:

»Geht und dienet dem Herrn, eurem Gott! Wer aber soll denn mit euch ziehen?«

Mose antwortete: »Wir alle wollen gehen, auch die Kinder und Greise, mit unseren Söhnen und Töchtern. Auch unsere Schafe und Rinder wollen wir mitnehmen; denn wir haben das Fest des Herrn zu feiern.«

Der Pharao aber sprach zu ihnen: »So gewiß möge euer Gott mit euch sein, als ich euch mit euren Kindern ziehen lasse! Sicher habt ihr Böses vor! Nur ihr Männer mögt hingehen und eurem Gotte dienen.« Der Pharao ließ sie hinausjagen.

Da tat Mose, wie ihm der Herr befohlen hatte, und streckte seinen Stab aus über das Land Ägypten.

Der Herr aber ließ einen Ostwind über das Land wehen, den ganzen Tag und die ganze Nacht. Als es Morgen wurde, hatte der Ostwind die Heuschreckenschwärme gebracht. Da kamen die Heuschrecken über das ganze Land Ägypten. Nie zuvor und nie danach waren so viele Heuschrecken gekommen. Das ganze Land war von ihnen bedeckt; sie fraßen alle Pflanzen und alle Früchte auf den Bäumen, was der Hagel übriggelassen hatte, so daß nichts Grünes mehr übrigblieb im ganzen Lande Ägypten.

Da ließ der Pharao schnellstens Mose und Aaron rufen und sprach:

»Ich habe gesündigt gegen den Herrn, euren Gott, und gegen euch. Vergebt mir nur noch diesmal und bittet den Herrn, euren Gott, daß er diese Plage von mir abwende.«

Mose ging hinaus von Pharao und betete zum Herrn.

Da verwandelte der Herr den Wind in einen sehr starken Westwind, der die Heuschrecken ins Rote Meer warf, so daß nicht eine Heuschrecke übrigblieb im ganzen Lande Ägypten.

Aber der Herr machte das Herz des Pharao hart, und er ließ die Israeliten wiederum nicht ziehen.

Die Plage der Finsternis

Danach sprach der Herr zu Mose:

»Strecke deine Hand zum Himmel, dann wird eine solche Finsternis kommen über das Land Ägypten, daß man die Finsternis greifen kann.«

Da streckte Mose seine Hand zum Himmel, und es entstand dichte Finsternis im ganzen Lande Ägypten, drei Tage lang. Keiner konnte den anderen sehen. Keiner stand auf von seinem Platze, drei Tage lang. Alle Israeliten aber hatten hellen Tag an ihren Wohnsitzen.

Da ließ der Pharao Mose rufen und sprach:

»Geht und dient eurem Gott! Nur eure Schafe und Rinder sollen hier bleiben. Eure Kinder können mit euch ziehen!«

Mose erwiderte: »Du mußt uns sogar noch Tiere geben, daß wir sie dem Herrn, unserem Gott, als Opfer darbringen. Auch unser Vieh soll mit uns gehen, nicht ein Stück darf zurückbleiben; denn wir wissen ja nicht, wieviel wir dem Herrn opfern müssen, bis wir dort ankommen.«

Aber der Herr machte das Herz des Pharao hart; er wollte sie nicht ziehen lassen.

Die Plage über die Erstgeborenen

Danach sprach der Herr zu Mose:

»Noch eine allerletzte Plage will ich über den Pharao und über Ägypten kommen lassen, dann wird er euch ziehen lassen. Ja, er wird euch sogar hier fortjagen!«

Wieder trat Mose vor den Pharao und verkündete ihm die Worte des Herrn: »Um Mitternacht werde ich mitten durch Ägypten schreiten. Dann wird jeder Erstgeborene in Ägypten sterben, vom Erstgeborenen des Pharao, der auf dem Thron sitzt, bis zum Erstgeborenen der Sklavin hinter der Handmühle, und auch alle Erstgeborenen unter dem Vieh. Es wird großes Wehklagen sein im ganzen Lande Ägypten, wie es noch nie gewesen ist und nie wieder sein wird.

Den Israeliten aber soll nichts geschehen, weder Mensch noch Vieh, damit ihr erkennet, daß der Herr einen Unterschied macht zwischen Ägyptern und Israeliten.«

Mose ging hinaus vom Pharao in glühendem Zorn. Doch der Herr machte das Herz des Pharao hart; er ließ die Israeliten nicht ziehen.

Die Nacht des Passah

Mose rief alle Ältesten des Volkes Israel zusammen und sprach zu ihnen, wie ihm der Herr geboten hatte:

»Nehmt schnell Schafe, für jede Familie eines, und schlachtet es. Dann nehmt ein Büschel Kräuter, taucht es in das Blut im Becken und bestreicht mit dem Blut die Oberschwelle und die beiden Türpfosten eures Hauses. Niemand von euch soll bis zum Morgen vor die Tür seines Hauses treten.

Ihr sollt das Schaf am Feuer braten und das Fleisch essen mit ungesäuertem Brot und bit-

teren Kräutern. Wenn ihr es eßt, sollt ihr bereit sein zum Aufbruch: die Schuhe an den Füßen, den Wanderstab in der Hand. Ihr sollt es essen in Eile; es ist ein Passah (Vorübergang) des Herrn.

Der Herr wird durch das Land schreiten, um die Ägypter zu schlagen. Wenn dann der Herr das Blut an der Oberschwelle und an den beiden Pfosten sieht, wird er an der Türe vorübergehen und den Tod nicht in eure Häuser kommen lassen, um euch zu schlagen.

Dieses Gebot sollt ihr halten, ihr und eure Kinder, als ewigen Bund. Wenn ihr in das Land kommt, das der Herr euch geben wird, wie er verheißen hat, so sollt ihr diesen heiligen Brauch stets üben. Wenn eure Kinder euch dann fragen: 'Was bedeutet denn der heilige Brauch, den ihr da übt', so sollt ihr sagen: 'Das ist das Passahopfer für den Herrn, weil er an den Häusern der Israeliten in Ägypten vorüberschritt, als er die Ägypter schlug, und unsere Häuser verschonte.'«

Da verneigte sich das Volk und warf sich in Ehrfurcht nieder. Die Israeliten gingen hin und taten, wie der Herr dem Mose und dem Aaron geboten hatte.

Es begab sich um Mitternacht, daß der Herr alle Erstgeborenen im Lande Ägypten schlug, vom Erstgeborenen des Pharao auf dem Thron, bis zum Erstgeborenen des Gefangenen im Kerker und zum Erstgeborenen des Viehs.

Da stand der Pharao noch in jener Nacht auf, er und alle seine Leute und alle Ägypter. Es erhob sich großes Wehklagen in Ägypten, denn es gab kein Haus, in dem nicht ein Toter war.

Der Pharao ließ noch in derselben Nacht Mose und Aaron rufen und sprach:

»Macht euch auf und zieht hinweg von meinem Volke, ihr und die Israeliten! Geht, dient eurem Gott, wie ihr gesagt habt. Nehmt auch eure Schafe und Rinder mit euch, wie ihr gesagt habt, und geht!«

Die Ägypter drängten das Volk, damit es so schnell wie möglich aus dem Lande hinauszog; denn sie sagten: »Wir sind sonst alle des Todes.«

Die Israeliten nahmen ihren Teig mit, ehe er durchsäuert war, und trugen die Backschüsseln in ihre Kleider gewickelt auf den Schultern.

Nun brachen die Israeliten auf von Ramses nach Sukkoth, an die sechshunderttausend Mann zu Fuß, die Kinder nicht gerechnet. Auch viel fremdes Volk zog mit ihnen, dazu eine gewaltige Menge Schafe und Rinder.

Die Zeit aber, welche die Israeliten in Ägypten wohnten, betrug vierhundertunddreißig Jahre.

Der Durchzug durch das Rote Meer

Von Sukkoth zogen die Israeliten weiter und lagerten sich in Etham am Rande der Wüste. Der Herr aber zog vor ihnen her, am Tage in einer Wolkensäule, die ihnen den Weg wies, bei Nacht in einer Feuersäule, die ihnen leuchtete, damit sie bei Tag und bei Nacht wandern konnten. Nie wich die Wolkensäule am Tage und nie die Feuersäule bei Nacht von der Spitze des Zuges.

Als nun dem König von Ägypten gemeldet wurde, daß das Volk geflohen sei, da änderte sich der Sinn des Pharao und seiner Leute gegenüber dem Volke, und sie sprachen:

»Was haben wir da getan? Warum haben wir die Israeliten ziehen lassen, so daß sie uns nicht mehr dienen?«

Der Pharao ließ seinen Kriegswagen anspannen und nahm seine Leute mit sich. Er nahm sechshundert auserlesene Kriegswagen von allen Kriegswagen Ägyptens, und drei Wagenkämpfer auf einem jeden.

Der Herr verstockte das Herz des Pharao, des Königs von Ägypten, und der Pharao jagte den Israeliten nach.

So jagten ihnen die Ägypter nach und erreichten sie, als sie am Meer lagerten — alle Pferde der Kriegswagen, die Reiter und die Kriegsmacht des Pharao —, bei Pihachiroth gegenüber von Baal-Zephon.

Als nun der Pharao schon ganz nahe herangekommen war, sahen plötzlich die Israeliten die Ägypter hinter sich herziehen. Da fürchteten sie sich sehr. Die Israeliten schrien zum Herrn und sprachen zu Mose:

»Gab es denn keine Gräber in Ägypten? Mußtest du uns wegführen, damit wir in der Wüste sterben? Was hast du uns da angetan, als du uns aus Ägypten weggeführt hast! Haben wir dir's nicht schon in Ägypten gesagt: 'Laß uns in Ruhe! Wir wollen den Ägyptern dienen'? Denn es wäre besser für uns gewesen, den Ägyptern zu dienen, als in der Wüste zu sterben.«

Mose aber sprach zum Volke: »Fürchtet euch nicht! Haltet stand, so werdet ihr sehen, wie der Herr euch heute helfen wird; denn so, wie ihr die Ägypter heute seht, werdet ihr sie niemals wieder sehen. Der Herr wird für euch kämpfen.«

Die Israeliten ziehen durch das Rote Meer

Danach sprach der Herr zu Mose:

»Was schreist du zu mir? Sage doch den Israeliten, sie sollen aufbrechen. Du aber hebe deinen Stab und strecke deine Hand über das Meer aus und teile es, damit die Israeliten mitten im Meere auf dem Trockenen gehen können.

Ich will dann das Herz der Ägypter verhärten, daß sie ihnen nacheilen. Ich will meine Macht zeigen über den Pharao und über seine ganze Kriegsmacht, seine Streitwagen und seine Reiter. Wenn ich meine Macht gezeigt habe, sollen die Ägypter erkennen, daß ich der Herr bin!«

Da wechselte der Engel Gottes, der bisher vor dem Wanderzug Israels einhergezogen war, seinen Platz und trat hinter sie. Die Wolkensäule vor ihnen ging weg und stellte sich hinter sie. So kam sie zwischen das Heer der Ägypter und das Heer Israels zu stehen und verfinsterte sich, so daß während der Nacht keiner den anderen sah und nahekam.

Mose streckte seine Hand aus über das Meer. Der Herr trieb das Meer während der Nacht durch einen starken Ostwind zurück und legte das Meer trocken; und die Wasser teilten sich.

So gingen die Israeliten mitten durch das Meer auf dem Trockenen, während die Wasser zur Rechten und zur Linken von ihnen wie eine Mauer standen.

Die Ägypter aber jagten ihnen nach und und zogen hinter ihnen her, alle Pferde des Pharao, seine Streitwagen und Reiter, mitten ins Meer hinein.

Als der Morgen kam, schaute der Herr in der Feuer- und Wolkensäule hinab auf das verwirrte Heer der Ägypter. Er hemmte die Räder ihrer Wagen und ließ sie nur mühsam vorwärtskommen. Da sprachen die Ägypter: »Laßt uns vor den Israeliten fliehen, denn der Herr streitet für sie gegen Ägypten!«

Die Ägypter ertrinken

Der Herr sprach zu Mose:

»Strecke deine Hand aus über das Meer, damit die Wasser zurückfluten auf die Ägypter, auf ihre Wagen und auf ihre Reiter!«

Mose streckte die Hand aus über das Meer, und beim Anbruch des Morgens strömte das Meer in sein Bett zurück. Die Ägypter flohen, aber der Herr trieb die Ägypter mitten ins Meer hinein. Die Wasser strömten zurück und bedeckten die Wagen und Reiter, die ganze Streitmacht des Pharao, die ihnen ins Meer nachgefolgt war. Nicht einer von ihnen blieb am Leben.

Die Israeliten aber waren mitten durch das Meer auf dem Trockenen gegangen, während die Wasser zur Rechten und zur Linken von ihnen wie eine Mauer standen. So errettete der Herr an jenem Tage die Israeliten aus der Hand der Ägypter. Die Israeliten sahen die Ägypter tot am Ufer des Meeres liegen.

Als das Volk Israel sah, wie machtvoll sich die Hand des Herrn an den Ägyptern erwiesen hatte, fürchtete das Volk den Herrn, und sie glaubten an den Herrn und an seinen Knecht Mose.

Da sangen Mose und die Israeliten dem Herrn dieses Lied:

> »Singen will ich dem Herrn,
> denn hoch erhaben ist er;
> Roß und Reiter warf er ins Meer.
> Meine Stärke und mein Loblied
> ist der Herr,
> und er ward mein Heil;
> er ist mein Gott, ich will ihn preisen,
> der Gott meines Vaters,
> ich will ihn erheben.
> Wer ist wie du, Herr,
> unter den Göttern?
> Wer ist wie du so hehr und heilig?
> Gnädig hast du geleitet das Volk,
> das du erlöst,
> hast es machtvoll geführt
> zu deiner heiligen Wohnstatt.«

Da griff die Prophetin Mirjam, Aarons Schwester, zur Handtrommel, und alle Frauen zogen hinter ihr her mit Handtrommeln und tanzten im Reigen. Mirjam sang ihnen vor:

> »Singet dem Herrn,
> denn hoch erhaben ist er;
> Roß und Reiter warf er ins Meer.«

Die bittere Quelle von Mara

Danach ließ Mose die Israeliten vom Roten Meer aufbrechen; sie zogen in die Wüste Sur. Drei Tage wanderten sie in der Wüste und fanden kein Wasser.

Da kamen sie nach Mara. Aber sie konnten auch dort das Wasser nicht trinken, denn es war sehr bitter. Daher nannte man den Ort Mara, das heißt Bitterkeit.

Nun murrte das Volk gegen Mose und sprach: »Was sollen wir trinken?«

Mose aber rief zum Herrn. Der Herr aber zeigte ihm ein Holz; das warf Mose in das Wasser, und das Wasser wurde süß. Dort gab ihm der Herr auch ein Gesetz und sprach:

»Wenn du dem Herrn, deinem Gott, treulich gehorchst und tust, was vor ihm recht ist, und wenn du auf seine Gebote hörst und alle seine Gesetze hältst, so will ich keine von den Krankheiten über dich bringen, die ich über Ägypten gebracht habe; denn ich, der Herr, bin dein Arzt.«

Darauf kamen sie nach Elim. Dort waren zwölf Quellen mit Wasser und siebzig Palmen; und sie lagerten sich am Wasser.

Manna vom Himmel

Danach brachen sie von Elim auf. Die ganze Gemeinde Israels kam in die Wüste Sin, die zwischen Elim und dem Sinai liegt; dies war am fünfzehnten Tage des zweiten Monats nach ihrem Auszug aus Ägypten. Da murrten die Israeliten gegen Mose und Aaron in der Wüste und sprachen:

»Wären wir doch in Ägypten gestorben, als wir bei den Fleischtöpfen saßen und Brot in Fülle zu essen hatten! Ihr aber habt uns in diese Wüste geführt, um die ganze Gemeinde vor Hunger sterben zu lassen!«

Das Brot wird gesammelt

Da sprach der Herr zu Mose:

»Siehe, ich will euch Brot vom Himmel regnen lassen. Dann soll das Volk hinausgehen und sich Tag für Tag seinen Bedarf sammeln. Ich will es dann auf die Probe stellen, ob es meinen Gesetzen gehorcht oder nicht. Wenn sie dann am sechsten Tage zubereiten, was sie heimbringen, wird es doppelt soviel sein, wie sie sonst täglich sammeln.«

Mose und Aaron sprachen zu allen Israeliten:

»Am Abend werdet ihr erkennen, daß der Herr es war, der euch aus dem Lande Ägypten herausgeführt hat. Am Morgen werdet ihr die ganze Herrlichkeit des Herrn sehen, denn er hat euer Murren gehört. Nicht gegen uns murrt ihr, sondern gegen den Herrn.«

Während aber Aaron zur ganzen Gemeinde Israels sprach, wandten sie sich in Richtung nach der Wüste um. Da erschien die Herrlichkeit des Herrn in der Wolke.

Der Herr sprach zu Mose:

»Ich habe das Murren der Israeliten gehört. Sprich zu ihnen folgendes: ›Heute noch, und zwar gegen Abend, werdet ihr Fleisch zu essen bekommen, und morgen in der Frühe Brot in Fülle, damit ihr erkennt, daß ich, der Herr, euer Gott bin.‹«

Und es kam so. Am Abend kam ein Wachtelschwarm über das Lager angeflogen, und am Morgen lag der Tau rings um das Lager. Als aber der Tau verdunstet war, lag auf dem Boden der Wüste etwas Feines, Körniges, fein wie Reif auf der Erde. Da sprach Mose:

»Dies ist das Brot, das euch der Herr zu essen gibt. Folgendes gebietet der Herr: Sammelt davon, soviel ihr braucht, für jeden einen Gomer,* nach der Zahl der Personen, die zu einer Zeltgemeinschaft gehören.«

Die Israeliten taten so und sammelten, der eine mehr, der andere weniger. Als man es aber mit dem Gomer maß, da hatte der, welcher viel gesammelt hatte, keinen Überschuß, und wer wenig gesammelt hatte, keinen Mangel. Jeder hatte gesammelt, soviel er brauchte.

Dann sprach Mose zu ihnen: »Hebt nichts davon auf bis zum Morgen!«

Aber sie gehorchten Mose nicht, sondern einige ließen bis zum Morgen etwas übrig; da verfaulte es, wurde voller Würmer und übelriechend. Mose aber war über sie böse.

Sie sammelten es alle Morgen, jeder soviel er zur Nahrung brauchte. Wenn aber die Sonne heiß schien, zerschmolz es.

Am sechsten Tage aber sammelten sie doppelt soviel Brot, zwei Gomer für jeden einzelnen. Da kamen die Stammeshäupter der Gemeinde und berichteten es Mose. Er sagte zu ihnen:

»Dies hat der Herr befohlen: ›Morgen ist ein Feiertag, der Sabbat für den Herrn. Backt, was ihr backen wollt, und kocht, was ihr kochen wollt. Aber alles, was übrig bleibt, legt zurück, um es für morgen aufzuheben.‹«

Sie legten es bis zum Morgen zurück, wie Mose es ihnen geboten hatte. Es war nicht übelriechend, und es zeigten sich auch keine Würmer darin. Da sprach Mose:

»Eßt dies heute, denn heute ist der Sabbat für den Herrn. Heute werdet ihr auf dem Felde nichts finden. Sechs Tage sollt ihr es sammeln, aber am siebenten ist Sabbat; an diesem Tag gibt es keines.« Am siebenten Tage aber gingen einige hinaus, um zu sammeln, doch sie fanden nichts. Da sprach der Herr zu Mose:

»Wie lange noch weigert ihr euch, meine Gebote und Weisungen zu halten? Seht, ich habe euch den Sabbat, den Ruhetag, gegeben; darum habe ich euch am sechsten Tag für zwei Tage Brot gegeben. So verlasse denn am siebenten Tag keiner seine Wohnung.«

Die Israeliten nannten das Brot Manna. Es war weiß wie Koriandersamen und schmeckte wie Honigkuchen.

Mose sprach: »Dies hat der Herr geboten: Einen Gomer voll sollt ihr von dem Manna für eure Nachkommen aufbewahren, damit sie das Brot sehen, mit dem ich euch in der Wüste gespeist habe, als ich euch aus dem Lande Ägypten herausführte.«

Mose gebot Aaron, einen Krug zu nehmen, einen Gomer Manna hineinzuschütten und ihn aufzubewahren.

Die Israeliten aßen das Manna vierzig Jahre lang, bis sie die Grenze des Landes Kanaan erreichten.

* 3 ¹/₂ Liter

Wasser aus dem Felsen

Danach brachen die Israeliten aus der Wüste Sin auf, zogen weiter und lagerten sich in Rephidim; dort war aber kein Wasser für sie zu trinken.

Da beklagten sie sich bei Mose und sprachen:

»Gib uns Wasser! Warum hast du uns aus Ägypten herausgeführt, um uns, unsere Kinder und unsere Herden vor Durst sterben zu lassen?«

Da schrie Mose zum Herrn und sprach:

»Was soll ich mit diesem Volk anfangen? Sie hätten mich fast gesteinigt!«

Der Herr antwortete Mose:

»Ziehe vor dem Volke einher und nimm einige von den Ältesten mit dir! Nimm auch deinen Stab mit, mit dem du auf den Nil geschlagen hast! Gehe zu dem Felsen am Horeb; dort will ich vor dir stehen. Dann schlage an den Felsen, es wird Wasser hervorströmen, und das Volk kann trinken.«

Mose tat so vor den Augen der Ältesten Israels.

Mose nannte den Ort Massa, d. i. Versuchung, weil die Israeliten den Herrn versucht hatten, indem sie sprachen: »Ist der Herr wirklich mit uns oder nicht?«

Der Sieg über die Amalekiter

Als die Israeliten in Rephidim lagerten, kamen die Amalekiter und griffen sie an. Mose sprach zu Josua:

»Erwähle dir Männer und ziehe morgen aus, um gegen die Amalekiter zu streiten. Ich will mich mit dem Gottesstabe in der Hand auf die Höhe des Hügels stellen.«

Josua tat, wie Mose ihm befohlen hatte, und kämpfte gegen die Amalekiter. Mose, Aaron und Hur stiegen auf die Höhe des Hügels. Solange nun Mose die Arme hochhielt, waren die Israeliten siegreich. Sobald er aber die Arme sinken ließ, waren die Amalekiter überlegen.

Da jedoch die Arme Moses ermatteten, nahmen sie einen Stein und legten ihn unter ihn; er setzte sich darauf, während Aaron und Hur seine Arme stützten, einer von dieser, der andere von jener Seite.

So blieben seine Arme unbeweglich, bis die Sonne unterging. Josua besiegte Amalek und sein Kriegsvolk.

Jethro gibt Mose einen Rat

Jethro aber, der Priester der Midianiter und Schwiegervater des Moses, hörte, was Gott alles an Mose und an seinem Volk Israel getan hatte und kam zu ihm in die Wüste.

Da ging Mose seinem Schwiegervater entgegen und erzählte ihm alles, was der Herr dem Pharao und den Ägyptern um Israels willen angetan hatte. Jethro sprach:

»Gelobt sei der Herr! Nun weiß ich, daß er größer ist als alle Götter!«

Am anderen Morgen setzte sich Mose hin, um im Volk richterliche Tätigkeit auszuüben. Die Leute traten vor Mose vom Morgen bis zum Abend. Als Jethro das sah, sprach er:

»Was tust du da mit dem Volk? Warum sitzest du allein zu Gericht, so daß die Leute vom Morgen bis zum Abend vor dir stehen müssen?«

Mose antwortete seinem Schwiegervater: »Die Leute kommen zu mir, um Gott zu befragen. Wenn sie eine Rechtssache haben, kommen sie zu mir, und ich lasse sie die Gebote und Satzungen Gottes wissen.«

Da sprach sein Schwiegervater zu ihm: »Es ist nicht gut so, wie du das machst. Du reibst dich selbst und die Leute, die bei dir sind, völlig auf; denn die Aufgabe übersteigt deine Kräfte, du kannst sie nicht allein bewältigen. Höre auf meinen Rat!

Erwähle dir aus dem Volk tüchtige und gottesfürchtige Männer, die zuverlässig sind. Setze sie über die Leute als Vorsteher über je tausend, über je hundert, über je fünfzig und über je zehn. Sie sollen unter dem Volk jederzeit als Richter wirken. Nur wichtige Angelegenheiten sollen sie vor dich bringen, Geringfügiges aber sollen sie selbst entscheiden. So werden sie dir's leichter machen und dir tragen helfen. Wenn du dies tust und Gott es dir gebietet, kannst du es durchhalten, und alle Leute werden zufrieden heimgehen.«

Mose hörte auf seinen Schwiegervater und tat alles, was er sagte. Er wählte tüchtige Männer aus ganz Israel und machte sie zu Vorstehern über je tausend, über je hundert, über je fünfzig und über je zehn, damit sie im Volke jederzeit richterliche Tätigkeit ausübten. Die schwer zu lösenden Fälle brachten sie vor Mose, die leichteren aber entschieden sie selbst.

Darauf entließ Mose seinen Schwiegervater und dieser zog in seine Heimat.

Die zehn Gebote

Im dritten Monat seit dem Auszug der Israeliten aus Ägypten kamen sie in die Wüste Sinai. Sie schlugen ihre Zelte in der Wüste auf und lagerten sich gegenüber dem Berg.

Mose aber stieg hinauf zu Gott. Der Herr rief ihm vom Berge aus zu und sprach:

»Sage den Israeliten: 'Ihr habt gesehen, was ich den Ägyptern getan, wie ich euch auf Adlersflügeln getragen und euch hierher zu mir gebracht habe. Wenn ihr nun auf meine Stimme getreu hört und meinen Bund haltet, werdet ihr unter allen Völkern mein besonderes Eigentum sein. Ihr sollt mir ein Königreich von Priestern und ein heiliges Volk sein.' Dies sind die Worte, die du den Israeliten sagen sollst.«

Mose stieg herab, rief die Ältesten des Volkes zusammen und legte ihnen alle Worte des Herrn vor. Das ganze Volk antwortete einmütig:

»Alles, was der Herr befohlen hat, wollen wir tun.«

Mose überbrachte dem Herrn die Antwort des Volkes. Da sprach der Herr zu Mose:

»Siehe, ich werde in einer dichten Wolke zu dir kommen, damit das Volk es hört, wenn ich mit dir rede, und dir für immer vertraut.

Ordne an, daß sie ihre Kleider waschen und sich bereit halten auf übermorgen; denn übermorgen wird der Herr vor den Augen des ganzen Volkes auf den Berg Sinai herabkommen. Ziehe eine Grenze rings um den Berg und warne sie, auf den Berg zu steigen oder auch nur seinen Fuß zu berühren. Jeder, der den Berg berührt, muss sterben! Wer ihn berührt, soll gesteinigt oder getötet werden, sei es Tier oder Mensch. Erst wenn das Horn ertönt, sollen sie den Berg hinaufsteigen!«

Darauf stieg Mose vom Berg zum Volke herab, segnete es, und sie wuschen ihre Kleider. Er sprach zum Volke: »Seid bereit auf übermorgen!«

Am dritten Tage aber, als es Morgen geworden war, brachen Donner los, Blitze zuckten, und schweres Gewölk hing über dem Berg. Mächtiger Posaunenschall ertönte, so daß das ganze Volk im Lager erschrak.

Da führte Mose das Volk aus dem Lager heraus, Gott entgegen. Sie stellten sich am Fuße des Berges auf.

Der Berg Sinai aber war ganz in Rauch gehüllt, weil der Herr im Feuer auf ihn herabgekommen war. Der Rauch stieg wie der Rauch eines Schmelzofens auf. Der ganze Berg erbebte stark.

Der Posaunenschall wurde stärker und stärker. Mose redete, und Gott antwortete ihm im Donner. Als nun der Herr auf den Berg Sinai herabgekommen war, rief er Mose auf die Spitze des Berges, und Mose stieg hinauf.

Da sprach Gott all die folgenden Worte:

»Ich bin der Herr, dein Gott, der dich aus dem Lande Ägypten, aus dem Haus der Knechtschaft, geführt hat. Du sollst keine anderen Götter neben mir haben!

Du sollst dir kein Schnitzbild machen, noch irgendein Abbild von dem, was droben im Himmel, unten auf der Erde oder im Wasser unter der Erde ist! Du sollst sie nicht anbeten und sie nicht verehren. Denn ich, der Herr, dein Gott, bin ein eifersüchtiger Gott, der die Kinder derer, die mich hassen, heimsucht, der aber Gnade übt an den Kindern derer, die mich lieben und meine Gebote halten.

Du sollst den Namen des Herrn, deines Gottes, nicht mißbrauchen.

Gedenke des Sabbattages, daß du ihn heilig haltest. Sechs Tage sollst du arbeiten und alle deine Werke tun. Doch der siebte Tag ist der Ruhetag für den Herrn, deinen Gott. Du sollst an ihm keine Arbeit tun, weder du selbst, noch ein Mitglied deiner Familie und deines Hauses, noch der Fremdling, der bei euch weilt. Denn in sechs Tagen hat der Herr den Himmel und die Erde, das Meer und alles, was in ihnen ist, erschaffen. Doch am siebenten Tag ruhte er. Darum segnete der Herr den Sabbat und erklärte ihn für heilig.

Ehre deinen Vater und deine Mutter, auf daß du lange lebest in dem Lande, das der Herr, dein Gott, dir geben will.

Du sollst nicht töten!

Du sollst nicht ehebrechen!

Du sollst nicht stehlen!

Du sollst nicht falsches Zeugnis ablegen gegen deinen Nächsten!

Du sollst nicht begehren das Haus deines Nächsten, auch nicht sein Weib, seinen Sklaven, sein Vieh, und nichts, was deinem Nächsten gehört!«

Als aber das Volk die Donnerschläge und Blitze, den Posaunenschall und den rauchenden Berg wahrnahm, da fürchtete es sich, wich zurück und blieb in der Ferne stehen. Sie sprachen zu Mose:

»Rede du mit uns, so wollen wir darauf hören. Aber Gott soll mit uns nicht reden, sonst müßten wir sterben.«

Mose sprach zum Volke:

»Fürchtet euch nicht! Gott ist nur gekommen, um euch auf die Probe zu stellen; damit ihr ihn fürchtet und nicht sündigt.«

So blieb das Volk in der Ferne stehen, während sich Mose der dunklen Wolke nahte, in der Gott war.

Die Stammesgesetze

Gott redete mit Mose und gab ihm Gesetze, die von den Stämmen Israels befolgt werden sollten. Unter den Gesetzen, die er ihnen gab, waren folgende:

»Wer einen Menschen schlägt, so daß er stirbt, soll getötet werden.

Wer seinen Vater oder seine Mutter schlägt, soll getötet werden.

Wer einen Menschen raubt, ob er ihn nun verkauft oder als Sklaven behält, soll getötet werden.

Wer seinem Vater oder seiner Mutter flucht, soll getötet werden.

Ihr sollt geben Leben um Leben, Auge um Auge, Zahn um Zahn, Brandmal um Brandmal, Wunde um Wunde.

Wer aber einen Dieb beim Einbrechen ertappt und tötet, soll straflos bleiben.

Wenn ein Rind einen Mann oder eine Frau so stößt, daß sie sterben, so soll man das Rind steinigen und sein Fleisch nicht essen. Der Besitzer des Rindes aber bleibt straflos. Wenn jedoch das Rind schon einige Zeit stößig war und sein Besitzer schon verwarnt wurde, es aber trotzdem nicht bewachte, so soll man das Rind steinigen, und auch sein Besitzer soll getötet werden.

Wenn jemand .ein Rind oder ein Schaf stiehlt und es schlachtet oder verkauft, so soll er fünf Rinder für das eine Rind, und vier Schafe für das eine Schaf erstatten. Findet man das Gestohlene, sei es Rind oder Esel oder Schaf, noch lebend bei ihm, so soll er es doppelt erstatten.

Wer anderen Göttern opfert ausser dem Herrn, der sei im Bann!

Einen Fremdling sollt ihr nicht unterdrücken, denn auch ihr seid Fremdlinge gewesen in Ägypten.

Witwen und Waisen sollt ihr nicht unterdrücken. Wenn ihr sie doch unterdrückt, und sie schreien zu mir, so werde ich ihr Schreien gewiß erhören. Mein Zorn wird groß sein; ich werde euch töten und eure Frauen werden Witwen und eure Kinder Waisen.

Wenn ihr einem aus meinem Volke Geld leiht, der arm ist, dürft ihr ihm keinen Zins auflegen.

Ihr sollt ohne Klagen den Vorstehern und den Richtern des Volkes gehorchen.«

Die Bundeslade

Mose kam herab und berichtete dem Volk alle Gebote des Herrn, und das Volk sprach:

»Alle Gebote des Herrn wollen wir halten.«

Da schrieb Mose alle Gebote des Herrn auf. Am anderen Morgen aber in der Frühe errichtete er einen Altar mit zwölf Gedenksteinen für die zwölf Stämme Israels, und er opferte dem Herrn.

Da stiegen Mose und Aaron und siebzig von den Ältesten Israels hinauf, und sie schauten den Gott Israels.

Der Herr sprach zu Mose:

»Steige zu mir auf den Berg. Ich werde dir steinerne Tafeln geben mit den Gesetzen und Geboten, die ich zur Unterweisung des Volkes niedergeschrieben habe.«

Mose machte sich auf mit seinem Diener Josua und stieg auf den Berg Gottes. Zu den Ältesten aber sprach er:

»Wartet ihr hier auf uns. Aaron und Hur bleiben bei euch: Wer eine Rechtssache hat, der wende sich an sie.«

Als nun Mose auf den Berg kam, bedeckte die Wolke den Berg. Die Herrlichkeit Gottes thronte auf dem Berg Sinai, und die Wolke bedeckte den Berg sechs Tage lang. Am siebenten Tag rief Gott aus der Wolke Mose zu. Die Herrlichkeit des Herrn aber war für die Israeliten anzuschauen wie ein verzehrendes Feuer auf dem Gipfel des Berges.

Da ging Mose mitten in die Wolke hinein, stieg auf den Berg und blieb vierzig Tage und vierzig Nächte auf dem Berge.

Der Herr sprach zu Mose:

»Sage den Israeliten, sie sollen für mich eine Abgabe erheben. Von jedem, der von Herzen gern gibt, sollt ihr die Abgabe erheben. Die Abgabe, die ihr erheben sollt, sei folgende: Gold, Silber und Kupfer, violette Stoffe, Purpur und Scharlach, feines Leinen und Ziegenhaare, rotgefärbte Widderfelle, Tachaschhäute und Akazienholz; Öl für den Leuchter, Balsam für das Salböl und für wohlriechendes Räucherwerk Karneole und andere Edelsteine.

Sie sollen mir ein Heiligtum errichten, denn ich will mitten unter ihnen wohnen. Wie ich es dir zeigen werde, sollen sie es machen.

Verfertigt eine Lade aus Akazienholz, zweieinhalb Ellen lang, eineinhalb Ellen breit und eineinhalb Ellen hoch! Überziehe sie mit reinem Gold, von innen und von außen, und befestige ringsherum eine Leiste aus Gold. Bringe vier goldene Ringe an, und zwar zwei an der einen, und zwei an der anderen Seitenwand. Durch die Ringe sollst du mit Gold überzogene Stangen aus Akazienholz stecken, damit man sie mit ihnen tragen kann.

Die Stangen sollen in den Ringen der Lade bleiben; sie sollen nicht herausgezogen werden. In die Lade aber sollst du das Gesetz legen, das ich dir geben werde!

Dann sollst du eine Deckplatte aus reinem Gold verfertigen, zweieinhalb Ellen lang und eineinhalb Ellen breit. An den beiden Enden der Deckplatte sollst du je eine Engelsfigur anbringen in getriebener Arbeit aus Gold. Die Engel sollen ihre Flügel nach oben ausbreiten und damit die Deckplatte überdachen. Sie sollen einander das Angesicht zukehren. Du sollst die Deckplatte oben auf die Lade setzen und in die Lade das Gesetz legen, das ich dir geben werde!

Dort will ich mich dir offenbaren, und zwar von der Deckplatte aus, zwischen den Engeln auf der Lade.

Fertige auch einen Tisch aus Akazienholz an! Überziehe ihn mit Gold und umschließe ihn mit einer goldenen Einfassung mit je einem goldenen Ring an den vier Seiten. Durch die Ringe sollst du mit Gold überzogene Stangen aus Akazienholz stecken, damit man den Tisch tragen kann.

Mache auch einen Leuchter aus reinem Gold; in getriebener Arbeit soll der Leuchter hergestellt werden, sein Fuß und sein Schaft. Seine Kelche - Knäufe mit Blumen - sollen aus einem Stück mit ihm sein. Sechs Röhren sollen von seinen Seiten ausgehen, drei Leuchterröhren von der einen Seite und drei Leuchterröhren von der anderen Seite aus. Das Ganze soll aus einem Stück sein, alles in getriebener Arbeit aus reinem Gold. Dann sollst du sieben Lampen anfertigen und auf ihn stellen. Die dazugehörigen Dochtscheren und Feuerschalen sollen aus feinstem Gold sein. Sieh zu, daß du alles genau nach dem Bild machst, das dir auf dem Berge gezeigt worden ist.

Du sollst ein Heiligtum machen, ein Zelt, ausgeschlagen mit feinem Leinen und mit blauem, purpurfarbenem und scharlachfarbenem Tuch, gedeckt mit Zeltplanen aus Ziegenhaar, rotgefärbten Widderfellen und Tachaschleder.

Die Lade mit der Deckplatte soll in dem Heiligtum stehen, hinter einem Vorhang aus blauem, purpurfarbenem und scharlachfarbenem Tuch. Vor den Vorhang aber sollst du einen Tisch stellen mit Brot darauf. Zwölf Laibe Brot sollen darauf gelegt werden an jedem Sabbat, und die Priester sollen sie essen.

Dann sollst du einen Altar machen und ihn vor das Heiligtum stellen.

Du aber nimm aus der Mitte der Israeliten deinen Bruder Aaron und mit ihm seine Söhne; er soll mein Priester sein. Du sollst für deinen Bruder Aaron heilige Kleider nähen lassen, zur Auszeichnung und zur Zierde. Rede auch mit den Kunstverständigen, die ich mit dem Geist der Weisheit erfüllt habe. Sie sollen die Kleider für Aaron anfertigen, damit man ihn weihe. Dies aber sind die Kleider, die sie machen sollen: Brustschild, Ephod, Obergewand, bunter Leibrock, Kopfbund und Gürtel.

Das Ephod soll man aus Gold, violetten, purpurnen und scharlachroten Stoffen und feinem Leinen in kunstvoller Webarbeit herstellen. Die Ketten für den Brustschild sollen aus reinem Gold gefertigt sein. Aaron soll, wenn er ins Heiligtum hineingeht, die Namen der Söhne Israel auf dem Brustschild immer auf dem Herzen tragen, zum immerwährenden Gedenken vor dem Herrn.

Das Obergewand soll ganz aus violettem Stoff gefertigt sein. An seinem Saum sollen blaue, rote und scharlachfarbene Granatäpfel angebracht sein und dazwischen goldene Schellen. Aaron soll das Gewand tragen beim heiligen Dienst, und man soll es klingen hören, wenn er im Heiligtum vor den Herrn tritt und wenn er wieder hinausgeht. Du sollst auch ein Stirnblatt von reinem Gold anfertigen und darauf eingravieren lassen: HEILIG DEM HERRN! Es soll mit einer violetten Schnur an der Vorderseite des Kopfbundes befestigt werden.

Es soll auf der Stirn Aarons sein als Zeichen seines Priestertums, damit die Opfer, die die Israeliten darbringen, vor dem Herrn Wohlgefallen finden.

Du sollst Aaron und seine Söhne salben und in ihr Amt einführen, damit sie mir als Priester dienen!

Dies ist die Vorschrift der Weihe: Nimm einen Jungstier und zwei fehllose Widder, ungesäuerte Brote, ungesäuerte, mit Öl angerührte Kuchen, dazu ungesäuerte, mit Öl bestrichene Fladen; aus feinem Weizenmehl sollst du alles backen. Lege sie in einen Korb und bringe sie mit dem Stier und den zwei Widdern zum Opfer dar.

Aaron aber und seine Söhne sollst du an den Eingang des heiligen Zeltes treten lassen und sie mit Wasser waschen.

All dieses kannst du tun, weil ich dir Männer gegeben und sie mit göttlichem Geiste erfüllt habe, mit Weisheit und Verstand und mit Kenntnis in allerlei Kunstwerk, um Erfindungen zu ersinnen und sie auszuführen in Gold, Silber und Kupfer und durch Bearbeitung von Edelsteinen und Holz. Ich habe ihnen künstlerischen Sinn verliehen, damit sie alles ausführen, was ich dir geboten habe: das heilige Zelt, die Lade für das Gesetz und die Deckplatte darauf.

Rede mit den Israeliten und sage ihnen: 'Haltet besonders meine Sabbate! Denn sie sind ein Zeichen zwischen mir und euch in all euren Geschlechtern. Sechs Tage lang soll man arbeiten; am siebten Tage aber ist hoher Feiertag, dem Herrn geweiht. Denn in sechs Tagen hat der Herr den Himmel und die Erde gemacht; am siebten Tage aber ruhte er.'«

Als Gott seine Rede mit Mose auf dem Berge Sinai vollendet hatte, übergab er ihm zwei steinerne Tafeln, die Tafeln des Gesetzes, die vom Finger Gottes geschrieben waren.

Das goldene Kalb

Als das Volk sah, daß Mose so lange nicht vom Berge herabkam, sammelte es sich um Aaron und sprach zu ihm: »Mache uns einen Gott, der vor uns herziehen soll; denn wir wissen nicht, was Mose, der uns aus dem Lande Ägypten geführt hat, zugestoßen ist.«

Aaron sprach zu ihnen:

»Nehmt die goldenen Ringe ab, die eure Frauen, eure Söhne und Töchter an den Ohren tragen, und bringt sie her zu mir.«

Da nahmen alle Leute die goldenen Ringe ab, die sie an den Ohren trugen, und brachten sie zu Aaron. Er nahm sie aus ihren Händen, schmolz das Gold und machte daraus ein Kalb.

Da riefen sie: »Das ist dein Gott, Israel, der dich aus dem Lande Ägypten geführt hat!«

Als Aaron das sah, baute er vor dem goldenen Kalb einen Altar und ließ ausrufen:

»Morgen soll ein Fest sein für den Herrn!«

In der Frühe des nächsten Morgens brachten sie Brandopfer und Friedopfer dar. Dann setzte sich das Volk nieder um zu essen und zu trinken, und später erhoben sie sich, um zu tanzen.

Da sprach der Herr zu Mose:

»Geh, steige hinab! Denn dein Volk, das du aus Ägypten geführt hast, frevelt. Sie sind erstaunlich schnell von dem Wege abgewichen, den ich ihnen geboten habe. Sie haben sich ein goldenes Kalb gegossen, es angebetet, ihm geopfert und gesagt: 'Das ist dein Gott, Israel, der dich aus dem Lande Ägypten geführt hat.'«

Dann sprach der Herr zu Mose:

»Ich sehe, daß dieses Volk ein halsstarriges Volk ist. Laß mich, denn mein Zorn über sie ist groß! Ich will sie vertilgen. Dich aber will ich zu einem großen Volke machen.«

Mose aber flehte den Herrn, seinen Gott, an und sprach:

»Ach Herr, warum bist du zornig über dein Volk, das du mit großer Kraft und starker Hand aus dem Lande Ägypten geführt hast? Sollen etwa die Ägypter spöttisch sagen: 'In

böser Absicht hat er sie herausgeführt, um sie im Gebirge umkommen zu lassen und sie vom Erdboden zu vertilgen'? Laß ab von deinem großen Zorn. Gedenke deiner Knechte Abraham, Isaak und Israel, denen du doch bei deinem eigenen Namen geschworen hast: 'Ich will eure Nachkommen so zahlreich machen wie die Sterne am Himmel und will dieses ganze Land nach meiner Verheißung euern Nachkommen geben; sie sollen es für immer besitzen.'«

Da reute den Herrn das Unheil, das er seinem Volke angedroht hatte.

Moses Zorn

Danach wandte sich Mose um und stieg vom Berge herab, die beiden Gesetzestafeln in der Hand. Sie waren auf beiden Seiten beschrieben. Sie waren ein Werk Gottes; die Schrift war eine Gottesschrift, auf die Tafeln eingegraben.

Als Josua das laute Geschrei des Volkes hörte, sprach er zu Mose: »Es ist Kriegslärm im Lager.«

Mose aber antwortete: »Das ist kein Geschrei von Siegern und kein Geschrei von Besiegten; lärmenden Gesang höre ich.«

Als Mose sich dem Lager näherte und das goldene Kalb und die Reigentänze sah, entbrannte sein Zorn. Er schleuderte die Tafeln aus der Hand und zertrümmerte sie am Fuße des Berges.

Dann nahm er das Kalb, das sie gegossen hatten, verbrannte es, zerrieb es zu feinem Staub, streute ihn ins Wasser und gab davon den Israeliten zu trinken.

Zu Aaron aber sprach Mose:

»Was hat dir dieses Volk getan, daß du eine so große Schuld über es gebracht hast?«

Aaron erwiderte: »Sei nicht zornig. Du weißt ja selbst, wie zügellos dieses Volk ist. Sie sprachen zu mir: 'Mache uns einen Gott, der vor uns herziehen soll; denn wir wissen nicht, was Mose, der uns aus dem Lande Ägypten geführt hat, zugestoßen ist.' Da sprach ich zu ihnen: 'Wer Goldschmuck trägt, der nehme ihn ab!' Sie gaben mir das Gold; ich warf es ins Feuer, und es wurde dieses Kalb daraus.«

Am anderen Morgen sprach Mose zum Volke:

»Ihr habt eine große Sünde begangen. Ich will daher zum Herrn hinaufsteigen. Vielleicht kann ich Vergebung erlangen für eure Sünde.«

Also kehrte Mose wieder zum Herrn zurück und sprach:

»Dieses Volk hat eine große Sünde begangen. Sie haben sich einen Gott aus Gold gemacht. Und nun vergib ihnen doch ihre Sünde! Wenn nicht, so tilge mich aus deinem Buche!«

Der Herr aber sprach zu Mose: »Wer wider mich sündigt, den tilge ich aus meinem Buche. So gehe nun und führe das Volk dorthin, wohin ich dir gesagt habe. Siehe, mein Engel soll vor dir hergehen. Aber es kommt die Zeit, da will ich sie strafen für ihre Sünde.«

Die Strafe Gottes

Der Herr brachte eine Plage über das Volk, weil es das Kalb angebetet, das Aaron gemacht hatte.

Danach sprach der Herr zu Mose:

»Geh, ziehe mit deinem Volke, das du aus dem Lande Ägypten geführt hast, hinauf in das Land, das ich Abraham, Isaak und Jakob verheißen habe. Ich will einen Engel vor dir hersenden in ein Land, das von Milch und Honig fließt. Aber ich selbst will nicht mit euch ziehen, weil ihr ein halsstarriges Volk seid.«

Als das Volk diese bittere Botschaft hörte, wurde es betrübt, und niemand legte seinen Schmuck an.

Mose aber nahm das heilige Zelt und schlug es außerhalb des Lagers in einiger Entfernung auf; er nannte es »Zelt der Offenbarung«. Wenn Mose in das Zelt hineinging, erhob sich das ganze Volk, und jeder blieb am Eingang seines Zeltes stehen. Sie schauten Mose nach, bis er in das Zelt hineinging. Dann kam die Wolkensäule herab und stellte sich an den Eingang des Zeltes.

Der Herr aber redete mit Mose von Angesicht zu Angesicht, wie jemand mit seinem Freunde redet. Dann kehrte Mose ins Lager zurück, während sein Diener Josua das Zelt niemals verließ.

Erneuerung des Bundes

Der Herr sprach zu Mose: »Haue dir zwei steinerne Tafeln zurecht, wie die ersten waren. Ich will nochmals auf die Tafeln jene Worte schreiben, die auf den ersten standen, die du zerschmettert hast.

Halte dich bereit, morgen in der Frühe auf den Berg Sinai zu steigen und dort auf der Spitze des Berges vor mich zu treten. Es soll aber niemand mit dir heraufsteigen. Es soll auch niemand am ganzen Berg sich sehen lassen; sogar die Schafe und Rinder dürfen nicht am Berg weiden.«

Da hieb sich Mose zwei steinerne Tafeln zurecht, wie die ersten. Am anderen Morgen in der Frühe stieg er auf den Berg Sinai, wie ihm der Herr geboten hatte, und nahm die zwei steinernen Tafeln mit.

Da fuhr der Herr in der Wolke herab, trat neben ihn und sprach: »Ich bin der Herr, ein barmherziger und gnädiger Gott, langmütig und voller Güte und Treue. Ich erweise Tausenden Gnade, verzeihe Schuld, Missetat und Sünde, aber ich suche die Schuld der Väter heim an den Kindern bis in das dritte und vierte Geschlecht.«

Da verneigte sich Mose bis zur Erde, warf sich nieder und sprach:

»Herr, wenn ich wirklich Gnade gefunden habe in deinen Augen, so ziehe doch mit uns! Es ist ein zwar halsstarriges Volk, aber vergib uns unsere Schuld und Sünde und nimm uns als dein Eigentum an.«

Gottes Bund mit den Israeliten

Gott sprach:

»Siehe, ich schließe einen Bund! Vor deinem ganzen Volke will ich Wunder tun, wie sie nicht getan worden sind auf der ganzen Erde. Das ganze Volk soll das Wirken des Herrn sehen; denn wunderbar ist, was ich für dich tun werde.

Siehe, ich werde die Amoriter, Kanaaniter, Hethiter, Pheresiter, Hewiter und Jebusiter vor dir hertreiben. Hüte dich, mit den Bewohnern des Landes, in das du kommst, einen Bund einzugehen! Reiße ihre Altäre nieder und zerschlage ihre Götzenbilder! Denn du sollst keinen anderen Gott anbeten.

Halte, was ich dir heute gebiete!«

Mose blieb bei dem Herrn vierzig Tage und vierzig Nächte. Er aß kein Brot und trank kein Wasser. Er schrieb auf die Tafeln die Worte des Bundes, die zehn Gebote.

Als Mose vom Berge Sinai herabstieg, die beiden Tafeln des Gesetzes in der Hand, da wußte er nicht, daß die Haut seines Angesichts strahlend geworden war durch die Unterredung mit Gott. Als Aaron und alle Israeliten Mose sahen, fürchteten sie sich, ihm zu nahen, denn die Haut seines Angesichts strahlte. Aber Mose rief ihnen zu; da kamen Aaron und alle Fürsten der Gemeinde zu ihm, und Mose redete mit ihnen.

Danach traten alle übrigen Israeliten näher heran; er verkündete ihnen alles, was der Herr mit ihm auf dem Berge Sinai geredet hatte.

Als aber Mose aufhörte, mit ihnen zu reden, legte er einen Schleier über sein Gesicht. Nur wenn er hineinging, um mit dem Herrn zu reden, legte er den Schleier ab. Dann sahen alle Israeliten, daß das Gesicht des Mose strahlte.

Die Israeliten errichteten das Heiligtum, wie der Herr Mose geboten hatte. In das Innere stellten sie die Lade mit den steinernen Tafeln, auf denen die zehn Gebote und das Gesetz geschrieben waren.

Gott gebot, daß das Heiligtum errichtet werde, und er bedeckte es mit einer Wolke. Wenn die Wolke sich von dem heiligen Zelt hinweghob, brachen die Israeliten wieder auf. Wenn sich die Wolke aber nicht erhob, brachen sie auch nicht auf, bis zu dem Zeitpunkt, da sie sich erhob. Denn die Wolke des Herrn war bei Tage über dem Zelt; des Nachts aber wurde sie feurig, so daß die Israeliten sehen konnten, solange sie auf der Wanderung waren.

Der Aufbruch von Sinai

»Versammle aus den Ältesten Israels siebzig Männer und bringe sie zum heiligen Zelt; dort sollen sie sich neben dir aufstellen. Dann will ich herabkommen und mit dir reden, und ich will sie dazu bewegen, mit dir die Last des Volkes zu teilen, damit du sie nicht mehr allein tragen mußt.

Dem Volke aber sollst du sagen: 'Der Herr wird euch Fleisch zu essen geben, nicht nur einen Tag, nicht zwei, nicht fünf, nicht zehn, nicht zwanzig Tage, sondern einen ganzen Monat lang, bis es euch zuwider ist und ihr euch davor ekelt.'«

Im zweiten Jahr, nachdem die Israeliten Ägypten verlassen hatten, im zweiten Monat, am zwanzigsten Tag des Monats, erhob sich die Wolke von dem Heiligtum.

Da brachen die Israeliten von der Wüste Sinai auf. Die Bundeslade des Herrn zog vor ihnen her, um eine Lagerstätte für sie zu finden. Die Wolke des Herrn ließ sich drei Tagereisen vom Berge Sinai in der Wüste Paran nieder.

Das Volk schreit nach Brot

Da fingen die Israeliten wieder an zu klagen und sprachen:

»Hätten wir doch Fleisch zu essen! Wir denken an die Fische, die wir in Ägypten umsonst zu essen bekamen, an die Gurken die Melonen, den Lauch, die Zwiebeln und den Knoblauch. Jetzt aber haben wir nichts zu essen als dieses Manna!«

Als nun das Volk klagte, da entbrannte der Zorn des Herrn gewaltig, und auch Mose mißfiel es. Mose sprach zum Herrn:

»Warum legst du auf mich die Last dieses Volkes, damit ich es in ein Land bringe, das du seinen Vätern verheißen hast? Woher soll ich Fleisch nehmen für diese alle? Denn sie klagen und sprechen zu mir: 'Gib uns Fleisch zu essen!' Ich kann diese Last nicht allein tragen. Töte mich lieber und errette mich aus dem Elend!«

Gott sprach:

Da sprach Mose:

»Sechshunderttausend Mann zählt das Volk, und du sagst, du willst ihnen Fleisch geben, daß sie einen Monat lang zu essen haben. Sollen so viele Schafe geschlachtet oder alle Fische des Meeres gefangen werden, daß es für sie genug ist?«

Der Herr aber sprach zu Mose:

»Ist etwa die Macht des Herrn nicht groß genug? Du wirst bald sehen, ob mein Wort eintrifft oder nicht.«

Danach ging Mose hinaus und verkündete dem Volke die Worte des Herrn. Dann versammelte er die siebzig Männer aus den Ältesten. Der Herr schickte einen Wind, der brachte Wachteln vom Meer herbei. Er ließ sie über dem Lager niederfallen, eine Tagereise weit in jeder Richtung. Da machten sich die Leute auf und sammelten Wachteln, den ganzen Tag und die ganze Nacht, und den ganzen folgenden Tag. Und wer wenig sammelte, der sammelte zehn Gomer.

Als sie aber das Fleisch noch im Munde hatten, schlug der Herr das Volk mit einer schrecklichen Heimsuchung. Viele von ihnen starben, und man begrub sie dortselbst.

Die Israeliten machen sich bereit, das Land Kanaan zu betreten

Der Herr redete mit Mose in der Wüste Paran und sprach:

»Sende Männer aus! Sie sollen das Land Kanaan auskundschaften, das ich den Israeliten geben will. Je einen Mann aus jedem Stamm sollst du schicken, lauter Fürsten aus dem Volke.«

Mose wählte zwölf Männer, einen aus jedem Stamm Israels. Als er sie aussandte, das Land Kanaan auszukundschaften, sprach er zu ihnen:

»Steigt hinauf in das Gebirge und schaut euch um. Seht, was es für ein Land ist, ob das Volk, das darin wohnt, stark oder schwach, klein oder groß ist. Seht, wie das Land beschaffen ist, in dem sie wohnen, ob fruchtbar oder schlecht. Seht, wie ihre Städte sind, offen oder befestigt. Seht, wie der Boden ist, fett oder mager, und ob Bäume dort wachsen oder nicht. Bringt auch von den Früchten des Landes mit!«

Es war aber gerade die Zeit der ersten reifen Trauben. Da zogen sie hinauf und kundschafteten das Land aus. Sie kamen in ein Tal und schnitten dort eine Rebe mit einer Weintraube ab; diese trugen sie zu zweit an einer Stange, auch einige Granatäpfel und Feigen. Das Tal nennt man Eskol, d. i. Traubental, wegen der Weintraube, die sie dort abgeschnitten haben.

Vierzig Tage lang kundschafteten sie das Land aus; dann kehrten sie zurück zu Mose, Aaron und zu der ganzen Gemeinde der Israeliten. Sie gaben ihnen Bericht und zeigten ihnen die Früchte des Landes.

Das Volk murrte gegen Mose

Sie erzählten:

»Wir sind in das Land gekommen, in das du uns gesandt hast. Wohl fließt es von Milch und Honig, und dies sind seine Früchte. Aber das Volk, das darin wohnt, ist stark; seine Städte sind fest und groß. Auch die Nachkommen der Enakiter haben wir dort gesehen. Die Amalekiter wohnen im Südland; die Hethiter, Jebusiter und Amoriter wohnen auf dem Gebirge, die Kanaaniter wohnen am Meer und am Ufer des Jordan.« Da murrte das Volk.

Kaleb aber, einer der Männer, die als Kundschafter ausgezogen waren, beruhigte das Volk und sprach:

»Lasset uns trotzdem hinaufziehen und das Land erobern; wir sind stark genug, es zu überwältigen.«

Aber die Männer, die mit ihm ausgezogen waren, sprachen:

»Wir können nicht gegen dieses Volk ziehen; es ist zu stark.«

Sie berichteten den Israeliten schlimme Dinge von dem Lande, das sie ausgekundschaftet hatten und sprachen:

»Das Land, das wir durchzogen haben, verzehrt seine Bewohner. Alle Menschen, die wir dort sahen, waren hochgewachsen. Wir sahen dort auch die Riesen, die Enakiter aus dem Geschlecht der Riesen; wir kamen uns neben ihnen vor wie Heuschrecken.«

Da erhob die ganze Gemeinde ihre Stimme und schrie, und das Volk weinte die ganze Nacht hindurch. Alle Israeliten murrten wider

Mose und Aaron und sprachen zu ihnen:

»Wären wir doch in Ägypten oder hier in der Wüste gestorben! Warum will der Herr uns in dieses Land bringen, wo wir doch nur im Kampf getötet und unsere Frauen und Kinder geraubt werden? Ist es nicht besser, wir ziehen nach Ägypten zurück?«

Sie sprachen zueinander:

»Laßt uns einen Führer wählen und wieder nach Ägypten ziehen!«

Da sprachen Kaleb und Josua, die das Land mit ausgekundschaftet hatten, zu der ganzen Gemeinde der Israeliten:

»Das Land, das wir durchzogen haben, um es auszukundschaften, ist ein sehr, sehr schönes Land. Wenn der Herr uns zugetan ist, wird er uns in dieses Gebiet bringen und uns dieses Land geben, das von Milch und Honig fließt. Nur seid nicht widerspenstig gegen den Herrn! Fürchtet euch nicht vor dem Volk dieses Landes, denn sie haben keinen Schutz; mit uns aber ist der Herr. Also fürchtet euch nicht!«

Doch die Gemeinde drohte sie zu steinigen. Da erschien die Herrlichkeit des Herrn am heiligen Zelte vor allen Israeliten, und der Herr sprach zu Mose:

»Wie lange noch will mich dieses Volk verachten? Wie lange wollen sie mir nicht vertrauen, trotz all der Zeichen, die ich vor ihnen getan habe? Ich will sie mit der Pest schlagen und sie ausrotten. Dich aber will ich zu einem großen Volke machen.«

Mose bittet den Herrn um Vergebung

Da sprach Mose zum Herrn:

»Die Ägypter und auch die Bewohner dieses Landes haben gehört, daß du, o Herr, bei diesem Volke weilst und dich ihm von Angesicht zu Angesicht offenbarst. Sie haben gehört, daß deine Wolke über ihnen steht, und daß du bei Tage in einer Wolkensäule und des Nachts in einer Feuersäule vor ihnen herziehst. Wenn du nun dieses Volk tötest, so werden die Völker, die von dir gehört haben, sprechen: ›Weil der Herr dieses Volk nicht in das Land bringen konnte, das er ihm verheißen hatte, darum hat er es in der Wüste dahingeschlachtet.‹

So laß nun deine Kraft, o Herr, sich groß erweisen! Du hast ja gesprochen: ›Der Herr ist langmütig und reich an Güte; er verzeiht Schuld, Missetat und Sünde.‹ Vergib doch in deiner großen Güte diesem Volk seine Schuld, wie du ihm schon von Ägypten an bis jetzt vergeben hast!«

Die Unzufriedenen werden bestraft

Der Herr sprach zu Mose:

»Weil all diese Männer meine Herrlichkeit und meine Zeichen gesehen haben, die ich in Ägypten und in der Wüste getan, und weil sie doch nicht auf mich gehört haben, soll keiner von ihnen das Land schauen, das ich ihren Vätern verheißen habe.

Sage den Israeliten: ›Alle, die gegen mich gemurrt haben, sollen in der Wüste sterben. Eure Kinder aber, von denen ihr sagtet, sie würden geraubt werden, will ich hineinbringen in das Land, das ihr verschmäht habt. Ihr aber sollt sterben in der Wüste. Eure Kinder sollen vierzig Jahre lang in der Wüste wandern, ein Jahr für jeden Tag, den ihr das Land ausgekundschaftet habt. Vierzig Jahre lang will ich mein Versprechen nicht erfüllen.‹«

Die Männer aber, die Mose gesandt hatte, das Land auszukundschaften, und die nach ihrer Rückkehr die ganze Gemeinde zum Murren gegen ihn verleitet hatten, indem sie falsche Gerüchte über das Land berichteten, starben, bis auf Kaleb und Josua. Sie starben an einer Plage, die der Herr ihnen geschickt hatte.

Am anderen Morgen in der Frühe machte sich das Volk bereit, auf die Höhe des Gebirges zu ziehen, und sie sprachen:

»Hier sind wir! Wir wollen hinaufziehen an den Ort, den uns der Herr gewiesen hat, denn wir haben gesündigt.«

Mose aber sprach:

»Zieht nicht hinauf, denn ihr habt euch vom Herrn abgewandt, und der Herr ist nicht mit euch.«

Aber sie zogen weiter, während die Bundeslade des Herrn und Mose im Lager blieben. Da kamen die Amalekiter und Kanaaniter und schlugen sie.

Die Wanderung wird fortgesetzt

Danach kamen die Israeliten in die Wüste Zin; sie ließen sich in Kades nieder. Dort starb Mirjam, die Schwester Aarons, und wurde begraben.

Wieder aber hatte das Volk kein Wasser; darum rotteten sie sich gegen Mose und Aaron zusammen und sprachen:

»Ach, wären wir doch umgekommen, als unsere Brüder umkamen! Habt ihr die Gemeinde des Herrn in diese Wüste gebracht,

damit wir und unser Vieh hier sterben? Habt ihr uns aus Ägypten herausgeführt, um uns an diesen bösen Ort zu bringen, wo man nicht säen kann, wo es weder Feigen noch Weinstöcke noch Granatäpfel gibt, ja nicht einmal Wasser zum Trinken?«

Der Herr redete mit Mose und sprach:

»Nimm den Stab und versammle die Gemeinde, du und Aaron, und redet vor ihren Augen zum Felsen, damit er sein Wasser spende. Es wird aus dem Felsen hervorquellen, genug für die ganze Gemeinde und ihr Vieh.«

Da nahm Mose den Stab. Er und Aaron versammelten die Gemeinde vor dem Felsen, und Mose sprach zu ihnen:

»Höret nun, ihr Widerspenstigen! Können wir wohl für euch Wasser aus diesem Felsen hervorquellen lassen?«

Mose erhob seine Hand und schlug mit dem Stabe zweimal auf den Felsen. Da strömte Wasser heraus; die Gemeinde und ihr Vieh hatten zu trinken. Die Quelle aber nannte man »Haderwasser«, weil Israel mit dem Herrn gehadert hatte.

Der Herr aber sprach zu Mose und Aaron:

»Weil ihr nicht auf mich vertraut habt und den Israeliten meine Macht nicht gezeigt habt, darum sollt ihr diese Gemeinde nicht in das Land bringen, das ich für sie bestimmt habe.«

Der Durchzug durch Edom wird verweigert

Danach sandte Mose Boten von Kades aus an den König von Edom, wo die Nachkommen Esaus wohnten, und ließ ihm sagen:

»Wir kommen von deinem Verwandten Israel. Du weißt um all die Mühsal, die wir erlitten haben: Wie die Ägypter uns und unsere Väter mißhandelt haben. Da schrien wir zum Herrn, er erhörte uns und führte uns aus dem Lande Ägypten weg. Nun sind wir in Kades, einer Stadt an deiner Grenze. Wir möchten durch dein Land ziehen.

Wir wollen nicht durch Äcker oder Weingärten gehen, auch kein Wasser aus deinen Brunnen trinken. Wir wollen nur die Königstraße ziehen und weder zur Rechten noch zur Linken davon abbiegen, bis wir dein Gebiet durchzogen haben.«

Der König von Edom aber antwortete:

»Du darfst nicht durch mein Land ziehen, sonst trete ich dir mit dem Schwert entgegen.«

Da sprachen die Israeliten zu ihm:

»Auf der gebahnten Straße wollen wir ziehen, und wenn unsere Herden von deinem Wasser trinken, so wollen wir es bezahlen.«

Er aber sprach: »Du darfst nicht durchziehen!« Die Edomiten zogen den Israeliten mit mächtigem Kriegsvolk entgegen und weigerten sich, die Israeliten durch ihr Land ziehen zu lassen.

Aarons Tod

Da wandten sich die Israeliten von Edom seitwärts und kamen zu dem Berge Hor. Der Herr redete mit Mose und Aaron am Berge Hor und sprach:

»Aaron soll zu seinen Stammesgenossen versammelt werden und sterben, denn er soll nicht in das Land kommen, das ich den Israeliten bestimmt habe, weil ihr meinen Worten ungehorsam gewesen seid am Haderwasser. Nimm Aaron und seinen Sohn Eleasar und führe sie auf den Berg Hor. Dann sollst du Aaron die Priesterkleider ausziehen und sie seinem Sohne Eleasar anlegen. Aaron aber wird dort zu seinen Stammesgenossen versammelt werden und sterben.«

Mose tat, wie der Herr geboten hatte. Sie stiegen vor den Augen der ganzen Gemeinde auf den Berg Hor. Mose zog Aaron die Kleider aus und legte sie seinem Sohn Eleasar an. Aaron starb auf dem Gipfel des Berges. Mose aber und Eleasar stiegen herab vom Berge. Die ganze Gemeinde beweinte Aaron dreißig Tage lang.

Das Volk begehrt abermals auf

Als die Israeliten nach Kanaan hineinzogen, wurden sie angegriffen, und einige wurden gefangen genommen. Später aber besiegten sie ihre Feinde und schlugen sie.

Dann zogen sie vom Berge Hor weiter zum Roten Meer, um das Land Edom zu umgehen. Das Volk war aber sehr ungeduldig und redete wider Gott und Mose und sprach:

»Habt ihr uns aus Ägypten herausgeführt, damit wir in der Wüste sterben? Hier gibt es weder Brot noch Wasser; uns ekelt vor der elenden Speise.«

Da sandte der Herr Schlangen. Sie bissen das Volk und viele Israeliten starben.

Da kamen die Leute zu Mose und sprachen:

»Wir haben gesündigt, als wir wider den Herrn und dich geredet haben. Bitte den Herrn, daß er die Schlangen von uns nehme.«

Mose bat für das Volk. Der Herr aber sprach zu ihm:

»Mache dir eine Schlange aus Erz und stecke sie auf eine Stange. Dann wird jeder Gebissene, der sie anschaut, am Leben bleiben.«

Da machte Mose eine eherne Schlange und steckte sie auf eine Stange. Wenn nun die Schlangen einen bissen und er schaute zur ehernen Schlange hinauf, so blieb er am Leben.

Die Amoriter werden besiegt

Dann zogen die Israeliten weiter, westlich von Edom, am Westrand des Landes der Moabiter entlang bis ins Gebiet der Amoriter. Dort schlugen sie ihre Zelte auf in der Ebene von Moab, nahe Jericho.

Sie sandten Boten an Sihon, den König der Amoriter, und ließen ihm sagen:

»Wir möchten durch dein Land ziehen! Wir wollen nicht in Äcker noch in Weinberge abbiegen, und auch kein Wasser aus den Brunnen trinken. Wir wollen nur die Königstraße ziehen, bis wir dein Gebiet durchzogen haben.«

Aber Sihon ließ die Israeliten nicht durch sein Gebiet ziehen, sondern versammelte sein ganzes Volk und zog Israel entgegen in die Wüste. Als er nach Jaser kam, kämpfte er gegen Israel.

Die Israeliten aber schlugen die Amoriter, besetzten ihr Land und ließen sich in ihren Städten und Dörfern nieder.

Danach wandten sie sich und zogen den Weg nach Basan hinauf. Da rückte der König

Og von Basan mit seinem ganzen Volk ihnen entgegen, um mit ihnen zu kämpfen.

Aber der Herr sprach zu Mose:

»Fürchte dich nicht vor ihm, denn ich gebe ihn mit Land und Leuten in deine Hand. Du magst mit ihm tun, wie du mit Sihon, dem König der Amoriter getan hast.« Die Israeliten schlugen König Og von Basan, seine Söhne und sein ganzes Volk und nahmen sein Land in Besitz.

Bileam und der König von Moab

Zu der Zeit war Balak, der Sohn des Zippor, König der Moabiter. Als er nun sah, was die Israeliten den Amoritern angetan hatten, fürchtete er sich sehr vor ihnen. Er schickte Boten zu Bileam nach Petor im Norden und ließ ihm sagen:

»Siehe, es ist ein Volk von Ägypten ausgezogen, das bedeckt nun das ganze Land und ist nahe bei meinem Gebiet. So komm nun und verfluche dieses Volk; vielleicht vermag ich es dann zu schlagen und aus dem Land zu vertreiben. Ich weiß: Wen du segnest, der ist gesegnet, und wen du verfluchst, der ist verflucht.«

Da gingen die Ältesten der Moabiter und die Ältesten der Midianiter zu Bileam mit Balaks Botschaft. Bileam sprach zu ihnen:

»Bleibt heute nacht hier, so will ich euch morgen Bescheid geben, was der Herr mir geboten hat.«

Also blieben die Ältesten der Moabiter bei Bileam. Gott kam zu Bileam und sprach:

»Wer sind die Leute da bei dir?«

Bileam antwortete: »Balak, der Sohn des Zippor, der König von Moab, hat sie zu mir gesandt, damit ich ihm helfe, ein Volk, das aus Ägypten gekommen ist, zu vertreiben.«

Aber Gott sprach zu Bileam:

»Du sollst nicht mit ihnen gehen. Du darfst das Volk nicht verfluchen, denn es ist gesegnet.«

Als Bileam am Morgen aufstand, sprach er zu den Boten Balaks:

»Geht zurück in euer Land, denn der Herr will mich nicht mit euch gehen lassen.«

Da machten sich die Ältesten der Moabiter auf, gingen zurück zu Balak und sprachen: »Bileam hat sich geweigert, mit uns zu kommen.« Da sandte Balak nochmals Boten aus, noch zahlreicher und noch vornehmer als die ersten. Als diese zu Bileam kamen, sprachen sie zu ihm:

»So läßt dir Balak, der Sohn des Zippor, sagen: 'Laß dich doch nicht abhalten, zu mir zu kommen! Ich will dich hoch ehren! Was du von mir verlangst, will ich tun. So komme denn und verfluche mir dieses Volk.'«

Bileam antwortete und sprach zu den Dienern Balaks: »Wenn Balak mir sein Haus voll Silber und Gold gäbe, so könnte ich das Wort des Herrn, meines Gottes, nicht übertreten, weder im Kleinen noch im Großen. Doch bleibt nun auch heute nacht hier, damit ich erfahre, was der Herr weiter mit mir reden will.«

Da kam Gott in der Nacht zu Bileam und sprach zu ihm:

»Wenn die Männer gekommen sind, um dich zu rufen, so mache dich auf und gehe mit ihnen. Nur mußt du genau das tun, was ich dir sagen werde.«

Bileam und der Engel des Herrn

Da machte sich Bileam am Morgen auf, sattelte seine Eselin und zog mit den Fürsten der Moabiter. Aber Gott war zornig, weil er hinzog. Da trat ihm der Engel des Herrn in den Weg.

Bileam ritt auf seiner Eselin; zwei Diener begleiteten ihn. Als die Eselin den Engel des Herrn auf dem Weg stehen sah, das gezückte Schwert in der Hand, da wich sie vom Wege ab und ging in das Feld.

Bileam aber schlug die Eselin, um sie wieder auf den Weg zu bringen. Da trat der Engel des Herrn in den Hohlweg zwischen den Weinbergen, wo zu beiden Seiten eine Mauer war Als die Eselin den Engel des Herrn sah, drückte sie sich an die Wand und drückte dabei Bileams Fuß an die Wand. Da schlug Bileam die Eselin abermals.

Wieder ging der Engel des Herrn voraus und trat an eine enge Stelle, wo man weder zur Rechten noch zur Linken ausweichen konnte. Als die Eselin den Engel des Herrn sah, kauerte sie sich nieder. Bileam aber wurde noch zorniger, und er schlug die Eselin mit dem Stock.

Der Herr aber tat der Eselin den Mund auf und sie sprach zu Bileam: »Was habe ich dir getan, daß du mich nun schon dreimal geschlagen hast?«

Bileam erwiderte der Eselin: »Weil du dein Spiel mit mir getrieben hast! Hätte ich ein Schwert zur Hand, ich hätte dich schon umgebracht.«

Da sprach die Eselin zu Bileam: »Bin ich nicht deine Eselin, auf der du geritten bist von jeher? Habe ich mich je so gegen dich verhalten?«

Er sprach: »Nein.« Nun öffnete der Herr dem Bileam die Augen. Er sah den Engel des Herrn auf dem Weg stehen, das gezückte Schwert in der Hand. Da verneigte er sich und warf sich auf sein Angesicht. Der Engel des Herrn aber sprach zu ihm:

»Warum hast du deine Eselin schon dreimal geschlagen? Siehe, ich bin ausgezogen als dein Widersacher, denn du hast gegen meinen Willen gehandelt. Die Eselin hat mich gesehen und ist dreimal vor mir ausgewichen. Wenn sie nicht vor mir ausgewichen wäre, so hätte ich dich umgebracht, sie aber am Leben gelassen.«

Da sprach Bileam zum Engel des Herrn:

»Ich habe gesündigt, denn ich wußte nicht, daß du mir auf dem Weg entgegenstandest. Nun aber, wenn dir die Sache mißfällt, will ich umkehren.«

Der Engel des Herrn aber sprach zu Bileam:

»Geh nur mit den Männern, doch darfst du nichts anderes reden, als was ich dir sagen werde!«

Bileam wird zu Balak geführt

Da zog Bileam mit den Häuptlingen Balaks. Als Balak hörte, daß Bileam komme, zog er ihm entgegen nach einer Stadt an der äussersten Grenze von Moab. Balak sprach zu Bileam:

»Habe ich nicht dringend nach dir gesandt? Warum bist du nicht zu mir gekommen? Wahrlich, ich bin imstande, dich zu belohnen!«

Bileam antwortete Balak:

»Du siehst, daß ich jetzt gekommen bin. Aber bin ich überhaupt imstande, etwas zu reden? Ich muß das Wort reden, das Gott mir in den Mund legt.«

Am nächsten Morgen führte Balak den Bileam zu einem hoch gelegenen Berg, von wo er das Lager der Israeliten sehen konnte. Da sprach Bileam zu Balak:

»Bleibe du hier bei deinem Brandopfer stehen. Ich aber will hingehen und sehen, ob mir der Herr begegnet. Was er mit gebietet, will ich dir berichten.«

Bileam stieg auf eine Berghöhe. Gott begegnete ihm und sprach:

»Gehe zu Balak zurück und sprich die Worte, die ich dir eingebe.«

Bileam kehrte zu Balak zurück, der noch bei seinem Brandopfer stand mit allen Fürsten der Moabiter. Da begann Bileam zu sprechen. Aber seine Worte waren ein Segen für Israel, und kein Fluch:

»Wie schön sind deine Zelte, Jakob,
deine Wohnungen, Israel!
Wie Täler, die sich ausbreiten,
wie Gärten am Strom,
wie Aloe, die der Herr gepflanzt,
wie Zedern am Wasser.
Gott, der ihn aus Ägypten geführt,
frißt die Völker, seine Feinde,
und zermalmt ihre Gebeine,
er zerschmettert seine Bedrücker.
Gesegnet ist, wer dich segnet,
verflucht, wer dir flucht!«

Dreimal wurden die Opfer dargebracht, und jedesmal waren die Worte, die Gott dem Bileam eingab, Segensworte.

Da wurde Balak sehr zornig über Bileam und sprach:

»Ich ließ dich rufen, meine Feinde zu verfluchen, und nun hast du sie schon dreimal gesegnet. Fliehe in deine Heimat! Ich wollte dich hoch ehren, aber der Herr hat dir die Ehre versagt.«

Bileam antwortete Balak:

»Habe ich nicht schon zu deinen Boten gesagt: 'Wenn mir Balak sein Haus voll Silber und Gold gäbe, könnte ich doch das Wort des Herrn nicht übertreten und Gutes oder Böses tun nach eigenem Willen: Was der Herr redet, das muß ich reden.' Und nun, da ich heimziehe zu meinem Volk, will ich dir kundtun, was dieses Volk deinem Volk in der Zukunft tun wird.«

»Es geht ein Stern auf aus Jakob,
ein Szepter erhebt sich aus Israel;
er zerschmettert die Schläfen Moabs,
den Scheitel aller Söhne Seths.
Edom wird Jakobs Besitz,
und Israel gewinnt Macht.
Jakob zertritt seine Feinde
und vernichtet die Flüchtlinge
aus den Städten.«

Danach kehrte Bileam in seine Heimat zurück, und auch Balak zog seines Weges.

Moses letzte Worte an das Volk

Als die vierzig Jahre der Wanderschaft sich ihrem Ende näherten, sprach Mose zum Volk Israel:

» Dies sind die Gebote, die Satzungen und das Gesetz, die mir der Herr, euer Gott, befohlen hat, euch zu lehren, daß ihr danach handelt in dem Lande, in das ihr zieht, um es zu besitzen. So höre, Israel, und erfülle sie getreulich, auf daß es dir wohl ergehe und du dich überaus mehrst, wie der Herr, der Gott deiner Väter, dir verheißen hat, in einem Lande, das von Milch und Honig fließt.

Der Herr, unser Gott, ist *ein* Herr. Du sollst den Herrn, deinen Gott, lieben aus ganzem Herzen, aus ganzer Seele und mit all deiner Kraft.

Diese Worte, die ich dir heute gebiete, sollen dir ins Herz geschrieben sein und du sollst sie deinen Kindern einschärfen. Du sollst davon reden, wenn du in deinem Hause sitzest und wenn du auf dem Wege gehst, wenn du dich niederlegst und wenn du aufstehst.

Du sollst sie als Denkzeichen an deine Hand binden und sie als Merkzeichen auf der Stirn tragen. Du sollst sie auf die Türpfosten deines Hauses und an deine Tore schreiben.

Den Herrn, deinen Gott, sollst du fürchten und ihm dienen! Du sollst bei seinem Namen schwören. Du sollst nicht anderen Göttern nachfolgen, den Göttern der Völker rings um dich her, daß nicht der Zorn des Herrn, deines Gottes, gegen dich entbrenne, und er dich vertilge von der Erde.

Wenn dich dann künftig dein Sohn fragt: 'Was sollen denn die Verordnungen, die Satzungen und Gesetze bedeuten?' so sollst du zu deinem Sohne sagen: 'Wir waren Sklaven des Pharao in Ägypten. Da führte uns der Herr mit starker Hand aus Ägypten. Der Herr tat vor unseren Augen große und schreckliche Zeichen und Wunder an Ägypten, am Pharao und an seinem ganzen Hause.

Uns aber führte er von dort heraus, um uns hierher zu bringen und uns das Land zu geben, das er unseren Vätern verheißen hatte. Der Herr gebot uns, allen diesen Satzungen zu gehorchen, den Herrn, unseren Gott, zu fürchten, auf daß es uns wohl ergehe allezeit und er uns am Leben erhalte, wie es jetzt geschieht. Als Gerechte werden wir dastehen, wenn wir diese Gebote halten vor dem Herrn, unserem Gott, wie er uns geboten hat.'

Alle diese Gebote, die ich dir heute gebe, sollst du getreulich erfüllen, damit du am Leben bleibst, dich mehrest und in den Besitz des Landes kommst, das der Herr deinen Vätern verheißen hat. Du sollst gedenken des ganzen Weges, den dich der Herr, dein Gott, vierzig Jahre lang geführt hat in der Wüste, um dich zu demütigen und zu prüfen, damit er erkenne, wie du gesinnt bist, ob du seine Gebote hältst oder nicht. Er demütigte dich, ließ dich hungern und speiste dich dann mit Manna, das du und deine Väter nicht gekannt hatten, um dir kundzutun, daß der Mensch nicht vom Brot allein lebt, sondern von allem, was das Wort des Herrn schafft.

So erkenne denn, daß dich der Herr, dein Gott, in Zucht nimmt, wie der Vater seinen Sohn in Zucht nimmt. Darum halte die Gebote des Herrn, deines Gottes, indem du auf seinen Wegen wandelst und ihn fürchtest.

Denn der Herr, dein Gott, bringt dich in ein schönes Land, ein Land mit Bächen, Quellen, Wassern, die aus den Tälern und Bergen entspringen, ein Land mit Weizen, Gerste, Regen, mit Feigen- und Granatbäumen, ein Land mit Ölbäumen und Honig, ein Land, wo du nicht kümmerlich dich nährst, wo es dir an nichts mangeln wird, ein Land, dessen Steine Eisen sind, und wo du Erz gräbst aus den Bergen.

Wenn du dich satt gegessen hast, sollst du den Herrn, deinen Gott, loben für das schöne Land, das er dir gegeben hat, und ihm danken.

Hüte dich, den Herrn, deinen Gott, zu vergessen! Halte seine Gebote, Gesetze und Satzungen, die ich dir heute gebe.

Hüte dich, daß du nicht, wenn du dich satt essen kannst und schöne Häuser baust und darin wohnst, wenn deine Rinder und Schafe sich vermehren und Silber und Gold und alles, was du hast, sich mehrt, daß du dann nicht stolz werdest! Hüte dich, den Herrn, deinen Gott, zu vergessen, der dich aus dem Lande Ägypten, aus dem Sklavenhause, herausgeführt, der dich durch diese große und furchtbare Wüste geleitet hat, wo es Feuerschlangen gibt und Skorpione und dürres Land, in dem kein Wasser ist. Vergiß nicht den Herrn, der für dich Wasser aus dem Kieselfelsen quellen ließ, der in der Wüste dich mit Manna speiste, um dich zu demütigen und zu prüfen. Hüte dich, daß du nicht zu dir selber sprichst: 'Meine Kraft und die Stärke meiner Hand hat mir diesen Reichtum erworben.'

Sondern gedenke des Herrn, deines Gottes; denn er ist's, der dir die Kraft gibt, Reichtum zu erwerben, um seinen Bund zu halten, den er mit deinen Vätern geschlossen hat, wie es jetzt geschieht.

Wenn du aber den Herrn, deinen Gott, vergissest und anderen Göttern nachfolgst und sie anbetest, so wirst du zugrundegehen wie die Völker, die der Herr vor deinen Augen vernichtet hat, weil sie nicht auf die Stimme des Herrn, deines Gottes, hörten.«

Der Herr geht vor dir her

Mose sprach weiter:

»Höre, Israel: Du wirst jetzt über den Jordan gehen, um Völker zu bezwingen, die größer und stärker sind als du. So wisse denn heute, daß der Herr, dein Gott, vor dir her geht. Er wird sie vertilgen wie verzehrendes Feuer und sie vor dir niederwerfen. So wirst du sie vertreiben und rasch vernichten, wie dir der Herr verheißen hat.

Wenn sie der Herr, dein Gott, vor dir hinaustreibt, so sprich nicht zu dir selbst: 'Um meines Verdienstes willen hat der Herr mich hierher geführt, um dieses Land zu besitzen.' Denn wegen ihrer Schlechtigkeit vertreibt der Herr diese Völker vor dir. Nicht um deines Verdienstes und deines reinen Herzens willen geschieht dies, sondern wegen ihrer Schlechtig-

keit, und weil der Herr, dein Gott, das Versprechen halten will, das er deinen Vätern Abraham, Isaak und Jakob gegeben hat.

So schreibe dir nun diese meine Worte ins Herz und in die Seele! Lehre sie deine Kinder, indem du davon redest, wenn du in deinem Hause sitzest und wenn du auf dem Wege gehst, wenn du dich niederlegst und wenn du am Morgen aufstehst. Schreibe sie an die Türpfosten deines Hauses und an deine Tore, auf daß du und deine Kinder lange leben in dem Lande, das der Herr deinen Vätern verheißen hat.

Wenn du willig auf das Wort des Herrn, deines Gottes, hörst und alle seine Gebote getreulich erfüllst, wird dich der Herr, dein Gott, erhöhen über alle Völker der Erde. Alle diese Segnungen werden über dich kommen, wenn du auf das Wort des Herrn, deines Gottes, hörst:

Gesegnet bist du in der Stadt,
und gesegnet auf dem Felde.
Gesegnet ist die Frucht deines Leibes,
die Frucht deines Landes,
und die Frucht deiner Rinder,
und die Zucht deiner Schafe.

Gesegnet bist du, wenn du eingehst,
und gesegnet, wenn du ausgehst.

Wenn du aber auf das Wort des Herrn, deines Gottes, nicht hörst und alle seine Gebote nicht getreu erfüllst, werden alle diese Flüche über dich kommen:

Verflucht bist du in der Stadt,
und verflucht auf dem Felde.
Verflucht ist die Frucht deines Leibes,
die Frucht deines Landes,
und die Zucht deiner Schafe.
Verflucht bist du, wenn du eingehst,
und verflucht, wenn du ausgehst.

Der Herr wird dich schlagen mit Fieberglut, und mit dem Schwert, und mit Getreidebrand. Sie werden dich verfolgen, bis du vernichtet bist. Der Herr wird den Regen deines Landes zu Sand und Staub machen. Vom Himmel wird er auf dich herabkommen, bis du vertilgt bist.

Der Herr wird gegen dich ein Volk herholen aus der Ferne, vom Ende der Erde, so schnell, wie der Adler fliegt, ein Volk, dessen Sprache du nicht verstehst, ein Volk von grimmigem Angesicht, das keine Schonung kennt gegen den Greis und den Knaben. Es wird dich belagern in allen deinen Städten, bis deine hohen und festen Mauern fallen. Es wird dich belagern im ganzen Lande, das dir der Herr, dein Gott, gegeben hat.

Wenn du nicht alle Worte dieses Gesetzes, die in diesem Buche geschrieben sind, getreulich erfüllst, wird dich der Herr zerstreuen unter alle Völker, von einem Ende der Erde zum anderen. Da wirst du den anderen Göttern aus Holz und Stein dienen, die du und deine Väter nicht gekannt haben. Unter diesen Völkern sollst du keine Ruhe haben und es wird keine Stätte sein, da dein Fuß rasten kann. Der Herr wird dir ein schwaches Herz, schlechte Augen und eine verzagte Seele geben.

Dein Leben wird in Ungewißheit schweben. Bei Tag und bei Nacht wirst du dich fürchten und deines Lebens nicht mehr sicher sein. Am Morgen wirst du sagen: 'Oh, wäre es Abend!' Abends wirst du sagen: 'Oh, wäre es Morgen!' Der Herr wird dich auf Schiffen wieder nach Ägypten führen, und ihr müßt euch dort als Sklaven verkaufen lassen; doch niemand wird euch kaufen.

Wenn einst dieses alles über dich kommt, der Segen und der Fluch, und du bekehrst dich zu dem Herrn, deinem Gott, und hörst auf sein Wort, wie ich es dir heute gebiete, du und deine Kinder, von ganzem Herzen und von ganzer Seele, so wird der Herr, dein Gott, sich deiner erbarmen und dich zurückholen von den Völkern, unter die er dich zerstreut hat. Der Herr, dein Gott, wird dich in das Land bringen, das deine Väter besessen haben, und du wirst es besitzen. Er wird dich glücklicher und zahlreicher machen als deine Väter.

Siehe, ich habe dir heute gezeigt Leben und Glück, Tod und Unglück. Ich rufe Himmel und Erde gegen dich zu Zeugen an, daß ich dir Leben und Tod, Segen und Fluch gezeigt habe. Darum wähle nun das Leben, damit du am Leben bleibst, du und deine Nachkommen, und damit du den Herrn, unseren Gott, liebst.«

Der Tod des Moses

Als Mose alle diese Worte zu ganz Israel geredet hatte, sprach er:

»Ich bin jetzt hundertundzwanzig Jahre alt. Ich kann nicht länger mehr ein und aus gehen. Auch hat der Herr zu mir gesagt: 'Du wirst nicht über den Jordan gehen.' Josua wird vor mir hinübergehen, wie der Herr geboten hat.«

Mose rief Josua zu sich und sprach zu ihm vor ganz Israel:

»Sei fest und tapfer! Denn du wirst dieses Volk in das Land bringen, das der Herr ihren Vätern verheißen hat. Du wirst es ihnen als Erbbesitz zuteilen.«

Der Herr sprach zu Mose:

»Siehe, wenn du dich nun zu deinen Vätern legst, so wird sich dieses Volk erheben, wird mich verlassen und meinen Bund brechen, den ich mit ihm geschlossen habe. Darum schreibe dieses Lied auf und lehre es die Israeliten. Es soll mir ein Zeuge sein gegen die Israeliten. Dann werde ich mein Angesicht von ihnen wenden, weil sie sich anderen Göttern zukehren. Viel Unglück und Not wird sie dann treffen.«

Dann sprach Mose alle die Worte dieses Liedes vor der ganzen Gemeinde Israels:

»Höret, ihr Himmel, ich will reden,
es vernehme die Erde die Worte meines Mundes!
Meine Lehre riesle wie der Regen,
meine Rede träufle wie der Tau,
wie Regenschauer auf das junge Grün,
und wie Tropfen auf die Flur.
Denn den Ruhm des Herrn will ich verkünden:
Gebt Ehre unserm Gott!
Er ist der Fels! Untadelig sein Tun,
denn recht sind alle seine Wege.
Ein Gott der Treue, ohne Falsch.
Gerecht und redlich ist der Herr.
Gedenket der Tage der Vorzeit,
achtet der Jahre der vergangenen Geschlechter.
Frage deinen Vater, er soll es dir kundtun,
deine Betagten, sie werden es dir sagen.
Aber der Anteil des Herrn ist sein Volk,
Jakob das Los seines Eigentums.
Er fand es in wüstem Lande,
in der Öde, im Geheul der Wildnis;
er schützte es, umsorgte es, hat es
gehütet wie seinen Augapfel.
Wie ein Adler, der seine Brut im Flug aufstört
und über seinen Jungen schwebt,
so breitet er seine Flügel aus.
Der Herr allein leitete es,
kein fremder Gott war mit ihm.
Er ließ es ziehen über die Höhen der Erde
und speiste es mit den Früchten des Feldes.
Er ließ es Honig schlürfen aus Felsen
und Öl aus Kieselgestein.
Des Felsen, der dich gezeugt,
gedachtest du nicht
und vergaßest des Gottes, der dich geboren.
Der Herr sah es, und er verwarf sie
aus Unmut über seine Söhne und Töchter.
Er sprach: Verbergen will ich
vor ihnen mein Angesicht,
will sehen, welches ihr Ende sei;
denn sie sind ein verkehrtes Geschlecht,
Kinder, die keine Treue kennen.
Denn sie sind ein Volk,
dem es an Rat gebricht,

und keine Einsicht ist in ihnen.
Wären sie weise, so würden sie dies verstehen,
würden merken, welches ihr Ende sein wird!«

Am gleichen Tage sprach der Herr zu Mose:

»Steige auf den Berg Nebo, im Lande Moab bei Jericho, und schau in das Land Kanaan, das ich den Kindern Israel geben will. Dort auf dem Berg wirst du sterben und zu deinen Stammesgenossen versammelt werden, wie dein Bruder Aaron auf dem Berg Hor gestorben ist und zu seinen Stammesgenossen versammelt wurde. Schauen darfst du zwar das Land, aber hineinkommen darfst du nicht in das Land, das ich den Israeliten geben will.«

Mose stieg aus den Steppen Moabs auf den Berg Nebo, auf den Gipfel des Pisga, der gegenüber von Jericho liegt. Der Herr ließ ihn das ganze Land schauen. Der Herr sprach zu ihm:

»Dies ist das Land, das ich Abraham, Isaak und Jakob verheißen habe, indem ich sprach: 'Deinen Nachkommen will ich es geben.' Ich habe es dich mit deinen Augen schauen lassen, aber dort hinüber sollst du nicht kommen.«

Mose, der Knecht des Herrn, starb im Lande Moab nach dem Wort des Herrn. Man begrub ihn in dem Tal im Lande Moab bei Bet-Peor; aber niemand kennt sein Grab bis auf diesen Tag.

Mose war hundertundzwanzig Jahre alt, als er starb. Aber seine Augen waren nicht trübe geworden, und seine Kraft hatte ihn nicht verlassen.

Die Israeliten beweinten Mose in den Steppen von Moab dreißig Tage lang; dann waren die Tage des Weinens und der Trauer um Mose zu Ende.

Josua aber, der Sohn Nuns, war erfüllt vom Geiste der Weisheit, denn Mose hatte ihm die Hände aufgelegt und ihn gesegnet. Die Israeliten hörten auf ihn und taten, wie der Herr dem Mose geboten hatte.

Nie wieder gab es in Israel einen Propheten wie Mose, dem der Herr von Angesicht zu Angesicht erschien, und der alle die Zeichen und Wunder tat, mit denen ihn der Herr gesandt hat, daß er sie im Lande Ägypten am Pharao tue. So wunderbar war die Macht, die Mose vor den Augen aller Israeliten gezeigt hat.

Der Aufstieg Israels

Die Eroberung Kanaans

Nach dem Tode Moses setzte der Herr Josua zum Oberhaupt über die Israeliten. Er sprach zu ihm: »Sei fest und mutig. Fürchte dich nicht, denn der Herr, dein Gott, ist mit dir auf allen deinen Wegen.«

Da gebot Josua den Vorstehern des Volkes: »Geht durch das Lager und gebietet dem Volke. Richtet Proviant her, denn in drei Tagen werdet ihr über den Jordan ziehen und das Land einnehmen, das der Herr uns zum Besitz gegeben hat.«

Das taten sie, und das Volk versprach, Josua zu gehorchen, wie sie Mose gehorcht hatten.

Josua schickt Kundschafter aus

Josua sandte heimlich zwei Kundschafter nach Jericho. Diese gingen hin, kamen in das Haus einer Frau namens Rahab und nahmen dort Wohnung.

Der König von Jericho erfuhr von ihrer Ankunft und ließ Rahab sagen: »Gib die Männer heraus, die zu dir ins Haus gekommen sind, denn sie sind gekommen, das ganze Land auszukundschaften.«

Die Frau aber versteckte die beiden Männer.

Dann sprach sie: »Gewiß, die Männer sind zu mir gekommen. Aber ich wußte nicht, woher sie waren, und als es dunkel wurde, da sind sie wieder gegangen. Ich weiß nicht, wohin sie gegangen sind. Jagt ihnen eilends nach, dann werdet ihr sie einholen.«

Sie hatte aber die Kundschafter auf das Dach ihres Hauses geführt und sie unter den Flachsstengeln versteckt, die sie auf dem Dache aufgeschichtet hatte.

Die Leute jedoch jagten ihnen auf dem Weg zum Jordan nach.

Die Männer auf dem Dach hatten sich noch nicht schlafen gelegt, da stieg Rahab zu ihnen hinauf und sprach: »Ich weiß, daß euch der Herr dies Land gegeben hat. Alle Bewohner haben Angst vor euch, denn wir haben gehört, wie der Herr das Wasser im Roten Meer für euch ausgetrocknet hat, als ihr aus Ägypten heraufzoget. Als wir das hörten, verzagte unser Herz. Allen entsank der Mut vor euch. Denn der Herr, euer Gott, ist Gott oben im Himmel und unten auf Erden. Darum bitte ich euch, seid barmherzig zu meiner Familie, und schont das Leben meines Vaters und meiner Mutter, meiner Brüder und meiner Schwestern und aller, die zu ihm gehören, und rettet uns vor dem Tode.«

Die Kundschafter geben ein Versprechen

Da sprachen die Männer: »Mit unserem Leben bürgen wir für euch, wenn ihr uns nicht verratet. Wenn der Herr uns das Land gibt, wollen wir dir Barmherzigkeit und Treue erweisen.«

Rahabs Haus war an die Stadtmauer gebaut. Sie band ein Seil an die Brüstung und die Männer kletterten daran hinab. Und sie sprach zu ihnen: »Geht ins Gebirge und versteckt euch dort drei Tage lang, bis die Verfolger zurück sind. Danach könnt ihr eures Weges gehen.«

Die Männer sprachen zu ihr: »Wir werden unsern Eid halten, den wir dir geschworen haben. Wenn die Israeliten in das Land kommen, mußt du diese Purpurschnur an das Fenster knüpfen und deinen Vater, deine Mutter, deine Brüder und deines Vaters Gesinde zu dir ins Haus holen. Wer zur Tür deines Hauses auf die Straße hinausgeht, dessen eigene Schuld ist es, wenn ihm etwas geschieht; wir sind von Schuld frei. Für alle aber, die in deinem Hause bleiben, sind wir verantwortlich und wir sorgen dafür, daß niemand Hand an sie legt. Wenn du aber unsere Sache verrätst, so werden wir unseren Eid nicht halten.«

Sie sprach: »Es sei, wie ihr sagt!« Sie entließ die Männer. Sie aber knüpfte die Purpurschnur an das Fenster.

Die Männer gingen fort, kamen ins Gebirge und blieben dort drei Tage lang. Ihre Verfolger suchten nach ihnen vergebens, gaben die Jagd auf und kehrten in die Stadt zurück.

Da stiegen die beiden Männer wieder vom Gebirge herab, gingen über den Fluß und kehrten zu Josua zurück. Sie berichteten ihm alles, was ihnen begegnet war. Sie sprachen zu Josua: »Der Herr hat das ganze Land in unsere Hand gegeben, und alle Bewohner Jerichos haben Angst vor uns.«

Der Fall Jerichos

Jericho aber, die große Stadt, war fest verschlossen vor den Israeliten. Niemand ging hinaus und niemand hinein.

Da gebot der Herr Josua, wie er und die Israeliten die Stadt einnehmen sollten. Josua rief die Priester und das Volk und gab ihnen ihre Befehle.

Zu den Priestern sprach er: »Hebt die Bundeslade auf! Sieben Priester sollen sieben Posaunen aus Widderhörnern vor der Lade des Herrn her tragen.« Zum Volke aber sprach er: »Geht, zieht um die Stadt herum; die Bewaffneten aber sollen vor der Lade des Herrn gehen.«

Als Josua dem Volke dies befahl, gingen sieben Priester mit den sieben Posaunen aus Widderhörnern vor der Lade des Herrn her und stießen in die Posaunen. Die Bewaffneten gingen vor den Priestern her, und die Nachhut folgte der Lade.

Dem Volke aber hatte Josua geboten: »Ihr sollt kein Feldgeschrei anheben und kein Wort soll aus eurem Munde kommen bis zu dem Tag, an dem ich euch gebiete: 'Stimmt das Feldgeschrei an!' Dann erst sollt ihr das Feldgeschrei anheben.«

So ließ er die Lade des Herrn einmal rings um die Stadt herum ziehen. Dann kamen sie wieder in das Lager und blieben dort über Nacht.

Am anderen Morgen stand Josua früh auf, und die Priester trugen die Lade des Herrn. Wieder trugen die sieben Priester die sieben Posaunen aus Widderhörnern vor der Lade des Herrn her und stießen in ihre Posaunen, während die Bewaffneten vor ihnen her gingen, die Nachhut aber der Lade des Herrn folgte.

So zogen sie am zweiten Tage einmal um die Stadt; dann kamen sie wieder ins Lager. Das taten sie sechs Tage lang.

Am siebten Tag aber machten sie sich früh auf, als die Morgenröte heraufkam, und an diesem Tage zogen sie in derselben Weise siebenmal um die Stadt.

Beim siebenten Mal aber, während die Priester in ihre Posaunen stießen, sprach Josua zum Volke: »Erhebet das Feldgeschrei, denn der Herr gibt euch die Stadt. Sie soll mit allem, was darin ist, verflucht sein. Nur Rahab soll am Leben bleiben, sie und alle, die bei ihr im Hause sind, weil sie unsere Boten versteckt hat, die wir ausgesandt hatten.«

Da erhob das Volk das Feldgeschrei, und die Priester stießen in die Posaunen. Als das Volk den Schall der Posaunen hörte und laut das Feldgeschrei erhob, stürzte die Mauer von Jericho in sich zusammen. Das Volk Israel erstieg die Stadt, ein jeder, wo er gerade stand.

So nahmen sie die Stadt ein und töteten alle ihre Bewohner.

Rahab wird verschont

Zu den beiden Männern aber, die das Land ausgekundschaftet hatten, sprach Josua: »Gehet zu Rahabs Haus und führt sie mit all ihren Angehörigen heraus, wie ihr geschworen habt.«

Da gingen die Kundschafter hin und führten Rahab, ihren Vater und ihre Mutter, ihre Brüder, alle ihre Angehörigen und auch alle ihre Verwandten hinaus und brachten sie draußen vor dem Lager Israels unter.

Die Stadt aber verbrannten sie mit allem, was darin war; nur das Silber und Gold und die ehernen und eisernen Geräte brachten sie in den Schatz des Herrn.

So ließ Josua Rahab mit ihrer Familie und allen Angehörigen am Leben. Die blieb in Israel wohnen. Josua verschonte sie, weil sie die Boten versteckt hatte, die er ausgesandt, um Jericho auszukundschaften.

Josua und die Hewiter

Der Herr sprach zu Josua: »Fürchte dich nicht und sei unverzagt! Nimm alles Kriegsvolk mit dir und ziehe hinauf zu der Stadt Ai. Siehe, ich gebe den König von Ai mit seinem Volke, seiner Stadt und seinem Lande in deine Hand. Du sollst mit Ai und seinem Könige tun, wie du mit Jericho und seinem Könige verfahren bist.«

Josua tat, wie der Herr ihm geboten hatte. Er eroberte Ai und zerstörte es. Die Habe und das Vieh der Bewohner von Ai aber wurden als Beute unter die Israeliten verteilt.

Als die übrigen Könige am Jordan hörten, was mit Jericho und Ai geschehen war, fürchteten sie sich. Sie taten sich zusammen, um gegen Josua und die Israeliten zu streiten.

Die Bewohner von Gibeon aber, die sehr reich waren, verhandelten mit List: Sie schickten Boten, angetan mit alten Kleidern, die als Wegzehrung hartes, zerbröckeltes Brot und alte, geflickte Weinschläuche mitnahmen. Diese gingen zu Josua ins Lager bei Gilgal und berichteten ihm, daß sie aus einem fernen Lande kämen.

Josua aber fragte: »Wer seid ihr? Woher kommt ihr?«

Da sprachen die Männer aus Gibeon: »Wir kommen aus einem sehr fernen Lande. Unser Brot haben wir noch warm aus unseren Häusern mit auf den Weg genommen. Nun ist es

hart geworden und zerbröckelt. Die Weinschläuche waren neu, als wir sie füllten, jetzt
aber sind sie zerrissen. Auch unsere Kleider
und Schuhe sind abgenutzt vom weiten Weg.«

Die Israeliten sahen den Proviant, die Weinschläuche und die Kleider, den Herrn aber
befragten sie nicht. Josua schloß einen Bund
mit ihnen, daß sie nicht Krieg führen wollten

LAND KANAAN

gegen sie, und schwor ihnen, daß die Israeliten den Bund halten würden.

Aber drei Tage später hörten sie, daß die Männer Hewiter waren. Da brachen die Israeliten auf und kamen am dritten Tag zu der reichen Stadt Gibeon. Die Israeliten aber kämpften nicht, denn sie hatten geschworen, keinen Krieg gegen sie zu führen.

Josua ließ die Hewiter zu sich rufen und sprach: »Warum habt ihr uns betrogen und gesagt, ihr wäret aus einem fernen Land, da ihr doch unsere Nachbarn seid? Nun seid ihr verflucht! Nie sollt ihr aufhören, Knechte zu sein und Holzhauer und Wasserschöpfer für das Haus meines Gottes.«

Die Hewiter antworteten Josua: »Wir hörten, daß der Herr, euer Gott, seinem Knechte Mose geboten hat, euch das ganze Land zu geben und alle Bewohner des Landes zu vertilgen. Da fürchteten wir für unser Leben, und darum haben wir das getan. Nun aber sind wir in deiner Hand und werden tun, was du uns sagst.«

Sonne und Mond gehorchen Josua

Als aber der König von Jerusalem hörte, daß Josua mit den Hewitern Frieden geschlossen hatte, fürchtete er sich, denn Gibeon war eine große Stadt, reich wie eine Königsstadt, und alle ihre Männer waren kampferprobt. Darum tat er sich mit vier anderen Königen zusammen, und sie belagerten Gibeon.

Die Männer von Gibeon aber sandten einen Boten zu Josua ins Lager bei Gilgal und ließen ihm sagen: »Komm rasch und rette uns, denn alle Könige der Amoriter, die auf dem Gebirge wohnen, haben sich gegen uns zusammengetan.«

Der Herr sprach zu Josua: »Fürchte dich nicht vor ihnen, denn ich gebe sie in deine Hand. Niemand unter ihnen wird dir standhalten können.«

So verließ Josua mit seinem Heer Gilgal und überraschte die Amoriter. Er tötete viele und schlug die anderen in die Flucht. Als sie aber auf der Flucht waren, ließ der Herr Hagelsteine vom Himmel auf sie fallen. Die durch Hagelsteine starben, waren mehr als jene, die Israel mit dem Schwerte erschlug.

Damals sprach Josua: »Sonne, stehe still zu Gibeon, und Mond im Tal von Ajalon!«

Da stand die Sonne still, und der Mond blieb stehen, bis das Volk Rache genommen hatte an seinen Feinden. Niemals, nicht vorher und nicht nachher, hat der Herr auf die Stimme eines Mannes gehört, wie an diesem Tage; denn der Herr stritt für Israel.

Lange Zeit führte Josua Krieg. Da war keine Stadt, die sich friedlich mit Israel einigte, außer den Hewitern, die in Gibeon wohnten. Alle anderen nahmen sie im Kampf. So nahm Josua das ganze Land ein, genau so wie der Herr zu Mose geredet hatte. Josua gab es Israel zum Erbbesitz, jedem Stamm seinen Teil. Und das Land hatte Ruhe vom Krieg.

Der alte Josua spricht mit dem Volke

Nach langer Zeit, als der Herr den Israeliten von all ihren Feinden ringsum Ruhe verschafft hatte und Josua alt und hochbetagt war, berief Josua ganz Israel, seine Ältesten, Oberhäupter, Richter und Aufseher und sprach zu ihnen:

»Ich bin nun alt und hochbetagt. Ihr aber habt alles gesehen, was der Herr, euer Gott, all diesen Völkern angetan hat um euretwillen. Seht, ich habe euch diese übrigen Völker als Erbbesitz zugeteilt, jedem Stamm seinen Erbteil. Der Herr, euer Gott, wird sie vor euch ausstoßen und vertreiben. Ihr werdet ihr Land einnehmen, wie euch der Herr, euer Gott, verheißen hat.

So seid nun fest entschlossen, alles zu halten und zu tun, was im Buche des Gesetzes Mose geschrieben steht! Weicht nicht davon ab, weder zur Rechten, noch zur Linken. Vermengt euch nicht mit den Völkern, die noch bei euch übrig sind! Erwähnt nicht den Namen ihrer Götter, schwört nicht bei ihnen, dient ihnen nicht und betet sie nicht an, sondern seid darauf bedacht, daß ihr den Herrn, euren Gott, liebhabt. Denn wenn ihr euch mit dem Rest dieser Völker vermengt, so wißt wohl, daß der Herr, euer Gott, diese Völker nicht mehr vertreiben wird. Sie werden euch zur Schlinge und zum Fallstrick werden, zur Geißel in euren Seiten und zu Dornen in euren Augen, bis ihr vertilgt seid aus diesem schönen Land, das euch der Herr, euer Gott, gegeben hat.

Siehe, ich werde heute sterben. Ihr aber bedenkt in eurem Herzen, daß nichts hinfällig geworden ist von all dem Guten, das der Herr, euer Gott, euch verheißen hat. Alles ist eingetroffen und nichts ist ausgeblieben.« Da entließ Josua das Volk, einen jeden in sein Eigentum. Es begab sich nach alledem, daß Josua, der Sohn Nuns, der Knecht des Herrn, starb, als er hundertundzehn Jahre alt war. Man begrub ihn im Gebiete seines Erbbesitzes zu Timnat-Seraoh, das auf dem Gebirge Ephraim liegt, nördlich vom Berge Gaasch.

Der Tod Siseras

Weil aber die Israeliten taten, was dem Herrn mißfiel, machte sie der Herr zu Sklaven von Jabin, dem König von Kanaan. Jabins Heer wurde kommandiert von dem Feldherrn Sisera. Er hatte neunhundert Streitwagen und bedrückte die Israeliten zwanzig Jahre lang.

Eine prophetisch begabte Frau der Israeliten war Debora, die sprach den Israeliten Recht zu jener Zeit. Sie sandte nach einem Mann namens Barak und sprach: »Geh, ziehe auf den Berg Tabor mit zehntausend Mann, und ich will dir Sisera mit all seinen Soldaten und seinen Wagen in die Hand geben.«

Barak sprach: »Ich gehe, wenn du mit mir gehst.«

Da ging Debora mit ihm, aber sie warnte ihn, daß ihm der Feldzug keine Ehre bringen würde, denn der Herr werde Sisera in die Hand einer Frau geben.

Die Heere von Barak und Sisera trafen sich am Berg Tabor. Der Herr schlug Sisera und seine Wagen, und Barak tötete alle seine Krieger. Sisera sprang von seinem Wagen und floh zu Fuß. Als er das Zelt des Keniters Heber erreichte, der ein Verbündeter des Königs war, trat Jael, Hebers Frau, heraus, dem Sisera entgegen, und sprach zu ihm: »Herr, kehre nur bei mir ein, fürchte dich nicht!«

Sisera kehrte ein in ihrem Zelt, und Jael bat ihn, sich hinzulegen und deckte ihn mit der Decke zu.

Er sprach zu ihr: »Gib mir doch ein wenig Wasser zu trinken; ich habe Durst.«

Sie gab ihm Milch zu trinken und deckte ihn wieder zu. Er sprach: »Stelle dich an den Eingang des Zeltes. Wenn aber einer kommt und dich fragt: 'Ist jemand hier?' so sage: 'Nein.'« Dann schlief Sisera vor Ermattung ein. Während er im Schlafe lag, tötete Jael ihn.

Gleich darauf kam Barak, der Sisera verfolgte, und Jael trat ihm entgegen und sprach: »Komm, ich will dir den Mann zeigen, den du suchst.«

So besiegten die Israeliten Jabin, den König von Kanaan, und das Land hatte vierzig Jahre lang Ruhe.

Das Deboralied

Damals sangen Debora und Barak, der Sohn Abinoams, dieses Lied:

»Höret, ihr Könige, merket auf, ihr Fürsten!
Ich, ja ich will singen dem Herrn,
will spielen dem Herrn, dem Gott Israels.
O Herr, als du auszogst von Seir,
einherschrittest von Edoms Gefilde,
erbebte die Erde, es gossen die Himmel,
ja, die Wolken gossen das Wasser.
Die Berge wankten vor dem Herrn vom Sinai,
vor dem Herrn, dem Gott Israels.
Gepriesen unter allen Frauen sei Jael,
Hebers Weib, des Keniters,
gepriesen unter allen Frauen im Zelte!
Wasser erbat er, Milch gab sie,
in herrlicher Schale reichte sie Sahne.
Ihre Hand streckte sie aus nach dem Pflock,
ihre Rechte nach dem Werkhammer,
und schlug ihm aufs Haupt.
Zu ihren Füßen brach er zusammen, fiel nieder;
wo er zusammenbrach, da lag er erschlagen.
So müssen umkommen, Herr, all deine Feinde!«

Gideon und die Midianiter

Die Israeliten aber taten wieder, was dem Herrn mißfiel. Da gab sie der Herr in die Hand der Midianiter, sieben Jahre lang. Die Midianiter verwüsteten das Land. Die Israeliten machten sich zum Schutz vor den Midianitern Schlupfwinkel in den Bergen, Höhlen und Burgen.

Als die sieben Jahre vorbei waren, kam der Engel des Herrn und setzte sich unter einen Baum zu Ophra, der dem Abiesriten Joas gehörte, während dessen Sohn Gideon Weizen in der Kelter drosch, um ihn vor den Midianitern in Sicherheit zu bringen.

Der Engel erscheint Gideon

Da erschien dem Gideon der Engel des Herrn und sprach zu ihm. »Der Herr ist mit dir, du starker Held!«

Gideon aber sprach zu ihm: »Ach, mein Herr! Wenn der Herr mit uns ist, warum ist uns dann all das zugestoßen? Wo sind alle seine Wunder, von denen uns unsere Väter erzählten? Hat der Herr uns denn nicht aus Ägypten geführt? Jetzt aber hat uns der Herr verstoßen und in die Hand der Midianiter gegeben.«

Da sah ihn der Engel an und sprach: »Geh hin in deiner Kraft! Du wirst Israel aus der Hand der Midianiter erretten. Wohlan, ich sende dich.«

Gideon aber sprach zu ihm: »Habe ich Gnade vor dir gefunden, so gib mir ein Zeichen, daß du es bist, der mit mir redet. Bleibe hier, bis ich zurückkomme, meine Gabe bringe und sie vor dir niederlege.«

Der Engel sprach: »Ich will bleiben, bis du wiederkommst.«

Gideon ging hinein und bereitete ein Ziegenböcklein zu und ungesäuertes Brot. Das Fleisch legte er in einen Korb; die Brühe tat er in einen Topf und trug alles hinaus zu dem Engel und gab es ihm.

Da sprach der Engel Gottes zu ihm: »Nimm das Fleisch und das ungesäuerte Brot und lege es hier auf diesen Felsen und gieße die Brühe darüber.«

Gideon tat es.

Nun streckte der Engel des Herrn den Stab aus, den er in der Hand hatte, und berührte damit das Fleisch und das ungesäuerte Brot. Da schlug Feuer aus dem Felsen und verzehrte das Fleisch und das ungesäuerte Brot. Der Engel des Herrn aber war vor seinen Augen verschwunden.

Als Gideon sah, daß es wirklich der Engel des Herrn war, sprach er: »Wehe, Herr, mein Gott! Ich fürchte mich, denn ich habe den Engel des Herrn von Angesicht zu Angesicht geschaut!«

Aber der Herr sprach zu ihm: »Sei ruhig! Fürchte dich nicht, du wirst nicht sterben!«

Da baute Gideon dort dem Herrn einen Altar und nannte ihn: »Der Herr ist Heil.«

Gott spricht mit Gideon

In jener Nacht aber sprach der Herr zu ihm: »Nimm einen siebenjährigen Stier und reiße den Altar ein, den dein Vater dem Baal gebaut hat. Auch die Bäume, die rings herum stehen, haue um. Dann erbaue dem Herrn, deinem Gott, auf der Höhe des Berges einen Altar, mache ein Feuer aus dem Holz der Bäume und opfere den Stier dem Herrn.«

Gideon nahm zehn seiner Knechte und tat, wie der Herr ihm geboten hatte. Aus Furcht vor den Leuten der Stadt und vor der Familie seines Vaters aber wagte er es nicht, bei Tage zu tun, sondern tat es bei Nacht.

Am anderen Morgen sahen die Leute der Stadt, was geschehen war. Als sie erfuhren, daß Gideon den Baalsaltar niedergerissen hatte, gingen sie zu Joas und sprachen: »Gib deinen Sohn heraus, denn er muß sterben!«

Joas aber verteidigte Gideon und sprach: »Müßt ihr etwa für Baal streiten? Er ist doch ein Gott! Wer für ihn streitet, der soll sofort getötet werden. Laßt doch Baal für sich selber streiten!«

Als nun die Midianiter und die Amalekiter sich zusammenscharten und in der Ebene Jesreel lagerten, da kam der Geist des Herrn über Gideon. Gideon stieß in die Posaune, und alle Männer folgten seinem Ruf.

Gideon sprach zu dem Herrn: »Wenn du Israel durch meine Hand erretten willst, so gib mir ein Zeichen. Siehe, ich lege einen Haufen Wolle auf den Boden. Fällt der Tau nur auf die Wolle, während der Boden ringsum trocken bleibt, so weiß ich, daß du Israel durch mich erretten willst.«

Als er am nächsten Morgen die Wolle ausdrückte, preßte er aus der Wolle eine ganze Schale voll Tauwasser.

Aber er zweifelte noch immer und sprach: »Sei nicht zornig auf mich, aber gib mir nur noch ein Zeichen: Die Wolle allein soll trocken bleiben, während auf den Boden ringsum Tau fällt.« Gott fügte es so in jener Nacht. Die Wolle blieb trocken, während auf dem Boden ringsum der Tau lag.

Gideon wählt seine Männer aus

Dann sammelte Gideon ein Heer aus den Männern Israels um sich; sie lagerten sich an der Quelle Charod. Das Lager der Midianiter aber befand sich nördlich vom Hügel More, in der Ebene.

Gott sprach zu Gideon: »Du hast zu viele Männer bei dir, als daß ich die Midianiter in ihre Hand geben könnte. Sonst rühmt sich

Israel seiner Macht und sagt: 'Wir haben uns selbst geholfen'. Darum gehe hin und sage allen, die sich fürchten und Angst haben, sie sollen umkehren.«

Es kehrten zweiundzwanzigtausend Mann um, und nur zehntausend blieben übrig.

Der Herr aber sprach zu Gideon: »Es sind noch immer zu viele. Führe sie hinab ans Wasser, dort will ich sie sichten. Wenn ich dir sage: 'Der soll mit dir ziehen', so soll er mit dir ziehen, und wenn ich sage: 'Der soll nicht mit dir ziehen', so soll er nicht mitziehen.«

Da führte Gideon das Volk hinunter ans Wasser. Nun sprach der Herr zu Gideon: »Stelle die, die das Wasser mit der Zunge lecken wie ein Hund, und die, die beim Trinken niederknien, auseinander.«

Die Zahl derer, die mit der Zunge leckten, belief sich auf dreihundert Mann. Alle übrigen knieten nieder, um Wasser zu trinken und schöpften es mit der Hand.

Der Herr sprach zu Gideon: »Durch die dreihundert Mann, die geleckt haben, will ich euch erretten und die Midianiter in eure Hand geben. Alle übrigen aber sollen heimgehen.«

So nahmen die Auserwählten die Verpflegung und die Posaunen. Die übrigen Israeliten entließ Gideon zu ihren Zelten; nur die dreihundert Mann behielt er bei sich. Das Lager der Midianiter aber befand sich unter ihm, in der Ebene.

Die Israeliten senden Kundschafter zu den Midianitern

Der Herr sprach in jener Nacht zu Gideon: »Steh auf und überfalle das Lager, denn ich habe es in deine Hand gegeben. Fürchtest du dich aber, das Lager zu überfallen, so gehe erst einmal mit deinem Diener Pura hinab in das Lager und horche, was die Midianiter reden. Danach wirst du den Mut finden, das Lager zu überfallen.«

Da ging Gideon mit Pura hinab bis an die Krieger am Rande des Lagers heran. Die Midianiter aber, die Amalekiter und alle, die aus dem Osten, lagerten in der Ebene so

zahlreich wie Heuschrecken, und ihre Kamele waren zahllos wie der Sand am Ufer des

Als Gideon hinkam, erzählte gerade ein Mann einem anderen seinen Traum und sprach: »Ich habe einen Traum gehabt: Da rollte ein Gerstenbrotkuchen ins Lager der Midianiter und kam bis ans Zelt; er traf es, daß es umfiel und zusammenstürzte.«

Da antwortete der andere und sprach: »Das ist nichts anderes als das Schwert Gideons, des Sohnes des Joas, des Israeliten. Gott schenkt ihm den Sieg über die Midianiter und das ganze Heer.«

Als Gideon die Erzählung des Traumes und seine Deutung hörte, warf er sich nieder vor dem Herrn. Dann kehrte er ins Lager Israels zurück und rief: »Auf! Der Herr hat das Lager der Midianiter in unsere Hand gegeben!«

Er teilte die dreihundert Mann in drei Gruppen, gab allen Posaunen in die Hand und leere Krüge mit Fackeln darin.

Er sprach zu ihnen: »Schaut auf mich und macht es mir nach! Sobald ich an den Rand des Lagers komme, tut genau, was ich tue. Wenn ich und alle, die bei mir sind, in die Posaunen stoßen, so sollt auch ihr rings um das ganze Lager in die Posaunen stoßen und rufen: 'Für den Herrn und Gideon!'«

Die Israeliten greifen an

Als Gideon mit seinen hundert Mann an den Rand des Lagers gekommen war, hatten eben die Wachen gewechselt, und die mittlere Nachtwache hatte begonnen. Da stießen sie in ihre Posaunen und zerbrachen die Krüge, die sie in den Händen hatten. Alle drei Haufen stießen in die Posaunen und zerbrachen die Krüge. Dann faßten sie mit der linken Hand die Fackeln und mit der rechten Hand die Posaunen, um zu blasen und riefen: »Ein Schwert für den Herrn und Gideon!«

Ein jeder blieb an seinem Platze stehen, rings um das Lager her. Die Midianiter erwachten, schrien und liefen wild durcheinander.

Während die dreihundert Mann in ihre Posaunen stießen, richtete der Herr im Lager der Midianiter eines jeden Schwert gegen den anderen, und sie flohen in Verwirrung. Die Israeliten verfolgten sie bis zum Jordan und töteten ihre Fürsten Oreb und Seeb.

Danach sprachen die Männer Israels zu Gideon: »Herrsche über uns, du sowohl als dein Sohn und deines Sohnes Sohn; denn du hast uns aus der Hand der Midianiter errettet.«

Aber Gideon antwortete ihnen: »Ich will nicht über euch herrschen.

Auch mein Sohn soll nicht über euch herrschen. Der Herr soll über euch herrschen. Aber ich möchte mir etwas von euch erbitten: Gebt mir ein jeder die goldenen Ringe, die ihr erbeutet habt.«

Denn die Midianiter trugen goldene Ohrringe, weil sie Ismaeliten waren.

Die Männer Israels sprachen: »Gewiß, die wollen wir dir geben.«

Da breitete er den Mantel aus, und ein jeder warf die Ringe darauf, die er erbeutet hatte. Das Gewicht der Ringe betrug eintausendundsiebenhundert Lot Gold. Außerdem gab es noch Schmuck und Halsketten und Purpurgewänder, die die Midianiterkönige getragen hatten, und die Ketten am Hals ihrer Kamele. Gideon nahm sie und stellte sie in seiner Stadt Ophra auf.

So wurden die Midianiter von den Israeliten endgültig besiegt. Das Land hatte vierzig Jahre lang Ruhe, solange Gideon lebte.

Jotam und Abimelech

Gideon hatte viele Frauen. Als er starb, hinterließ er siebzig Söhne. Einer von ihnen, Abimelech, ging nach Sichem zur Familie seiner Mutter und sprach zu ihnen: »Sagt, was ist besser für euch, daß siebzig Söhne des Gideon über euch herrschen, oder daß ich allein über euch herrsche, der ich euer Verwandter bin?«

Sie waren sich einig, daß sie lieber ihn als Herrscher haben wollten, und gaben ihm siebzig Lot Silber, mit denen er Söldner warb, die ihm nach Ophram folgten. Dort ermordete Abimelech alle seine Brüder. Nur Jotam, der jüngste, blieb übrig, denn er hatte sich versteckt.

Danach versammelten sich alle Bürger von Sichem und machten Abimelech zu ihrem König.

Als Jotam davon hörte, ging er hin, stellte sich auf die Höhe des Berges Garizim, erhob seine Stimme und rief ihnen zu: »Hört auf mich, ihr Bürger von Sichem, daß auch Gott auf euch höre!

Einst gingen die Bäume hin, einen König zu wählen. Sie sprachen zum Ölbaum: ›Sei unser König!‹

Aber der Ölbaum antwortete ihnen: ›Soll ich mein Öl lassen, mit dem man Götter und Menschen ehrt, um König über die Bäume zu werden?‹

Da sprachen die Bäume zum Feigenbaum: ›So komm du und sei unser König!‹

Aber der Feigenbaum antwortete ihnen: ›Soll ich meine Süßigkeit und meine köstlichen Früchte lassen, um König über die Bäume zu werden?‹

Da sprachen die Bäume zum Weinstock: ›So komm du und sei unser König!‹

Aber der Weinstock antwortete ihnen: ›Soll ich meinen Wein lassen, der Götter und Menschen fröhlich macht, um König über die Bäume zu werden?‹

Da sprachen alle Bäume zum Dornbusch: ›So komm du und sei unser König!‹

Der Dornbusch sprach: ›Wollt ihr mich wirklich zum König über euch machen, so kommt und berget euch in meinem Schatten. Wo nicht, so wird Feuer aus dem Dornbusch schlagen und die Zedern des Libanon verzehren.‹«

Jotam fuhr fort: ›Mein Vater kämpfte für euch und wagte sein Leben und rettete euch aus der Hand der Midianiter. Ihr aber habt euch heute gegen das Haus meines Vaters erhoben, seine Söhne ermordet und den Abimelech, den Sohn seiner Magd, zum König gemacht, weil er euer Stammesgenosse ist. Wenn ihr glaubt, daß ihr treu und gerecht an Gideon gehandelt habt, so freut euch des Abimelech, und er freue sich euer. Wo nicht, so vernichte Abimelech Sichem, und Sichem vernichte Abimelech!«

Danach floh Jotam aus Furcht vor seinem Bruder Abimelech nach Beer und ließ sich dort nieder.

Nach drei Jahren fielen die Bürger von Sichem, die ihn zum König gemacht hatten, von Abimelech ab, und Abimelech vernichtete sie. Doch als er eine starke Burg in der Stadt Tebez belagerte, warf ihm eine Frau einen Mühlstein auf den Kopf.

Da rief Abimelech seinen Waffenträger und sprach zu ihm:

»Ziehe dein Schwert und töte mich vollends, damit man nicht von mir sagt, daß ich von einer Frau getötet wurde.«

So erfüllte sich Jotams Gleichnis.

Jephtes Gelübde

Jephthe, ein Sohn Gileads, war ein tapferer Held. Er war ein gefürchteter Krieger, aber seine Brüder hatten ihn vertrieben. Er lebte weit von ihnen im Lande Tob. Als der Krieg der Ammoniter gegen Israel begann, gingen die Ältesten von Gilead zu Jephthe und baten ihn, ihre Armee zu befehligen.

Jephthe sagte zu. Doch bevor er in den Krieg zog, tat er dem Herrn ein Gelübde. Er sprach: »O Herr, wenn du die Ammoniter wirklich in meine Hand gibst, und wenn ich wohlbehalten heimkehre, so will ich dir das erste, was mir aus meinem Hause entgegenkommt, als Brandopfer darbringen.«

Dann zog Jephthe in den Krieg. Der Herr gab ihm die Ammoniter in die Hand. Er warf sie von Aroer bis in die Gegend von Minnit und in das Tal der Weingärten zurück und vernichtete sie vollkommen.

Nach dem Kampf kehrte er nach Mizpa zurück. Als er zu seinem Hause kam, siehe, da trat seine Tochter heraus. Sie kam ihm entgegen mit Handtrommeln und Tanz. Sie war sein einziges Kind und er liebte sie über alles.

Als Jephthe sie sah, zerriß er seine Kleider und rief voller Verzweiflung: »Ach, meine Tochter, was tust du mir an! Ich habe dem Herrn ein Gelübde getan und kann nicht zurück!«

Er sagte ihr, was er gelobt hatte.

Sie aber antwortete: »Nein, Vater, deinen Eid kannst du nicht brechen, nachdem der Herr dir den Sieg über die Ammoniter verliehen hat. Aber gewähre mir eines: Laß mir noch zwei Monate Zeit, damit ich mit meinen Gespielinnen hingehen und meine Jugend beweinen kann und die Kinder, die ich nie haben werde.«

Er aber sprach: »Gehe hin.«

So gingen Jephthes Tochter und ihre Gespielinnen in die Berge, und sie beweinten ihr trauriges Schicksal.

Nach zwei Monaten kam sie zu ihrem Vater zurück, und er tat, wie er gelobt hatte.

Simson und die Philister

Die Israeliten aber taten wiederum, was dem Herrn mißfiel. Da gab sie der Herr in die Hand der Philister, vierzig Jahre lang.

Nun war da ein Mann namens Manoach, aus dem Geschlechte der Daniten. Er hatte keine Kinder. Der Engel des Herrn erschien seiner Frau und verkündete ihr, daß sie einen Sohn haben werde.

Der Engel sprach: »Hüte dich aber, Wein oder sonst ein berauschendes Getränk zu trinken oder etwas Unreines zu essen! Du wirst einen Sohn bekommen, dessen Haupt soll kein Schermesser berühren, denn er ist dem Herrn geweiht von Geburt an. Er wird anfangen, Israel aus der Hand der Philister zu erretten.«

Später erschien der Engel auch dem Manoach. Zu der bestimmten Zeit bekamen sie einen Sohn und nannten ihn Simson.

Simson wurde groß und stark. Als er herangewachsen war, ging er nach Timna hinab. Dort sah er die Tochter eines Philisters und wollte sie zu seiner Frau machen. Zuerst waren seine Eltern nicht damit einverstanden, denn sie wollten, daß er ein Mädchen aus seinem eigenen Volke zur Frau nahm. Sie wußten nicht, daß diese Heirat vom Herrn so gefügt war, weil er die Philister vernichten wollte. Schießlich aber, als Simson nicht nachließ, fügten sie sich seinen Bitten.

So ging Simson mit seinem Vater und seiner Mutter nach Timna hinab. Als er zu den Weinbergen von Timna kam, da griff ihn ein junger Löwe an. Er tötete ihn mit den bloßen Händen. Seinem Vater und seiner Mutter aber sagte er nicht, was er getan hatte. Dann ging er hin und sprach mit der Tochter des Philisters; sie gefiel Simson. Als er nach einiger

Zeit wieder hinging, um sie zu sehen, bog er vom Wege ab, nach dem Aas des Löwen zu sehen, den er getötet hatte. Er fand im Leib des Löwen einen Bienenschwarm und Honigwaben. Er löste sie heraus und aß den Honig. Er gab auch seinem Vater und seiner Mutter davon; aber er sagte ihnen nicht, woher er den Honig hatte.

Simsons Rätsel

Bald wurde die Hochzeit angesetzt und ein Fest veranstaltet. Daran nahmen auch dreißig junge Männer der Philister teil. Simson sprach zu ihnen: »Ich will euch ein Rätsel aufgeben; wenn ihr mir innerhalb der sieben Tage des Festes die Lösung sagt, so will ich euch dreißig Leinenkleider und dreißig Festkleider geben. Könnt ihr es aber nicht lösen, so sollt ihr mir dreißig Leinenkleider und dreißig Festkleider geben.«

Sie sprachen zu ihm: »Sag uns dein Rätsel!«

Simson sprach: »Speise ging aus von dem Fresser, und Süßes ging aus von dem Starken.«

Drei Tage vergingen; die Philister vermochten aber das Rätsel nicht zu lösen.

Am vierten Tage sprachen sie zu Simsons Frau: »Überrede deinen Mann, daß er uns des Rätsels Lösung verrät; sonst verbrennen wir dich samt deiner ganzen Familie.«

Da weinte Simsons Frau und sprach zu ihm: »Du magst mich nicht und liebst mich nicht mehr! Du hast meinen Stammesgenossen ein Rätsel aufgegeben und hast mir die Lösung nicht verraten.«

Er antwortete: »Sieh, ich habe es auch meinem Vater und meiner Mutter nicht verraten. Warum sollte ich es dir verraten?«

Sie aber weinte sieben Tage, solange das Fest dauerte. Am siebten Tage endlich verriet er es ihr: sie aber verriet es ihren Landsleuten.

Da sprachen die Männer der Stadt am siebenten Tage kurz vor Sonnenuntergang zu Simson: »Was ist süßer als Honig? Was ist stärker als der Löwe?«

Simson erriet, was geschehen war, und sprach: »Hättet ihr nicht meine Frau bedroht,

so hättet ihr nie mein Rätsel gelöst.«

Er ging hinab nach Askalon und erschlug dort dreißig Mann. Er nahm ihnen die Gewänder ab und gab sie denen, die das Rätsel gelöst hatten. Dann kehrte er zurück in das Haus seines Vaters. Er war sehr zornig über die Philister und über die Frau, die er geheiratet hatte.

Simson erzürnt die Philister

Simson ging hin und fing dreihundert Füchse. Dann band er sie zu zweien mit den Schwänzen zusammen und steckte zwischen je zwei Schwänze eine Fackel. Er zündete die Fackeln an und jagte die Füchse in die Kornfelder der Philister. Die Garben, das stehende Korn, die Weinberge und die Ölgärten fingen Feuer und brannten ab.

Da zogen die Philister hinauf, lagerten sich in Juda bei Lechi. Die Männer von Juda aber fragten sie, warum sie gekommen seien.

Da sprachen die Philister: »Um Simson zu fangen und zu bestrafen, sind wir gekommen.«

Da zogen dreitausend Mann aus Juda hinauf zur Felsenkluft von Etam und sprachen zu Simson: »Weißt du nicht, daß die Philister über uns herrschen? Wir werden dich binden und dich in ihre Hand geben.«

Simson erwiderte ihnen: »So schwört, daß ihr mich nicht selbst erschlagt!«

Sie antworteten: »Nein, wir wollen dich nur binden und dich ihnen ausliefern. Aber töten wollen wir dich nicht.«

Sie banden ihn mit zwei neuen Stricken und führten ihn von dem Felsen hinab.

Als sie nach Lechi kamen, wo die Philister lagerten, liefen ihnen diese mit Triumphgeschrei entgegen. Da kam der Geist des Herrn über Simson. Die Stricke an seinen Armen wurden wie vom Feuer versengte Fäden und die Fesseln fielen von seinen Händen. Er fand einen frischen Eselskinnbacken, ergriff ihn und erschlug damit tausend Mann.

Dann warf er den Kinnbacken weg. Den Ort nannte er Ramat-Lechi zum Gedenken an seinen Sieg. Da er aber großen Durst hatte, rief er den Herrn an und sprach: »Herr, du hast mir diesen großen Sieg verliehen. Soll ich nun vor Durst sterben und in die Hand des Feindes fallen?«

Gott berührte eine Höhlung im Felsen, und Wasser quoll daraus hervor. Als Simson getrunken hatte, kehrte seine Kraft zurück.

Danach wurde er Richter in Israel unter den Philistern zwanzig Jahre lang.

Simsons gewaltige Kraft

Danach verliebte sich Simson in eine Frau, die Dalila hieß. Zu dieser kamen die Fürsten der Philister und sprachen: »Berede ihn doch und versuche zu erfahren, worin seine Kraft besteht, und womit man ihn überwinden könne, damit wir ihn binden und bezwingen. Dafür wollen wir dir jeder elfhundert Lot Silber geben.«

Da sprach Dalila zu Simson: »Sage mir doch, worin deine Kraft besteht, und womit man dich binden muß, um dich zu bezwingen.«

Simson sprach zu ihr: »Wenn man mich mit sieben frischen Weidenruten bindet, die noch nicht ausgetrocknet sind, so werde ich schwach wie ein gewöhnlicher Mensch.«

Da brachten ihr die Fürsten der Philister sieben frische Weidenruten, die noch nicht getrocknet waren. Sie band ihn damit, während in ihrer Kammer die Philister auf der Lauer lagen. Dann rief sie ihm zu: »Die Philister sind über dir, Simson!«

Da zerriß er die Ruten, wie eine Schnur aus Flachs zerreißt, wenn sie von einer Flamme berührt wird. So wurde nicht offenbar, worin das Geheimnis seiner Kraft lag.

Dalila aber sprach zu Simson: »Siehe, du hast mich betrogen und mir Lügen vorgeredet. Nun sage mir doch: Womit kann man dich binden?«

Er antwortete ihr: »Wenn man mich mit neuen Stricken bindet, die noch nie gebraucht worden sind, so werde ich schwach wie ein gewöhnlicher Mensch.«

Da nahm Dalila neue Stricke und band ihn damit. Dann rief sie ihm zu: »Die Philister sind über dir, Simson!« Wieder lagen in der Kammer die Leute auf der Lauer. Doch Simson riß die Stricke wie Fäden von seinen Armen.

Nun sprach Dalila zu Simson: »Bisher hast du mich betrogen und mir Lügen vorgeredet. Nun sage mir: Womit kann man dich binden?«

Er antwortete ihr: »Wenn du die sieben Locken meines Haares mit dem Stoff auf deinem Webstuhl zusammenwebst.«

Das tat sie, während er schlief, und befestigte sie mit dem Pflock des Webstuhls. Dann rief sie ihm zu: »Die Philister sind über dir, Simson!«

Da erwachte er aus seinem Schlafe und riß den Pflock samt dem Stoff aus dem Webstuhl.

Simson verrät sein Geheimnis

Sie aber sprach zu ihm: »Wie kannst du sagen, du hast mich lieb, während du mir doch im Herzen mißtraust? Dreimal hast du mich schon betrogen und mir nicht gesagt, worin deine Kraft besteht!«

Da sie ihm die ganze Zeit mit ihren Reden zusetzte und ihm keine Ruhe ließ, wurde er es sterbensleid, offenbarte ihr sein ganzes Herz und sprach zu ihr:

»Noch kein Schermesser hat mein Haupt berührt; denn ich bin Gott geweiht von Geburt an. Wenn ich geschoren werde, so weicht meine Kraft von mir, und ich werde schwach wie alle anderen Menschen.«

Als Dalila sah, daß er ihr sein Geheimnis mitgeteilt hatte, ließ sie die Fürsten der Philister rufen und ihnen sagen: »Kommt herauf, denn diesmal hat er mir sein Geheimnis offenbart.« Da kamen die Fürsten der Philister zu ihr herauf und brachten das Geld mit.

Dalila aber ließ Simson mit dem Kopf auf ihrem Schoß einschlafen. Dann rief sie einen Mann, der ihm die sieben Locken seines Haares scheren mußte, und er begann schwach zu werden, und seine Kraft wich von ihm.

Nun rief sie ihm zu: »Die Philister sind über dir, Simson!«

Da erwachte er aus seinem Schlafe und dachte: »Ich komme los, wie bisher immer, ich schüttle mich frei.« Er wußte nämlich nicht, daß die Kraft des Herrn von ihm gewichen war.

Die Philister aber ergriffen ihn, stachen ihm die Augen aus und führten ihn nach Gaza hinab. Dort banden sie ihn mit ehernen Fesseln, und er mußte im Gefängnis die Mühle drehen.

Simsons Rache

Aber das Haar seines Hauptes begann wieder zu wachsen. Die Philister jedoch bemerkten es nicht.

Einst kamen die Fürsten der Philister zusammen, um ihrem Gott Dagon ein großes Opferfest zu feiern und sich zu vergnügen. Sie sangen: »Unser Gott hat in unsere Hand gegeben den Simson, unseren Feind!«

Als sie guter Dinge waren, sprachen sie: »Ruft den Simson her, zu unserer Belustigung!« Da rief man den Simson aus dem Gefängnis, und sie verspotteten ihn. Dann stellten sie ihn zwischen die Säulen des Eingangs.

Als das Volk Simson sah, lobten sie ihren Gott und sangen: »Unser Gott hat in unsere Hand gegeben den Simson, der unser Land verwüstet und viele der Unsern erschlagen hat!«

Da sprach Simson zu dem Knaben, der ihn an der Hand hielt: »Laß mich los, daß ich die Säulen, auf denen das Haus ruht, betasten und mich daran lehnen kann.«

Das Haus aber war voll von Männern und Frauen; alle Fürsten der Philister waren zugegen. Auf dem Dache waren bei dreitausend Männer und Frauen, die zusahen, wie Simson verspottet wurde.

Nun rief Simson den Herrn an und sprach: »O Herr, mein Gott! Gedenke doch meiner und stärke mich nur diesmal noch, daß ich mich an den Philistern für meine beiden Augen räche!«

Dann umfaßte Simson die beiden Mittelsäulen, auf denen das Haus ruhte, die eine mit der rechten, die andere mit der linken Hand, und stemmte sich gegen sie.

Simson dachte: »Laß mich nur mit den

Philistern sterben!« Er stemmte sich mit aller Macht gegen die Säulen. Da stürzte das Haus auf die Fürsten und auf alles Volk, das darin war, so daß die Zahl derer, die er bei seinem Sterben tötete, größer war als die Zahl derer, die er in seinem Leben getötet hatte.

Hierauf kamen seine Brüder und alle seine Verwandten herab, hoben ihn auf, trugen ihn heim und begruben ihn zwischen Zora und Eschtad im Grabe seines Vaters Manoach.

Ruth, die getreue Schwiegertochter

Zu der Zeit, da die Richter Israel regierten, kam eine Hungersnot über das Land. Da zog ein Mann von Bethlehem in Juda mit seiner Frau und seinen beiden Söhnen fort, um sich im Lande Moab niederzulassen. Der Mann hieß Elimelech, seine Frau Noemi und seine beiden Söhne Machlon und Kiljon. Die kamen in das Land Moabs und blieben dort.

Da starb Elimelech, der Mann der Noemi, und sie blieb allein mit ihren beiden Söhnen. Diese nahmen sich moabitische Frauen; die eine hieß Orpa, die andere Ruth. So wohnten sie dort zehn Jahre.

Dann starben auch Machlon und Kiljon, ihre Mutter blieb nach dem Tode ihrer beiden Söhne und ihres Mannes allein. Da machte sie sich auf mit den Frauen ihrer Söhne und kehrte aus dem Lande Moab nach Hause zurück, denn sie hatte erfahren, daß der Herr sich seines Volkes angenommen und ihm wieder Brot gegeben habe. So verließ sie den Ort, wo sie gewesen war, und die Frauen ihrer Söhne begleiteten sie. Sie brachen auf, um in das Land Judas zurückzukehren.

Da sprach Noemi zu den zwei Frauen ihrer Söhne: »Geht nun und kehrt heim, eine jede in das Haus ihrer Mutter. Der Herr möge euch Liebe erweisen, wie ihr sie den Verstorbenen und mir erwiesen habt.«

Da hoben sie laut an zu weinen; dann küßte Orpa ihre Schwiegermutter und ging, Ruth aber umarmte sie und blieb.

Noemi sprach: »Sieh, deine Schwägerin ist heimgekehrt zu ihrem Volk und zu ihrem Gott; so kehre du auch um und folge deiner Schwägerin!«

Ruth antwortete: »Verlange nicht, daß ich dich verlasse und von dir weg heimkehre. Wo du hingehst, da will auch ich hingehen; wo du aber bleibst, da bleibe auch ich. Dein Volk ist mein Volk; dein Gott ist mein Gott. Wo du stirbst, da sterbe auch ich; da will auch ich begraben sein. Der Herr strafe mich, doch nur der Tod kann mich von dir scheiden!«

Als Noemi nun sah, daß Ruth darauf beharrte, mit ihr zu gehen, gab sie nach. So gingen die beiden dahin, bis sie nach Bethlehem kamen. Als sie in Bethlehem ankamen, begann gerade die Gerstenernte.

Noemi aber hatte von seiten ihres Mannes einen Verwandten, der ein wohlhabender Mann war, aus dem Geschlechte Elimelechs. Sein Name war Boas.

Da sprach Ruth zu Noemi: »Laß mich aufs Feld gehen und Ähren lesen bei einem, der mir die Erlaubnis gibt.«

Da ging Ruth hin und las Ähren auf dem Felde hinter den Schnittern her. Es traf sich, daß sie gerade auf das Feld kam, das Boas gehörte.

Ruth gefällt Boas

Da kam Boas von Bethlehem her, und er sprach zu den Schnittern: »Der Herr sei mit euch!«

Sie antworteten ihm: »Der Herr segne dich!«

Boas sprach zu seinem Knechte, der über die Schnitter gesetzt war: »Wem gehört dieses Mädchen?«

Der Knecht, der über die Schnitter gesetzt war, antwortete: »Es ist eine junge Moabiterin, die mit Noemi aus dem Lande Moab zurückgekommen ist Sie bat um Erlaubnis, Ähren zu lesen hinter den Schnittern her, zwischen den Garben. So ist sie denn gekommen und vom frühen Morgen bis jetzt geblieben, ohne auch nur ein Weilchen auszuruhen.«

Da sprach Boas zu Ruth: »Hörst du, meine Tochter, du brauchst nicht auf einen anderen Acker zu gehen, um zu lesen. Du brauchst auch nicht von hier wegzugehen, sondern kannst dich zu meinen Mägden halten. Schau nach dem Felde, wo sie schneiden, und gehe hinter ihnen her. Ich habe meinen Knechten geboten, dich nicht zu belästigen. Wenn dich dürstet, so gehe nur zu den Krügen und trinke von dem, was die Knechte schöpfen.«

Da fiel sie auf ihr Angesicht, verneigte sich zur Erde und sprach: »Wie kommt es, daß du so gütig gegen mich bist, da ich doch nur eine Fremde bin?«

Boas antwortete und sprach zu ihr: »Ich habe alles gehört, was du nach deines Mannes Tod an deiner Schwiegermutter getan hast: wie du Vater und Mutter und Heimat verlassen hast und zu einem Volk gezogen bist, das du zuvor nicht kanntest. Der Herr vergelte dir dein Tun. Voller Lohn werde dir zuteil von dem Herrn, dem Gott Israels, zu dem du gekommen bist, dich unter seinen Flügeln zu bergen!«

Da sprach sie: »Wie bist du so gütig gegen mich, o Herr! Du hast mich getröstet und deiner Magd so freundlich zugeredet, und ich bin doch nicht einmal wie eine deiner Mägde!«

Als es nun Essenszeit war, sprach Boas zu ihr: »Komm her und iß mit und tunke deinen Bissen in die Brühe.«

Da setzte sie sich neben die Schnitter, und er reichte ihr geröstete Ähren; sie aß sich satt und behielt noch übrig.

Als sie sich erhob, um wieder zu lesen,

gebot Boas seinen Knechten: »Auch zwischen den Garben darf sie lesen, und ihr sollt ihr nichts zuleide tun. Zieht auch manchmal eine Handvoll Ähren aus den Büscheln und laßt sie liegen, damit sie diese aufliest, und hindert sie nicht!«

So las sie auf dem Felde bis zum Abend; dann klopfte sie aus, was sie aufgelesen hatte.

Sie hob es auf, ging in die Stadt und zeigte ihrer Schwiegermutter, was sie aufgelesen hatte.

Da sprach ihre Schwiegermutter zu ihr: »Wo hast du heute gesammelt und wo hast du gearbeitet? Gesegnet sei, der dir so freundlich begegnet ist!«

Sie erzählte ihrer Schwiegermutter, bei wem sie gearbeitet hatte und sprach: »Der Mann, bei dem ich heute gearbeitet habe, heißt Boas.«

Da sprach Noemi zu ihrer Schwiegertochter: »Er sei gesegnet vom Herrn, der seine Liebe den Lebenden und den Toten nicht versagt hat!« Dann sprach Noemi zu ihr: »Der Mann ist mit uns verwandt!«

Da sprach Ruth: »Er hat auch zu mir gesagt, daß ich bei seinem Gesinde bleiben soll, bis sie mit der Ernte fertig sind.«

Noemi erwiderte zu Ruth: »Es ist gut, wenn du mit seinen Mägden hinausgehst; so brauchst du nicht auf ein anderes Feld zu gehen.«

So hielt sie sich beim Lesen zu den Mägden des Boas, bis die Gerstenernte und die Weizenernte zu Ende war; und sie wohnte bei ihrer Schwiegermutter.

Noemi gibt Ruth einen Rat

Da sprach Noemi zu Ruth: »Meine Tochter, ich muß dir doch ein Heim suchen, damit es dir wohl ergehe. Nun ist ja Boas, mit dessen Mägden du zusammengewesen bist, unser Verwandter und kann dir helfen. Heute nacht drischt er die Gerste auf seiner Tenne. Wasche und salbe dich, lege dein bestes Kleid an und gehe hinunter zur Tenne. Warte, bis er mit Essen und Trinken fertig ist. Dann sage ihm, daß du da bist, so wird er dir schon

sagen, was du tun sollst.«

Ruth tat, wie ihre Schwiegermutter ihr geraten hatte. Um Mitternacht, nachdem Boas gegessen und getrunken hatte, merkte er, daß sie da war und sprach: »Wer bist du?«

Sie antwortete: »Ich bin Ruth, deine Magd. Hilf mir, denn du bist mein naher Verwandter.«

Boas sprach: »Der Herr segne dich, meine Tochter! Du hast bewiesen, daß du eine tüchtige Frau bist. Ich will tun, was du verlangst. Es ist wahr, daß ich ein naher Verwandter bin, aber da ist einer, der noch näher verwandt ist als ich. Warte bis morgen früh, dann werden wir sehen, ob er seinen Pflichten als Verwandter nachkommen will. Wenn nicht, so schwöre ich vor dem Herrn, daß ich es an

seiner Stelle tun werde. Und nun schlafe nur bis zum Morgen.«

Ruth legte sich auf die Tenne. Am nächsten Morgen sprach Boas zu ihr: »Nimm deinen Umhang und halte ihn her!«

Sie hielt ihn hin, und er maß sechs Maß Gerste in ihren Umhang. Sie nahm es und kehrte in die Stadt zu ihrer Schwiegermutter zurück.

Ruth erzählte Noemi alles, was Boas gesagt hatte und zeigte ihr die sechs Maß Gerste. Noemi sprach: »Warte hier, meine Tochter, bis du erfährst, wie die Sache ausgeht. Denn der Mann wird nicht ruhen, bis er dich versorgt hat, und zwar noch heute.«

Boas aber war zum Tor hinaufgegangen. Dort traf er Ruths Verwandten und bat ihn,

herüberzukommen und sich mit ihm und zehn Ältesten der Stadt zu beraten.

Dann sprach Boas zu dem Verwandten: »Noemi, die aus dem Lande Moab zurückgekommen ist, will das Grundstück, das unserem Verwandten Elimelech gehörte, verkaufen. Nun habe ich gedacht, ich wolle dir vorher die Sache vorlegen, so daß du es kaufen kannst in Gegenwart der Ältesten der Stadt. Willst du es lösen, so löse es. Wenn nicht, so sage es mir, damit ich es weiß, denn außer dir hat niemand das Recht dazu.«

Der Verwandte sprach: »Ich will es lösen.«

Da sprach Boas: »Wenn du das Land von Noemi kaufst, mußt du auch Ruth, die Moabiterin heiraten, um den Namen des Verstor-

benen auf seinem Erbbesitz wieder aufleben zu lassen.«

Als der Verwandte das hörte, sprach er: »Dann kann ich es nicht lösen, sonst schädige ich meinen eigenen Erbbesitz. Willst du es übernehmen?«

Nun war es Brauch in Israel, daß einer, der ein Geschäft rechtskäftig machen wollte, seinen Schuh auszog und ihn dem anderen gab. Als daher der Verwandte zu Boas sprach: »Kaufe du es«, da zog er seinen Schuh aus. Boas aber sprach zu den Ältesten und zu allem Volk: »Ihr seid heute Zeugen, daß ich hiermit von Noemi die ganze Habe Elimelechs und Kiljons und Machlons kaufe. Auch erwerbe ich mir die Moabiterin Ruth, die Witwe Machlons, zur Frau, um den Namen des Verstorbenen auf seinem Erbbesitz wieder aufleben zu lassen. Ihr seid heute Zeugen.«

Alle Leute und die Ältesten sprachen: »Ja, wir sind Zeugen. Der Herr segne dein Haus, und dein Name werde gefeiert in Bethlehem!«

So nahm Boas die Ruth zur Frau. Ruth gebar ihm einen Sohn. Da sprachen die Frauen zu Noemi: »Gelobt sei der Herr, der dir einen Verwandten geschenkt hat, und sein Name werde gefeiert in Israel! Er wird dich erhalten und im Alter versorgen, denn er ist das Kind deiner Schwiegertochter, die dich liebhat und mehr wert ist für dich als sieben Söhne.«

Noemi nahm das Kind und wurde seine Pflegerin.

Die Nachbarinnen aber sagten: »Es ist, als wäre er Noemis eigener Sohn!«

Sie nannten ihn Obed. Er wurde der Vater des Isai, der Davids Vater war.

Samuel, der Sohn des Herrn

Es war eine Frau mit Namen Hanna, die war bitter in ihrem Herzen, denn sie hatte keine Kinder. Sie betete zum Herrn und weinte sehr. Sie gelobte:

»O Herr der Heerscharen! Wenn du das Elend deiner Magd ansiehst und meiner gedenkst und deiner Magd einen Sohn schenkst, so will ich ihn dem Herrn weihen für sein ganzes Leben, und kein Schermesser soll auf sein Haupt kommen!«

Am Ende des Jahres gebar Hanna einen Sohn und nannte ihn Samuel. »Denn«, sprach sie, »vom Herrn habe ich ihn erbeten.«

Als nun ihr Mann Elkana mit seinem ganzen Hause hinaufzog, dem Herrn das alljährliche Opfer zu bringen, zog Hanna nicht mit, sondern sprach zu ihrem Mann: »Bis das Kind entwöhnt ist, bleibe ich hier; dann wollen wir vor dem Herrn erscheinen, und er soll immer dort bleiben.«

Ihr Mann Elkana sprach zu ihr: »Tue, was du für richtig hältst. Warte, bis du ihn entwöhnt hast. Aber halte dein Gelübde an den Herrn!« Also blieb die Frau zurück und stillte ihr Kind, bis es entwöhnt war.

Dann nahm sie es mit sich hinauf, dazu ein dreijähriges Rind, ein Maß Mehl und einen Schlauch Wein, und brachte es in das Haus des Herrn nach Silo.

Sie schlachteten das Rind. Dann brachte die Mutter das Kind zu Eli, dem Priester, hinein und sprach: »Herr! Ich bin die Frau, die hier im Tempel stand, um zum Herrn zu beten. Um diesen Knaben habe ich gebetet.

Der Herr hat mir gewährt, was ich von ihm erflehte. Darum leihe ich ihn auch dem Herrn. Für sein ganzes Leben ist er dem Herrn geliehen.« Und sie ließ ihn dort vor dem Herrn.

Dann ging sie heim; der Knabe aber blieb und wurde von Eli, dem Priester, unterrichtet.

Jahr für Jahr machte Samuels Mutter ihm ein kleines Oberkleid und brachte es ihm mit, wenn sie mit ihrem Manne heraufkam, das jährliche Opfer darzubringen.

Der Knabe Samuel aber nahm zu an Alter und Gunst bei dem Herrn und den Menschen. Und er diente dem Herrn vor Eli.

Gott ruft Samuel

Elis Augen begannen schwach zu werden, und er konnte nicht mehr sehen. Einst schlief Eli an seinem Platze und die Lampe Gottes war noch nicht erloschen. Während Samuel im Tempel des Herrn schlief, wo die Lade Gottes stand, da rief der Herr den Samuel. Er antwortete: »Hier bin ich!«

Samuel lief zu Eli und sprach: »Hier bin ich; du hast mich gerufen.«

Eli sprach: »Ich habe nicht gerufen. Lege dich wieder schlafen.«

Er ging und legte sich schlafen. Der Herr aber rief abermals: »Samuel!«

Samuel stand auf, ging zu Eli und sprach: »Hier bin ich! Du hast mich gerufen.«

Eli antwortete: »Ich habe nicht gerufen, mein Sohn. Lege dich wieder schlafen.«

Aber Samuel kannte den Herrn noch nicht; er hatte noch nie die Stimme des Herrn gehört.

Da rief der Herr den Samuel zum dritten Male. Er stand auf, ging zu Eli und sprach: »Hier bin ich! Du hast mich gerufen.«

Nun merkte Eli, daß der Herr den Knaben rief. Eli sprach zu Samuel: »Geh, lege dich schlafen. Wenn er dich ruft, so sprich: 'Rede, Herr, dein Knecht hört.'«

Da ging Samuel hin und legte sich an seinem Platz schlafen.

Da kam der Herr, trat herzu und rief wie zuvor: »Samuel! Samuel!«

Samuel sprach: »Rede, dein Knecht hört.«

Der Herr sprach zu Samuel: »Siehe, ich will in Israel etwas tun, daß jedem, der es hört, die Ohren gellen. An jenem Tage will ich an Eli alles in Erfüllung gehen lassen, was ich über sein Haus gesagt habe« (denn Elis Söhne waren böse) »von Anfang bis Ende. So tue ihm kund, daß ich sein Haus auf ewig verurteile, weil er wußte, daß seine Söhne böse waren und sie doch nicht hinderte. Darum habe ich dem Hause Elis geschworen, daß ihre Schuld sich nie und nimmer durch Opfer sühnen läßt.«

Samuel schlief weiter bis zum Morgen. Dann öffnete er die Türe am Hause des Herrn, aber er wollte Eli nichts von der Offenbarung sagen. Da rief Eli den Samuel und sprach: »Samuel, mein Sohn!«

Er antwortete: »Hier bin ich!«

Eli sprach: »Was hat der Herr zu dir geredet? Verheimliche es mir nicht! Gott strafe dich, wenn du mir etwas verheimlichst von dem, was er zu dir geredet hat!«

Da erzählte ihm Samuel alles und verheimlichte ihm nichts.

Eli sprach: »Er ist der Herr. Er tue, was ihm gefällt.«

Samuel aber wuchs heran, und der Herr war mit ihm. Ganz Israel, von Dan bis Beerseba, erkannte, daß Samuel dazu bestimmt war, ein Prophet des Herrn zu werden.

Die Philister rauben die Lade

In jenen Tagen zog Israel aus, gegen die Philister zu streiten. Nach einem harten Kampf sprachen die Ältesten Israels: »Warum hat der Herr heute zugelassen, daß die Philister uns schlugen? Laßt die Bundeslade des Herrn von Silo holen, daß er in unsere Mitte komme und uns aus der Hand unserer Feinde errette!«

Da sandte das Volk nach Silo. Als die Lade des Herrn ins Lager kam, brach ganz Israel in großen Jubel aus, so daß die Erde erdröhnte.

Als aber die Philister den lauten Jubel hörten, sprachen sie: »Was bedeutet dieser laute Jubel im Lager der Hebräer?«

Samuel und Saul

Samuel war Richter über Israel sein Leben lang. Jahr um Jahr zog er umher und machte die Runde über Bethel, Gilgal und Mizpa und sprach Israel Recht an diesen Stätten. Dann kehrte er zurück nach Rama, denn dort war sein Haus, und dort sprach er Israel Recht. Dort baute er dem Herrn einen Altar.

Als aber Samuel alt geworden war, setzte er seine Söhne Joel und Abia ein zu Richtern über Israel. Aber sie wandelten nicht auf seinen Wegen, sondern ließen sich bestechen und beugten das Recht.

Das Volk begehrt einen König

Da versammelten sich alle Ältesten Israels, kamen zu Samuel nach Rama und sprachen zu ihm: »Siehe, du bist alt geworden, deine Söhne aber wandeln nicht in deinen Wegen. So setze nun einen König über uns, der uns regiere, wie es bei allen anderen Völkern der Brauch ist.«

Doch Samuel mißfiel, was sie sagten. Er betete zum Herrn. Gott antwortete: »Höre auf die Stimme des Volkes, denn nicht dich, sondern mich haben sie verworfen, daß ich nicht König über sie sein soll. Ganz wie sie mich verlassen und anderen Göttern gedient haben seit dem Tage, da ich sie aus Ägypten geführt habe, so tun sie nun auch dir. Höre auf ihre Stimme. Aber warne sie ausdrücklich und zeige ihnen, wie der König ist, der über sie herrschen wird.«

Samuel sagte dem Volke, was Gott mit ihm geredet hatte. Er sprach: »So wird der König sein, der über euch herrschen wird: Eure Söhne wird er für sich als Wagenkämpfer und Reiter nehmen, sie vor seinem Wagen her laufen lassen, seine Äcker pflügen, seine Ernte schneiden und seine Kriegswaffen und Streit-

Als sie erfuhren, daß die Lade des Herrn ins Lager gekommen sei, fürchteten sie sich, denn sie dachten: »Gott ist zu ihnen ins Lager gekommen. Wehe uns! Das ist der Gott, der die Ägypter mit allerlei Plagen schlug.«

Ihre Heerführer aber sprachen: »Seid tapfer und zeigt euch als Männer, ihr Philister, damit ihr nicht Knechte der Hebräer werdet, wie sie eure Knechte waren! Seid Männer und kämpft!«

Da kämpften die Philister, bis Israel geschlagen war. Es war eine sehr große Niederlage. Dreißigtausend Mann Fußvolk fielen von Israel, und die Lade Gottes wurde geraubt.

wagen machen lassen. Eure Töchter wird er nehmen und sie für sich kochen und backen lassen. Eure besten Felder, Weinberge und Ölbäume wird er nehmen und sie seinen Dienern geben. Von euren Saaten und Weinbergen wird er den Zehnten nehmen und seinen Kämmerern und Dienern geben. Eure Knechte und Mägde, eure schönsten Rinder und eure Esel wird er nehmen und sie für sich arbeiten lassen. Wenn ihr dann wegen eures Königs, den ihr euch erwählt habt, jammert, so wird euch der Herr nicht erhören.«

Aber das Volk weigerte sich, auf Samuel zu hören und sprach: »Nein! Wir wollen einen König haben wie alle anderen Völker, der uns richtet und unsere Kriege führt!«

Als Samuel das Volk angehört hatte, trug er alles dem Herrn vor.

Der Herr aber sprach zu ihm: »Laß ihnen ihren Willen und gib ihnen einen König.«

Danach sprach Samuel zu den Männern Israels: »Geht heim, ein jeder in seine Stadt.«

Es war aber ein Mann aus Benjamin, der hieß Kis, ein wohlhabender Mann. Der hatte einen Sohn mit Namen Saul, stattlich und schön. Es war kein schönerer Mann in Israel als er; um Haupteslänge überragte er alles Volk.

Nun gingen einst Kis die Eselinnen verloren. Da sprach er zu seinem Sohne Saul: »Nimm einen von den Knechten mit dir und suche die Eselinnen!«

Da durchzog Saul das Gebirge Ephraim, das Land Salisa, das Land Saalim und das Land Benjamin, aber er fand sie nicht.

Als sie aber in das Land Zuph kamen, sprach Saul zu seinem Knechte: »Komm, laß uns umkehren; mein Vater könnte sich sonst um uns statt um die Eselinnen sorgen. Aber es ist ein Gottesmann in dieser Stadt, und der ist hochangesehen. Laß uns zu ihm gehen; vielleicht kann er uns sagen, wohin wir gehen müssen. Was bringen wir ihm aber als Geschenk? Wir haben keine Gabe, die wir dem Gottesmann bringen könnten.«

Der Knecht aber sprach: »Ich habe noch ein viertel Lot Silber bei mir. Das können wir dem Gottesmann schenken, damit er uns Auskunft gibt über unseren Weg.«

Saul begegnet Samuel

Sie gingen in die Stadt. Die Mädchen am Brunnen sagten ihnen, daß Samuel an jenem Tage auf einer Höhe ein Opfer darbringen wolle. So gingen sie auf die Höhe; unterwegs begegneten sie Samuel.

Der Herr aber hatte einen Tag, bevor Saul kam, dem Samuel geoffenbart, daß ein Mann aus Benjamin ihm begegnen werde, und daß dies der Mann sei, den er zum König von Israel salben solle. Als Samuel Saul erblickte, sprach der Herr: »Da ist der Mann, von dem ich gesprochen habe, der Mann, der über mein Volk herrschen soll!«

Da trat Samuel auf Saul zu und bedeutete ihm, nicht länger nach den verlorenen Eselinnen zu suchen, denn sie seien gefunden. Er sprach: »Denn dir und dem ganzen Hause deines Vaters gehört doch alles, was wertvoll ist in Israel!«

Da antwortete Saul: »Ich bin ja nur ein Benjaminit, aus dem kleinsten der Stämme Israels; meine Familie ist die geringste des Stammes Benjamin. Warum redest du so zu mir?«

Samuel aber nahm Saul und seinen Knecht, führte sie in die Halle und setzte sie obenan unter den Gästen, von denen an die dreißig da waren. Samuel befahl dem Koch, dem Saul ein bestimmtes Stück Fleisch zu geben, das für den Ehrengast aufbewahrt worden war.

Am nächsten Tag nahm Samuel die Ölflasche, goß sie über Sauls Haupt, küßte ihn und sprach: »Hat dich nicht der Herr zum Fürsten über sein Volk gesalbt?«

Saul kehrte zurück in seine Heimat. Der Geist Gottes kam über ihn, und er begann zu prophezeien, sodaß alle, die ihn von früher kannten, sich wunderten und sprachen: »Was ist denn mit dem Sohn des Kis geschehen? Ist Saul auch unter den Propheten?« Saul berichtete seiner Familie, er habe einen Gottesmann getroffen, der ihm gesagt habe, die Eselinnen seien gefunden. Aber was Samuel vom Königtum gesagt hatte, erzählte er nicht.

Saul wird König

Samuel berief das Volk nach Mizpa. Er sprach zu ihnen: »So spricht der Herr, der Gott Israels: 'Ich habe Israel aus Ägypten herausgeführt und euch aus der Gewalt der Ägypter und aller Königreiche, die euch bedrängten, befreit.' Ihr aber habt heute euren Gott verworfen, der euch aus allen Nöten und Drangsalen erlöst hat und habt gesagt: 'Nein, einen König sollst du über uns setzen!'

Wohlan, so tretet vor den Herrn nach Stämmen und nach Tausenden!« Als nun Samuel alle Stämme Israels herzutreten ließ, da traf das Los den Stamm Benjamin. Als er den Stamm Benjamin herzutreten ließ, Geschlecht um Geschlecht, da traf es das Geschlecht Matri, und dann traf es Saul, den Sohn des Kis. Wie man ihn aber suchte, war er nicht zu finden.

Er aber hatte sich beim Gepäck versteckt. Da liefen sie hin und holten ihn; als er unter das Volk trat, da überragte er alle um Haupteslänge.

Samuel sprach zum ganzen Volk: »Seht, ihn hat der Herr erwählt. Er hat nicht seinesgleichen im ganzen Volk.«

Da jauchzte alles Volk und rief: »Es lebe der König!«

Saul wurde ein mächtiger König und ein tapferer Mann und führte die Israeliten in viele Kriege gegen ihre Feinde, die Philister.

Nach einer Weile aber befolgte er nicht die Gebote des Herrn.

Samuel warnte ihn und sprach: »Du hast töricht gehandelt! Hättest du das Gebot des Herrn, deines Gottes, befolgt, so hätte der Herr jetzt dein Königtum über Israel für immer bestätigt. Nun aber wird dein Königtum nicht bestehen bleiben.«

Jonathan bricht den Schwur

Saul aber hatte einen Sohn, der hieß Jonathan. Es geschah, daß Saul an einem Tage während eines Kampfes sagte: »Verflucht sei, der etwas ißt bis zum Abend, bis ich mich gerächt habe an meinen Feinden!« Da genoß niemand im Volke etwas zu essen.

Es waren aber Honigwaben auf dem Felde. Als das Volk zu den Waben kam, da flossen sie über von Honig, aber niemand führte die Hand zum Munde, denn das Volk fürchtete den Fluch.

Jonathan aber hatte es nicht gehört, als sein Vater das Volk schwören ließ. So streckte er den Stab aus, den er in der Hand hatte, tauchte die Spitze in die Honigwaben und führte die Hand zum Munde.

Da sprach einer aus dem Volke: »Dein Vater hat doch gesagt: 'Verflucht sei, der heute etwas ißt!'« Jonathan erwiderte: »Mein Vater bringt das Land ins Unglück!«

Nach dem Kampf sprach Saul: »Laßt uns noch in der Nacht hinabziehen, den Philistern nach, damit wir mit ihnen kämpfen bis morgen früh und keinen übriglassen.«

Saul fragte Gott: »Soll ich hinabziehen, den Philistern nach? Wirst du sie in die Hand Israels geben?«

Der Herr aber antwortete an jenem Tage nicht. Da sprach Saul: »Versammelt alle Häupter des Volkes und forschet nach, welche Sünde heute begangen worden ist. Denn so wahr der Herr lebt, der Israel den Sieg gegeben hat - auch wenn mein Sohn Jonathan die Sünde begangen hätte, so müßte er sterben!«

Da wurden Lose gezogen, zuerst zwischen Saul und Jonathan auf der einen Seite, und dem Volk auf der anderen, und dann zwischen Saul und Jonathan. Das Los fiel auf Jonathan. Da sprach Saul zu Jonathan: »Sage mir, was hast du getan?« Jonathan sprach: »Ich habe nur ein wenig Honig gekostet mit der Spitze des Stabes, den ich in der Hand hatte. Ich bin bereit zu sterben.«

Da sprach Saul: »Ja, du mußt sterben, Jonathan.«

Das Volk rettet Jonathan

Aber das Volk sprach zu Saul: »Wie, Jonathan soll sterben, der diesen großen Sieg in Israel errungen hat? Das sei ferne! So wahr der Herr lebt, es soll kein Haar von seinem Haupte auf die Erde fallen!«

So rettete das Volk den Jonathan, daß er nicht sterben mußte.

Da ließ Saul ab von den Philistern und zog hinweg; die Philister aber zogen heim.

Saul ist dem Herrn ungehorsam

Samuel aber sprach zu Saul: »Mich hat der Herr gesandt, dich zum König über Israel zu salben. So höre auf die Worte des Herrn! So spricht der Herr der Heerscharen: 'Ich will rächen, was Amalek an Israel getan hat, als er ihm auflauerte, als es aus Ägypten heraufzog. Ziehe hin, schlage Amalek und zerstöre alles, was sie haben, und schone niemand, sondern töte Männer und Frauen, Kinder und Säuglinge, Rinder und Schafe, Kamele und Esel.'«

Saul schlug die Amalekiter von Hawila bis Sur, bei Ägypten. Agag, den König der Amalekiter, nahm er lebendig gefangen, das ganze Volk aber vernichtete er mit dem Schwert. Saul und seine Leute schonten jedoch die besten Schafe und Rinder, die fetten Tiere und die Lämmer; alles, was wertvoll war, wollten sie nicht töten.

Da sprach der Herr zu Samuel: »Es reut mich, daß ich Saul zum König gemacht habe, denn er hat sich von mir abgewandt und meinen Befehlen nicht gehorcht.« Das betrübte Samuel, und er schrie die ganze Nacht zum Herrn.

Samuel ging zu Saul, und Saul sprach zu ihm: »Gesegnet seist du vom Herrn! Ich habe den Befehl des Herrn ausgeführt.«

Samuel erwiderte: »Was ist denn das für ein Blöken von Schafen und Brüllen von Rindern, das ich höre?«

Saul antwortete: »Die hat das Volk aus Amalek mitgebracht. Es hat die besten Schafe und Rinder verschont, um sie dem Herrn, deinem Gott, zu opfern. Das übrige haben wir vernichtet.«

Da sprach Samuel zu Saul: »Der Herr hat dich auf den Weg gesandt mit dem Auftrag: 'Ziehe hin und vernichte die Sünder, die Ama-

lekiter.' Warum hast du nicht auf die Stimme des Herrn gehört?

Hat der Herr das gleiche Wohlgefallen an Brandopfern und Schlachtopfern wie am Gehorsam gegen den Herrn? Gehorsam ist besser als Opfer, Aufmerken besser als Fett von Widdern. Denn Ungehorsam ist ebenso Sünde wie Hexerei; Widerspenstigkeit ist ebenso schlimm wie Abgötterei. Weil du das Wort des Herrn verworfen hast, hat er dich verworfen als König.«

Saul sprach: »Ich habe gesündigt, weil ich den Befehl des Herrn und deine Worte übertreten habe, denn ich fürchtete das Volk und ließ ihnen den Willen. Nun aber vergib mir doch meine Sünde und kehre mit mir um, damit ich den Herrn anbete!«

Doch Samuel antwortete: »Ich kehre nicht mit dir um. Weil du das Wort des Herrn verworfen hast, hat der Herr auch dich verworfen, daß du nicht mehr König seist über Israel.«

Samuel wandte sich zum Gehen. Da ergriff Saul den Zipfel seines Mantels, daß er abriß.

Samuel sprach zu ihm: »Der Herr reißt heute das Königtum über Israel von dir und wird es einem anderen geben, der besser ist als du. Er, der Israels Ruhm ist, lügt nicht und läßt sich's nicht gereuen, denn er ist kein Mensch, daß er sich's gereuen ließe.«

Saul sprach: »Ich habe gesündigt, aber ehre mich doch jetzt vor den Ältesten meines Volkes und vor Israel und kehre mit mir um, damit ich den Herrn, deinen Gott, anbete!«

Da kehrte Samuel um und folgte Saul, und Saul betete den Herrn an.

Dann ging Samuel nach Rama zurück; Saul aber zog heim.

Samuel sah Saul nicht wieder, solange er lebte, denn Samuel trug Leid um Saul. Den Herrn aber reute es, daß er Saul zum König über Israel gemacht hatte.

David, der Auserwählte des Herrn

Der Herr sprach zu Samuel: »Wie lange willst du Leid tragen um Saul, den ich doch verworfen habe, daß er nicht mehr König sei über Israel? Fülle dein Horn mit Öl und gehe hin. Ich will dich zu Isai in Bethlehem senden, denn ich habe einen von seinen Söhnen zum König ersehen.«

Samuel tat, was ihm der Herr gesagt hatte. Als er nach Bethlehem kam, da erschraken die Ältesten der Stadt und sprachen: »Bedeutet dein Kommen Heil?«

Er sprach: »Ja. Ich bin gekommen, dem Herrn zu opfern. Macht euch bereit und kommt mit mir zum Opfermahl!«

Er segnete Isai und seine Söhne und lud sie zum Opfermahl.

Als sie kamen und er den Eliab sah, dachte er: »Dies ist gewiß der Auserwählte des Herrn!«

Aber der Herr antwortete: »Schaue nicht auf sein Aussehen und seinen hohen Wuchs; ich will ihn nicht. Gott sieht nicht auf das, worauf der Mensch sieht. Der Mensch sieht auf den äußern Schein, der Herr aber auf das Herz.«

Da rief Isai den Abinadab und ließ ihn vor Samuel treten. Der aber sprach: »Auch diesen hat der Herr nicht erwählt.«

Dann ließ Isai den Samma vortreten. Aber Samuel sprach: »Auch diesen hat der Herr nicht erwählt.«

So ließ Isai seine sieben Söhne vor Samuel treten. Aber Samuel sprach zu Isai: »Der Herr hat diese nicht erwählt.« Dann fragte er: »Sind das alle deine Söhne?«

Isai antwortete: »Es fehlt noch der jüngste, David. Er hütet die Schafe.«

Samuel sprach zu Isai: »Sende hin und laß ihn holen, denn wir werden uns nicht zum Mahle setzen, bis er da ist.«

Da sandte er hin und ließ ihn holen. David war ein rotblonder Jüngling mit schönen Augen und von guter Gestalt.

Der Herr sprach zu Samuel: »Auf! Salbe ihn, denn er ist es!«

Da nahm Samuel das Ölhorn und salbte David inmitten seiner Brüder. Der Geist des Herrn kam über David und blieb auf ihm von jenem Tage an.

David begegnet Saul, dem König

Der Geist des Herrn wich von Saul, und ein böser Geist, von Gott gesandt, quälte ihn.

Da sprachen die Diener zu Saul: »Sieh doch, ein böser Geist quält dich. Gebiete nur; deine Knechte sind bereit, nach einem Mann zu suchen, der sich gut versteht aufs Saitenspiel. Wenn dann der böse Geist über dich kommt, so soll er spielen; dann wird es besser werden mit dir.«

Saul sprach zu seinen Dienern: »So sucht einen Mann, der gut Laute spielen kann, und bringt ihn zu mir.«

Da erwiderte einer der Diener: »Ich habe einen Sohn des Isai von Bethlehem gesehen, der sich aufs Saitenspiel versteht; ein tapferer Mann und streitbar, der Rede mächtig und schön von Gestalt, und der Herr ist mit ihm.«

Da sandte Saul Boten an Isai und ließ ihm sagen: »Sende mir deinen Sohn David, der bei den Schafen ist.«

Da nahm Isai zehn Brote, einen Schlauch Wein und ein Ziegenböcklein und sandte es an Saul durch seinen Sohn David. So kam David zu Saul und trat in seinen Dienst.

Saul gewann David sehr lieb und machte ihn zu seinem Waffenträger. Saul sandte zu Isai und ließ ihm sagen: »Laß David doch bei mir bleiben, denn er gefällt mir wohl.«

Denn wenn der böse Geist über Saul kam, nahm David die Laute und spielte; dann ging es Saul besser, und der böse Geist wich von ihm.

David und Goliath

Nun sammelten die Philister ihr Heer zum Kriege. Sie kamen in Socho zusammen und lagerten sich bei Ephes-Dammim.

Saul aber und die Männer Israels kamen zusammen, lagerten sich im Tale Ela und rüsteten sich zum Kampfe gegen die Philister.

Die Philister standen am Berge jenseits, die Israeliten am Berge diesseits, so daß ein Tal zwischen ihnen war.

Da trat aus den Reihen der Philister ein Vorkämpfer hervor mit Namen Goliath, aus Gath, sechs Ellen und eine Spanne hoch. Er hatte einen ehernen Helm auf dem Kopf und war mit einem Schuppenpanzer angetan, dessen Gewicht fünftausend Lot Erz betrug. Er hatte eherne Schienen an den Beinen und einen ehernen Wurfspieß trug er auf den Schultern. Der Schaft seines Speeres war wie ein Weberbaum. Die Spitze seines Speeres wog sechshundert Lot Eisen, und der Schildträger schritt vor ihm her.

Goliath fordert die Israeliten heraus

Goliath stellte sich hin und rief den Reihen Israels zu: »Warum habt ihr euch zum Kampf aufgestellt? Bin ich nicht ein Philister, und ihr seid Knechte Sauls? Erwählt einen Mann und schickt ihn zu mir herab! Wenn er mit mir kämpft und mich erschlägt, so wollen wir eure Knechte sein; bin ich aber ihm überlegen und erschlage ihn, so sollt ihr unsere Knechte sein und uns dienen.« Er fügte hinzu: »Ich fordere heute die Reihen Israels heraus! Stellt mir einen Mann, daß wir miteinander kämpfen!«

Als Saul und ganz Israel diese Worte des Philisters hörten, verzagten sie und fürchteten sich sehr. Jeden Morgen und jeden Abend stellte sich der Philister auf und forderte die Israeliten heraus, vierzig Tage lang.

David ging ab und zu von Saul weg, um seines Vaters Schafe in Bethlehem zu hüten. Seine drei ältesten Brüder waren Saul in den Krieg gefolgt.

Da sprach Isai zu seinem Sohne David: »Nimm doch für deine Brüder von dem gerösteten Korn und diese zehn Brote und bringe sie deinen Brüdern ins Lager. Die zehn Käse da bringst du dem Obersten und schaust, wie es deinen Brüdern geht.«

Da machte sich David in der Morgenfrühe auf und überließ die Schafe einem Hirten. Dann ging er hin, wie Isai ihm geboten hatte. Er kam zum Lager, als sich das Heer in Schlachtordnung aufstellte und man das Kriegsgeschrei erhob. Israel und die Philister stellten sich auf, Schlachtreihe gegen Schlachtreihe.

Da übergab David sein Gepäck dem Troßwächter und lief zur Schlachtreihe. Er fand seine Brüder und begrüßte sie.

Während er mit ihnen redete, kam gerade Goliath, der Vorkämpfer, aus den Reihen der Philister herauf und führte die gewohnten Reden. David hörte es.

Alle Männer Israels flohen vor dem Mann, als sie ihn sahen, und fürchteten sich sehr. Ein Israelit sprach: »Habt ihr den Mann gesehen, der da heraufkommt? Israel zu verhöhnen kommt er herauf. Wer ihn erschlägt, den will der König sehr reich machen und ihm seine Tochter geben, und seines Vaters Haus will er steuerfrei machen in Israel.«

Da fragte David die Männer, die bei ihm standen: »Wer ist dieser Heide, dieser Philister, daß er das Heer des lebendigen Gottes verhöhnen darf?«

Eliab, sein ältester Bruder, hörte ihn mit den Männern reden. Er geriet in Zorn über David und sprach: »Warum bist du herabgekommen? Wem hast du die paar Schafe in der Wüste überlassen? Ich kenne deine Vermessenheit und deinen schlimmen Sinn; nur um den Kampf zu sehen bist du herabgekommen.«

David antwortete: »Was habe ich denn nun getan? Man wird doch ein Wort reden dürfen?« Er wandte sich einem anderen Mann zu und fragte ihn das gleiche; die Leute sprachen wieder von der Belohnung.

Als bekannt wurde, was David gesprochen hatte, hinterbrachte man es Saul, der David holen ließ.

David bietet sich an zum Kampf

David sprach zu Saul: »Mein Herr, lasse den Mut nicht sinken! Ich, dein Knecht, werde hingehen und mit diesem Philister kämpfen.«

Saul sprach: »Du kannst nicht zu diesem Philister hingehen und mit ihm kämpfen, denn du bist ein Knabe; er aber ist ein Kriegsmann von Jugend auf.«

Da sprach David zu Saul: »Dein Knecht hütete seines Vaters Schafe. Kam nun ein Löwe oder ein Bär und trug ein Schaf weg von der Herde, so lief ich ihm nach, erschlug ihn und riß es ihm aus dem Rachen; erhob er sich aber gegen mich, so ergriff ich ihn beim Barte und schlug ihn tot. Den Löwen wie den Bären hat dein Knecht erschlagen; diesem Heiden, dem Philister, soll es ebenso ergehen, weil er das Heer des lebendigen Gottes verhöhnt hat.«

Weiter sprach David: »Der Herr, der mich aus der Tatze des Löwen und des Bären errettet hat, wird mich auch aus der Hand dieses Philisters erretten.«

Da sprach Saul zu David: »Gehe hin! Der Herr wird mit dir sein!«

Saul zog David seine eigene Rüstung an; er setzte ihm einen ehernen Helm auf den Kopf und legte ihm einen Panzer um. Dann gürtete er David sein Schwert um über der Rüstung, und David versuchte zu gehen. Er konnte es aber nicht und sprach zu Saul: »Ich kann darin nicht gehen, denn ich bin nicht daran gewöhnt.« David legte alles wieder ab.

Er nahm seinen Stecken in die Hand, suchte sich fünf glatte Steine aus dem Bach und legte sie in die Hirtentasche, die er mit sich trug. Dann nahm er die Schleuder zur Hand und trat dem Philister entgegen.

Sieg mit der Schleuder

Der Philister näherte sich David immer mehr, während der Schildträger vor ihm her schritt. Als der Philister David sah, verachtete er ihn, weil er noch ein Knabe war, ein rotblonder Jüngling von schöner Gestalt.

Der Philister sprach zu David: »Bin ich denn ein Hund, daß du mit einem Stecken zu mir kommst?« Er fluchte David bei seinem Gott.

Dann sprach er zu David: »Komm nur her, so will ich dein Fleisch den Vögeln des Himmels und den Tieren des Feldes geben!«

David aber sprach zu dem Philister: »Du kommst zu mir mit Schwert, Speer und Wurfspieß; ich aber komme zu dir im Namen des Herrn der Heerscharen, des Gottes des Heeres Israels, das du verhöhnt hast. Heute wird dich der Herr in meine Hände liefern. Ich werde dich erschlagen und dir den Kopf abhauen. Ich werde heute die Leichname des Philisterheeres den Vögeln des Himmels und den Tieren des Feldes geben, damit alle Welt erkenne, daß Israel einen Gott hat und diese ganze Heerschar erfahre, daß der Herr nicht durch Schwert und Speer den Sieg schafft; denn des

Herrn ist der Krieg. Er wird euch in unsere Hände geben.«

Als sich der Philister aufmachte und auf David losschritt, lief David auf den Philister zu. David griff mit der Hand in die Tasche, nahm einen Stein heraus, schleuderte ihn und traf den Philister auf die Stirn, so daß ihm der Stein in die Stirne drang und er auf sein Angesicht zur Erde fiel.

So überwand David den Philister mit Schleuder und Stein. Er traf den Philister und tötete ihn, ohne daß er ein Schwert zur Hand hatte.

Dann lief er hin, trat zu dem Philister, nahm dessen Schwert und schlug ihm damit den Kopf ab.

Als die Philister sahen, daß ihr Held tot war, flohen sie. Die Männer Israels aber machten sich auf, erhoben das Feldgeschrei und verfolgten die Philister durch das ganze Tal bis an die Tore von Ekron.

Erschlagene Philister lagen am Wege von Saaraim bis nach Gath und Ekron. Dann kehrten die Israeliten von der Verfolgung der Philister um und plünderten ihr Lager. David aber nahm den Kopf des Philisters und brachte ihn nach Jerusalem; seine Waffen aber legte er in sein Zelt.

Als Saul sah, wie David dem Philister entgegenging, sprach er zu dem Feldhauptmann Abner: »Wessen Sohn ist denn der Knabe?«

Abner sprach: »So wahr du lebst, König, ich weiß es nicht.«

Da sprach der König: »So frage, wessen Sohn der Jüngling ist.«

Als David nach dem Siege über die Philister zurückkam, nahm ihn Abner und führte ihn vor Saul, den Kopf Goliaths in der Hand.

Saul sprach zu ihm: »Wessen Sohn bist du, Knabe?«

David sprach: »Der Sohn deines Knechtes Isai aus Bethlehem.«

Sauls Eifersucht

Saul nahm David an jenem Tage mit in seinen Palast und ließ ihn nicht mehr in seines Vaters Haus zurückkehren. Jonathan, Sauls Sohn, liebte David wie seinen eigenen Bruder und schloß Freundschaft mit ihm.

Als David nach dem Sieg über die Philister heimkehrte, zogen aus allen Städten Israels die Frauen singend und tanzend dem König Saul entgegen, mit Handpauken und Zimbeln. Die tanzenden Frauen sangen:

> *»Saul hat Tausende erschlagen,*
> *David aber Zehntausende.«*

Da ergrimmte Saul sehr und sprach: »Wenn sie David für zehnmal besser halten als mich, wird er bald das Königtum für sich verlangen!«

Von jenem Tage an beneidete Saul David.

Am folgenden Tag, als David wie üblich die Laute spielte, kam ein böser Geist über Saul. Er nahm einen Speer, schleuderte ihn auf David und dachte: »Ich will David an die Wand spießen.«

David aber wich dem Speer aus. Saul fürchtete sich vor David, denn er wußte, daß der

Herr mit ihm war; von Saul jedoch war er gewichen.

David aber hatte Glück auf allen seinen Wegen und war bei ganz Israel beliebt.

Saul sprach zu David: »Hier ist meine ältere Tochter Merab, die will ich dir zur Frau geben; nur führe die Kriege für mich.« Saul wollte nämlich David nicht mit eigener Hand töten und hoffte, daß er im Kampf mit den Philistern umkommen werde.

David aber antwortete Saul: »Wer bin ich? Und was ist meine Familie, daß ich des Königs Schwiegersohn werden könnte?«

Als aber die Zeit kam, da Merab dem David gegeben werden sollte, da gab Saul sie dem Adriel von Mehola zur Frau.

Aber Michal, Sauls jüngere Tochter, hatte David lieb. Als Saul das hörte, war es ihm recht. Er dachte nämlich, daß er David durch ihre Liebe in eine Falle locken und vernichten könnte.

Da ließ er David holen und sprach zu ihm: »Heute wirst du mein Schwiegersohn und die jüngere meiner Töchter heiraten.«

Zu seinen Knechten aber sprach er: »Redet heimlich mit David und sagt, daß der König Gefallen an ihm hat, weil er bei allem Volke beliebt ist. Es ist daher nur recht, wenn er des Königs Schwiegersohn wird.«

David heiratet Sauls Tochter

Als David dies hörte, sprach er: »Ich bin zu arm und gering, um des Königs Tochter zu heiraten.«

Die Diener berichteten dies Saul, und er sprach: »Sagt David, daß der König keinen Brautpreis will als den Tod von hundert Philistern, um an den Feinden des Königs sich zu rächen.«

Als David dies hörte, war er zufrieden, denn er wollte sehr gerne des Königs Schwiegersohn werden. So machte er sich auf, zog mit seinen Leuten hin und erschlug zweihundert Philister. Saul gab ihm Michal zur Frau.

Als aber Saul sah und erkannte, daß der Herr mit David war, und daß ganz Israel ihn liebte, da fürchtete er sich noch mehr vor David. So wurde Saul Davids Feind für alle Zeit.

Saul redete zu seinem Sohn Jonathan und zu allen seinen Dienern davon, David zu töten. Aber Jonathan ging zu seinem Freund und sprach: »Mein Vater Saul will dich töten. Darum geh und verstecke dich. Morgen früh werde ich hinausgehen und neben meinen Vater treten auf dem Felde, wo du bist, und will mit meinem Vater von dir reden. Was ich erfahre, das will ich dir berichten.«

Am nächsten Tage redete Jonathan bei Saul zu Davids Gunsten und bat ihn, seine Hände nicht mit unschuldigem Blut zu beflecken.

Da hörte Saul auf Jonathan und versprach, daß David nicht sterben solle.

Nun rief Jonathan David aus seinem Versteck und führte ihn zu Saul. Für einige Zeit war wieder alles gut. Als der Krieg gegen die Philister von neuem ausbrach, zog David zum Kampfe aus und erschlug sehr viele von ihnen.

Da kam wiederum ein böser Geist über Saul. Als Saul, den Speer in der Hand, dasaß, während David die Laute spielte, versuchte er David zu töten. David aber floh und entkam.

In jener Nacht sandte Saul Boten zum Hause Davids. Diese sollten ihm auflauern und ihn am Morgen töten. Michal aber, Davids Frau, verriet es ihm und sprach: »Wenn du nicht heute nacht fliehst, wirst du morgen umgebracht.«

Michal ließ ihn durch das Fenster hinab. Dann richtete sie das Bett, sodaß es aussah, als liege David darin und schlafe.

Als Saul Boten sandte, David zu holen, sprach sie: »Er ist krank.«

Saul aber sandte die Boten abermals hin, um nach David zu sehen. Er sprach: »Bringt ihn mitsamt dem Bette zu mir herauf, daß ich ihn töte.«

Als aber die Boten kamen, da lag niemand im Bett.

Da sprach Saul zu Michal: »Warum hast du mich so betrogen und meinem Feind zur Flucht verholfen?«

Michal erwiderte: »Er sprach zu mir: 'Laß mich gehen, oder ich töte dich.'«

David aber floh zu Samuel nach Rama.

David und Jonathan

David verließ Rama, kam zu Jonathan und sprach: »Was habe ich getan, daß dein Vater mir nach dem Leben trachtet?«

Jonathan sprach: »Ich will alles tun, was in meiner Macht steht, um dich zu retten. Mein Vater tut nichts, ohne es mir zu sagen. Ich will mit ihm von dir sprechen und dir berichten, was er sagt. Wenn ich nun merke, daß er dir Böses zufügen will, so werde ich dich warnen, damit du fliehen kannst. Doch was auch immer geschieht, wir werden stets Freunde bleiben.«

Dann schlossen sie einen feierlichen Freundschaftsbund, denn Jonathan liebte den David wie sein eigenes Leben.

Jonathan sprach zu David: »Morgen ist das Fest des Neumonds; da wird man dich vermissen, wenn dein Platz leer bleibt. Wenn du drei Tage fortgeblieben bist, dann komme an den Ort, wo du dich versteckt hast am Tage jener Tat und setze dich neben den Erdhaufen dort. Ich aber werde übermorgen mit Pfeilen neben den Erdhaufen schießen, als sei er eine Zielscheibe. Dann werde ich den Burschen schicken! 'Geh, suche den Pfeil!' Sage ich zu ihm: 'Sieh, der Pfeil liegt diesseits von dir, hole ihn', so komm, denn es steht gut für dich, und es hat keine Gefahr, so wahr der Herr lebt. Sage ich aber zu dem Jüngling: 'Sieh, der Pfeil liegt jenseits von dir', so gehe, denn der Herr heißt dich gehen. Was aber unsere Freundschaft angeht, von der wir gesprochen haben, so ist der Herr Zeuge zwischen mir und dir für immer.«

Da versteckte sich David auf dem Felde.

Als der Neumond kam, setzte sich der König zum Festessen. Er saß an seinem Platz wie immer, auf dem Platz an der Wand. Jonathan und Abner saßen neben Saul. Davids Platz aber blieb leer.

An diesem Tag sagte Saul nichts.

Als aber auch am Tage nach dem Neumond Davids Platz leer blieb, sprach Saul zu Jonathan: »Warum ist der Sohn Isais weder gestern noch heute zu Tische gekommen?«

Jonathan antwortete: »David hat sich bei mir Urlaub nach Bethlehem erbeten. Er sagte, seine Familie habe dort ein Brandopfer, und sein Bruder habe ihn dazu eingeladen. Er wolle gerne seine Brüder wiedersehen. Darum ist er nicht zum Tische des Königs gekommen.«

Da wurde Saul zornig über Jonathan. Er sprach zu ihm: »Du Sohn einer Ungehorsa-

men! Ich weiß ja wohl, daß du an dem Sohne Isais hängst, zu deinem eigenen Unglück. Solange er lebt, wird dein Königtum keinen Bestand haben. So sende hin und lasse ihn holen, denn er muß sterben!«

Jonathan antwortete seinem Vater Saul und sprach zu ihm: »Warum soll er sterben? Was hat er getan?«

Da schleuderte Saul einen Speer auf ihn, um ihn zu treffen. So wußte Jonathan, daß sein Vater beschlossen hatte, David zu töten. Jonathan stand vom Tisch in glühendem Zorn auf und aß an jenem zweiten Tage des Neumondes nichts, denn er war um David bekümmert.

Am Morgen aber ging Jonathan mit einem jungen Burschen aufs Feld hinaus, wie er mit David verabredet hatte. Er sprach zu dem Burschen: »Lauf und suche mir die Pfeile, die ich abschieße!« Während der Bursche lief, schoß er den Pfeil über ihn hinaus.

Als der Bursche an den Ort kam, wo der Pfeil lag, rief Jonathan dem Burschen nach: »Der Pfeil liegt ja jenseits von dir!« Dann rief er: »Schnell, eile dich!«

Da hob der Bursche Jonathans Pfeile auf und brachte sie seinem Herrn. Aber der Bursche wußte von nichts; nur David und Jonathan wußten von der Sache.

Dann gab Jonathan seine Waffen dem Burschen und sprach zu ihm: »Geh, trage sie in die Stadt!« Als der Bursche gegangen war, erhob sich David neben dem Erdhaufen, warf sich auf sein Angesicht zur Erde und verneigte sich dreimal.

Sie küßten einander und weinten miteinander. Jonathan sprach zu David: »Zieh hin in Frieden! Wir haben doch im Namen des Herrn geschworen: 'Der Herr sei Zeuge zwischen dir und mir, zwischen deinen Kindern und meinen Kindern für immer.'«

So machte sich David auf und zog weg. Jonathan aber kehrte heim in die Stadt.

Sauls Zorn

David kam nach Nob zum Priester Achimelech. Er bat um Brot, und Achimelech gab ihm von dem geheiligten Brot. Da aber David keine Waffen hatte, gab ihm Achimelech das Schwert Goliaths, in ein Tuch gewickelt, und sprach: »Willst du dieses Schwert nehmen, so nimm es; ein anderes habe ich nicht.«

So nahm David das Schwert des Philisters Goliath, den er erschlagen hatte. Aber er fürchtete sich vor dem Zorne Sauls. Daher versteckte er sich in der Höhle von Adullam. Als das seine Brüder und das ganze Haus seines Vaters hörten, kamen sie zu ihm dorthin. Es sammelten sich um ihn alle, die bedrängt, verschuldet oder verzweifelt waren, und er wurde ihr Hauptmann. Es waren bei ihm ungefähr vierhundert Mann.

Einer der Knechte Sauls, der Edomiter Doeg, war gerade in Nob, als David den Priester Achimelech aufsuchte. Doeg ging zu Saul und berichtete ihm, daß der Priester David Brot und ein Schwert gegeben habe. Als Saul das hörte, sandte er nach Nob und befahl Achimelech und seine ganze Familie zu sich.

Sie kamen alle zum König. Saul sprach: »Warum habt ihr euch gegen mich verschworen, du und der Sohn Isais, daß du ihm Brot und ein Schwert gegeben hast? Warum hast du bei dem Herrn für ihn und gegen mich gesprochen?«

Achimelech antwortete: »Wer ist unter allen deinen Knechten so treu wie David? Ist er nicht dein Schwiegersohn, Oberster der Leibwache und geehrt in deinem Hause? Habe ich denn jetzt zum erstenmal Gott für ihn angerufen? Wahrhaftig nicht! Der König lege doch nicht seinem Knechte und dem ganzen Hause meines Vaters etwas zur Last, denn dein Knecht hat von alledem nichts gewußt und ist unschuldig.«

Aber der König sprach: »Du mußt sterben, Achimelech, du und deines Vaters ganzes Haus.« Er befahl seinen Soldaten, die vor ihm standen: »Tötet die Priester des Herrn! Sie sind meine Feinde.«

Der Edomiter Doeg trat herzu, stieß die Priester nieder und tötete an jenem Tage fünfundachtzig von ihnen. Der König schlug die Stadt Nob mit seinem Schwerte und tötete alles, was in ihr war.

Nur ein einziger Sohn Achimelechs namens Abjathar entrann und floh zu David. Er meldete David, daß Saul die Priester des Herrn umgebracht habe.

David sprach: »Ich wußte schon an jenem Tage, daß der Edomiter Doeg es Saul verraten würde. Ich bin schuld am Tode aller Leute aus deines Vaters Haus. Bleibe bei mir und fürchte dich nicht! Denn wer dir nach dem Leben trachtet, der trachtet mir nach dem Leben. Bei mir bist du in guter Hut.«

David und Abigail

Da starb Samuel. Ganz Israel versammelte sich und hielt ihm die Totenklage. Man begrub ihn in seinem Hause zu Rama. David aber machte sich auf und zog hinab in die Wüste Maon.

Nun war da ein Mann in Maon, dem gehörte Land in Karmel. Er hieß Nabal, aus dem

Geschlecht Kaleb, und war sehr vermögend. Er besaß dreitausend Schafe und tausend Ziegen. Nabal war gerade bei der Schafschur in Karmel. Seine Frau hieß Abigail. Sie war klug und von schöner Gestalt; der Mann aber war roh und bösartig.

Als David in der Wüste hörte, daß Nabal bei der Schafschur sei, rief er zehn seiner Leute und befahl ihnen: »Geht hinauf nach Karmel, grüßt Nabal von mir und sprecht zu ihm: 'Heil dir und deinem Hause! Heil allem, was du hast! Wir haben deinen Hirten, als sie bei uns geschoren haben, nichts zuleide getan, und solange sie in Karmel waren, haben wir ihnen nichts weggenommen. So zeige dich doch nun gütig gegen diese Leute und gib ihnen und deinem Sohn David, was du gerade hast.«

Als die Leute Davids zu Nabal kamen, sprachen sie, wie ihnen befohlen. Doch Nabal antwortete: »Wer ist David? Wer ist der Sohn Isais? Es gibt heutzutage genug Knechte, die ihrem Herrn davonlaufen! Soll ich mein Brot, meinen Wein und mein Schlachtvieh, das ich für die Scherer geschlachtet habe, nehmen und es Leuten geben, von denen ich nichts weiß?«

Da kehrten die Leute zu David zurück und berichteten ihm, was sich zugetragen hatte. Da sprach David: »Gürte jeder sein Schwert um!« Auch David gürtete sein Schwert um. Unter Davids Führung zogen bei vierhundert Mann hinauf; zweihundert blieben bei dem Gepäck.

Einer von Nabals Leuten jedoch berichtete Abigail davon und sprach: »David hat Boten aus der Wüste gesandt, unseren Herrn zu begrüßen; dieser aber hat sie beleidigt. Nun sind doch die Männer sonst sehr gut zu uns. Es ist uns kein Leid geschehen, man hat uns nichts weggenommen. Sie waren wie Beschützer für uns, solange wir bei ihnen die Schafe hüteten. Was sollen wir tun? Sie ziehen gegen unseren Herrn; er aber ist so bösartig, daß niemand mit ihm sprechen kann.«

Da nahm Abigail schnell zweihundert Brote, zwei Schläuche Wein, fünf zubereitete Schafe, fünf Scheffel geröstetes Korn, hundert getrocknete Trauben und zweihundert Feigenkuchen und lud sie auf Esel. Dann sprach sie zu ihren Leuten: »Geht mir voran; ich komme gleich nach.« Ihrem Manne Nabal aber sagte sie nichts davon.

Während sie auf dem Esel ritt, da stieß sie plötzlich auf David und seine Leute. Eilends stieg sie vom Esel, warf sich vor David auf ihr Angesicht, verneigte sich zur Erde und sprach: »Höre die Worte deiner Magd, Herr! Kümmere dich nicht um diesen Nabal, denn er ist ein Tor. Ich aber habe die Leute, die du gesandt hast, nicht gesehen. Vergieße doch kein Blut und räche dich nicht an deinen Feinden! Denn der Herr wird deinen Krieg führen, weil du des Herrn Krieg führst. In den Tagen deines Triumphes jedoch gedenke deiner Magd!«

Da sprach David zu Abigail: »Gelobt sei der Herr, der Gott Israels, der dich heute mir entgegengesandt hat! Gelobt sei deine Klugheit! Wärst du mir nicht entgegengekommen, so hätte ich gewiß Nabal und sein ganzes Haus erschlagen.« David nahm ihre Geschenke an und sprach: »Zieh hin in Frieden in dein Haus, denn ich habe dir Gehör geschenkt.«

Als aber Abigail zu Nabal kam, da hielt er eben ein Gelage und war betrunken. Daher sagte sie ihm nichts, bis der Morgen anbrach. Am Morgen aber, als der Rausch von Nabal gewichen war, erzählte sie es ihm. Da erstarb ihm das Herz im Leibe, und er wurde wie ein Stein. Es dauerte noch zehn Tage, da schlug der Herr den Nabal, und er starb.

Als David hörte, daß Nabal tot sei, lobte er Gott und ließ Abigail holen, um sie zu seiner Frau zu machen; denn Saul hatte Davids Frau Michal dem Palti, dem Sohn des Lais, gegeben.

Als Abigail hörte, daß David sie zur Frau nehmen wollte, verneigte sie sich mit ihrem Angesicht zur Erde und sprach: »Laß mich deine Magd sein und deinen Knechten die Füße waschen.«

Sie setzte sich auf ihren Esel, während ihre fünf Mägde sie begleiteten. Dann folgte sie den Boten Davids und wurde seine Frau.

David verschont Saul

Eines Nachts machte sich David auf und kam an den Ort, wo Saul sein Lager hatte. Abner, der Sohn Ners, sein Feldhauptmann, lag neben ihm. Saul aber lag in der Mitte des Lagers; seine Leute lagerten rings um ihn her.

Da nahm David den Speer und den Wasserkrug zu Häupten Sauls und ging weg. Es war niemand, der es sah oder merkte, und niemand erwachte, sondern sie schliefen alle. Denn ein Tiefschlaf, vom Herrn gesandt, war auf sie gefallen.

David stellte sich auf den Gipfel des Berges, sodaß der Raum zwischen ihm und dem Lager groß war.

Dann rief David die Leute und Abner an: »Du bist doch ein tapferer Mann! Es gibt keinen wie dich in Israel! Warum hast du deinen Herrn, den König, nicht behütet? Denn es ist einer von den Leuten eingedrungen, deinen Herrn, den König, umzubringen. Nun sieh nach: Wo ist der Speer des Königs, und wo der Wasserkrug zu seinen Häupten?«

Da erkannte Saul die Stimme Davids und sprach: »Ist das nicht deine Stimme, mein Sohn David?«

David sprach: »Es ist meine Stimme, mein Herr und König.« Weiter sprach er: »Warum verfolgt mein Herr seinen Knecht? Was habe ich denn getan? Was ist Böses an mir?«

Da sprach Saul: »Ich habe gesündigt. Komm zurück, mein Sohn David! Ich will dir nie mehr ein Leid antun, weil mein Leben dir heute teuer gewesen ist. Ja, ich habe töricht gehandelt und dir großes Unrecht getan.«

Saul segnete David. Danach ging David wieder seines Weges; Saul aber kehrte zurück in seinen Palast.

Saul und der Geist Samuels

Nun sammelten die Philister ihr Heer zum Kriegszug und lagerten sich bei Sunem. Saul aber versammelte ganz Israel: sie lagerten sich am Gilboa. Als Saul das Heer der Philister sah, fürchtete er sich, und sein Herz zitterte sehr. Als Saul aber den Herrn befragte, gab ihm der Herr keine Antwort.

Da sprach Saul zu seinen Dienern: »Suchet mir eine Frau, die eine Totenbeschwörerin ist, daß ich zu ihr gehen und sie befragen kann.« Seine Diener sprachen: »Da ist eine Frau in Endor, die Tote beschwören kann.« Da verkleidete sich Saul und ging bei Nacht zu der Frau. Er sprach zu ihr: »Bringe mir doch den Geist herauf, den ich dir nenne.«

Die Frau sprach zu ihm: »Wen soll ich dir heraufbringen?« Er antwortete: »Den Samuel bringe herauf!« Da schaute die Frau Saul an, schrie laut auf und sprach zu ihm: »Warum hast du mich getäuscht? Du bist ja Saul!«

Der König aber sprach zu ihr: »Fürchte dich nicht! Sondern sage, was siehst du? Wie sieht der Geist aus?« Sie sprach: »Ein alter Mann; er umhüllt sich mit einem Mantel.« Da merkte Saul, daß es Samuel war. Er verneigte sich mit seinem Angesicht zur Erde.

Samuel aber sprach zu Saul: »Warum störst du meine Ruhe?« Saul sprach: »Ich bin in großer Not. Die Philister streiten gegen mich, Gott aber ist von mir gewichen und gibt mir keine Antwort mehr. Darum habe ich dich rufen lassen, damit du mir zeigst, was ich tun soll.«

Samuel sprach: »Warum fragst du mich, da doch der Herr von dir gewichen und dein Feind geworden ist? Der Herr hat dir getan, wie er durch mich geredet hat. Er hat dir das Königtum entrissen und es dem anderen gegeben, dem David. Auch Israel hat der Herr mit dir in die Hand der Philister gegeben. Morgen wirst du mit deinen Söhnen bei mir sein.«

Da fiel Saul entsetzt der ganzen Länge nach zu Boden. Er war in großer Furcht wegen der Worte Samuels; auch war keine Kraft mehr in ihm, denn er hatte den ganzen Tag und die ganze Nacht nichts gegessen.

Die Frau aber sah, daß Saul ganz verstört war und sprach zu ihm: »Ich will dir einen Bissen Brot vorsetzen. Iß, damit du bei Kräften bist, wenn du deines Weges gehst.« Er aber weigerte sich und sprach: »Ich mag nicht essen.«

Da nötigten ihn seine Diener und auch die Frau. Er stand auf von der Erde, setzte sich auf das Lager und aß mit seinen Dienern. Dann standen sie auf und gingen noch in der Nacht davon.

Saul tötet sich selbst

Als die Philister gegen Israel stritten, flohen die Männer Israels vor ihnen; manch einer wurde erschlagen auf dem Gebirge Gilboa. Die Philister setzten Saul und seinen Söhnen nach und sie erschlugen die Söhne Sauls. Auch um Saul selbst war der Kampf heftig, und er wurde von den Bogenschützen der Philister verwundet.

Da sprach Saul zu seinem Waffenträger: »Zieh dein Schwert und durchbohre mich, daß nicht diese Heiden kommen und meinen Leichnam entehren.«

Aber sein Waffenträger scheute sich, das zu tun.

Da nahm Saul das Schwert und stürzte sich hinein. Als der Waffenträger sah, daß Saul tot war, stürzte auch er sich in sein Schwert und starb neben ihm.

So starben Saul, seine drei Söhne und sein Waffenträger - alle am selben Tag.

Als die Männer Israels in den Städten der Ebene und in den Städten am Jordan sahen, daß Saul und seine Söhne tot waren, daß das Heer Israels geflohen war, verließen sie ihre Städte und flohen. Da kamen die Philister und setzten sich darin fest.

Am folgenden Tage kamen die Philister zurück auf das Schlachtfeld und fanden dort Saul und seine Söhne erschlagen. Da hieben sie ihm das Haupt ab und zogen ihm die Rüstung aus und sandten im ganzen Lande umher, um ihre Siegesbotschaft zu verkünden. Seine Rüstung legten sie im Hause ihrer Göttin Astarte nieder, den Leichnam Sauls aber spießten sie an die Mauer von Bethsan.

Als die Bewohner von Jabes in Gilead hörten, was die Philister an Saul getan hatten, machten sich alle streitbaren Männer auf, gingen die ganze Nacht hindurch und nahmen die Leichname Sauls und seiner Söhne von der Mauer von Bethsan weg. Sie brachten sie nach Jabes, hielten ihnen dort die Totenwache und begruben sie.

Davids Klage um Saul und Jonathan

Als David vom Tode Sauls und Jonathans erfuhr, zerriß er seine Kleider, ebenso alle Männer, die bei ihm waren. Sie hielten die Totenklage, weinten und fasteten bis zum Abend um Saul und um Jonathan, weil sie durch das Schwert gefallen waren.

David sang dieses Trauerlied auf Saul und seinen Sohn Jonathan:

»Wehe, du Zierde Israels, auf deinen Höhen
liegt sie erschlagen!
Wie sind die Helden gefallen!
Sagt es nicht zu Gath,
verkündet es nicht in den Gassen zu Askalon,
damit sich nicht freuen die Töchter der Philister,
die Töchter der Unbeschnittenen nicht frohlocken!
Ihr Berge Gilboas, nicht Tau, nicht Regen falle
    auf euch,
ihr treulosen Gefilde,
denn dort ward entweiht der Schild der Helden,
der Schild Sauls, die Waffen des Gesalbten!
Vom Blut der Erschlagenen
wich Jonathans Bogen nicht zurück,
kam Sauls Schwert nicht leer wieder.
Saul und Jonathan, einander so lieb und zugetan,
im Leben und im Tode ungetrennt:
sie waren schneller als die Adler,
    waren stärker als die Löwen!
Ihr Töchter Israels, weinet um Saul,
der euch mit Purpur lieblich gekleidet,
der Goldschmuck geheftet auf euer Gewand!
Wie sind die Helden gefallen mitten im Streit!
Jonathan auf deinen Höhen erschlagen!
Wie weh ist mir um dich, mein Bruder Jonathan,
du warst mir so lieb!
Deine Liebe war köstlicher als Frauenliebe!
Wie sind die Helden gefallen,
dahin die Tapferen des Krieges!«

Es geschah, daß der Herr David gebot, hinaufzuziehen nach Hebron. So zog denn David dort hinauf mit seinem Volk, jeder

Mann mit seiner Familie. Sie ließen sich in den Ortschaften um Hebron nieder. Dort salbten sie ihn zum König über das Haus Juda.

Als David gemeldet wurde, die Männer von Jabes hätten Saul und seine Söhne begraben, sandte er Boten nach Jabes und ließ sagen: Gesegnet seid ihr vom Herrn, daß ihr Saul diesen Liebesdienst erwiesen habt, so erweise euch nun der Herr Liebe und Treue, und auch ich will ein Gutes tun dafür, daß ihr das getan habt.

Abner aber, der Sohn Ners, Sauls Feldhauptmann, nahm Isbaal, den Sohn Sauls, und brachte ihn nach Mahanaim. Dort machte er ihn zum König über Gilead, über Asser und über ganz Israel. Isbaal war vierzig Jahre alt, als er König über Israel wurde; er regierte zwei Jahre lang. Nur das Haus Juda hielt zu David. David aber und das Haus Juda waren stärker als Isbaal.

David, König über ganz Israel

Nach dem Tode Abners und Isbaals kamen alle Stämme Israels zu David nach Hebron und sprachen: »Wir sind dein Gebein und dein Fleisch. Schon als Saul noch König über uns war, bist du es gewesen, der Israel führte. Der Herr hat dir verheißen: 'Du sollst mein Volk Israel weiden, du sollst Fürst sein über Israel.'«

Da schloß König David mit ihnen in Hebron einen Vertrag vor dem Herrn, und sie salbten David zum König über Israel. David war dreißig Jahre alt, als er König wurde; vierzig Jahre regierte er. In Hebron regierte er über Juda sieben Jahre und sechs Monate, und in Jerusalem regierte er über ganz Israel und Juda dreiunddreißig Jahre.

David erobert Jerusalem

Als König David mit seinen Leuten nach Jerusalem gegen die Jebusiter zog, die im Lande wohnten, sprach man zu ihm: »Da kommst du nicht hinein, sondern die Blinden und Lahmen werden dich vertreiben.« Aber David nahm die Burg Zion ein.

Er ließ sich auf der Burg nieder und nannte sie Stadt Davids. Er baute die Stadt ringsum vom Millo an nach innen zu. David wurde immer mächtiger, denn der Herr, der Gott der Heerscharen, war mit ihm.

Das Haus Juda wächst

Danach begab es sich, daß David die Philister schlug und sie unterwarf. Er schlug auch die Moabiter; sie wurden Davids Untertanen und mußten ihm Tribut entrichten. Dann schlug David Hadadeser, den Sohn Rehobs, den König von Zoba, als er hinzog, um seine Macht am Euphrat wieder aufzurichten.

David nahm von ihm eintausendsiebenhundert Reiter und zwanzigtausend Mann Fußvolk gefangen. Da kamen die Syrer von Damaskus dem Hadadeser zu Hilfe. Aber

David erschlug von den Syrern zweiundzwanzigtausend Mann. David setzte Vögte über die Syrer; sie wurden Davids Untertanen und mußten ihm Tribut entrichten. Denn der Herr half David überall, wo er hinzog.

David findet Jonathans Sohn

David sprach: »Ist noch jemand vom Hause Sauls übriggeblieben? So will ich Barmherzigkeit an ihm üben um Jonathans willen.« Nun rief man einen Knecht vom Hause Sauls mit Namen Ziba zu David. Der König sprach zu ihm: »Ist niemand mehr da vom Hause Sauls, daß ich Bermherzigkeit an ihm üben kann?« Ziba antwortete dem König: »Es ist noch ein Sohn Jonathans da, der an den Füßen lahm ist.« Da sandte der König David hin und ließ ihn holen.

Als Meribaal, der Sohn Jonathans, zu David kam, warf er sich auf sein Angesicht und verneigte sich. Da sprach David: »Meribaal!« Er antwortete: »Siehe hier deinen Knecht.« David sprach zu ihm: »Fürchte dich nicht; denn ich will Barmherzigkeit an dir üben um deines Vaters Jonathan willen. Ich will dir den ganzen Grundbesitz deines Großvaters Saul zurückgeben. Du aber sollst allezeit an meinem Tische essen.« Da sprach Meribaal: »Warum bekümmerst du dich um einen toten Hund wie mich?«

Dann rief der König den Ziba und sprach zu ihm: »Alles, was Saul gehört hat, gebe ich dem Sohne deines Herrn. Du und deine Söhne und deine Knechte, ihr sollt ihm das Land bebauen und die Ernte einbringen, damit das Haus deines Herrn genug zu essen habe. Doch Meribaal, der Sohn deines Herrn, soll allezeit an meinem Tische essen.« So wohnte Meribaal in Jerusalem und aß allezeit an Davids Tische.

David und Bathseba

Um die Zeit, da die Könige ins Feld zogen, sandte David den Joab, seinen Feldhauptmann, mit seinen Leuten aus. Diese verheerten das Land der Ammoniter und belagerten Rabba, während David in Jerusalem blieb.

Da begab es sich eines Abends, als David von seinem Lager aufstand und sich auf dem Dache seines Palastes erging, daß er eine sehr schöne Frau sah. David sandte hin um zu fragen, wer sie war. Man sagte ihm: »Das ist Bathseba, die Tochter Eliams, die Frau des Hethiters Uria.«

David aber gewann Bathseba lieb. Er sandte zu Joab: »Schicke mir den Hethiter Uria.«

Als Uria zu ihm kam, fragte David, wie es mit Joab, dem Heer und mit dem Kriege stehe. Dann gab er Uria zu essen und sagte ihm, er könne nach Hause gehen. Uria aber legte sich am Eingang des königlichen Palastes bei allen Knechten seines Herrn nieder.

Am nächsten Morgen fragte David ihn, warum er nicht zu seinem Hause gegangen sei. Uria sprach: »Die Lade und Israel und Juda wohnen in Zelten, und mein Gebieter Joab und die Knechte meines Herrn lagern im freien Felde. Sollte ich in mein Haus gehen zu meiner Frau, um zu essen und zu trinken und bequem zu schlafen? So wahr der Herr lebt.

und so wahr du lebst, das kann ich nicht tun!«

David sprach: »Bleibe heute noch hier. Morgen will ich dich entlassen.«

Dann schrieb David einen Brief an Joab und sandte ihn durch Uria. Er schrieb aber in dem Brief: »Stelle Uria dorthin, wo der Kampf am heftigsten ist. Dann laßt ihn im Stiche, damit er in der Schlacht umkommt.«

So stellte denn Joab, als er die Stadt belagerte, Uria dahin, wo die tapfersten Gegner waren. Als die Männer der Stadt einen Ausfall machten und mit Joab kämpften, fielen einige von den Israeliten; auch der Hethiter Uria kam um.

Als Bathseba hörte, daß Uria tot war, hielt sie die Totenklage um ihn. Sobald aber die Trauerzeit vorüber war, sandte David hin und ließ sie in sein Haus holen; sie wurde seine Frau und gebar ihm einen Sohn.

Dem Herrn aber mißfiel, was David getan hatte.

David richtet sich selbst

Der Herr sandte den Propheten Nathan zu David. Als dieser bei ihm eintrat, sprach er zu ihm: »Es waren zwei Männer in einer Stadt, der eine reich, der andere arm. Der Reiche hatte viele Schafe und Rinder. Der Arme hatte nichts als ein einziges, kleines Schäflein, das er sich gekauft hatte; er zog es auf, und es ward mit seinen Kindern groß. Es aß ihm aus der Hand, trank aus seinem Becher und schlief in seinem Arm; er hielt es wie ein Kind. Da kam einst ein Wanderer zu dem reichen Mann und bat um ein Mahl. Der Reiche aber nahm nicht von seinen Schafen und Rindern, sondern er nahm das Lamm des armen Mannes und richtete es dem Wanderer zu.«

Da wurde David sehr zornig und sprach zu Nathan: »So wahr der Herr lebt, der Mann, der das getan hat, muß sterben! Das Lamm muß er vierfach ersetzen, weil er das getan und kein Erbarmen gezeigt hat!«

Da sprach Nathan zu David: »Du bist der Mann! Der Herr, der Gott Israels, hat dir soviel gegeben. Warum hast du seine Gebote verachtet und getan, was ihm mißfällt? Du hast den Hethiter Uria durch das Schwert der Ammoniter umgebracht und seine Frau zu deiner Frau gemacht.«

Da sprach David zu Nathan: »Ich habe gegen den Herrn gesündigt.«

Nathan erwiderte: »So hat auch der Herr deine Sünde vergeben; du wirst nicht sterben! Doch weil du den Herrn durch dein Tun verhöhnt hast, muß der Sohn, der dir geboren ist, sterben!«

Nathan kehrte zurück nach Hause.

Das Kind Davids und Bathsebas aber wurde krank. David betete zum Herrn und fastete und schlief auf der Erde. Er aß nicht und trank nicht, aber am siebenten Tag starb das Kind.

Die Diener Davids aber fürchteten sich, ihm zu sagen, daß das Kind tot war, denn sie dachten: »Als das Kind noch am Leben war, redeten wir ihm zu, und er hörte nicht auf uns. Was wird er tun, wenn wir ihm sagen, daß es tot ist?«

Als David sah, daß seine Diener miteinander flüsterten, merkte er, daß das Kind tot war. Er fragte sie, ob es tot sei. Sie sprachen: »Es ist tot.«

Da erhob sich David, wusch und salbte sich, zog andere Kleider an und ging in das Haus des Herrn, um ihn anzubeten. Als er wieder heimkam, ließ er Speise auftragen und aß.

Seine Diener fragten ihn: »Warum hast du gefastet und geweint, als das Kind noch am Leben war, und nun, da es gestorben ist, stehst du auf und ißt?«

Er antwortete: »Als das Kind noch am Leben war, habe ich gefastet und geweint, weil ich dachte: 'Wer weiß, vielleicht ist der Herr mir gnädig, und das Kind bleibt am Leben'. Nun aber, da es tot ist, warum soll ich da fasten? Kann ich es etwa zurückholen? Ich werde wohl zu ihm gehen, es aber kommt nie wieder zu mir.«

Dann tröstete David seine Frau Bathseba. Nach der festgesetzten Zeit bekamen sie einen anderen Sohn, den sie Salomo nannten, und der Herr liebte ihn.

David und Absalom

In ganz Israel aber war kein Mann schöner als Absalom, der Lieblingssohn des Königs. Von der Fußsohle bis zum Scheitel war kein Fehl an ihm. Einmal im Jahr ließ er sein Haar scheren, wenn es ihm zu schwer wurde, und dann wog es zweihundert Lot nach königlichem Gewicht.

König David aber liebte Absalom sehr.

Absalom besaß Wagen und Pferde und fünfzig Diener. Jeden Morgen in der Frühe stellte er sich neben dem Torweg auf. Jeden, der kam, sich vom König Recht sprechen zu lassen, rief Absalom an und fragte ihn, woher er sei. War der Mann ein Israelit, so sprach Absalom: »Du bist sicherlich im Recht, aber du hast beim König keinen, der dich anhört. Wäre ich Richter und jemand käme zu mir, ich wollte ihm gewiß zum Recht verhelfen!«

Wenn jemand nahte, sich vor ihm zu verneigen, so reichte er ihm die Hand und küßte ihn. So stahl sich Absalom das Herz der Israeliten.

Eines Tages sprach Absalom zum König: »Laß mich nach Hebron gehen, das Gelübde zu erfüllen, das ich dem Herrn gegeben habe, als ich in Syrien war.«

König David sprach: »Geh hin in Frieden!«

Da ging Absalom nach Hebron. Er schickte Kundschafter durch alle Stämme Israels und ließ sagen: »Wenn ihr den Schall der Posaune hört, dann ruft Absalom zum König in Hebron aus.«

Mit Absalom zogen zweihundert Männer von Jerusalem, die nichts davon wußten. Immer mehr Leute hielten zu Absalom.

Da kam ein Bote zu David und warnte ihn. David sprach zu allen seinen Leuten: »Auf, laßt uns fliehen! Denn sonst gibt es für uns kein Entrinnen vor Absalom!« So floh er aus Jerusalem mit seinem ganzen Hause; die Lade des Herrn aber und der Priester Zadok blieben in der Stadt.

Nun war Krieg zwischen David und seinem Sohn Absalom. David teilte das Heer in drei Teile und wollte selbst mit ausziehen. Aber das Volk sprach: »Du darfst nicht ausziehen! Denn sonst wird sich niemand um uns kümmern. Du wiegst Zehntausend von uns auf. Es ist besser, daß du in der Stadt bereitstehst, uns zu helfen.«

Der König sprach: »Ich will tun, was ihr für richtig haltet.«

Er trat neben das Tor, während alles Volk nach Hunderten und Tausenden auszog. Der König gab aber Joab, Abisai und Ithai, den Feldhauptleuten, den Befehl: »Verfahrt gütig mit dem jungen Mann, dem Absalom!« Alles Volk hörte es, wie der König diesen Befehl wegen Absalom gab.

So zog das Volk ins Feld, und es kam zur Schlacht im Walde Ephraim. Hier wurde das Volk Israel von den Knechten Davids geschlagen, und zwanzigtausend Mann wurden getötet.

Absalom wird getötet

Absalom aber traf mit den Knechten Davids zusammen. Er ritt auf seinem Maultier, und das Maultier lief unter die dichten Zweige einer großen Eiche, so daß er mit dem Kopfe in der Eiche hängen blieb und zwischen Himmel und Erde schwebte, während das Maultier unter ihm weglief. Als das ein Mann sah, meldete er es Joab und sprach: »Ich habe den Absalom an der Eiche hängen sehen!«

Joab sprach: »Du hast ihn gesehen? Warum hast du ihn denn nicht zu Boden geschlagen? Ich hätte dir zehn Lot Silber gegeben.«

Der Mann aber sprach: »Nicht für tausend Lot Silber würde ich meine Hand an den Königssohn legen; denn vor meinen Ohren hat der König dir, Abisai und Ithai befohlen, den jungen Mann, den Absalom, nicht anzurühren. Oder hätte ich heimtückisch an ihm handeln sollen? Dem König bleibt ja nichts verborgen, und du hättest mir die Schuld gegeben.«

Joab sprach: »So will ich denn vor deinen Augen den Anfang machen.« Er nahm drei Spieße in die Hand und stieß sie Absalom ins Herz, während er noch lebend an der Eiche hing. Dann traten zehn von Joabs Männern herzu und schlugen Absalom ganz tot.

David erhält die Nachricht

David saß in der Torhalle. Der Wächter stieg auf das Dach des Tores, auf die Mauer. Da sah er einen Mann auf die Stadt zulaufen. Der Wächter meldete es dem König, und der König sprach: »Ist es nur *einer,* so bringt er gute Botschaft.«

Da sah der Wächter einen zweiten Mann daherlaufen. Er rief dem König zu: »Der erste läuft wie Achimaaz, der Sohn Zadoks.«

Der König sprach: »Das ist ein tüchtiger Mann; der bringt gute Botschaft.«

Achimaaz aber kam heran und sprach zum König: »Heil!«

Dann warf er sich vor dem König auf sein Angesicht und sprach: »Gelobt sei der Herr, dein Gott, der die Leute preisgegeben hat, die die Hand erhoben haben gegen meinen Herrn und König!«

Der König aber sprach: »Geht es dem jungen Mann, dem Absalom, gut?«

Achimaaz erwiderte: »Ich sah einen großen Menschenauflauf, als Joab mich und den anderen Boten entsandte. Aber ich weiß nicht, was es war.«

Der König sprach: »Tritt beiseite und stelle dich dahin!«

Da kam auch der zweite Bote und sprach: »Gute Botschaft, mein Herr und König! Der Herr hat dich gerächt an denen, die sich gegen dich erhoben haben.«

Der König aber sprach zu ihm:
»Geht es dem jungen Mann, dem Absalom,
gut?«

Der Bote antwortete: »Möge es den Feinden
meines Herrn und Königs und allen, die dir
übel wollen, ebenso ergehen wie Absalom!«

Da fuhr der König zusammen. Er stieg in
das Obergemach im Tor hinauf und weinte.
Noch im Gehen rief er: »O mein Sohn! O
Absalom! Mein Sohn, mein Sohn! O Absa-
lom! O wäre ich doch für dich gestorben! O
Absalom, mein Sohn, mein Sohn!«

Davids Tod

Als aber der König David alt geworden war und hochbetagt, wickelte man ihn in Decken, um ihn zu wärmen. Er aber verlor Tag um Tag an Kraft. Und er wußte, daß er sterben sollte.

Da ließ er seinen Sohn Salomo kommen und gebot ihm: »Ich gehe jetzt den Weg aller Welt. So sei denn stark und sei ein Mann! Erfülle getreu deine Pflicht gegen den Herrn, deinen Gott! Wandle in seinen Wegen und halte seine Satzungen und Gebote, wie sie im Gesetz Moses geschrieben stehen, auf daß der Herr wahr mache, was er mir verheißen hat, indem er sprach: 'Wenn deine Söhne auf ihren Weg achthaben, daß sie treu, mit ganzem Herzen und mit ganzer Seele vor mir wandeln, so soll es dir nimmer an einem Nachkommen fehlen auf dem Thron Israels.' Du weißt ja, was ich erlitten habe. Darum handle weise in allem, was du tust.«

In seinen letzten Worten an das Volk sprach David über die Eigenschaften eines Königs in diesen Worten: »Der Gott Israels hat zu mir also gesprochen:

'Wer gerecht herrscht über die Menschen, wer herrscht in der Furcht Gottes, der strahlt wie das Licht am Morgen, wie die Morgensonne ohne Wolken, die nach dem Regen Grün aus der Erde sprossen läßt.'«

David legte sich zu seinen Vätern und wurde in der Davidsstadt begraben, nachdem er vierzig Jahre über Israel geherrscht hatte: sieben Jahre in Hebron und dreiunddreißig Jahre in Jerusalem.

Salomo setzte sich auf den Thron seines Vaters David und regierte über sein Königreich.

Salomos Weisheit

Salomo folgte seinem Vater David auf den Thron Israels. Einst ging er nach Gibeon, um dort im Höhenheiligtum zu opfern, denn der Tempel des Herrn war noch nicht gebaut. In Gibeon erschien der Herr dem Salomo des Nachts im Traum und sprach: »Wünsche, was ich dir geben soll.«

Salomo sprach: »O Herr, du hast David, meinem Vater, große Huld erwiesen, weil er in Treue und Gerechtigkeit vor dir gewandelt ist. Und du hast ihm die große Huld be-

wahrt und ihm einen Sohn gegeben, der jetzt auf seinem Thron sitzt. O Herr, mein Gott, du hast mich, deinen Knecht, an meines Vaters David Statt zum König gemacht. Ich aber bin noch wie ein Kind und weiß nicht aus noch ein. Nun stehe ich inmitten deines Volkes, das du auserwählt hast, eines Volkes so groß, daß niemand es zählen noch berechnen kann.

Darum gib deinem Knecht ein verständiges Herz, dein Volk zu regieren und zu unterscheiden, was gut und böse ist; denn wer vermöchte sonst dieses, dein so gewaltiges Volk zu regieren?«

Dem Herrn gefiel es, daß Salomo um solches bat. Gott sprach zu ihm: »Weil du um solches bittest und nicht um langes Leben, auch nicht um Reichtum noch um den Tod deiner Feinde, sondern um Einsicht, um weise zu richten, so will ich deinen Wunsch erfüllen. Siehe, ich gebe dir ein weises und verständiges Herz, daß deinesgleichen nicht vor dir gewesen ist und deinesgleichen nach dir nicht kommen wird. Dazu gebe ich dir auch, was du nicht erbeten hast: Reichtum und Ehre, so daß keiner dir gleich sein soll unter den Königen, dein Leben lang.

Wenn du in meinen Wegen wandelst, indem du meine Satzungen und Gebote hältst, wie es dein Vater David getan hat, so will ich dir ein langes Leben geben.«

Als Salomo erwachte, da war es ein Traum gewesen. Er ging heim nach Jerusalem, trat vor die Bundeslade des Herrn, brachte Brandopfer und Heilsopfer dar und gab ein Festmahl für alle seine Diener.

Salomos weiser Urteilsspruch

Damals kamen zwei Frauen zum König und traten vor ihn. Die eine Frau sprach: »Herr! Ich und diese Frau wohnen im gleichen Hause. Ich bekam ein Kind. Drei Tage später bekam diese Frau auch ein Kind. Wir waren beieinander und sonst war niemand bei uns im Hause; nur wir beide waren da.

Da starb das Kind dieser Frau in der Nacht. Sie stand mitten in der Nacht auf, nahm mein Kind von meiner Seite, während ich schlief, und legte es in ihre Arme. Ihr totes Kind aber legte sie in meine Arme.

Als ich aufwachte, um mein Kind zu stillen, siehe, da war es tot. Als ich es am Morgen genau ansah, da war es gar nicht mein Sohn.«

Die andere Frau sprach: »Nein, mein Kind ist das lebende, und dein Kind ist das tote.«

Die erste Frau sprach: »Nein, dein Kind ist das tote, und mein Kind ist das lebende.«

So redeten sie vor dem König.

Der König sprach: »Die eine sagte: 'Dies ist mein Kind, das lebende, und dein Kind ist das tote.' Die andere sagt: 'Nein, dein Kind ist das tote, und mein Kind ist das lebende.'« Dann gebot der König: »Holt mir ein Schwert!« Man brachte das Schwert. Nun sprach er: »Schneidet das lebende Kind entzwei und gebt dieser die eine Hälfte und jener die andere Hälfte.«

Da sprach die Frau, deren Kind das lebende war, zum König, denn sie liebte ihr Kind sehr: »Ach Herr, gebt ihr das lebende Kind, nur tötet es nicht!«

Die andere aber sprach: »Es sei weder mein noch dein; schneidet zu!«

Da entschied der König: »Gebt der ersten Frau das lebende Kind und tötet es nicht; sie ist die Mutter.«

Ganz Israel hörte von dem Urteil, das der König gefällt hatte. Sie hatten Ehrfurcht vor dem König; denn sie sahen, daß göttliche Weisheit in ihm war, um Recht zu sprechen.

Gott gab Salomo Weisheit, hohe Einsicht und einen Verstand, so weitreichend wie der Sand am Ufer des Meeres. Die Weisheit Salomos war größer als die Weisheit aller Söhne des Morgenlandes und als alle Weisheit Ägyptens. Er war weiser als alle Menschen und berühmt bei allen Völkern ringsumher.

Und er dichtete dreitausend Sprüche, und seiner Lieder waren eintausendundfünf. Er redete von den Bäumen, von der Zeder auf dem Libanon bis zum Ysop, der aus der Mauer wächst. Auch redete er von den großen Tieren, von den Vögeln, vom Gewürm und von den Fischen. Und aus allen Völkern kamen Menschen, die Weisheit Salomos zu hören, und von den Königen auf Erden, die von seiner Weisheit gehört hatten, empfing er Geschenke.

Salomos Tempelbau

Im 480. Jahre nach dem Auszug Israels aus dem Lande Ägypten, im vierten Jahre seiner Regierung, begann Salomo, den Tempel für den Herrn zu bauen.

Der Tempel, den der König Salomo für den Herrn baute, war sechzig Ellen lang, zwanzig Ellen breit und dreißig Ellen hoch. Vor dem Hauptraum lag eine große Halle. Der Tempel hatte schmale Lichtöffnungen und viele Nebengebäude.

Zum Bau des Tempels verwendete man Steine, die fertig behauen aus dem Bruche kamen, so daß man während des Bauens weder Hammer noch Meißel noch sonst ein Werkzeug von Eisen im Tempel hörte.

Wände, Boden und Decken des Tempels bestanden aus Zedernholz. Dann täfelte Salomo den Tempel inwendig .mit Zedernholz und schlug das Allerheiligste mit purem Gold aus. Auch den Altar im Allerheiligsten überzog er mit Gold. Er ließ für das Allerheiligste zwei Cherubim von Ölbaumholz, zehn Ellen hoch anfertigen, deren Flügel sich in der Mitte des Raumes berührten. Er überzog die Cherubim mit Gold.

Auf alle Wände des Tempels und auf die Türen ließ er Cherubim, Palmen und Blumengewinde schnitzen und überzog sie mit Gold. Er baute die Mauer um den inneren Vorhof aus drei Lagen Quadern und einer Lage Zedernbalken.

Ferner ließ Salomo alle Geräte machen, die

sich im Tempel des Herrn befinden: den goldenen Altar, die Leuchter vor dem Allerheiligsten aus gediegenem Gold mit den goldenen Blumen, Lampen und Lichtscheren; dazu die Becken, Messer und Räucherpfannen von gediegenem Gold; auch die Angeln an den Türflügeln waren von Gold.

Salomo baute sieben Jahre an dem Tempel. Als alle Arbeiten vollendet waren, die der König Salomo am Tempel des Herrn machen ließ, brachte er die Weihgeschenke seines Vaters David hinein; Silber, Gold und die Geräte legte er in den Schatzkammern des Tempels nieder.

Dann versammelte Salomo die Ältesten Israels und alle Stammeshäupter, um die Bundeslade des Herrn heraufzuholen und nach Jerusalem in den Tempel zu bringen.

Die Priester brachten die Bundeslade in das Allerheiligste unter die ausgebreiteten Flügel der Cherubim. Es war nichts in der Lade als die zwei steinernen Tafeln, die Mose am Horeb hineingelegt hatte, die Tafeln des Bundes, den der Herr mit Israel schloß, als sie aus dem Lande Ägypten zogen.

Als aber die Priester aus dem Heiligtum traten, erfüllte eine Wolke den Tempel des Herrn, so daß die Priester wegen der Wolke nicht hintreten konnten, ihr Amt zu erfüllen, denn die Herrlichkeit des Herrn füllte den Tempel.

Da segnete Salomo die ganze Gemeinde Israels und er sprach:

»Gelobt sei der Herr, der Gott Israels! Ich habe dem Herrn das Haus gebaut und dort eine Stätte bereitet für die Lade, in der das Gesetz des Bundes ist, den der Herr mit unseren Vätern geschlossen hat, als er sie aus dem Lande Ägypten herausführte.«

Salomo und die Königin von Saba

Als die Königin von Saba von dem Ruhme Salomos hörte, kam sie, um ihn mit Rätseln auf die Probe zu stellen. Sie kam nach Jerusalem mit sehr großem Gefolge, mit Kamelen, die Spezereien, Gold in Menge und Edelsteine trugen. Als sie zu Salomo kam, fragte sie ihn alles, was sie sich vorgenommen hatte. Salomo gab ihr auf alle ihre Fragen Antwort, denn es gab nichts, das er nicht wußte.

Als aber die Königin von Saba all die Weisheit Salomos sah und den Palast, den er gebaut hatte, und die Speisen auf seinem Tische, seine Diener, seine Beamten und den Eingang zum Tempel, den er gebaut hatte, geriet sie vor Staunen ganz außer sich.

Sie sprach zum König: »Volle Wahrheit ist es gewesen, was ich in meinem Lande über dich und deine Weisheit gehört habe. Ich habe es nicht glauben wollen, bis ich hergekommen bin und es mit eignen Augen gesehen habe.

Wahrlich, nicht die Hälfte ist mir berichtet worden. Glücklich die Männer, glücklich deine Diener, die allezeit vor dir stehen und deine Weisheit hören! Gepriesen sei der Herr, dein Gott, der Wohlgefallen an dir gefunden und dich auf den Thron Israels gesetzt hat! Weil der Herr Israel liebhat immerdar, darum hat er dich zum König gemacht, daß du Recht und Gerechtigkeit übst.«

Sie gab dem König hundertzwanzig Talente Gold und Spezereien in großer Menge und Edelsteine. Nie wieder kamen so viel Spezereien ins Land, wie die Königin von Saba dem König Salomo gab.

König Salomo aber gab der Königin von Saba alles, was sie begehrte und erbat. Danach kehrte sie um und zog in ihr Land mit ihrem Gefolge.

König Salomo wurde sehr reich. Er ließ einen großen Thron von Elfenbein machen und mit reinem Golde überziehen. Auch alle Trinkgeschirre des Königs Salomo waren von Gold. Auf dem Meer hatte er eine große Flotte, die ihm Gold, Silber, Elfenbein, Affen und Pfauen brachte. Außerdem hatte Salomo ein Heer von zwölftausend Reitern und 1400 Streitwagen.

Salomos Tod - Spaltung des Reiches

König Salomo übertraf alle Könige der Erde an Reichtum und Weisheit, und alle Welt kam, die Weisheit zu hören, die Gott ihm geschenkt hatte. In all seinem Reichtum und seinem Glanz aber tat Salomo, was dem Herrn mißfiel. Da wurde der Herr zornig über ihn, denn er opferte anderen Göttern. Der Herr ließ Widersacher gegen Salomo aufstehen, unter ihnen auch Jerobeam, den Sohn eines seiner Beamten, ein tüchtiger Mann.

Durch den Propheten Ahia von Silo redete Gott mit Jerobeam und sprach: »Weil Salomo nicht wie sein Vater David auf meinen Wegen gewandelt ist, noch getan hat nach meinem Wohlgefallen, will ich ihm das Reich entreißen und dir die zehn Stämme geben. Du sollst König sein über Israel, aber sein Sohn Rehabeam soll über einen Stamm regieren in Jerusalem, der Stadt, die ich mir erwählt habe, damit mein Name dort wohne.«

Gott tat, wie er verkündet hatte. Salomo regierte über ganz Israel in Jerusalem vierzig Jahre. Er starb und wurde begraben in der Stadt seines Vaters David. Rehabeam regierte siebzehn Jahre über Jerusalem. Sein ganzes Leben lang war Krieg zwischen ihm und Jerobeam. Als die beiden Könige starben, folgten ihnen ihre Söhne auf den Thron.

Die Zeit der Propheten

Elia, ein Prophet Israels

Die Teilung des Königsreichs Israel im Jahre 932 v. Chr. in das nördliche Königreich Israel und das südliche Königreich Juda war ein entscheidendes Ereignis in der hebräischen Geschichte. Ungefähr fünfzig Jahre später kam ein König namens Ahab (875 — 854 v. Chr.) auf den Thron Israels. Er vermählte sich mit Isebel, der Tochter des Königs der Sidonier, und baute dem heidnischen Gott Baal in seiner Hauptstadt Samaria einen Altar und einen Tempel.

Elia, der Thisbiter aus Gilead, sprach zu Ahab: »So wahr der Herr, der Gott Israels, lebt, in dessen Dienst ich stehe, es wird in diesen Jahren weder Tau noch Regen fallen, wenn ich es nicht sage!«

Es erging das Wort des Herrn an Elia: »Gehe fort von hier und wende dich gegen Osten! Verbirg dich am Bache Kerith, der östlich des Jordan fließt. Aus dem Bache kannst du trinken; den Raben habe ich geboten, dich dort zu speisen.«

Er tat, wie der Herr geboten hatte. Er ging hin und blieb am Bache Kerith. Die Raben brachten ihm Brot am Morgen und Fleisch am Abend, und aus dem Bache trank er.

Es begab sich aber nach einiger Zeit, daß der Bach austrocknete, denn es fiel kein Regen im Lande.

Da erging an ihn das Wort des Herrn: »Mache dich auf und gehe nach Sarepta, das zu Sidon gehört! Bleibe dort, denn ich habe dort einer Witwe geboten, daß sie dich speise.«

Elia heilt den Sohn der Witwe

Als Elia an das Stadttor von Sarepta kam, da war dort gerade eine Witwe beim Holzlesen.

Er rief ihr zu und sprach: »Hole mir ein wenig Wasser im Kruge, damit ich trinken kann!« Als sie nun hinging, es zu holen, rief er ihr nach: »Bringe mir auch einen Bissen Brot mit!«

Aber sie sprach: »So wahr der Herr, dein Gott, lebt, ich habe kein Brot, nur eine Handvoll Mehl ist im Topf und ein wenig Öl im Krug. Jetzt lese ich ein paar Holzstücke zusammen. Dann gehe ich heim und bereite es für mich und meinen Sohn zu. Wenn wir es aufgegessen haben, müssen wir sterben.«

Elia sprach zu ihr: »Sei ohne Sorge! Geh heim und tue, wie du mir gesagt hast. Doch mache mir davon zuerst ein kleines Brot und bringe es mir. Hernach magst du etwas für dich und deinen Sohn machen. Denn so spricht der Herr, der Gott Israels: 'Das Mehl im Topf soll nicht ausgehen, und das Öl im Krug soll nicht versiegen, bis zu dem Tage, da der Herr dem Lande Regen spendet.'«

Da ging sie hin und tat, wie Elia gesagt hatte. Sie hatten zu essen, sie und er und der Knabe, Tag für Tag.

Danach begab es sich, daß der Sohn dieser Frau krank wurde. Seine Krankheit wurde so heftig, daß kein Lebensodem mehr in ihm blieb.

Die Frau sprach zu Elia: »Was habe ich dir getan, du Mann Gottes? Bist du zu mir gekommen, daß meiner Sünden gedacht werde und mir mein Sohn stirbt?«

Er antwortete ihr: »Gib mir deinen Sohn.« Er nahm ihn aus ihren Armen, trug ihn hinauf in das Obergemach, wo er wohnte, und legte ihn auf sein Bett.

Dann rief er den Herrn an und sprach: »O Herr, mein Gott, laß doch die Seele dieses Knaben wieder in ihn zurückkehren!«

Der Herr erhörte das Gebet Elias. Die Seele des Knaben kehrte in ihn zurück, und er wurde wieder lebendig. Nun nahm Elia das Kind, trug es vom Obergemach in das Haus hinab und gab es seiner Mutter. Elia sprach: »Sieh da, dein Sohn lebt.«

Da sprach die Frau zu Elia: »Jetzt weiß ich, daß du ein Gottesmann bist, und daß das Wort des Herrn, das du predigst, Wahrheit ist.«

Elia und die Baalspriester

Nach langer Zeit, im dritten Jahre der Hungersnot, erging an Elia das Wort des Herrn: »Geh hin und zeige dich Ahab, denn ich will regnen lassen auf die Erde.« Elia ging hin, um sich dem König Ahab zu zeigen.

Als Ahab den Elia erblickte, rief er ihm zu: »Bist du es, der Verderber Israels?«

Elia antwortete: »Nicht ich habe Israel ins Verderben gestürzt, sondern du und dein Geschlecht, weil ihr den Herrn verlassen habt und Baal gefolgt seid.

Jetzt aber sende hin und versammle ganz Israel auf dem Berg Karmel, mit den 450 Baalspropheten und den vierhundert Propheten der Aschera, die an Königin Isebels Tische essen.«

Da sandte Ahab in ganz Israel umher und rief alle Propheten auf den Berg Karmel.

Nun trat Elia vor alles Volk hin und sprach: »Wie lange wollt ihr noch schwanken? Ist der Herr der wahre Gott, so folgt ihm! Ist es aber Baal, so folgt ihm!«

Aber das Volk gab keine Antwort.

Da sprach Elia zum Volke: »Ich bin allein noch übrig als Prophet des Herrn, der Propheten Baals aber sind 450. Man gebe uns zwei Stiere, davon mögen sie sich den einen auswählen, ihn zerstückeln und auf den Holzstoß tun, aber kein Feuer daranlegen. Ich will den anderen Stier zurichten, auf den Holzstoß tun

und auch kein Feuer daranlegen.

Dann ruft ihr den Namen eures Gottes an; ich will den Namen des Herrn anrufen. Der Gott aber, der mit Feuer antwortet, ist der wahre Gott.«

Da antwortete das ganze Volk: »So sei es!«

Nun sprach Elia zu den Baalspropheten: »Wählt euch den einen Stier aus und richtet ihn zuerst her, denn ihr seid in der Mehrzahl. Ruft den Namen eures Gottes an, aber legt kein Feuer daran.«

Da nahmen sie den Stier, richteten ihn her und riefen den Namen Baals an vom Morgen bis zum Mittag, indem sie flehten: »Baal, erhöre uns!« Aber es kam kein Laut, keine Antwort. Sie verbeugten sich um den Altar, den sie gemacht hatten.

Als es Mittag war, spottete Elia ihrer und sprach: »Ruft doch lauter! Er ist ja ein Gott; er ist wohl in Gedanken oder beschäftigt oder auf Reisen; vielleicht schläft er auch und muß geweckt werden!«

Sie riefen daher lauter und schnitten sich sogar nach ihrem Brauch mit Schwertern und Spießen, bis das Blut an ihnen herabrann.

Als der Mittag vorbei war, beteten sie weiter, bis es Zeit für das abendliche Opfer war. Aber es kam kein Laut, keine Antwort, kein Zeichen, daß ihr Gott sie erhört hatte.

Da sprach Elia zu allem Volke: »Kommt her zu mir!«

Alles Volk trat zu ihm heran. Er stellte den Altar des Herrn, der niedergerissen war, wieder her. Elia nahm zwölf Steine, nach der Zahl der Stämme der Söhne Jakobs, aus denen das Volk Israel bestand. Von den Steinen baute er einen Altar im Namen des Herrn und zog rings um den Altar einen Graben, so groß, daß er zwei Scheffel Aussaat aufnehmen konnte. Er schichtete das Holz auf, zerstückelte den Stier und legte ihn auf den Holzstoß.

Dann sprach er: »Füllet vier Krüge mit Wasser und gießt es auf das Brandopfer und auf das Holz.«

Sie taten es, und er sprach: »Tut es noch einmal!« Sie taten es noch einmal. Er sprach: »Tut es zum drittenmal!« Sie taten es zum drittenmal.

Das Wasser lief rings um den Altar; auch den Graben füllte er mit Wasser.

Als die Zeit für das abendliche Opfer gekommen war, trat der Prophet Elia herzu und sprach: »O Herr, Gott Abrahams, Isaaks und Israels, heute soll man erkennen, daß du Gott bist in Israel und ich dein Knecht, und daß ich auf dein Geheiß dies alles getan habe.

Erhöre mich, o Herr, erhöre mich, damit dieses Volk erkenne, daß du der wahre Gott bist und daß du ihr Herz zu dir gewendet hast.«

Da fiel das Feuer des Herrn herab und verzehrte das Brandopfer und den Holzstoß, die Steine und den Erdboden; auch das Wasser im Graben leckte es auf.

Als das Volk dies sah, fielen sie alle auf ihr Angesicht und riefen: »Der Herr ist Gott! Der Herr ist Gott!«

Elia aber sprach zu ihnen: »Greift die Baalspropheten! Keiner von ihnen soll entrinnen!«

Man ergriff sie; Elia führte sie hinab an den Bach Kison und erschlug sie dort. Ehe es Abend wurde, kam der Regen, und die Hungersnot hatte ein Ende.

Die flüsternde Stimme

Ahab erzählte der Isebel alles, was Elia getan und wie er die Baalspropheten erschlagen hatte.

Da sandte Isebel einen Boten an Elia und ließ ihm sagen: »Die Götter sollen mich strafen, wenn ich nicht morgen um diese Zeit dein Leben nehme, wie du das ihre genommen hast.«

Da fürchtete Elia sich, machte sich auf und ging fort, sein Leben zu retten. Als er nach

Beerseba kam, ließ er seinen Diener dort; er selbst aber ging eine Tagereise weit in die Wüste hinein und setzte sich unter einen Ginsterstrauch.

Dort wünschte er sich den Tod und sprach: »Es ist genug! So nimm nun, Herr, mein Leben hin, denn ich bin nicht besser als meine Väter.«

Dann legte er sich unter dem Ginsterstrauch schlafen. Auf einmal aber berührte ihn ein Engel und sprach: »Steh auf und iß!«

Elia sah zu seinen Häupten ein geröstetes Brot und einen Krug mit Wasser. Das aß er und trank und legte sich wieder schlafen. Wieder weckte ihn der Engel, damit er aß. Dann wanderte er, gekräftigt von der Speise, vierzig Tage und Nächte, bis an den Berg Horeb.

Dort blieb er über Nacht in einer Höhle. Es erging an ihn das Wort des Herrn: »Was tust du hier, Elia?«

Er antwortete: »Gepredigt habe ich für den Herrn, den Gott der Heerscharen, denn Israel hat dich verlassen, deine Altäre niedergerissen und deine Propheten mit dem Schwert getötet. Ich allein bin übriggeblieben; aber sie trachten auch mir nach dem Leben.«

Gott sprach: »Geh hinauf und steige auf den Berg!«

Er tat dies. Ein großer Sturm kam über den Berg, der die Felsen zerriß; aber der Herr war nicht im Sturm. Nach dem Sturm kam ein Erdbeben; aber der Herr war nicht im Erdbeben. Nach dem Erdbeben kam ein Feuer; aber der Herr war nicht im Feuer. Nach dem Feuer eine flüsternde Stimme.

Als Elia die Stimme hörte, verhüllte er sein Angesicht mit dem Mantel und trat an den Eingang der Höhle.

Die Stimme sprach: »Was tust du hier, Elia?«

Er antwortete: »Gepredigt habe ich für den Herrn, den Gott der Heerscharen, denn Israel hat dich verlassen, deine Altäre niedergerissen und deine Propheten mit dem Schwert getötet. Ich allein bin übriggeblieben; sie trachten mir aber nach dem Leben.«

Der Herr sprach zu ihm: »Auf, gehe nach Damaskus und salbe Hasael zum König über Syrien, und Jehu, den Sohn Nimsis, zum König über Israel. Elisa, den Sohn Saphats, sollst du zum Propheten salben an deiner Statt.«

Da ging Elia hin und fand Elisa, der gerade pflügte. Elisa machte sich auf, folgte Elia und diente ihm.

Naboths Weinberg

Naboth von Jesreel hatte einen Weinberg neben dem Palaste Ahabs, des Königs von Samaria.

Ahab sprach zu Naboth: »Gib mir deinen Weinberg, ich will mir einen Gemüsegarten daraus machen, weil er so nah bei meinem Palaste liegt. Ich gebe dir einen besseren Weinberg dafür, oder, wenn es dir lieber ist, den Kaufpreis in Geld.«

Naboth antwortete: »Davor bewahre mich der Herr, daß ich dir das Erbe meiner Väter geben sollte!«

Da ging Ahab heim, mißmutig und voll Zorn über Naboths Antwort. Er legte sich auf sein Bett, kehrte sein Angesicht gegen die Wand und aß nichts.

Da kam seine Frau Isebel herein und fragte ihn: »Warum bist du so mißmutig und ißt nichts?«

Ahab antwortete: »Ich habe Naboth von Jesreel gebeten, mir seinen Weinberg zu geben und ihm angeboten, ihn zu bezahlen oder einen anderen Weinberg dafür zu geben, aber er wollte nicht.«

Da sprach Isebel zu ihm: »Bist du denn nicht der König von Israel? Steh auf, iß und sei guten Mutes! Ich verschaffe dir den Weinberg Naboths!«

Sie schrieb Briefe im Namen Ahabs, versiegelte sie mit seinem Siegel und sandte sie an die Ältesten und an die Vornehmen, die mit Naboth in derselben Stadt wohnten. In den Briefen schrieb sie: »Ruft ein Fasten aus und lasst Naboth unter den Leuten obenan sitzen! Setzt zwei schlechte Menschen ihm gegenüber, die sollen gegen ihn sprechen und sagen, daß er Gott und den König gelästert habe. Dann führt ihn hinaus und steinigt ihn zu Tode.«

Die Ältesten und die Vornehmen der Stadt taten, wie Isebel ihnen geboten hatte. Sie riefen ein Fasten aus, beschuldigten Naboth der Lästerung und steinigten ihn zu Tode. Dann sandten sie Botschaft an Isebel und ließen ihr sagen: »Naboth ist gesteinigt worden und ist tot.«

Als Isebel dies hörte, sprach sie zu Ahab: »Geh und nimm den Weinberg, den Naboth dir nicht verkaufen wollte, in Besitz, denn Naboth lebt nicht mehr.«

Da ging Ahab hin und nahm den Weinberg Naboths von Jesreel in Besitz.

An Elia von Thisbe aber erging das Wort des Herrn. Er ging hinab und trat vor Ahab, der eben in dem Weinberge war, den er von Naboth genommen hatte.

Als Elia kam, sprach Ahab zu ihm: »Hast du mich gefunden, mein Feind?«

Er antwortete: »Ja, ich habe dich gefunden, weil du dich dazu hergegeben hast, zu tun, was dem Herrn mißfällt. Siehe, der Herr wird Unglück über dich bringen und dein Geschlecht ausrotten. Die Hunde sollen Isebel fressen auf dem Felde von Jesreel.«

Als Ahab jene Worte hörte, zerriß er seine Kleider, legte ein Trauergewand an und fastete. Weil er so demütig war, erging an Elia das Wort des Herrn: »Ich will das Unglück nicht schon zu seinen Lebzeiten herbeiführen. Erst in den Tagen seines Sohnes will ich das Unglück über sein Haus bringen.«

Elia und Elisa werden getrennt

Um die Zeit aber, da der Herr den Elia im Sturm in den Himmel entrücken ließ, begab es sich, daß Elia und Elisa, sein treuer Diener, sich von Gilgal aufmachten, um nach Bethel und Jericho zu gehen.

Da kamen die Prophetenjünger, die in Jericho waren, zu Elisa und sprachen zu ihm: »Weißt du, daß der Herr heute deinen Meister von dir nehmen wird?«

Er antwortete: »Ich weiß es. Schweigt nur still!«

Elia sprach zu ihm: »Bleibe du hier, denn der Herr hat mich an den Jordan gesandt.«

Elisa aber erwiderte: »So wahr der Herr lebt, und so wahr du selber lebst, ich lasse dich nicht!«

So gingen die beiden miteinander. Auch fünfzig von den Prophetenjüngern gingen mit, blieben aber von ferne stehen, während die beiden an den Jordan traten.

Da nahm Elia seinen Mantel, wickelte ihn zusammen und schlug damit auf das Wasser, das sich nach beiden Seiten teilte, so daß die Zwei im Trockenen hindurchgehen konnten.

Als sie hinüberkamen, sagte Elia zu Elisa: »Erbitte dir etwas von mir, ehe ich von dir genommen werde.«

Elisa sprach: »So möge mir denn ein doppelter Anteil an deinem Geiste zufallen!«

Elia antwortete: »Du hast Schweres erbeten. Aber es wird dir gewährt, wenn du siehst, wie ich von dir genommen werde;

wenn nicht, so wird es dir nicht gewährt.«

Während sie so im Gespräche weitergingen, da kam auf einmal ein feuriger Wagen mit feurigen Rossen und trennte die beiden. So fuhr Elia im Sturm in den Himmel.

Elisa sah es mit an und er schrie: »Mein Vater, mein Vater! Der Wagen Israels und seine Reiter!« Dann sah er ihn nicht mehr. Da faßte er seine Kleider und zerriß sie in zwei Stücke.

Danach hob er den Mantel auf, der Elia entfallen war, kehrte um und trat an das Ufer des Jordan. Er nahm Elias Mantel, schlug damit auf das Wasser und sprach: »Wo ist der Herr, der Gott des Elia?« Wie Elisa so auf das Wasser schlug, teilte es sich nach beiden Seiten, so daß er hindurchgehen konnte.

Als die Prophetenjünger aus Jericho das von drüben sahen, sprachen sie: »Der Geist Elias ruht auf Elisa!«

Sie kamen ihm entgegen und verneigten sich vor ihm bis zur Erde. In Jericho sprachen sie: »In der Stadt ist gut wohnen, wie unser Herr sieht; aber das Wasser ist ungesund, und das Land trägt keine Frucht.«

Elisa sprach: »Bringt mir eine neue Schale und tut Salz hinein.« Sie gehorchten. Da ging er hinaus zu der Wasserquelle, warf das Salz hinein und sprach: »Der Herr sagt, daß dieses Wasser gesund sein soll. Es soll davon künftig weder Tod noch unfruchtbares Land kommen.« So wurde das Wasser gesund nach Elisas Wort.

Elisa heilt einen Aussätzigen

Naeman, der Feldhauptmann des Königs von Syrien, war ein angesehener Mann, denn durch ihn hatte der Herr den Syrern Sieg verliehen. Der Mann wurde aber aussätzig.

Nun waren die Syrer einst in Streifzügen ausgezogen und hatten ein kleines Mädchen aus dem Lande Israels als Gefangene hinweggeführt, das in den Dienst der Gemahlin Naemans kam.

Es sprach zu seiner Herrin: »Wäre doch mein Herr bei dem Propheten in Samaria! Der könnte ihn von seinem Aussatz befreien!«

Als der König von Syrien das hörte,

sprach er: »So ziehe hin! Ich will dem König von Israel einen Brief senden.«

Naeman zog hin mit dem Brief und nahm zehn Talente Silber, sechstausend Lot Gold und zehn Festkleider mit.

Er brachte dem König von Israel den Brief; darin hieß es: »Wenn du diesen Brief erhältst, so wisse, daß ich meinen Knecht Naeman zu dir gesandt habe, damit du ihn von seinem Aussatz befreist.«

Als der König von Israel den Brief gelesen hatte, zerriß er seine Kleider und sprach: »Bin ich denn ein Gott, der töten und lebendig machen kann, daß dieser mich bittet, ich soll einen Menschen von seinem Aussatz befreien? Da seht ihr nun, wie er Streit mit mir sucht!«

Als der Gottesmann Elisa hörte, daß der König von Israel aus Sorgen seine Kleider zerrissen hatte, sandte er zu ihm und ließ ihm sagen: »Warum hast du deine Kleider zerrissen? Laß den Mann zu mir kommen, so soll er erfahren, daß es einen Propheten in Israel gibt!«

Daher kam Naeman mit Roß und Wagen und hielt vor der Türe des Hauses Elisas.

Da sandte Elisa einen Boten zu ihm und ließ ihm sagen: »Geh und bade dich siebenmal im Jordan, so wird dein Leib wieder rein werden.«

Naeman aber wurde zornig, ging hinweg und sprach: »Da hatte ich nun gedacht, er würde gewiß zu mir herauskommen, herzutreten, den Namen des Herrn, seines Gottes, anrufen, seine Hand über die kranke Stelle legen und so den Aussatz heilen. Sind nicht der Abana und der Parpar, die Flüsse von Damaskus, besser als alle Wasser in Israel? Kann ich nicht in diesen baden, um geheilt zu werden?«

Seine Diener redeten ihm zu und sprachen: »Wenn der Prophet etwas Schweres befohlen hätte, würdest du es nicht tun? Wieviel besser kannst du gehorchen, wenn er dir nur gesagt hat: 'Bade dich, so wirst du rein!'«

Nun ging Naeman hinab und tauchte siebenmal im Jordan unter, wie der Gottesmann geboten hatte. Da wurde sein Leib wieder rein wie der Leib eines kleinen Kindes.

Hierauf kehrte er zu dem Gottesmann zurück mit seinem ganzen Gefolge. Er trat vor ihn und sprach: »Sieh, jetzt weiß ich, daß es keinen Gott gibt auf der ganzen Welt als in Israel. Nun bitte ich dich, nimm ein Geschenk an von deinem Knechte.«

Elisa aber sprach: »So wahr der Herr lebt, ich nehme nichts! Zieh hin in Frieden!«

Naeman machte sich auf den Heimweg.

Elisas Diener folgt Naeman

Gehasi aber, der Diener des Elisa, dachte: »Da hat nun mein Herr das Geschenk dieses Syrers Naeman ausgeschlagen. So wahr der Herr lebt, ich will ihm nachlaufen und mir etwas von ihm holen!«

So rannte Gehasi dem Naeman nach. Als Naeman sah, daß er hinter ihm her lief, sprang er vom Wagen, ging ihm entgegen und sprach: »Ist alles in Ordnung?«

Gehasi antwortete: »Alles stimmt! Mein Herr sendet mich nur, um dir zu sagen, daß zwei der Prophetenjünger vom Gebirge Ephraim zu ihm gekommen sind. Du möchtest ihm für sie ein Talent Silber und zwei Festkleider geben.«

Naeman sprach: »Bitte, nimm doch zwei Talente!« Er tat zwei Talente Silber in zwei Beutel, legte zwei Festkleider dazu und gab sie zwei Dienern, die trugen sie vor Gehasi her.

Als er an den Hügel kam, nahm Gehasi ihnen die Beutel ab, verwahrte sie im Hause und ließ dann die Männer ihres Weges ziehen. Dann ging er und trat vor seinen Herrn.

Elisa sprach zu ihm: »Wo bist du gewesen, Gehasi?«

Er antwortete: »Dein Knecht ist nirgends gewesen.«

Elisa sprach: »Bin ich nicht im Geiste mit dir gegangen, als der Mann von seinem Wagen stieg und dir entgegenkam? Du hast Silber bekommen und magst dir Kleider, Ölbäume, Weinberge, Schafe, Rinder, Sklaven und Sklavinnen anschaffen, aber der Aussatz Naemans wird dir und deinen Nachkommen immerdar anhaften.«

Da ging Gehasi von ihm hinaus, vom Aussatz weiß wie Schnee.

Die Salbung des Jehu

Die Heilung Naemans geschah während eines kurzen Waffenstillstandes zwischen Israel und Syrien, die sich fast ständig bekriegten. In einer der Schlachten fiel König Ahab von Israel. Nachfolger wurde sein Sohn Joram (853—842 v. Chr.). König von Juda war, nach dem Tode seines Vaters, Ahasia (842 v. Chr.) geworden, ein Enkel Ahabs durch seine Mutter. Isebel, Ahabs Frau, blieb in Israel. So stand es zu der Zeit, als unter Elisa, die Prophezeiung Elias, Gott werde die Nachkommen Ahabs ausrotten, sich zu erfüllen begann.

Der Prophet Elisa rief einen der Prophetenjünger und sprach zu ihm: »Geh nach Ramoth in Gilead und suche nach Jehu, dem Sohne Josaphats, des Sohnes Nimsis. Er soll aus dem Kreis seiner Freunde aufstehen! Führe ihn ins innere Gemach. Dann nimm die Ölflasche, gieße sie über sein Haupt aus und sage: 'So spricht der Herr: Ich salbe dich zum König über Israel.' Dann öffne die Türe und fliehe.«

Da ging der Jüngling nach Ramoth in Gilead und sagte zu Jehu, daß er eine Botschaft für ihn habe. Jehu stand auf, ging ins Haus hinein, der Prophetenjünger goß das Öl über sein Haupt und sprach zu ihm: »So spricht der Herr, der Gott Israels: 'Ich salbe dich zum König über mein Volk

Israel. Du sollst das Haus Ahabs, deines Herrn, ausrotten! So will ich das Blut der Propheten, meiner Knechte, und das Blut aller Knechte des Herrn an Isebel rächen.'« Dann öffnete er die Tür und floh.

Als Jehu zu seinen Freunden zurückkam, sprach einer von ihnen: »Wie steht's? Warum ist dieser verrückte Prophet zu dir gekommen?«

Jehu berichtete, was der Jüngling gesagt hatte. Sie stießen in die Posaune und riefen: »Jehu ist König!« Dann bestieg Jehu den Wagen und fuhr nach Jesreel, denn dort lag König Joram von Israel, der Sohn Ahabs, krank nach einer Schlacht mit König Hasael von Syrien.

Als der Wächter auf dem Turm zu Jesreel die Scharen Jehus kommen sah, sagte er es dem König. Joram befahl: »Sende ihnen einen Reiter entgegen, damit er frage, ob sie in Frieden kommen.«

Der Reiter ritt Jehu entgegen und sprach: »Der König läßt fragen, ob ihr in Frieden kommt.« Jehu antwortete: »Was geht es dich an, ob wir in Frieden kommen? Kehre um und folge mir!«

Der Wächter aber meldete: »Der Bote ist zu ihnen gekommen und kehrt nicht zurück. Aber sie fahren wie Jehu, der aber fährt wie ein Rasender!«

Jehu erschlägt Joram

Da befahl Joram: »Spannet an!« Man spannte seinen Wagen an. Dann fuhren Joram, der König von Israel, und Ahasja, der König von Juda, ein jeder auf seinem Wagen dem Jehu entgegen; sie trafen ihn beim Acker Naboths von Jesreel. Jehu aber hatte den Bogen gespannt und schoß Joram in den Rücken, so daß ihm der Pfeil durch das Herz fuhr und er in seinem Wagen zusammenbrach.

Dann befahl Jehu seinem Adjutanten Bidekar: »Nimm ihn und wirf ihn auf den Acker Naboths von Jesreel! Heute ist das Blut Naboths und seiner Söhne auf seinem eigenen Land gerächt worden.«

Als Ahasja das sah, floh er auf Beth-Haggan zu. Jehu aber jagte ihm nach und schoß ihn nieder; er floh nach Megiddo und starb dort. So besiegte Jehu Joram von Israel und Ahasja von Juda.

Isebel wird getötet

Sobald Isebel das hörte, schminkte sie sich, schmückte ihr Haar und schaute zum Fenster hinaus. Als Jehu ins Stadttor trat, rief sie: »Geht es Simri gut, dem Mörder seines Herrn?«

Da blickte er zum Fenster hinauf und sprach: »Wer hält zu mir?« Als ein paar Hofleute zu ihm herausschauten, befahl er: »Stürzt sie herab!« Sie stürzten sie herab, und die Pferde zerstampften sie.

Dann ging Jehu hinein, aß und trank. Hierauf befahl er: »Seht doch nach dieser Verfluchten und begrabt sie, denn sie ist eine Königstochter.«

So erfüllte sich die Prophezeiung Elias von Thisbe über die Königin Isebel.

Die Krönung des Joas

(836 - 797 v. Chr.)

Jehu rottete die gesamte Familie Ahabs aus und erschlug siebzig seiner Söhne. Anschließend ließ er alle Baalsanbeter in Israel umbringen. Nachdem Jehu den Enkel Ahabs, König Ahasja von Juda, erschlagen hatte, liess Ahasjas Mutter, eine Witwe, noch zahllose andere Männer ermorden, die ihr im Wege standen, denn sie wollte selber Königin werden.

Als Athalja von Juda erfuhr, daß ihr Sohn tot war, ließ sie das ganze königliche Geschlecht umbringen.

Joseba aber, die Frau des Priesters Jojada, rettete Joas, den Sohn Ahasjas. Sie barg ihn und seine Amme in der Bettenkammer, damit er nicht getötet wurde. Der Junge blieb sechs Jahre bei Joseba und Jojada im Hause des Herrn, während Athalja über das Land Juda herrschte.

Aber im siebenten Jahre ließ Jojada die Obersten der Leibwache und der Trabanten holen und zu sich in den Tempel des Herrn kommen. Da schloß er mit ihnen einen Bund und ließ sie schwören. Dann zeigte er ihnen den Königssohn und gebot ihnen: »Dies sollt ihr tun: Der dritte Teil von euch, der am Sabbat aus dem Tempel abzieht und die Wache im königlichen Palast übernimmt, und das zweite Drittel am Tore Sur und das letzte Drittel am Tore hinter den Trabanten, ihr alle sollt am Sabbat aufziehen und im Tempel des Herrn die Wache übernehmen. Ihr sollt euch rings um den König scharen, ein jeder mit dem Schwert in der Hand! Wer in die Reihen eindringt, der wird getötet. Ihr sollt beim König bleiben, wenn er aus dem Tempel weggeht und in den Palast einzieht.«

Die Obersten taten genau, wie ihnen Jojada gebot; der Priester gab den Obersten die Spieße und Schilde des Königs David, die sich im Tempel befanden. Als sich nun die Trabanten mit den Waffen in der Hand im ganzen Tempel aufgestellt hatten, führte Jojada den Königssohn heraus und krönte ihn. Sie gaben ihm die Königsinsignien und salbten ihn, klatschten in die Hände und riefen: »Es lebe der König!«

Als Athalja das Geschrei des Volkes hörte, kam sie zum Tempel des Herrn. Da sah sie den König auf dem Podium stehen, wie es Brauch war, und die Obersten und die Trabanten neben ihm. Alles Volk war fröhlich und stieß in die Trompeten.

Da zerriß Athalja ihre Kleider und schrie: »Verrat! Verrat!« Der Priester Jojada jedoch gebot den Obersten des Heeres: »Führt sie vor den Tempel, und wer ihr folgt, den tötet mit dem Schwerte. Sie darf nicht im Tempel des Herrn getötet werden.«

Da ergriff man sie; sie wurde durch den Eingang der Pferde in den königlichen Palast geführt und dort getötet.

Nun schloß Jojada den Bund zwischen dem Herrn, dem König und dem Volke, daß sie ein Volk des Herrn sein wollten. Dann drang alles Volk des Landes in den Tempel Baals und zerstörte ihn. Seine Altäre und Bilder zerschlugen sie, und Matthan, den Baalspriester, töteten sie vor den Altären. Joas aber zog durch das Tor der Trabanten in den Königspalast ein.

Elisas Tod

Nun wurde Elisa krank und sollte sterben. Da kam Joas, der König von Israel, und Enkel Jehus, zu ihm und weinte über ihm und sprach: »Mein Vater, mein Vater! Wagen Israels und seine Reiter!«

Elisa aber sprach zu ihm: »Hole Bogen und Pfeile!« Und er holte ihm Bogen und Pfeile.

Dann sprach Elisa zum König von Israel: »Lege deine Hand auf den Bogen!« Der König tat es. Elisa legte seine Hände auf die Hände des Königs und sprach: »Öffne das Fenster nach Osten!« Er öffnete es.

Nun sprach Elisa: »Schieße!« Und der König schoß.

Da rief Elisa: »Ein Pfeil des Sieges von dem Herrn! Ein Pfeil des Sieges gegen die Syrer! Du wirst die Syrer bei Aphek vernichtend schlagen. Und nun nimm die Pfeile!« Der König nahm sie.

Elisa sprach:

»Schlage auf den Boden!«

Er schlug dreimal und hielt dann inne.

Da wurde der Gottesmann zornig über ihn und sprach:

»Du hättest fünf oder sechsmal schlagen sollen, dann würdest du die Syrer bis zur Vernichtung geschlagen haben. Nun aber wirst du die Syrer nur dreimal schlagen.«

Dann starb Elisa und wurde begraben.

Die Warnungen der Propheten

Wie Elisa auf dem Sterbebette gesagt hatte, gewann Israel drei Schlachten über die Syrer. Doch nach den Jahren des Wohlstands unter Jerobeam II. (784—744 v. Chr.), dem Sohn des Joas von Israel, wurde das Königreich immer schwächer und erlebte eine Reihe innerpolitischer Intrigen und Attentate.

Dieser Anfang vom Ende wurde prophezeit von einem Schafhirten aus Juda, namens Amos, dem ersten von vielen Propheten, die den Niedergang des jüdischen Volkes weissagten. Er predigte in Israel gegen Ende der Regierungszeit Jerobeams, um die Mitte des 8. Jahrhunderts v. Chr. Vor allem tadelte er das luxuriöse Leben und die geistige Trägheit, die er für die Ursache von Israels Niedergang hielt.

Wehe den Sorglosen in Zion, die ihr nahe rücket das Jahr des Frevels! Die ihr auf Elfenbeinbetten liegt, ausgestreckt auf euren Lagern, die ihr Lämmer eßt von der Herde und Kälber aus der Mast; die da leiern zum Klang der Harfe und sich Lieder ersinnen wie David; die da trinken vom feinsten Wein und sich salben mit dem besten Öl! Soll deshalb nicht die Erde erbeben und all ihre Bewohner trauern? An jenem Tage wird es geschehen, spricht Gott der Herr, da lasse ich die Sonne untergehen am Mittag, da verwandle ich eure Feste in Trauer und all eure Lieder in Klagegesang. Siehe, es kommen Tage, spricht Gott der Herr, da sende ich einen Hunger ins Land, nicht Hunger nach Brot und nicht Durst nach Wasser, sondern das Wort des Herrn zu hören. Da schwanken sie von Meer zu Meer und wandern ruhelos von Nord nach Ost, das Wort des Herrn zu suchen, aber sie finden es nicht.

Hoseas Hoffnungsbotschaft

Auf Amos folgte der Prophet Hosea; doch er predigte im nördlichen Königreich Israel. Damals begann sich schon an den Grenzen Israels eine Gefahr abzuzeichnen, die weitaus größer war als die Gefahr, die Syrien darstellte. Hosea, der zwar das Unglück prophezeite, predigte jedoch zugleich Hoffnung, forderte auf zu Reue und verhieß Erlösung durch Gottes Gnade und Liebe.

Kehre um, Israel, zu dem Herrn, deinem Gott! Denn du bist zu Fall gekommen durch deine Schuld. Sprecht Worte der Reue und kehrt um zum Herrn! Sprecht zu ihm: »Alle Schuld wollest du vergeben, und uns gnädig empfangen.« Dann spricht der Herr zu Israel: »Deine Pracht soll sein wie die des Ölbaums. Ihr werdet zurückkehren und wohnen in meinem Schatten, werdet sein wie ein Garten und blühen wie der Weinstock.«

Wer ist weise, daß er dies verstehe? Wer verständig, daß er es einsehe? Die Wege des Herrn sind gerade, und Gerechte wandeln darauf, Frevler aber kommen auf ihnen zu Fall.

Jesajas Vision

Während Hosea in Israel wirkte, lebte in Juda einer der größten Propheten der Hebräer: Jesaja. Wie Israel, hatte Juda eine lange Zeit des Friedens und der Wohlhabenheit hinter sich, und zwar unter Amazia (797—779 v. Chr.) und Usia (779—738 v. Chr.), dem Sohn und dem Enkel des Joas von Juda.

Jesaja war nicht nur ein seherischer Priester, sondern auch ein weiser Staatsmann und der Berater von Judas Königen während einer Zeit, da eine Krise auf die andere folgte. Sie wurden ausgelöst von Kriegsandrohungen fremder Völker, von traditionellen Feinden (Syrien und Israel) und von einem neuen, äusserst gefährlichen Freund: Assyrien.

In dem Jahre, da König Usia starb, sah ich den Herrn auf einem hohen, erhabenen Throne sitzen, und die Schleppen seines Gewandes füllten den Tempel. Seraphim standen über ihm; ein jeder hatte sechs Flügel: mit zweien bedeckte er sein Angesicht, mit zweien bedeckte er seine Füße, und mit zweien flog er. Einer rief dem andern zu und sprach: »Heilig, heilig, heilig ist der Herr der Heerscharen! Die ganze Erde ist seiner Herrlichkeit voll!«

Da erbebten die Türpfosten von der Stimme des Rufenden, und das Haus war voll von Rauch.

Da sprach ich: »Wehe mir! Ich bin verloren! Denn ich bin ein Mensch mit unreinen Lippen und wohne unter einem Volke mit unreinen Lippen! Denn ich habe den König, den Herrn der Heerscharen, mit meinen Augen gesehen.«

Da flog einer der Seraphim zu mir her, in seiner Hand einen glühenden Stein, den er mit der Zange vom Altar genommen hatte. Er berührte damit meinen Mund und sprach: »Siehe, dies hat deine Lippen berührt; daher ist deine Schuld gewichen und deine Sünde gesühnt.«

Da hörte ich die Stimme des Herrn, der sprach: »Wen soll ich senden? Wer wird für uns gehen?«

Ich sprach: »Hier bin ich. Sende mich!«

Der Herr sprach: »Geh und sprich zu diesem Volke: 'Ihr hört, aber ihr versteht nicht! Ihr seht, aber ihr erkennt nicht.'

Verstocke das Herz dieses Volkes! Mache taub seine Ohren und blind seine Augen, daß es mit seinen Augen nicht sehe und mit seinen Ohren nicht höre, daß nicht sein Herz einsichtig werde und man es wieder heile.«

Da sprach ich: »Wie lange, o Herr?«

Gott antwortete: »Bis die Städte öde liegen ohne Bewohner und die Häuser ohne Menschen, und das Land nur noch Wüste ist. Dann wird der Herr die Menschen weit hinwegführen und das ganze Land wird veröden.«

Aufschub für Jerusalem

Usia herrschte zweiundfünfzig Jahre in Jerusalem. Als er starb, regierte sein Sohn Jotham (738—736 v. Chr.) Als Jotham starb, begruben sie ihn in der Stadt Davids. Nach ihm regierte Ahas (736—721 v. Chr.), sein Sohn.

Es begab sich in den Tagen des Ahas, daß der König von Syrien und der König von Israel herzogen, Jerusalem zu bestürmen, aber sie konnten es nicht einnehmen. Der Herr aber sprach zu Jesaja: »Geh dem Ahas entgegen und sprich zu ihm: 'Sei gefaßt und und bleibe ruhig! Fürchte dich nicht vor diesen zwei rauchenden Feuerbränden, Syrien und Israel. Sie haben Böses gegen dich beschlossen, aber es soll nicht geschehen!'«

Weiter redete der Herr zu Ahas: »Fordere dir ein Zeichen vom Herrn, deinem Gott.«

Da sprach Ahas: »Ich will nicht bitten, um den Herrn nicht zu versuchen.

Darauf sprach Jesaja: »Hört doch, ihr vom Hause Davids: Ist es euch nicht genug, Menschen zu beleidigen, daß ihr auch noch meinen Gott beleidigt? Darum wird euch der Herr selbst ein Zeichen geben:

'Siehe, die Jungfrau wird empfangen und einen Sohn gebären und seinen Namen 'Immanuel' nennen. Dickmilch und Honig wird er essen, bis er versteht, das Böse zu verwerfen und das Gute zu wählen. Denn ehe der Knabe versteht, das Böse zu verwerfen und das Gute zu wählen, wird das

Land verödet sein, vor dessen beiden Königen mir graut.

Das Volk, das im Finsteren wandelt, schaut ein großes Licht; die im Lande des Dunkels wohnen, über ihnen strahlt ein Licht auf. Ein Kind ist uns geboren, ein Sohn ist uns geschenkt, und die Herrschaft ruht auf seinen Schultern. Er wird genannt: Wundertat, starker Gott, Ewigvater, Friedensfürst. Groß wird die Herrschaft sein und des Friedens kein Ende von nun an bis in Ewigkeit. Das wird der Eifer des Herrn der Herrscharen tun.'« Ahas sandte Boten zum König von Assyrien und ließ ihm sagen: »Komm und errette mich von dem König von Syrien und dem König von Israel, die sich gegen mich erhoben haben.«

Ahas nahm alles Silber und alles Gold aus dem Tempel des Herrn und aus den Schatzkammern des Königs, und sandte es dem König von Assyrien als Geschenk. Da er-

hörte der König von Assyrien Ahas Bitte und zog gegen Damaskus und tötete den König von Syrien.

Die Assyrer unter König Sargon II. besiegten nicht nur Damaskus und den König von Syrien; sie belagerten auch wenige Jahre später Samaria, die Hauptstadt des nördlichen Königreiches, und nahmen es ein. Der Fall Samarias im Jahre 722 v. Chr. bedeutete das Ende Israels als Volk. Die Israeliten wurden in alle Teile des assyrischen Reiches zerstreut.

Juda jedoch, dem südlichen Königreich, gelang es wie durch ein Wunder, alles zu überstehen. Die Assyrer griffen zwar im Jahre 701 v. Chr. Jerusalem an, aber ihr Heer wurde von der Pest befallen und mußte abziehen. Der hochbetagte Jesaja sah in diesen Ereignissen die Erlösung seines Volkes durch die Hand Gottes. Die Auslegung und Erklärung von Gottes Wirken in der Geschichte war eine wichtige Aufgabe der Propheten.

Josia, der gerechte König

Nach König Ahas' Tod regierte sein Sohn Hiskia (721—693 v. Chr.), gefolgt von Manasse (693—639 v. Chr.), Amon (639—638 v. Chr.) und Josia (638—608 v. Chr.). Während Josias Regierungszeit fand eines der bedeutendsten historischen Ereignisse der hebräischen Geschichte statt: die Entdeckung des Gesetzbuches Deuteronomium. Dieses Dokument enthielt eine große Anzahl von Lebensregeln und Regeln für das religiöse Leben, denen Juden und Christen noch heute folgen. Es machte auf König Josia einen tiefen Eindruck. Er versuchte, die Regeln des Buches wieder in Kraft zu setzen und schaffte viele der heidnischen Elemente ab, die in das Leben und Beten seines Volkes eingedrungen waren. Acht Jahre alt war Josia, als er König wurde, 31 Jahre regierte er zu Jerusalem. Er tat, was dem Herrn wohlgefiel. Er wandelte

ganz auf dem Wege seines Ahnherrn David und wich nicht davon ab, weder zur Rechten noch zur Linken.

Nun begab es sich im achtzehnten Regierungsjahr des Königs Josia, da sandte der König den Schreiber Saphan, den Sohn Azaljas, in den Tempel des Herrn.

Dort sprach der Hohepriester Hilkia zu ihm: »Ich habe das Gesetzbuch des Herrn im Tempel gefunden.« Hilkia übergab Saphan das Buch; der las es.

Danach zeigte der Schreiber dem König das Buch und sprach: »Der Priester Hilkia hat mir ein Buch gegeben.« Saphan las es dem König vor.

Als der König die Worte des Gesetzbuches hörte, zerriß er seine Kleider, denn er wußte, daß seine Väter nicht auf die Worte des

Buches gehört hatten und nicht getan hatten, was darin geschrieben stand.

Der König berief alle Ältesten von Juda und Jerusalem zu sich. Dann ging er hinauf in den Tempel des Herrn, und alle Männer von Juda und alle Bewohner von Jerusalem mit ihm, und auch die Priester und die Propheten und alles Volk, klein und groß; er las ihnen alle Worte des Bundesbuches vor, das im Tempel des Herrn gefunden worden war.

Hierauf trat der König auf das Königspodium und verpflichtete sich vor dem Herrn, ihm anzuhangen und seine Gebote, Verordnungen und Satzungen von ganzem Herzen und von ganzer Seele zu halten, um so die Worte dieses Bundes, die in diesem Buch geschrieben standen, in Kraft zu setzen. Das ganze Volk trat dem Bunde bei.

Josia verbietet Götzenanbetung

Dann gebot der König dem Hohepriester Hilkia, dem zweiten Priester und den Türhütern, alle Geräte hinauszuschaffen, die man dem Baal und der Aschera und den anderen Göttern gemacht hatte. Er ließ sie draußen vor Jerusalem auf den Feldern am Kidron verbrennen und ihre Asche nach Bethel bringen.

Auch beseitigte er die Götzenpriester, welche die Könige von Juda eingesetzt hatten und die auf den Höhen in den Städten Judas und in der Umgebung von Jerusalem opferten, und auch die, welche dem Baal, der Sonne, dem Mond, den Gestirnen des Tierkreises und allen anderen Göttern opferten. Auch die Totenbeschwörer und Zauberer, die Bilder, Götzen und alle Greuel, die man in Juda und Jerusalem fand, rottete er aus, um die Worte des Buches zu vollstrecken, die geschrieben standen in dem Buche, das der Priester Hilkia im Tempel des Herrn gefunden hatte.

Wie er ist vor ihm kein König gewesen, der sich so aus ganzem Herzen und aus ganzer Seele und mit allen seinen Kräften zum Herrn bekehrte, ganz nach dem Gesetz Moses; auch nach ihm ist seinesgleichen nicht mehr gekommen.

Der Fall Jerusalems

Unter der Herrschaft des Königs Josia trat in Juda ein anderer großer Prophet auf: Jeremia, der ebenso wie Jesaja ein begeisterter Sprecher für seinen Gott und ein kluger Kenner der politischen Lage war. Er wirkte unter fünf Königen von Juda, zu einer Zeit, da sein Volk ständig von starken Mächten bedrängt wurde. Immer wieder riet Jeremia zu Unterwerfung. Daher zerstritt er sich häufig mit den Herrschern.

Diese Worte des Herrn ergingen an den Propheten Jeremia:

»Siehe, ich mache meine Worte in deinem Munde zu Feuer und dieses Volk wird zu Brennholz, und es wird sie verzehren.

Ich bringe über euch, Haus Israel, ein Volk aus der Ferne; ein uraltes Volk, ein Volk, dessen Sprache du nicht kennst und nicht verstehst. Es frißt deine Ernte und dein Brot, es frißt deine Söhne und Töchter. Es frißt deine Schafe und deine Rinder, es frißt deinen Weinstock und Feigenbaum. Es zerstört mit dem Schwert deine festen Städte, auf welche du dich verläßt. Doch auch in jenen Tagen, spricht der Herr, will ich euch nicht den Garaus machen. Wenn ihr sprecht: 'Wofür hat der Herr, unser Gott, uns das alles getan?' so antworte ihnen: 'Wie ihr mich verlassen und fremden Göttern gedient habt im eignen Lande, so sollt ihr Fremden dienen in fremdem Lande.'

Höre doch dies, du törichtes, unverständiges Volk, die ihr Augen habt und doch nicht seht, Ohren habt und doch nicht hört!«

Juda wird von fremden Mächten unterjocht

König Josia wurde in der Schlacht bei Megiddo getötet, die er gegen den Pharao schlug. Nach ihm regierte sein Sohn Joahas (608 v. Chr.) an seiner Statt. Er tat, was dem Herrn mißfiel, genau wie seine Väter getan hatten. Nach drei Monaten aber wurde er vom Pharao, dem König von Ägypten, gestürzt und sein Bruder Jojakim (608—597 v. Chr.) zum König gemacht.

Dem Lande aber legte der Pharao eine Geldbuße auf, hundert Talente Silber und zehn Talente Gold. Jojakim mußte das Volk einschätzen lassen, um von ihm Silber und Gold einzutreiben, das er dem Pharao geben sollte. Er war fünfundzwanzig Jahre alt, als er König wurde und tat, was dem Herrn mißfiel.

Zu seiner Zeit zog Nebukadnezar (Nabuchodonosor) II., der König von Babel (605—562 v. Chr.), nach Jerusalem. Jojakim wurde ihm untertan für drei Jahre, dann fiel er wieder von ihm ab.

Da ließ der Herr die Streitscharen der Chaldäer, der Syrer, der Moabiter und der Ammoniter gegen Juda los, als Strafe für die begangenen Sünden. Vergebens bekämpfte Jojakim sie bis zu seinem Tod. Dann wurde Jojachin (597 v. Chr.) sein Sohn, König an seiner Statt.

Der König von Ägypten aber zog nicht mehr aus seinem Lande aus, denn der König von Babel hatte alles erobert, was dem König von Ägypten gehörte, vom Nil bis zum Euphratstrom.

Jojachin regierte nur drei Monate. Dann zog Nebukadnezar, der König von Babel, gegen Jerusalem heran, und die Stadt wurde belagert. Jojachin ergab sich mit seiner Mutter, seinen Dienern, Obersten und Hofleuten. Der König von Babel nahm ihn gefangen.

Alle Schätze des Tempels und die Schätze des königlichen Palastes führte er weg und zerschlug alle goldenen Geräte, die Salomo für den Tempel des Herrn hatte machen lassen.

Alle Obersten und die wehrfähigen Männer, siebentausend an der Zahl, auch alle Schmiede und Schlosser, führte er gefangen hinweg; im ganzen zehntausend Mann. Niemand blieb zurück als das niedere Landvolk.

Er führte Jojachin nach Babel. Die Mutter und die Frauen des Königs sowie seine Hofleute, die Großen des Landes und die wehrfähigen Männer, sie alle wurden gefangen nach Babel geführt.

Der König von Babel machte Jojachins Onkel Matthanja zum König an seiner Statt und änderte seinen Namen in Zedekia (597—586 v. Chr.).

Zedekia war einundzwanzig Jahre alt, als er König wurde; elf Jahre regierte er zu Jerusalem. Aber er tat, was dem Herrn mißfiel; genau so, wie Jojakim getan hatte.

Jeremia sagt das Schicksal Zedekias voraus

Zedekia aber fiel vom König von Babel ab. Im neunten Jahre seiner Regierung, am zehnten Tage des zehnten Monats, zog Nebukadnezar, der König von Babel, mit all seiner Heeresmacht gegen Jerusalem und belagerte die Stadt.

Der König Zedekia sandte zwei Priester zum Propheten Jeremia und ließ ihm sagen: »Bete doch für uns zum Herrn, unserem Gott.«

Damals aber ging Jeremia noch frei ein und aus unter dem Volke. Das Heer des Pharao war nämlich von Ägypten aufgebrochen; die Chaldäer aber, die Jerusalem belagerten, waren auf diese Nachricht hin abgezogen.

Da erging das Wort des Herrn an Jeremia: »Dies sollt ihr dem König von Juda antworten: 'Siehe, das Heer des Pharao, das ausgezogen ist, euch zu helfen, wird nach Ägypten zurückkehren. Die Chaldäer aber werden wiederkommen und diese Stadt angreifen und verbrennen. So spricht der Herr: Betrügt euch nicht selbst, indem ihr

denkt: Gewiß ziehen jetzt die Chaldäer von uns ab. Nein, sie werden nicht abziehen!

Wenn ihr gleich das ganze Heer der Chaldäer schlagen könntet, und es blieben von ihnen nur etliche Verwundete übrig in ihren Zelten, sie würden trotzdem aufstehen und diese Stadt verbrennen.'«

Und zu allem Volke redete Jeremia, indem er sprach:

»So spricht der Herr: Wer in dieser Stadt bleibt, der wird durch Schwert, Hunger oder Pest umkommen. Wer sich aber den Chaldäern ergibt, der wird davonkommen, er wird sein Leben als Beute davontragen und am Leben bleiben. Denn der Herr spricht: Diese Stadt wird sicherlich in die Gewalt des Heeres des Königs von Babel gegeben werden, und er wird sie einnehmen.«

Da sprachen die Fürsten zum König: »Diesen Mann sollte man töten! Er lähmt ja nur den Kampfesmut des Volkes! Denn dieser Mann will nicht das Heil, sondern das Unheil dieses Volkes!«

Der König Zedekia antwortete: »So soll es sein. Er ist in eurer Hand.« Der König vermochte nichts gegen sie.

Da nahmen sie Jeremia und warfen ihn in die Zisterne des Malchia, die sich im Wachhofe befindet. Sie ließen Jeremia an Seilen hinunter; aber es war kein Wasser, sondern nur Schlamm in der Zisterne, und Jeremia sank im Schlamme ein.

Als aber der Äthiopier Ebedmelech, ein Kämmerer im Königspalaste, vernahm, was mit Jeremia geschehen war, ging er zum König, der gerade im Benjamintor zu Gericht saß, und sprach: »Mein Herr und König! Diese Männer haben übel gehandelt, als sie den Jeremia in die Zisterne geworfen haben. Er wird dort vor Hunger sterben, es ist ja kein Brot mehr in der Stadt.«

Da gebot der König dem Äthiopier Ebedmelech, drei Männer zu nehmen und Jeremia aus der Zisterne zu retten, bevor er starb.

Ebedmelech nahm die Männer, holte Lappen von abgetragenem und zerschlissenem Zeug und ließ sie an Seilen in die Zisterne hinunter.

Dann sagte er zu Jeremia: »Lege das abgetragene und zerschlissene Zeug zwischen deine Achselhöhlen und die Seile.«

Jeremia tat das; dann zogen sie ihn aus der Zisterne herauf, und Jeremia blieb im Wachhof.

Der König Zedekia aber sandte hin und ließ ihn zum Eingang des Tempels holen. Der König sprach zu ihm: »Ich will dich etwas fragen! Verhehle mir nichts!«

Jeremia antwortete: »Wenn ich es dir sage, wirst du mich da nicht töten lassen? Wenn ich dir aber rate, wirst du auf mich hören?«

Da schwur ihm der König einen Eid und sprach: »So wahr der Herr lebt, der uns geschaffen hat, ich werde dich nicht töten und dich nicht in die Hände jener Männer geben, die dir nach dem Leben trachten.«

Zedekia mißachtet Jeremias Rat

Nun sprach Jeremia zu König Zedekia:
»So spricht der Herr, der Gott der Heerscharen, der Gott Israels: 'Wenn du dich den Fürsten des Königs von Babel ergibst, bleibt dein Leben erhalten, und diese Stadt wird nicht verbrannt! Wenn du dich aber den Fürsten des Königs von Babel nicht ergibst, so wird diese Stadt in die Hand der Chaldäer gegeben! Diese werden sie verbrennen, und du selbst wirst ihrer Hand nicht entrinnen.'«

Da sprach der König zu Jeremia: »Ich fürchte mich vor den Judäern, die schon zu den Chaldäern abgefallen sind. Man könnte mich ihnen ausliefern, und sie werden mich schlecht behandeln.«

Jeremia antwortete: »Man wird dich nicht ausliefern! Höre doch auf die Stimme des Herrn, dann wird es dir wohl ergehen, und du wirst am Leben bleiben. Wenn du dich aber weigerst, werden alle deine Frauen und Kinder von den Babyloniern hinausgeführt, und deinetwegen wird diese Stadt verbrannt werden.«

Da sprach Zedekia zu Jeremia: »Niemand darf von diesem Gespräch erfahren, sonst wäre es dein Tod. Wenn die Fürsten vernehmen, daß ich mit dir geredet habe und sie dir drohen, so antworte ihnen, daß du mich angefleht hast, dich nicht wieder ins Gefängnis du tun.«

Tatsächlich kamen alle Fürsten zu Jeremia und fragten ihn. Er aber antwortete, wie ihm der König befohlen hatte. So erfuhr niemand von dem Gespräch, und man ließ ihn in Ruhe.

So blieb denn Jeremia im Wachhof bis zu dem Tage, da Jerusalem eingenommen wurde.

Jerusalem wird zerstört

(586 v. Chr.)

Die Chaldäer belagerten Jerusalem elf Jahre während der Regierungszeit des Zedekias. Am neunten Tag des vierten Monats im elften Jahr der Belagerung wurde eine Bresche in die Stadtmauer gelegt.

Die Stadt wurde eingenommen. Der König mit allen Kriegsleuten floh und machte bei Nacht einen Ausfall aus der Stadt in der Richtung nach dem Garten des Königs durch das Tor zwischen den beiden Mauern. Das Heer der Chaldäer aber jagte ihnen nach und holte Zedekia im Steppengebiet von Jericho ein, und sein Heer wurde in alle Winde zerstreut.

Sie griffen den König und führten ihn zum König von Babel nach Ribla, der ihm das Urteil sprach.

Sie richteten die Söhne Zedekias vor dessen eigenen Augen hin, blendeten ihn und legten ihn in Ketten, um ihn dann nach Babel zu bringen.

Klage um Jerusalem

Ach, wie sitzt so einsam die Stadt,
  einst reich an Volk!
Wie ist sie zur Witwe geworden,
  die groß war unter den Völkern!
Die da Fürstin war unter den Städten
  ist dienstbar geworden.
Sie weint und weint durch die Nacht,
  Tränen auf der Wange;
keiner ist da, der sie tröstet,
  von all ihren Liebhabern,
all ihre Freunde sind untreu,
  sind ihr zu Feinden geworden.
Jerusalem gedenkt der Tage ihres Elends
  und ihrer Irrsal,
all ihrer Kostbarkeiten,
  die sie einst besaß,
da ihr Volk in Feindeshand fiel,
  keiner ihr half.
Schwer hat Jerusalem gesündigt,
  darum ist sie zum Abscheu geworden;
die sie in Ehren hielten, verachten sie.
Kommt, ihr alle, die ihr vorübergeht,
  schauet und seht,
ob ein Schmerz sei wie der Schmerz,
  der mir angetan worden,
mit dem der Herr mich geschlagen
  am Tage seines glühenden Zornes.

Lieder der Verbannten

Klagelied 5

Gedenke, o Herr, was uns geschehen,
schau her und sieh unsere Schmach!
Unser Erbe ist Fremden zugefallen,
    Ausländern unsre Häuser.
Wir sind Waisen geworden, vaterlos,
    unsre Mütter Witwen.
Die Freude unsres Herzens hat ein Ende,
    unser Reigen hat sich in Klage verkehrt.
Die Krone unseres Hauptes ist gefallen.
Wehe uns, daß wir gesündigt haben!
Du, o Herr, thronest in Ewigkeit,
    dein Thron steht für und für.
Warum willst du unser auf immer vergessen,
    uns so lange verlassen?
Führe uns zu dir zurück, o Herr,
    auf daß wir wiederkehren!
Erneuere unsre Tage wie vor alters!
Oder hast du uns gänzlich verworfen,
    zürnest uns gar so sehr?

Psalm 137

An den Strömen Babels,
da saßen wir und weinten,
wenn wir Zions gedachten;
an die Weiden im Lande
hängten wir unsere Harfen.
Denn dort hießen uns singen,
die uns hinweggeführt,
hießen uns fröhlich sein unsere Peiniger:
»Singt uns eines von den Zionsliedern!«
Wie könnten wir des Herrn Lied singen
auf fremder Erde?
Vergesse ich deiner, Jerusalem,
so müsste meine Rechte verdorren!
Die Zunge müsste mir am Gaumen kleben,
wenn ich dein nicht gedenke,
wenn ich nicht Jerusalem setze
über meine höchste Freude!
Gedenke, o Herr, der Söhne Edoms
an den Tag Jerusalems,
die da sprachen: »Nieder, nieder mit ihr
bis auf den Grund!«
Tochter Babel, Verwüsterin!
Wohl dem, der dir vergilt,
was du uns getan!
Wohl dem, der deine Kindlein packt
und am Felsen zerschmettert!

Daniel in der Verbannung

Verschiedene Leiden der Juden im Exil werden in den Erzählungen Daniels berichtet. Er war noch ein Kind, als Jerusalem den Babyloniern in die Hände fiel und er von ihnen verschleppt wurde. Über ein halbes Jahrhundert, von Nebukadnezar bis zum Perserkönig Cyrus, spielte Daniel in Babel eine wichtige Rolle als einflußreicher Ausländer.

Im dritten Jahre der Regierung Jojakims, des Königs von Juda, kam Nebukadnezar, der König von Babel, nach Jerusalem und belagerte es. Er nahm einen Teil der Geräte des Gotteshauses und brachte sie in das Land Sinear in das Schatzhaus seines Gottes.

Der König befahl Aspenas, dem Obersten seiner Kämmerer, er solle von den Israeliten, aus dem königlichen Geschlecht und aus den vornehmsten Familien, junge Leute an den Hof bringen, die ohne jeden Makel und von schöner Gestalt wären, begabt für jegliche Wissenschaft, von gutem Verstand und rascher Auffassung, und somit befähigt, als Pagen im königlichen Palaste zu dienen. Diese solle er in der Schrift und Sprache der Chaldäer unterweisen und sie drei Jahre lang erziehen. Der König ließ ihnen den täglichen Unterhalt von der königlichen Tafel und von seinem eigenen Weine zukommen.

Unter ihnen waren auch Judäer: Daniel, Hananja, Misael und Asarja. Diesen gab der oberste Kämmerer andere Namen; den Daniel nannte er Beltsazzar, den Hananja Sadrach, den Misael Mesach und den Asarja Abed-Nego.

Daniel weigert sich, des Königs Speise zu essen

Daniel aber war entschlossen, sich nicht mit der Speise von der königlichen Tafel und mit dem Weine, den der König trank, zu verunreinigen. Da bat er, sie nicht essen und trinken zu müssen.

Gott ließ Daniel bei dem obersten Kämmerer Verständnis und Erbarmen finden. Der oberste Kämmerer jedoch sprach zu ihm: »Ich fürchte nur, mein Herr, der König, der euch Speise und Getränk bestimmt hat, könnte finden, daß ihr schlechter aussehet als die anderen Knaben, eure Altersgenossen, und dann wäre euretwegen beim König mein Kopf verwirkt.«

Da sprach Daniel zu Hammelzar, den der oberste Kämmerer über Daniel, Hananja, Misael und Asarja gesetzt hatte: »Versuche es doch zehn Tage lang mit deinen Knechten. Man gebe uns Gemüse zu essen und Wasser zu trinken, und dann beurteile unser Aussehen und das der Knaben, die von der königlichen Tafel zu essen bekommen. Je nachdem du es dann findest, magst du mit deinen Knechten verfahren.«

Er erfüllte diese Bitte und versuchte es zehn Tage lang mit ihnen. Nach zehn Tagen aber sahen sie besser und wohlgenährter aus als alle Knaben, die von der königlichen Tafel zu essen bekamen.

Von nun an stellte Hammelzar ihre Speise und den Wein, den sie trinken sollten, immer beiseite und gab ihnen Gemüse.

Diesen vier Knaben aber gab Gott Wissen und Verständnis für jegliche Schrift und Wissenschaft. Daniel verstand sich auch auf Gesicht und Träume aller Art.

Als nun die Zeit, nach welcher der König sie bei ihm einzuführen befohlen hatte, verflossen war, führte sie der oberste Kämmerer vor Nebukadnezar. Der König unterhielt sich mit ihnen. Da zeigte sich, daß keiner unter ihnen dem Daniel, Hananja, Misael und Asarja gewachsen war. So traten sie denn in den Dienst des Königs.

In allen Fragen, wo es auf Wissen und Einsicht ankam und in denen der König ihren Rat einholte, fand er sie allen Gelehrten und Astrologen in seinem Reiche zehnfach überlegen.

Daniel blieb bis zum ersten Jahr des Königs Cyrus.

Das goldene Standbild

Der König Nebukadnezar ließ ein goldenes Standbild machen, sechzig Ellen hoch und sechs Ellen breit, und es in der Ebene von Dura in der Provinz Babel aufrichten. Dann sandte der König Nebukadnezar Boten aus, um die Fürsten, Vorsteher und Statthalter, die Generäle, Schatzmeister, Rechtsgelehrten und hohen Tempelbeamten, kurz, alle Machthaber in den Provinzen, zu versammeln, damit sie das Standbild sahen.

Es versammelten sich also die Fürsten, Vorsteher und Statthalter, die Generäle, Schatzmeister, Rechtsgelehrten und hohen Tempelbeamten, kurz, alle Machthaber in den Provinzen, um das Standbild zu sehen, das der König Nebukadnezar hatte errichten lassen, und stellten sich dem Bilde gegenüber auf.

Dann rief der Herold mit mächtiger Stimme: »An euch, ihr Völker, ergeht der Befehl: Wenn ihr den Klang der Hörner, Pfeifen, Zithern, Hackbretter, Doppelflöten und aller Arten von Musik hört, sollt ihr niederfallen und das goldene Bild anbeten, das der König Nebukadnezar errichten ließ. Wer nicht niederfällt und anbetet, wird sofort in den brennenden Feuerofen geworfen.«

Sobald die Völker den Klang der Hörner, Pfeifen, Zithern, Harfen, Hackbretter und aller Arten von Musik hörten, fielen sie nieder und beteten das goldene Bild an, das der König Nebukadnezar errichten ließ.

Die Chaldäer verklagen die Juden

Zur gleichen Zeit traten einige Chaldäer auf und verklagten die Juden. Sie sprachen zum König Nebukadnezar: »O König, mögest du

ewig leben! Du, o König, hast den Befehl erlassen, daß jeder, der den Klang der Hörner, Pfeifen, Zithern, Harfen, Hackbretter, Doppelflöten und aller Art von Musik hört, niederfallen und das goldene Bild anbeten soll. Wer nicht niederfällt und anbetet, soll in den brennenden Feuerofen geworfen werden.

Nun sind da etliche Juden, die du mit der Verwaltung der Provinz Babel betraut hast: Sadrach, Mesach und Abed-Nego. Diese Männer kümmern sich nicht um deinen Wunsch. Sie dienen deinen Göttern nicht und beten das goldene Bild nicht an, das du hast aufrichten lassen.«

Da befahl Nebukadnezar in grimmigem Zorn, Sadrach, Mesach und Abed-Nego vor ihn zu führen. Er sprach zu ihnen: »Ist es wahr, Sadrach, Mesach und Abed-Nego, daß ihr meinen Göttern nicht dient und das goldene Bild, das ich errichtet habe, nicht anbetet? Wenn ihr bereit seid, beim Klang der Hörner, Pfeifen, Zithern, Harfen, Hackbretter, Doppelflöten und aller Arten von Musik, niederzufallen und das Bild anzubeten, das ich habe machen lassen, so ist es gut. Wenn ihr es aber nicht anbetet, werdet ihr sofort in den brennenden Feuerofen geworfen. Welcher Gott könnte euch aus meiner Hand erretten?«

Das Feuer läßt die drei Männer unversehrt

Da wurde Nebukadnezar voll Grimm und sein Gesicht wurde hart zu Sadrach, Mesach und Abed-Nego. Alsbald gab er den Befehl, den Ofen siebenmal stärker zu heizen, als gewöhnlich. Auch befahl er den stärksten Männern in seinem Heer, Sadrach, Mesach und Abed-Nego zu binden und sie in den brennenden Feuerofen zu werfen.

Da der Ofen auf Befehl des Königs über die Maßen stark geheizt war, wurden die Männer, die Sadrach, Mesach und Abed-Nego hinführten, von der Feuerflamme getötet. Sadrach, Mesach und Abed-Nego aber blieben mitten im Feuer unversehrt.

Da sprang der König Nebukadnezar entsetzt auf und sprach zu seinen Räten: »Haben wir nicht drei Männer gebunden ins Feuer geworfen?«

Sie antworteten: »Gewiß, o König!«

Der König sprach: »Ich sehe aber vier Männer ohne Fesseln und unversehrt im Feuer umhergehen, und der vierte sieht aus wie ein himmlisches Wesen.«

Dann trat Nebukadnezar an die Öffnung des brennenden Feuerofens und sprach: »Sadrach, Mesach und Abed-Nego, ihr Diener des höchsten Gottes, tretet heraus und kommt her!«

Da kamen Sadrach, Mesach und Abed-Nego aus dem Feuer heraus. Es versammelten sich alle Fürsten, Beamten, Statthalter und Räte des Königs; sie sahen, daß das Feuer keine Macht über den Leib jener Männer gehabt hatte, daß auch das Haar auf ihrem Haupte nicht versengt und ihre Mäntel nicht beschädigt waren, und daß auch kein Brandgeruch an ihnen war.

Da sprach Nebukadnezar: »Gepriesen sei der Gott Sadrachs, Mesachs und Abed-Negos, der seinen Engel gesandt und seine Diener gerettet hat, die auf ihn vertraut, den königlichen Befehl übertreten und ihr Leben aufs Spiel gesetzt haben, damit sie keinen Gott verehren und anbeten müssen außer ihrem Gott!

So erlasse ich nun den Befehl: Wer immer, welches Volkes, welcher Nation oder Zunge er auch sei, gegen den Gott Sadrachs, Mesachs und Abed-Negos etwas sagt, der wird in Stücke zerhauen, und sein Haus wird zu einem Trümmerhaufen gemacht; denn es gibt keinen anderen Gott, der so zu erretten vermöchte.«

Der König setzte hierauf Sadrach, Mesach und Abed-Nego wieder in ihre Würde ein in der Provinz Babel.

Die Schrift an der Wand

Nach dem Tode Nebukadnezars wurde sein Sohn Belsazar König. Belsazar veranstaltete für seine tausend Großen ein glänzendes Mahl, und in Gegenwart der Tausend sprach er dem Weine zu.

Er befahl, die goldenen und silbernen Gefäße, die sein Vater Nebukadnezar aus dem Tempel zu Jerusalem weggeführt hatte, herbeizubringen, damit der König und seine Großen, seine Gemahlinnen und die anderen Frauen daraus trinken könnten. Sie tranken Wein und priesen die goldenen und silbernen, ehernen, eisernen, hölzernen und steinernen Götter.

Zur gleichen Stunde aber erschienen die Finger einer Menschenhand. Sie schrieben auf die Wand des königlichen Palastes, und der König sah die Hand, die sie schrieb.

Da verfärbte sich das Gesicht des Königs. Angstvolle Gedanken befielen ihn, seine Hüftgelenke wurden kraftlos und seine Knie schlugen aneinander.

Der König schrie, man solle die Astrologen, die Chaldäer und die Sterndeuter hereinholen. Dann sprach der König zu den Weisen Babels: »Wer diese Schrift lesen kann und mir sagt, was sie bedeutet, der soll mit Purpur bekleidet werden und um den Hals die goldene Kette tragen, und er soll als einer der drei obersten Beamten im Reich herrschen.«

Nun kamen wohl alle die Weisen des Königs herein, aber sie konnten die Schrift nicht lesen noch dem König sagen, was sie bedeute.

Nun kam, gerufen vom König und seinen Großen, die Königin in den Festsaal, sie sprach: »O König, mögest du ewiglich leben! Laß dich nicht ängstigen von deinen Gedanken und dein Angesicht braucht sich nicht zu verfärben. Es ist in deinem Reiche ein Mann, in dem der Geist der heiligen Götter ist, und bei dem zu deines Vaters Zeiten Erleuchtung und göttergleiche Weisheit gefunden wurde. Ihn hat der König Nebukadnezar, dein Vater, zum Obersten der Gelehrten, Beschwörer,

Chaldäer und Sterndeuter eingesetzt, weil ein außerordentlicher Geist, Einsicht und Verstand, Träume auszulegen, Rätsel zu deuten und Knoten zu lösen, bei diesem Daniel gefunden wurde. Laß Daniel rufen. Er wird dir die Deutung kundtun.«

Da wurde Daniel vor den König geführt. Der König sprach zu ihm: »Bist du Daniel, einer von den verbannten Judäern, die mein Vater, der König, aus Juda hergebracht hat? Ich habe gehört, daß der Geist der Götter in dir sei, und daß man bei dir Erleuchtung, Verstand und außerordentliche Weisheit gefunden habe.

Man hat die Weisen und die Beschwörer vor mich geführt, damit sie diese Schrift lesen und mir sagen, was sie bedeutet. Doch sie sind nicht imstande, sie mir auszulegen. Von dir aber habe ich gehört, daß du Deutungen zu geben vermagst.«

Daniel deutet die Schrift

Da antwortete Daniel und sprach vor dem König: »O König, der höchste Gott hatte deinem Vater Nebukadnezar Königswürde, Größe, Ehre und Majestät gegeben. Wegen der Größe, die Gott ihm verliehen, zitterten und bebten alle Völker vor ihm. Doch als sich sein Herz überhob und er hochmütig wurde bis zur Vermessenheit, wurde er von seinem königlichen Thron gestürzt. Seine Ehre wurde von ihm genommen, bis er erkannte, daß der höchste Gott Gewalt hat über das Königtum der Menschen, und daß er wählen kann, wer darüber herrschen soll.

Du aber, sein Sohn Belsazar, hast dich nicht gedemütigt, obwohl du dies alles wußtest, sondern du hast dich über den Herrn des Himmels erhoben. Man hat die Gefäße seines Tempels vor dich bringen müssen. Du trinkst daraus Wein mit deinen Großen, deinen Gemahlinnen und anderen Frauen. Die silbernen und goldenen, ehernen, eisernen, hölzernen und steinernen Götter, die doch nicht sehen und hören und keinen Verstand haben, hast du gepriesen, dem Gott aber, in dessen Hand dein Leben liegt, und dessen Wege deine Wege sein sollten, hast du die Ehre versagt.

Da ist nun von ihm die Hand gesandt und die Schrift dort geschrieben worden. Die Schrift aber, die da geschrieben steht, lautet:

Mene, Thekel, Upharsin

Dies ist die Deutung der Worte: MENE: Gott hat dein Königtum gezählt und es beendet. THEKEL: Du bist auf der Waage gewogen und zu leicht befunden worden. UPHARSIN: Dein Reich ist zerteilt und den Medern und Persern gegeben worden.«

Da gab Belsazar Anweisung, und man bekleidete Daniel mit Purpur und legte ihm die goldene Kette um den Hals. Öffentlich rief man aus, daß er als einer der drei obersten Beamten im Reiche herrschen sollte.

In jener Nacht jedoch wurde Belsazar, der chaldäische König, getötet. Darius, der Meder, empfing aber das Königtum im Alter von 62 Jahren.

Daniel in der Löwengrube

Darius fand es richtig, über das Reich 120 Satrapen zu setzen, die regieren sollten, über diese aber drei Oberbeamte, deren einer Daniel war. Denen sollten die Satrapen Rechenschaft ablegen, damit der König nicht zu Schaden kam.

Da tat sich Daniel vor allen Oberbeamten und Satrapen hervor, weil er einen außerordentlichen Geist besaß. Der König wollte ihn über das ganze Reich setzen. Daher suchten die Oberbeamten und Satrapen an Daniel einen Anklagegrund in seinen Staatsgeschäften zu finden, aber sie konnten an ihm keinen Fehler oder etwas Schlechtes ausfindig machen.

Da sprachen jene Männer: »Wir werden an diesem Daniel keinen Vorwand zur Anklage finden, es sei denn, wir finden etwas in seiner Religion.«

Darauf gingen die Oberbeamten und Satrapen zum König und sprachen zu ihm: »König Darius, mögest du ewiglich leben! Alle Oberbeamten des Reiches, die Vorsteher und Satrapen, die Staatsräte und Statthalter haben beschlossen, daß der König ein Gesetz erlassen und ein Verbot aufstellen möge, wonach ein jeder, der innerhalb von dreißig Tagen von irgendeinem Gott oder Menschen etwas erbittet, außer von dir, o König, in die Löwengrube geworfen werden soll.

Laß, o König, das Gesetz ergehen und eine Urkunde aufsetzen, die nach dem unwiderruflichen Gesetz der Meder und Perser nicht aufgehoben werden darf.«

Daraufhin ließ der König Darius die Urkunde mit dem Verbot aufsetzen.

Als Daniel vernahm, daß das Gesetz unter-

schrieben war, ging er in sein Haus, wo er in seinem Obergemach Fenster hatte, die nach Jerusalem hin offenstanden. Er kniete dreimal am Tage nieder, betete und lobte Gott, wie er es immer getan hatte.

Da stürmten jene Männer herein und fanden Daniel im Gebet zu seinem Gott. Darauf traten sie vor den König und sprachen: »O König, hast du nicht ein Gesetz erlassen, wonach jeder, der innerhalb von dreißig Tagen von irgendeinem Gott oder Menschen etwas erbittet außer von dir, o König, in die Löwengrube geworfen werden soll?«

Der König antwortete: »So ist es, nach dem unwiderruflichen Gesetz der Meder und Perser.«

Da sprachen sie zum König: »Jener Daniel, der zu den verbannten Judäern gehört, achtet dich nicht, o König, noch das Gesetz, das du erlassen hast. Dreimal am Tag verrichtet er sein Gebet.«

Als der König das hörte, wurde er sehr betrübt und dachte nach, Daniel zu erretten. Bis zum nächsten Sonnenuntergang war er bemüht, ihn am Leben zu erhalten.

Da kamen jene Männer wieder zum König und sprachen zu ihm: »Bedenke, o König, es ist Gesetz der Meder und Perser, daß jedes Verbot oder Gebot, das der König erläßt, unwiderruflich ist.«

Nun gab der König Befehl. Man holte Daniel und warf ihn in die Löwengrube. Der König sprach zu Daniel: »Dein Gott, dem du so treu dienst, wird dich gewiß erretten!«

Danach ging der König in seinen Palast und verbrachte die Nacht mit Fasten. Er ließ keine Musikanten holen und fand keinen Schlaf.

Am frühen Morgen stand der König auf und ging eilends zu der Löwengrube. Als er sich der Grube näherte, rief er Daniel mit schmerzlicher Stimme zu: »Daniel, du Knecht des lebendigen Gottes! Hat dich dein Gott, dem du so treu dienst, vor den Löwen errettet?«

Da sprach Daniel zum König: »Ó König, mögest du ewig leben! Mein Gott hat seinen Engel gesandt. Er hat den Löwen den Rachen verschlossen, damit sie mir kein Leid antaten, weil ich vor ihm unschuldig gefunden wurde. Auch dir gegenüber, o König, habe ich nichts Unrechtes getan.«

Da war der König hocherfreut. Er befahl, Daniel aus der Grube heraufzuziehen. Daniel wurde aus der Grube heraufgezogen; es war keine Verletzung an ihm zu finden, weil er seinem Gott vertraut hatte.

Dann gab der König Befehl, und man holte jene Männer herbei, die Daniel verleumdet hatten, und warf sie mit ihren Kindern und Frauen in die Löwengrube. Die Löwen töteten sie.

Darauf schrieb der König Darius an die Völker aller Nationen und Zungen, die auf der ganzen Erde wohnten: »Heil sei euch in Fülle! Hiermit erlasse ich den Befehl, daß man im ganzen Gebiet meines Reiches vor dem Gott Daniels erzittere und sich fürchte. Denn er ist der lebendige Gott, und er bleibt in Ewigkeit. Sein Reich ist unzerstörbar und seine Herrschaft nimmt kein Ende. Er errettet und er befreit; er tut Zeichen und Wunder am Himmel und auf Erden, er, der Daniel aus der Gewalt der Löwen errettet hat!«

Daniel erging es wohl unter der Regierung des Darius und unter der Regierung des Persers Cyrus.

Die Propheten der Verbannung

Die Bibel gibt nur wenig Auskunft über die siebzig Jahre zwischen der Zerstörung Jerusalems durch die Babylonier und dem Wiederaufbau des Tempels unter den Persern. Sie gibt jedoch ein allgemeines Bild, nach dem die Juden in fernen Ländern ihre Religion ausübten, gestärkt von den Propheten, die die Rückkehr in die Heilige Stadt voraussagten. Einer dieser Propheten war der Priester Ezechiel, der in Babel lebte und schrieb.

Im elften Jahre der Verbannung, am fünften Tage des zehnten Monats, kam ein Flüchtling von Jerusalem zu Ezechiel und sprach: »Die Stadt ist genommen.«

Da erging das Wort des Herrn an Ezechiel: »Wie ein Hirte nach seiner Herde sieht, am Tage des Unwetters, wenn seine Schafe versprengt sind, so werde ich nach meinen Schafen sehen und sie erretten von allen Orten, wohin sie zerstreut worden sind am Tage des Gewölks und des Dunkels.

Ich werde sie aus den Ländern sammeln und sie in ihre Heimat führen und sie weiden auf den Bergen Israels, an den Flüssen und an allen Wohnstätten des Landes.

Nicht um euretwillen schreite ich ein, Haus Israel, sondern für meinen heiligen Namen, den ihr unter den Heiden entweiht habt. Ich werde euch mit reinem Wasser besprengen, damit ihr rein werdet. Meinen Geist werde ich in euer Inneres legen und erreichen, daß ihr meine Satzungen befolgt und meine Gesetze getreulich haltet.«

Im 25. Jahre der Verbannung, im vierzehnten Jahr nach der Eroberung der Stadt, kam die Hand des Herrn über Ezechiel. Er hatte eine Erscheinung, in der Gott ihn in das Land Israels führte und ihn hieß, sich auf einem sehr hohen Berg niederzulassen. Und siehe, da war ein Mann, der anzusehen war wie Erz.

Der Mann sprach zu ihm: »Schaue mit deinen Augen alles, was ich dir zeigen werde. Tue alles, was du sehen wirst, dem Hause Israel kund.«

Der Mann führte ihn in den inneren Vorhof des Tempels. Und siehe, der Tempel war erfüllt von der Herrlichkeit des Herrn. Er hörte vom Tempel her reden, während der Mann neben ihm stand. Die Stimme sprach zu ihm:

»Hier ist die Stätte meines Thrones und die Stätte meiner Fußsohlen, wo ich für immer inmitten Israels wohnen will. Sie sollen von jetzt an meinen heiligen Namen nicht mehr entweihen, weder sie noch ihre Könige.«

Ezechiel war sich stets der Gerechtigkeit und Gnade Gottes bewußt.

»Wenn der Gottlose sich von seiner Sünde abwendet, in den Satzungen des Herrn wandelt und Recht und Gerechtigkeit übt, soll er am Leben bleiben und nicht sterben. Aller Sünden, die er begangen hat, wird nicht mehr gedacht. Er hat Recht und Gerechtigkeit geübt, darum soll er am Leben bleiben. 'Ich will nicht den Tod des Gottlosen; spricht der Herr, 'sondern daß er sich von seiner Sünde bekehre und lebe.«

Die Rückkehr nach Jerusalem wird prophezeit

Gegen Ende der Verbannung in Babel lebte ein Prophet, der unbekannt ist. Er wird manchmal ,der zweite Jesaja' (Deuterojesaja) genannt, weil seine Schriften einen Teil des Buches Jesaja bilden. Dieser sagte den Juden, daß ihre Verbannung bald beendet sei. Babel werde fallen und die Heimkehr nach Jerusalem stehe schon bald bevor.

Tröstet, tröstet mein Volk! spricht euer Gott. Redet Jerusalem zu Herzen! Rufet ihr zu, daß ihr Frondienst vollendet, daß ihre Schuld bezahlt ist; denn sie hat von der Hand des Herrn Zwiefältiges empfangen um all ihrer Sünden willen. Horch, es ruft aus der Wüste:

»Bahnt den Weg des Herrn! Machet in der Wüste eine gerade Straße unserm Gott!« Jedes Tal soll angefüllt und jeder Berg und Hügel soll abgetragen werden. Das Krumme soll zur Ebene werden und die Höhen zu Tälern, damit die Herrlichkeit des Herrn sich offenbare und alles Fleisch es schaue, denn der Mund des Herrn hat es geredet.

Horch, es spricht: Rufe! Ich aber sprach: Was soll ich rufen? Alles Fleisch ist ja Gras und all seine Pracht wie die Blume des Feldes. Das Gras verdorrt, die Blume welkt; aber das Wort unseres Gottes bleibt in Ewigkeit.«

Erhebe mit Macht deine Stimme, du Freudenbotin Jerusalem! Erhebe sie ohne Furcht! Sprich zu den Städten Judas: »Siehe da, euer Gott! Siehe da, Gott, der Herr, zieht einher in Kraft. Sein Arm schafft ihm den Sieg. Siehe, die er gewonnen, kommen mit ihm; die er sich erworben, gehen vor ihm her. Er weidet seine Herde wie ein Hirte, sammelt sie mit seinem Arm.«

Die Rückkehr nach Jerusalem

(538 v. Chr.)

Im ersten Jahre des Königs Cyrus von Persien erweckte der Herr, um das Wort zu erfüllen, das er durch Jeremia geredet hatte, den Geist des Cyrus. Überall in seinem ganzen Königreich ließ er mündlich und auch schriftlich verkünden:

»So spricht Cyrus, der König von Persien: Der Herr, der Gott des Himmels, hat mir aufgetragen, ihm zu Jerusalem in Juda einen Tempel zu bauen. Wer immer unter euch zu seinem Volke gehört, mit dem sei sein Gott! Er ziehe hinauf nach Jerusalem und baue das Haus das Herrn, des Gottes Israels. Wer noch übrig ist, den sollen überall, wo er als Fremdling weilt, die Leute seines Ortes unterstützen mit Silber und Gold, mit Pferden und Vieh,

und mit freiwilligen Gaben für das Haus des Herrn in Jerusalem.«

Da machten sich die Familienhäupter von Juda und Benjamin, die Priester und die Leviten auf, kurz alle, deren Geist Gott erweckte, hinaufzuziehen, um das Haus des Herrn in Jerusalem zu bauen.

Alle, die um sie her wohnten, unterstützten sie mit Silber und Gold, mit Pferden und Vieh und vielen Kostbarkeiten und mit freiwilligen Gaben.

Der König Cyrus ließ die Tempelgeräte hervorholen, die Nebukadnezar aus Jerusalem weggeführt hatte, und sie wurden von Babel nach Jerusalem gebracht.

Der Tempel wird wiederaufgebaut

Im zweiten Jahr nach ihrer Ankunft machten sich alle, die aus der Verbannung nach Jeru-salem gekommen waren, ans Werk, das Haus des Herrn zu bauen.

Aber die Widersacher Judas schreckten die Judäer ab vom Bauen und bestachen Minister am königlichen Hof gegen sie, ihr Vorhaben

zu vereiteln, solange Cyrus, der König von Persien, lebte und bis zur Regierung des Königs Darius von Persien.

Aber der König Darius erließ einen Befehl, daß man die Judäer nicht am Bauen hindern sollte. Die Ältesten der Juden bauten weiter. Sie führten den Bau zu Ende nach dem Befehl des Cyrus und des Darius. So wurden sie mit dem Hause fertig im sechsten Jahre der Regierung des Königs Darius.

Nehemias Bitte an den König

Als Arthahsastha König in Persien war, lebte ein Mundschenk des Königs mit Namen Nehemia. Als er auf der Burg Susa war, kam Hanani, einer seiner Verwandten, mit einigen Männern aus Juda. Er fragte sie, wie es den Juden gehe, die nicht in die Verbannung geführt worden waren, und wie es um Jerusalem stehe. Sie sprachen zu ihm:

»Die Übriggebliebenen in der Provinz befinden sich in großer Not. Der Tempel ist wiederaufgebaut, aber die Mauer Jerusalems ist voller Breschen und seine Tore sind verbrannt.«

Als Nehemia diese Worte hörte, weinte und trauerte er tagelang. Er fastete und betete zu Gott, daß er die Sünden seines Volkes vergeben und ihm helfen möge.

Es geschah im zwanzigsten Jahre des Königs Arthahsastha, daß Nehemia Wein nahm und ihn dem König darbot. Er sah aber betrübt aus. Da sprach der König zu ihm: »Warum siehst du so betrübt aus? Du bist doch nicht krank? So hast du wohl einen Kummer.«

Nehemia fürchtete sich und sprach: »Der König lebe ewig! Warum sollte ich nicht traurig sein, da doch die Stadt, wo meine Väter begraben sind, verwüstet ist und ihre Tore vom Feuer verzehrt sind?«

Der König erwiderte: »Welchen Wunsch hast du?«

Da flehte Nehemia zu Gott und sprach zum König:

»Gefällt es dem König und ist dir dein Knecht genehm, so sende mich nach Juda, damit ich die Stadt wieder aufbaue, wo meine Väter begraben sind.«

Der König sprach zu ihm, während die Königin neben ihm saß: »Wie lange soll denn deine Reise dauern und wann wirst du wieder kommen?«

Als Nehemia ihm eine Zeit angegeben hatte, willigte der König ein, ihn zu senden. Nehemia aber erbat sich Geleitbriefe an die Statthalter westlich des Euphrat-Stromes, damit sie ihn durchziehen ließen nach Juda. Ebenso erbat er sich einen Brief an Asaph, den Aufseher des königlichen Forstes, damit er ihm Holz liefere für das Gebälk der Tore und für die Mauer.

Dies alles gewährte ihm der König, dazu ein Geleit von Offizieren und Reitern.

Als Nehemia zu den Statthaltern westlich des Euphrat-Stromes gelangte, übergab er ihnen die Briefe des Königs. Als aber Sanballat, der Horoniter, und Tobia, der ammonitische Beamte, davon hörten, waren sie sehr erzürnt, daß jemand gekommen sei, um für das Wohl der Israeliten zu sorgen. Nehemia aber zog nach Jerusalem und blieb dort drei Tage und Nächte.

Dann machte er sich des Nachts auf in Begleitung weniger Männer, sagte aber keinem Menschen, was Gott ihm ins Herz gegeben, für Jerusalem zu tun. Er ritt auf einem Esel und besichtigte die Stadt.

Er ritt zum Taltor hinaus zur Drachenquelle und zum Misttor. Er betrachtete die zerrissenen Mauern Jerusalems und die verbrannten Tore. Dann ritt er hinüber zum Quelltor und zum Königsteich. Als aber kein Platz mehr da war für sein Tier, um mit ihm durchzukommen, stieg er bei Nacht das Tal hinauf und besichtigte die Mauern. Darauf kehrte er um und kam durch das Taltor wieder zurück in die Stadt.

Die Mauer wird wieder aufgebaut

Die Vorsteher aber wußten nicht, wohin er gegangen war und was er vorhatte. Denn er hatte bis dahin den Juden nichts gesagt, weder den Priestern noch den Vornehmen, weder den Vorstehern noch irgendwelchen anderen, denen das Werk oblag. Am nächsten Tag sprach er zu ihnen: »Ihr seht, daß Jerusalem verwüstet ist und seine Tore verbrannt sind. Kommt, laßt uns die Mauer wieder aufbauen, damit wir nicht länger verspottet werden!«

Er erzählte ihnen, wie Gott zu ihm geredet hatte und berichtete ihnen die Worte des Königs. Sie sprachen: »So wollen wir uns aufmachen und bauen.«

Sogleich begannen sie das Werk.

Als aber Sanballat, der Horoniter, und Tobia, der ammonitische Beamte, und Gesem, der Araber, davon hörten, verspotteten sie Nehemia und sprachen: »Was ist das, was ihr da

tut? Wollt ihr gegen den König rebellieren?«
Nehemia antwortete ihnen und sprach:

»Der Gott des Himmels wird es uns gelingen lassen. Darum wollen wir, seine Knechte, darangehen und bauen. Ihr aber habt weder Anteil noch Anrecht an Jerusalem.«

Die Arbeit wurde aufgeteilt unter die verschiedenen Familien und Geschlechter. Der Hohepriester und seine Priester bauten das Schaftor. Am Quelltor arbeitete Sallun, der Oberste des halben Bezirks Mizpa, mit den Seinen. Er baute es aus, überdachte es, setzte die Türflügel, Schlösser und Riegel ein und besserte die Mauer aus. Das nächste Stück besorgte Nehemia, der Sohn Asbuks. Und so ging es fort, jeder tat sein Teil. Sogar die Frauen halfen bei der Arbeit.

Als aber Sanballat, Tobia, die Araber, die Ammoniter und die Asdoditer hörten, daß die Mauer Jerusalems wieder aufgebaut wurde und die Lücken sich zu schließen begannen, wurden sie sehr zornig, sie verschworen sich alle zusammen, hinzuziehen, um gegen Jerusalem zu kämpfen und der Arbeit Einhalt zu tun.

Sie sagten: Die Juden sollen nichts sehen und nichts merken, bis wir mitten unter sie kommen und sie erschlagen und so dem Werk ein Ende machen.

Nehemia aber hörte davon. Er stellte Tag und Nacht Wachen auf. Die Hälfte der Leute arbeitete an der Mauer, die andere Hälfte aber hielt sich bereit mit Spießen, Schilden, Bogen und Panzern. Sogar diejenigen, die mauerten, hatten ein Schwert um die Hüfte gegürtet. Der Trompeter stand neben Nehemia. Er sprach zu den Vornehmsten, den Vorstehern und dem übrigen Volk:

»Das Werk ist groß und ausgedehnt. Wir sind auf der Mauer weit voneinander entfernt. Darum hört auf die Trompete! Wenn sie erschallt, lauft hin und sammelt euch um uns. Unser Gott wird für uns streiten.«

So arbeiteten sie weiter. Nehemia gebot dem Volke: »Ein jeder bleibe mit seinen Leuten über Nacht in Jerusalem, damit sie für uns bei Nacht Wache halten und am Tage arbeiten.«

Weder er, noch seine Verwandten, noch seine Knappen, noch die Wachmannschaften — keiner von ihnen zog die Kleider aus, solange sie an der Mauer bauten.

Nach 52 Tagen war die Mauer fertig.

Freudenpsalmen

Du salbst mein Haupt mit Öl
und füllst mir den Becher randvoll.
Lauter Glück und Gnade werden mir folgen
all meine Tage,
und ich werde im Hause des Herrn weilen
mein Leben lang.

Die Psalmen waren ein Lieder- und Gebetsbuch des
Tempels, vor allem nach der Rückkehr nach Jeru-
salem. Bis heute sind sie ein Gebetbuch für Juden
und Christen geblieben. Psalm 126 wurde als Lied
der Heimkehr geschrieben, zur Feier der Rückkehr
der Juden nach Jerusalem.

Psalm 23

Der Herr ist mein Hirte, mir wird nichts mangeln.
Auf grünen Auen läßt er mich lagern,
zur Ruhstatt am Wasser führt er mich.
Er stillt mein Verlangen;
er leitet mich auf rechtem Pfade
um seines Namens willen.
Und wenn ich schon wandere im finstern Tal,
ich fürchte kein Unglück;
denn du bist bei mir,
dein Stecken und Stab, der tröstet mich.
Du deckst mir den Tisch im Angesicht meiner
*   Feinde.*

Psalm 24

Des Herrn ist die Erde und was sie erfüllt,
der Erdkreis und die darauf wohnen.
Er ist's, der sie auf Meere gegründet,
auf Strömen sie festgestellt hat.
Wer darf mit hinaufziehen zum Berge des Herrn?
wer treten an seine heilige Stätte?
Wer reine Hände hat und ein lauteres Herz;
wer nicht auf Trug sinnt und nicht falsch schwört.
Der wird Segen von dem Herrn empfangen
und Heil vom Gott seiner Hilfe.
Das ist das Geschlecht, das nach ihm fragt,
das sein Angesicht sucht, Gott Jakobs.
Erhebet, ihr Tore, eure Häupter,
erhöht euch, ihr uralten Pforten,
daß der König der Herrlichkeit einziehe!
Wer ist denn der König der Herrlichkeit?
Der Herr, der Starke und Held,
der Herr, der Held im Streit!
Erhebet, ihr Tore, eure Häupter,
erhöht euch, ihr uralten Pforten,
daß der König der Herrlichkeit einziehe!
Wer ist denn der König der Herrlichkeit?
Der Herr der Heerscharen,
er ist der König der Herrlichkeit!

Psalm 126

Als der Herr wandte Zions Geschick,
da waren wir wie Träumende,
da war unser Mund voll Lachen
und unsere Zunge voll Jubel.
Da sprach man unter den Heiden:
»Der Herr hat Großes an ihnen getan!«
Ja, der Herr hat Großes an uns getan;
des waren wir fröhlich.
Wende, o Herr, unser Geschick,
wie du im Mittagsland versiegte Bäche wiederbringst.
Die mit Tränen säen, werden mit Jubel ernten.
Man schreitet dahin unter Tränen
und streut den Samen,
mit Jubel kehrt man heim, trägt hoch seine Garben.

Psalm 100

Jauchzet dem Herrn, alle Lande!
Dienet dem Herrn mit Freuden,
kommt vor sein Angesicht mit Frohlocken!
Erkennt, daß der Herr allein Gott ist:
er hat uns gemacht, und sein sind wir,
sein Volk, die Schafe seiner Weide.
Ziehet ein durch seine Tore mit Danken,
in seine Vorhöfe mit Lobgesang;
danket ihm, preiset seinen Namen!
Denn der Herr ist gütig;
ewig währt seine Gnade
und seine Treue von Geschlecht zu Geschlecht.

Die Erzählung von Jona

Das Alte Testament endet mit der teilweisen Wiederherstellung Jerusalems unter Führung von Esra und Nehemia. Über die Folgezeit, also die Zeit unter griechischer und römischer Herrschaft, als das Alte Testament in der heutigen Form zusammengestellt wurde, berichtet es sehr wenig.

Das Datum der Niederschrift des Jonas-Buches ist unbekannt. Es ist eines der letzten Bücher, die in die hebräische Bibel aufgenommen wurden. Obwohl es eines der kürzesten Bücher der Bibel ist, wird es als sehr bedeutsam betrachtet. Zwischen den Zeilen berichtet es von Gottes Liebe für alle Menschen, sogar für Leute von Ninive, also die Heiden, die von den Juden gehaßt wurden.

Es erging das Wort des Herrn an Jona, den Sohn Amitthais: »Auf, gehe nach Ninive, der großen Stadt! Predige dort, denn ihre Bosheit kränkt mich sehr.«

Jona machte sich auf, um aus dem Angesichte des Herrn hinweg nach Joppe zu fliehen. Er fand ein Schiff, das nach Tharsis fuhr, in der entgegengesetzten Richtung wie Ninive. Er bezahlte den Fahrpreis und stieg ein, um mit nach Tharsis zu fahren, hinweg aus den Augen des Herrn.

Aber der Herr warf einen gewaltigen Wind auf das Meer. Es entstand ein gewaltiger Sturm, so daß das Schiff zu scheitern drohte. Da fürchteten sich die Schiffsleute und beteten, ein jeder zu seinem Gott. Sie warfen die Ladung des Schiffes ins Meer, um es leichter zu machen.

Jona aber war im untersten Schiffsraum und schlief. Da trat der Schiffshauptmann an ihn heran und sprach: »Was soll das, daß du schläfst? Auf, rufe deinen Gott an; vielleicht macht er, daß wir nicht verderben!«

Dann sprachen die Schiffsleute zueinander: »Kommt, wir wollen das Los werfen, damit wir erfahren, wer die Ursache dieses Unglücks ist.«

Sie warfen das Los und es fiel auf Jona. Da sprachen sie zu ihm: »Sag uns doch, welches Gewerbe du betreibst? Woher kommst du? Wo bist du daheim? Zu welchem Volk gehörst du?«

Er antwortete: »Ich bin ein Hebräer und verehre den Herrn, den Gott des Himmels, der das Meer und das Land gemacht hat.«

Doch Jona hatte ihnen erzählt, daß er vor dem Herrn floh. Sie fürchteten sich daher sehr und sprachen zu ihm: »Was hast du da getan! Was sollen wir mit dir machen, daß das Meer ruhig wird?«

Er antwortete ihnen: »Nehmt mich und werft mich ins Meer, so wird es ruhig werden und von euch lassen. Denn ich weiß, daß dieser gewaltige Sturm um meinetwillen über euch gekommen ist.«

Trotzdem strengten sich die Männer an, das Schiff wieder ans Land zu bringen. Aber sie vermochten es nicht, denn das Meer wurde immer stürmischer. Da riefen sie den Herrn an: »Ach Herr, laß uns doch nicht umkommen wegen dieses einen Mannes! Rechne uns nicht seinen unschuldigen Tod an! Du, o Herr, hast nach deinem Wohlgefallen getan!«

Sie nahmen Jona und warfen ihn ins Meer. Da hörte das Meer auf zu wüten. Es überfiel aber eine große Furcht die Männer. Sie schlachteten daher dem Herrn ein Opfer und legten Gelübde ab.

Der Herr aber sandte einen großen Fisch, Jona zu verschlingen. Jona war drei Tage und drei Nächte im Bauche des Fisches. Da betete Jona im Bauche des Fisches zum Herrn. Der Herr gebot dem Fisch, und er warf Jona ans Land.

Jona machte sich auf und ging nach Ninive gemäß dem Befehl der Herrn. Die Stadt war aber sehr groß. Er ging eine Tagereise weit hinein. Dann predigte er: »Noch vierzig Tage, und Ninive ist zerstört!«

Die Leute von Ninive glaubten Gott; sie riefen ein Fasten aus. Groß und Klein legte Trauer an.

Die Kunde drang bis zum König von Ninive. Da stand er von seinem Thron auf, legte seinen Mantel ab, bedeckte sich mit dem Trauergewand und setzte sich in die Asche. Dann ließ er ausrufen und verkünden in Ninive: »Menschen und Vieh, Rinder und Schafe sollen nichts genießen. Sie sollen nicht weiden, noch Wasser trinken. Sie sollen sich in Trauer hüllen und mit Macht zu Gott rufen. Ein jeder soll sich bekehren von seinem bösen Wandel und von aller Gewalt. Wer weiß, vielleicht gereut es Gott doch noch, und er wendet seinen grimmigen Zorn von uns ab, so daß wir nicht untergehen.«

Als Gott ihr Tun sah, daß sie sich von ihrem bösen Wandel bekehrten, ließ er sich das Unheil gereuen, das er ihnen angedroht hatte, und er tat es nicht.

Gott besänftigt Jonas Zorn

Das verdroß Jona gar sehr und er ward zornig. Er betete zum Herrn und sprach: »Ach Herr, das ist es eben, was ich mir sagte, als ich noch in meinem Lande war. Darum wollte ich auch das erste Mal nach Tharsis fliehen. Denn ich wußte ja, daß du ein gnädiger und barmherziger Gott bist, langmütig und reich an Huld.

Aber jetzt, o Herr, nimm doch mein Leben! Ich will lieber sterben als weiterleben.«

Da antwortete der Herr: »Ist es recht, daß du so zürnst?«

Danach ging Jona zur Stadt hinaus und ließ sich östlich der Stadt nieder. Er baute sich dort eine Hütte und saß darunter im Schatten, um zu sehen, wie es der Stadt ergeht.

Gott der Herr sandte eine Rizinusstaude, die über Jona emporwuchs, um ihm Schatten zu geben und ihm so seine mißmutige Stimmung zu nehmen. Über diesen Rizinusstrauch freute sich Jona sehr.

Aber in der Frühe des folgenden Tages sandte Gott einen Wurm, der stach die Rizinusstaude, so daß sie verdorrte. Als die Sonne aufging, sandte Gott einen heißen Ostwind. Die Sonne stach auf Jonas Kopf, so daß er matt wurde. Da wünschte er sich den Tod und sprach: »Ich will lieber sterben als weiterleben.«

Gott aber sprach zu Jona: »Ist es recht, daß du so zürnst über die Rizinusstaude?«

Jona antwortete: »Ja, mit Recht zürne ich! Mir ist das Leben verleidet.«

Da sprach der Herr: »Dir ist leid um die Rizinusstaude, obgleich du sie weder gepflanzt noch gepflegt hast; die in einer Nacht geworden und in einer Nacht verdorben ist. Mir aber sollte es nicht leid tun um die große Stadt Ninive, mit all ihrem Vieh und ihren 120 000 Menschen?«

DAS NEUE TESTAMENT

Die Kindheit Jesu

Zacharias und Elisabeth

In den Tagen des Herodes, des Königs von Judäa, lebte ein Priester mit Namen Zacharias, dessen Frau hieß Elisabeth. Sie waren beide gerecht vor Gott und hielten alle Gebote und Satzungen des Herrn. Aber sie hatten keine Kinder und waren beide schon betagt.

Als Zacharias an der Reihe war, Priesterdienst zu tun, begab es sich, daß er in den Tempel ging und dort das Rauchopfer darbrachte, während das Volk draußen stand und betete. Da erschien ihm zur Rechten des Altars ein Engel des Herrn. Als Zacharias ihn sah, erschrak er und Furcht befiel ihn.

Der Engel aber sprach zu ihm: »Fürchte dich nicht, Zacharias! Dein Gebet ist erhört worden. Deine Frau Elisabeth wird dir einen Sohn schenken, den du Johannes nennen sollst. Er wird dir Freude und Jubel sein, und viele werden sich über seine Geburt freuen. Denn er wird groß sein vor dem Herrn; Wein und Berauschendes wird er nicht trinken. Er wird mit Heiligem Geist erfüllt werden. Viele von den Kindern Israels wird er zum Herrn, ihrem Gott, bekehren.

Er selbst wird vor ihm hergehen im Geist und in der Kraft des Elia und wird die Herzen der Väter den Kindern zuwenden und die Ungehorsamen zur Einsicht der Gerechten, um dem Herrn ein vorbereitetes Volk zu schaffen.«

Zacharias sprach zu dem Engel: »Woran soll ich das erkennen? Denn ich bin doch alt, und auch meine Frau ist schon betagt.«

Da antwortete der Engel: »Ich bin Gabriel, der vor Gott steht. Ich bin gesandt, zu dir zu reden und dir diese frohe Botschaft zu bringen. Siehe, du wirst stumm sein und nicht sprechen können bis zu dem Tage, an dem dies geschehen wird, weil du meinen Worten nicht geglaubt hast.«

Das Volk, das draußen wartete, wunderte sich, daß er so lange im Tempel blieb. Als er aber herauskam, konnte er nichts zu ihnen sprechen. Da erkannten sie, daß er im Tempel eine Erscheinung gehabt hatte. Er winkte ihnen zu und blieb stumm.

Als die Tage seines Dienstes vorüber waren, ging er hinweg in sein Haus. Bald darauf merkte Elisabeth, seine Frau, daß sie ein Kind erwartete.

Ein Engel erscheint Maria

Im sechsten Monat wurde der Engel Gabriel von Gott in eine Stadt Galiläas namens Nazareth gesandt, zu einer Jungfrau, die verlobt war mit einem Manne namens Josef aus dem Hause Davids. Der Name der Jungfrau aber war Maria.

Der Engel trat zu ihr ein und sprach: »Sei gegrüßt, Gnadenvolle! Der Herr ist mit dir.«

Maria aber erschrak über diese Rede und dachte nach, was dieser Gruß zu bedeuten habe. Da sprach der Engel zu ihr: »Fürchte dich nicht, Maria! Denn du hast Gnade bei Gott gefunden. Siehe, du wirst einen Sohn empfangen, und du sollst ihm den Namen Jesus geben. Er wird groß sein und Sohn des Allerhöchsten genannt werden. Gott, der Herr, wird ihm den Thron seines Vaters David geben. Er wird König sein über das Haus Jakob in Ewigkeit, und seines Reiches wird kein Ende sein.«

Maria aber sprach zu dem Engel: »Wie soll das geschehen, da ich keinen Mann erkenne?«

Der Engel antwortete ihr: »Heiliger Geist wird über dich kommen, und die Kraft des Höchsten dich überschatten. Das Kind, das du zur Welt bringst, wird heilig sein und Sohn Gottes genannt werden.«

Maria sprach: »Siehe, ich bin die Magd des Herrn; mir geschehe nach deinem Wort!«

Dann machte Maria sich auf und wanderte eilends nach dem Bergland in eine Stadt Judas. Sie trat in das Haus des Zacharias und begrüßte Elisabeth, ihre Verwandte. Als Elisabeth den Gruß Marias hörte, wurde sie mit dem Heiligen Geist erfüllt und rief laut:

»Gesegnet bist du unter den Frauen, und gesegnet ist die Frucht deines Leibes! Aber warum kommt die Mutter meines Herrn zu mir?«

Maria sprach:

Meine Seele erhebt den Herrn,
und mein Geist frohlockt
über Gott, meinen Heiland,
daß er herabgeblickt hat
auf die Niedrigkeit seiner Magd.
Siehe, von jetzt an werden mich
seligpreisen alle Geschlechter.
Denn Großes hat mir getan der Mächtige.
Heilig ist sein Name,
und seine Barmherzigkeit währt
von Geschlecht zu Geschlecht
über die, die ihn fürchten.
Er hat Macht geübt mit seinem Arm;
er hat zerstreut, die hochmütig sind
in ihres Herzens Sinn.
Er hat Gewaltige
von den Thronen gestürzt
und Niedrige erhöht.
Hungrige hat er mit Gütern erfüllt
und Reiche läßt er leer ausgehen.
Er hat sich Israels, seines Knechtes, angenommen,
eingedenk seiner Barmherzigkeit,
wie er gesprochen hat zu unsern Vätern,
zu Abraham und seinen
Nachkommen auf ewig.«

Maria aber blieb drei Monate bei Elisabeth und kehrte dann nach Hause zurück.

Die Geburt Johannes des Täufers

Für Elisabeth aber kam die Zeit, daß sie ihr Kind zur Welt bringen sollte; sie gebar einen Sohn. Ihre Nachbarn und Verwandten, die hörten, daß der Herr so große Barmherzigkeit an ihr gezeigt hatte, freuten sich mit ihr.

Am achten Tag kamen sie, um das Kind zu beschneiden, und wollten es nach seinem Vater Zacharias nennen.

Doch seine Mutter sagte: »Nein, Johannes soll er heißen.« Sie sagten zu ihr: »Es ist doch niemand in deiner Verwandtschaft, der diesen Namen trägt!« Durch Zeichen fragten sie seinen Vater, wie er wolle, daß das Kind heißen solle.

Zacharias verlangte ein Schreibtäfelchen und schrieb: »Johannes ist sein Name.« Und alle wunderten sich. Sofort aber tat sich sein Mund auf, und seine Zunge löste sich. Er konnte reden und pries Gott. Da fürchteten sich alle, die in ihrer Nähe wohnten.

Im ganzen Bergland von Judäa sprach

man von diesen Dingen. Alle, die es hörten, nahmen es sich zu Herzen und sagten: »Was wird wohl aus diesem Kindlein werden?«

Sein Vater Zacharias wurde vom Heiligen Geist erfüllt und prophezeite:

»Gepriesen sei der Herr, der Gott Israels;
denn er hat sich seines Volkes angenommen
und ihm Erlösung bereitet.
Er hat für uns aufgerichtet ein Horn des Heils
in dem Hause Davids, seines Knechtes,
wie er es von alters her durch den Mund seiner
heiligen Propheten verheißen hat:
Rettung von unsern Feinden und
aus der Hand aller, die uns hassen,
Barmherzigkeit zu erweisen unsern Vätern
und zu gedenken seines heiligen Bundes,
des Eides, den er Abraham, unserm Vater,
geschworen hat,
er wolle uns verleihen, daß wir,

erlöst aus der Hand unsrer Feinde,
ohne Furcht ihm dienen
in Heiligkeit und Gerechtigkeit
vor ihm alle unsere Tage.
Aber auch du, mein Kind,
wirst ein Prophet des Höchsten genannt werden;
denn du sollst vor dem Herrn
hergehen, seine Wege zu bereiten,
um Erkenntnis des Heils zu geben seinem Volk
in Vergebung ihrer Sünden,
durch das innige Erbarmen unseres Gottes,
mit dem er uns heimgesucht hat, der Aufgang aus
der Höhe.
Leuchten wird er denen, die in Finsternis
und Todesschatten sitzen,
zu leiten unsre Füße auf den Weg des Friedens.«

Das Kind aber wuchs und wurde stark im Geiste. Es war in der Wüste bis zum Tage seines Auftretens vor Israel.

Die Geburt Jesu

Es geschah in jenen Tagen, da erging vom Kaiser Augustus in Rom ein Befehl, den ganzen Erdkreis zu zählen. Diese Volkszählung war die erste und geschah, als Quirinius Statthalter in Syrien war.

Da gingen alle hin, sich zählen zu lassen, ein jeder in seine Stadt. Auch Josef ging von Galiläa aus der Stadt Nazareth hinauf nach Judäa in die Stadt Davids, die Bethlehem heißt, weil er aus dem Hause und Geschlechte Davids war, um sich mit Maria, seiner Frau, die bald ein Kind bekommen sollte, zählen zu lassen.

Als sie aber dort waren, da kam der Tag, da sie gebären sollte. Sie gebar ihren ersten Sohn, wickelte ihn in Windeln und legte ihn in eine Krippe, weil für sie in der Herberge kein Platz war.

Es waren aber Hirten in jener Gegend auf dem Felde, die hüteten des Nachts ihre Herde. Da trat der Engel des Herrn zu ihnen, und die Herrlichkeit des Herrn umstrahlte sie, so daß sie sich sehr fürchteten.

Der Engel aber sprach zu ihnen: »Fürchtet euch nicht! Denn siehe, ich verkünde euch eine große Freude, die allem Volke widerfahren wird. Heute ist euch in der Stadt Davids der Heiland geboren, der Messias und Herr. Und dies sei euch das Zeichen: Ihr werdet ein Kindlein finden, in Windeln gewickelt und in einer Krippe liegend.«

Plötzlich waren bei dem Engel die himmlischen Heerscharen, die Gott lobten und sprachen:

»Ehre sei Gott in der Höhe
und Friede auf Erden
den Menschen
des göttlichen Wohlgefallens.«

Als die Engel von ihnen fort in den Himmel gefahren waren, sprachen die Hirten zu einander: »Wir wollen nach Bethlehem gehen und sehen, was geschehen ist, und was der Herr uns kundgetan hat.«

Sie gingen eilends hin und fanden Maria und Josef und das Kind, das in der Krippe lag. Als sie es sahen, erzählten sie genau, was ihnen über dieses Kind gesagt worden war. Alle, die es hörten, wunderten sich über das, was die Hirten berichteten. Maria aber behielt alle diese Worte getreu und erwog sie in ihrem Herzen.

Als die Zeit kam, da der Knabe beschnitten werden sollte, wurde ihm der Name Jesus gegeben, den der Engel genannt hatte, ehe das Kind geboren war.

Die Darbringung im Tempel

Als die Tage ihrer Reinigung nach dem Gesetz des Mose vorüber waren, brachten sie ihn nach Jerusalem, um ihn dem Herrn darzubringen. Auch soll nach der Vorschrift im Gesetz des Herrn ein Opfer dargebracht werden: »Ein Paar Turteltauben oder zwei junge Tauben.«

Es lebte in Jerusalem ein Mann namens Simeon. Dieser Mann war gerecht und fromm. Heiliger Geist war auf ihm und hatte ihm gesagt, er werde nicht sterben, bis ... Gesalbten des Herrn gesehen hätte. D... Mann kam, getrieben vom Heiligen G... in den Tempel. Als die Eltern das Kind J... hereinbrachten, um an ihm die Vorsch... des Gesetzes zu erfüllen, da nahm Simeon ... auf seine Arme, pries Gott und sprach:

»Nun entlässest du deinen Knecht, o Herr,
nach deinem Wort in Frieden.
Denn meine Augen haben dein Heil gesehen,
das du vor dem Angesicht aller Völker bereitet has...
ein Licht zur Erleuchtung der Heiden
und zum Ruhme deines Volkes Israel.«

Josef und die Mutter des Knaben wunderten sich über das, was über ihn gesagt wurde. Simeon segnete sie und sprach zu Maria: »Siehe, dieser ist bestimmt zum Falle und zur Auferstehung vieler in Israel. Er wird Zeichen des Widerspruchs sein, damit die Gedanken vieler Herzen offenbar werden, und auch deine Seele wird ein Schwert durchdringen.«

Der Besuch der drei Weisen

Als Jesus in den Tagen des Königs Herodes zu Bethlehem in Juda geboren war, siehe, da kamen Weise aus dem Morgenland nach Jerusalem und fragten: »Wo ist der neugeborene König der Juden? Wir haben seinen Stern im Morgenland gesehen und sind gekommen, ihm zu huldigen.«

Als der König Herodes das hörte, erschrak er, und ganz Jerusalem mit ihm. Er ließ alle Hohenpriester und Schriftgelehrten des Volkes zusammenrufen und erforschte von ihnen, wo der Messias geboren werden solle. Diese antworteten ihm: »Zu Bethlehem in Judäa; denn so ist es durch den Propheten geschrieben worden:

Und du, Bethlehem, im Lande Juda,
bist keineswegs die niedrigste unter den
Fürstenstädten Judas; denn aus dir wird der
Fürst hervorgehen, der mein Volk weiden wird.«

Da rief Herodes heimlich die Weisen und erkundigte sich bei ihnen genau nach der Zeit, wann der Stern erschienen war. Er sandte sie nach Bethlehem und sagte: »Zieht hin und forscht genau nach dem Kindlein! Wenn ihr es aber gefunden habt, so meldet es mir, damit auch ich komme und ihm huldige.«

Nachdem sie den König angehört hatten, zogen sie hin. Und siehe, der Stern, den sie im Morgenland gesehen hatten, ging vor ihnen her, bis er über dem Ort stillstand, wo das Kind war. Als sie aber den Stern sahen, hatten sie eine überaus große Freude. Sie gingen in das Haus, sahen das Kind mit Maria, seiner Mutter, fielen nieder und huldigten ihm. Dann brachten sie ihm Gaben dar: Gold, Weihrauch und Myrrhe. Da sie aber im Traum von Gott gewarnt wurden, nicht zu Herodes zurückzukehren, zogen sie auf einem andern Weg in ihre Heimat zurück.

Als die Weisen fortgezogen waren, erschien dem Josef im Traum ein Engel des Herrn und sprach: »Steh auf, nimm das Kind und seine Mutter und fliehe nach Ägypten! Bleibe dort, bis ich es dir sage. Denn Herodes will das Kind suchen, um es zu töten.«

Da stand er auf, nahm das Kind und seine Mutter mit sich und zog nach Ägypten. Er blieb dort bis zum Tode des Herodes, damit erfüllt würde, was der Prophet des Herrn gesagt hatte: 'Aus Ägypten rief ich meinen Sohn.'

Als Herodes sah, daß er von den Weisen getäuscht worden war, wurde er sehr zornig. Er sandte hin und ließ in Bethlehem und in seiner ganzen Umgebung alle Knäblein töten, die zweijährig und jünger waren, genau der Zeit entsprechend, die er von den Weisen erkundet hatte. Da wurde das Wort erfüllt, das durch den Propheten Jeremia gesprochen worden war:

'Eine Stimme hört man in Rama,
viel Weinen und Wehklagen. Rachel beweint ihre
Kinder und ist untröstlich,
weil sie nicht mehr sind.'

Als Herodes gestorben war, erschien dem Josef in Ägypten im Traum ein Engel des Herrn und sagte: »Steh auf, nimm das Kind und seine Mutter und kehre zurück in das Land Israel; denn die dem Kind nach dem Leben trachteten, sind tot.«

Da stand er auf, nahm das Kind und seine Mutter mit sich und zog in das Land Israel. Als er jedoch hörte, daß Archelaus anstelle seines Vaters Herodes über Judäa regierte,

fürchtete er sich, dorthin zu gehen.

Nachdem er aber im Traum von Gott gewarnt worden war, zog er in das Gebiet von Galiläa.

Er kam in eine Stadt namens Nazareth und nahm dort Wohnung, damit erfüllt würde, was durch den Propheten gesagt worden ist: 'Er wird Nazarener heißen'.

Das öffentliche Wirken Jesu

Jesus im Tempel

Das Kind aber wuchs und wurde stark im Geist und erfüllt mit Weisheit, und Gottesgnade war auf ihm.

Als er zwölf Jahre alt war, gingen seine Eltern, wie gewöhnlich, nach Jerusalem zum Passahfest. Als das Passahfest vorüber war und sie wieder heimkehrten, blieb der Knabe Jesus in Jerusalem; seine Eltern aber wußten es nicht. Weil sie aber meinten, er sei bei der Reisegesellschaft, zogen sie eine Tagereise weit, ehe sie ihn unter den Verwandten und Bekannten suchten. Als sie ihn nicht fanden, kehrten sie nach Jerusalem zurück und suchten ihn.

Nach drei Tagen fanden sie ihn im Tempel, wie er mitten unter den Lehrern saß, auf sie hörte und sie fragte. Es erstaunten aber alle, die ihn hörten, über seine Einsicht und seine Antworten.

Als die Eltern ihn sahen, erschraken sie sehr. Seine Mutter sagte zu ihm: »Kind, warum hast du uns das getan? Dein Vater und ich haben dich mit Schmerzen gesucht!« Er antwortete ihnen: »Warum habt ihr mich gesucht? Wußtet ihr nicht, daß ich im Hause meines Vaters sein muß?« Aber sie verstanden nicht, was er sagte.

Dann ging er mit ihnen hinab nach Nazareth und war ihnen untertan. Seine Mutter aber bewahrte alle die Worte in ihrem Herzen. Jesus nahm zu an Weisheit und Alter und Gnade bei Gott und den Menschen.

Jesu Taufe durch Johannes

Im fünfzehnten Jahr der Regierung des Kaisers Tiberius, als Pontius Pilatus Statthalter von Judäa war und Herodes Fürst von Galiläa, erging das Wort Gottes an Johannes, den Sohn des Zacharias, in der Wüste. Er begab sich in das Gebiet am Jordan und predigte überall die Bußtaufe zur Vergebung der Sünden. So steht es im Buche des Propheten Jesaja geschrieben:

*Stimme eines Rufers in der
Wüste: Bereitet den Weg des Herrn, machet eben
seine Pfade! Jedes Tal soll ausgefüllt,
jeder Berg und Hügel abgetragen werden,*
*was krumm ist, soll gerade, was uneben, soll
ebener Weg werden. Und
alles Fleisch soll das Heil Gottes schauen.*
Johannes trug ein Gewand von Kamelhaaren und um seine Lenden einen ledernen Gürtel. Er nährte sich von Heuschrecken und wildem Honig. Da zogen alle Leute aus Jerusalem und Judäa und aus dem Gebiet am Jordan zu ihm hinaus. Sie ließen sich von ihm taufen, indem sie ihre Sünden bekannten.

Als er aber auch viele von den Pharisäern und Sadduzäern zur Taufe kommen sah, sprach er zu ihnen: »Ihr Natterngezücht, wer hat euch gelehrt, dem künftigen Zorn zu entfliehen? Tut daher Dinge, die eure Buße beweisen, und sagt nicht zu euch selber: ›Wir haben ja Abraham zum Vater.‹ Denn ich sage euch: Gott vermag dem Abraham aus diesen Steinen Kinder zu erwecken. Schon ist aber die Axt den Bäumen an die Wurzel gelegt. Jeder Baum, der keine gute Frucht bringt, wird umgehauen und ins Feuer geworfen.«

Die Volksmenge fragte ihn: »Was sollen wir denn tun?«

Er antwortete: »Wer zwei Röcke hat, gebe einen dem, der keinen hat; und wer Speise hat, handle ebenso!«

Auch Zöllner kamen, um sich taufen zu lassen und sagten zu ihm: »Meister, was sollen wir tun?« Er sprach zu ihnen: »Fordert nicht mehr, als euch befohlen ist!«
Auch Soldaten fragten ihn: »Was sollen wir tun?« Er sprach zu ihnen: »Begeht gegen niemand Gewalttat noch Erpressung und begnüget euch mit eurem Solde!«
Als nun das Volk voller Erwartung war und alle sich in ihrem Herzen dachten,

ob Johannes vielleicht der Messias sei, erklärte Johannes allen: »Ich taufe euch mit Wasser; es kommt aber ein Stärkerer als ich. Ich bin nicht würdig, ihm den Riemen seiner Schuhe zu lösen. Er wird euch mit Heiligem Geist und mit Feuer taufen.«

Er hat die Wurfschaufel in seiner Hand, um seine Tenne zu säubern. Den Weizen wird er in seine Scheune sammeln; die Spreu aber wird er mit unauslöschlichem Feuer verbrennen.«

Da kam Jesus aus Galiläa an den Jordan, um sich von Johannes taufen zu lassen. Dieser aber sagte: »Ich müßte mich von dir taufen lassen, und du kommst zu mir?«

Doch Jesus antwortete: »Laß es jetzt nur zu! Denn wir müssen alle Gerechtigkeit erfüllen.«

Da ließ Johannes es zu. Als Jesus getauft worden war, stieg er aus dem Wasser, und siehe, die Himmel taten sich auf. Er sah den Geist Gottes wie eine Taube herabschweben und über ihn kommen. Und siehe, eine Stimme aus dem Himmel sprach: »Dies ist mein geliebter Sohn, an dem ich Wohlgefallen habe.«

Die Versuchung in der Wüste

Danach wurde Jesus vom Geiste in die Wüste geführt, um vom Teufel versucht zu werden. Jesus fastete vierzig Tage und vierzig Nächte, und danach hungerte ihn. Da trat der Versucher an ihn heran und sagte: »Wenn du Gottes Sohn bist, so sprich, daß diese Steine Brot werden!«

Jesus aber antwortete: »Es steht geschrieben: ›Nicht vom Brot allein lebt der Mensch, sondern von jedem Wort, das aus dem Munde Gottes kommt.‹«

Da nahm ihn der Teufel mit in die heilige Stadt, stellte ihn auf die Zinne des Tempels und sagte zu ihm: »Wenn du Gottes Sohn bist, so stürze dich hinab; denn es steht geschrieben: ›Seinen Engeln hat er befohlen;

sie werden dich auf Händen tragen, damit du deinen Fuß nicht an einen Stein stoßest.‹«

Jesus sprach zu ihm: »Es steht aber auch geschrieben: ›Du sollst den Herrn, deinen Gott, nicht versuchen.‹«

Wieder nahm ihn der Teufel mit sich auf einen sehr hohen Berg und zeigte ihm alle Reiche der Welt und ihre Herrlichkeit und sagte ihm: »Dies alles will ich dir geben, wenn du niederfällst und mich anbetest.«

Da sagte Jesus zu ihm: »Weiche, Satan! Denn es steht geschrieben: ›Du sollst den Herrn, deinen Gott, anbeten und ihm allein dienen.‹«

Da verließ ihn der Teufel; und siehe, Engel kamen herbei und dienten ihm.

Jesus in Galiläa

Herodes hatte Johannes, der ihn wegen seiner bösen Taten getadelt hatte, ins Gefängnis geworfen. Als Jesus das hörte, zog er nach Galiläa zurück. Er verließ Nazareth und kam nach Kapernaum am See.

Dort begann Jesus zu predigen: »Tut Buße, denn das Himmelreich ist nahe!« Er war dreißig Jahre alt, als er zu lehren begann.

Als er am Galiläischen See wanderte, sah er zwei Brüder, Simon und Andreas, das Netz in den See auswerfen, denn sie waren Fischer. Da stieg er in eines der Schiffe, das Simon gehörte, und bat ihn, ein wenig vom Ufer wegzufahren. Dann setzte er sich und lehrte das Volk vom Schiff aus.

Als er aufgehört hatte zu reden, sprach er zu Simon: »Fahre ins tiefe Wasser und werfet eure Netze zum Fang aus!« Simon antwortete: »Meister, wir haben die ganze Nacht hindurch gearbeitet und nichts gefangen; doch auf dein Wort hin will ich die Netze auswerfen.«

Als sie das getan hatten, fingen sie eine große Menge Fische, so daß ihre Netze zu zerreißen drohten. Sie winkten den Gefährten im andern Schiff, sie möchten kommen und ihnen helfen. Diese kamen, und sie füllten beide Schiffe, sodaß sie beinahe versanken.

Als Simon das sah, warf er sich zu den Füßen Jesu nieder und sprach: »Geh weg von mir, denn ich bin ein sündiger Mensch, o Herr!« Er war erschrocken, er und alle, die bei ihm waren, wegen des Fischzuges, den sie getan hatten.

Da sprach Jesus zu ihnen: »Folget mir nach! Ich will euch zu Menschenfischern machen.« Da verließen sie ihre Netze und folgten ihm nach.

Als er weiterging, sah er ein anderes Brüderpaar, Jakobus, den Sohn des Ze- bedäus, und seinen Bruder Johannes, mit ihrem Vater die Netze ausbessern. Er rief sie zu sich. Da verließen sie das Schiff und ihren Vater und folgten ihm nach.

Die Berufung der zwölf Apostel

Die Erzählung von der Berufung der ersten Jünger, in deren Mittelpunkt Simon Petrus steht, wird ergänzt durch den Bericht des Johannes-Evangeliums (1,35-51). Die endgültige Auswahl der zwölf Apostel und ihre Namen sind in den ersten drei Evangelien nach Matthäus (10,1-4), nach Markus (3,13-19) und nach Lukas (6,12-16) festgehalten. Vergleiche dazu die Liste der zwölf Apostel, die sich in der Apostelgeschichte (1,12-14) findet.

In diesen Tagen stieg Jesus auf einen Berg und brachte die ganze Nacht im Gebete zu. Als es Tag geworden war, rief er seine Jünger zu sich und sprach: »Die Ernte ist groß, aber der Arbeiter sind wenige«. Dann wählte Jesus aus ihnen zwölf aus, die er Apostel nannte:

An erster Stelle Simon, dem er den Namen Petrus gab, und seinen Bruder Andreas, Jakobus und Johannes, Philippus und Bartolomäus, Matthäus und Thomas, Jakobus, den Sohn des Alphäus, und Simon mit dem Beinamen der Eiferer, Judas, den Bruder des Jakobus, und Judas Iskariot, der zum Verräter wurde.

Dann gab er seinen zwölf Aposteln Macht, unreine Geister auszutreiben und jegliche Krankheit und jegliches Gebrechen zu heilen.

Und Jesus sprach zu ihnen: »Wenn jemand mir nachfolgen will, so verleugne er sich selbst, nehme sein Kreuz auf sich, und so folge er mir nach. Haben sie mich verfolgt, so werden sie auch euch verfolgen. Der Jünger ist nicht über dem Meister.

Selig seid ihr, wenn euch die Menschen schmähen und verfolgen. Freuet euch und frohlocket! Denn euer Lohn ist groß im Himmel. Lasset euer Licht leuchten vor den Menschen, damit sie eure guten Werke sehen und euren Vater im Himmel preisen«.

Die öffentliche Wirksamkeit Jesu dauerte wohl etwa drei Jahre. Jesus wirkte zunächst in Galiläa, vor allem am See Genezareth, später auch im sogenannten Zehnstädte-Gebiet (Dekapolis) und auch im südlichen Teil Palästinas, in Jerusalem und in der Umgebung dieser Stadt, in die alle Juden vom zwölften Lebensjahr an zu mehreren Pflichtwallfahrten im Jahr zogen.

Die Evangelisten, die erst nach mehreren Jahrzehnten nach der Kreuzigung Jesu ihren Bericht aufgeschrieben haben, versuchten die überlieferten Wunder und Reden Jesu in ein Ablaufschema einzufügen. Man kann feststellen, daß im ersten Abschnitt der öffentlichen Wirksamkeit Jesu das Volk Israel, auch die Schriftgelehrten und Pharisäer, mit einer großen Aufgeschlossenheit der Botschaft Jesu zugetan waren. Aber immer deutlicher wird mit den eindrucksvollen Wundern, daß dieser Jesus von Nazareth mehr ist als ein gewöhnlicher Mensch. Es verhärteten sich daher die Fronten zwischen Jesus, seinen Aposteln und Jüngern einerseits und den Pharisäern und einem großen Teil des jüdischen Volkes andrerseits.

Den Bericht über die Aufnahme, aber auch über die Ablehnung Jesu durch das Volk Israel haben die vier Evangelien überliefert, wobei je nach dem Interesse des einzelnen Evangelisten oder auch nach den jeweiligen Anliegen der urchristlichen Gemeinden bald dieser, bald jener Gesichtspunkt deutlicher und breiter erzählt wurde.

In allem ist aber zu beachten: Die vier Evangelisten wollten nicht nur eine »Geschichte« erzählen. Sie wollen durch ihre Botschaft die Menschen zum Nachdenken über das Geheimnis des Jesus von Nazareth anregen und sie einladen, ebenfalls in die Nachfolge dieses Jesus Christus einzutreten, um in dieser Welt ein Zeugnis von der Ankunft des Gottesreiches abzulegen.

Die Hochzeit zu Kana

Am dritten Tage war eine Hochzeit zu Kana in Galiläa, an der die Mutter Jesu teilnahm. Auch Jesus und seine Jünger wurden zur Hochzeit geladen. Als der Wein ausgegangen war, sagte die Mutter Jesu zu ihm: »Sie haben keinen Wein mehr.« Jesus antwortete ihr: »Frau, was habe ich mit dir zu tun? Meine Stunde ist noch nicht gekommen.« Seine Mutter sagte zu den Dienern: »Was er euch sagen wird, das tut!«

Es waren aber, wie es dem Reinigungsbrauch der Juden entsprach, sechs steinerne Wasserkrüge dort aufgestellt, die je zwei oder drei Maß faßten. Jesus sagte den Dienern: »Füllet die Krüge mit Wasser!« Sie füllten sie bis zum Rand. Dann sagte er zu ihnen: »Schöpfet jetzt und bringet es dem Speisemeister.« Sie gehorchten.

Als aber der Speisemeister das Wasser, das Wein geworden war, gekostet hatte und nicht wußte, woher es kam — die Diener jedoch, die das Wasser geschöpft hatten, wußten es —, rief er den Bräutigam und sagte zu ihm: »Jedermann setzt zuerst den guten Wein vor, und erst wenn die Gäste trunken geworden sind, den geringern. Du hast den guten Wein bis jetzt aufgespart.«

Diesen Anfang der Wunderzeichen machte Jesus zu Kana in Galiläa und offenbarte so seine Herrlichkeit und seine Jünger glaubten an ihn.

Jesus lehrt in den Synagogen

Danach ging er nach Kapernaum mit seiner Mutter, seinen Brüdern und seinen Jüngern; am Sabbat lehrte er in der Synagoge. Die Leute erstaunten über seine Lehre, denn er lehrte sie wie einer, der Macht hat, und nicht wie die Schriftgelehrten.

Da war in der Synagoge ein Mann mit einem unreinen Geist, der schrie auf und rief: »Was haben wir mit dir zu schaffen, Jesus von Nazareth? Bist du gekommen, uns zu verderben? Wir wissen, wer du bist: der Heilige Gottes!«

Da bedrohte Jesus den Geist in ihm und sprach: »Verstumme und fahre aus von ihm!«

Der unreine Geist riß den Mann hin und her, schrie mit lauter Stimme und fuhr von ihm aus. Da erstaunten alle und fragten sich: »Was ist das? Eine neue Lehre voll Macht! Den unreinen Geistern gebietet er, und sie gehorchen ihm!« Die Kunde davon verbreitete sich sehr schnell überall im Gebiet von Galiläa.

Als sie aus der Synagoge kamen, gingen sie mit Jakobus und Johannes in das Haus des Simon und des Andreas. Die Schwiegermutter des Simon aber lag am Fieber darnieder. Er trat hinzu, ergriff ihre Hand und richtete sie auf. Das Fieber verließ sie, und sie bediente die Gäste.

Als es Abend geworden war, brachten sie nach Sonnenuntergang alle zu ihm, die krank und von Dämonen besessen waren; die ganze Stadt war an der Türe versammelt. Er heilte viele, die an mancherlei Krankheiten litten, und trieb viele Dämonen aus.

Am Morgen, als es noch sehr dunkel war, stand er auf, ging hinaus an einen einsamen Ort und betete dort. Simon eilte ihm nach mit seinen Begleitern. Sie fanden ihn und sagten zu ihm: »Alle suchen dich!« Da sagte er zu ihnen: »Lasset uns in die benachbarten Städte gehen, damit ich auch dort predige; denn dazu bin ich ausgegangen.«

Er predigte in ganz Galiläa in den Synagogen und trieb die Dämonen aus.

Die Heilung des Aussätzigen

Ein Aussätziger kam bittend zu ihm, warf sich vor ihm auf die Knie und sagte zu ihm: »Wenn du willst, kannst du mich gesund machen.«

Jesus hatte Erbarmen mit ihm, streckte seine Hand aus, rührte ihn an und sprach: »Ich will es. Werde rein!« Sogleich wich der Aussatz von ihm, und er wurde gesund.

Da hieß er ihn weggehen und sprach zu ihm: »Sage niemandem etwas, sondern geh hin, zeige dich dem Priester und opfere für deine Heilung, was Mose befohlen hat!«

Der Mann aber ging und erzählte die Sache überall, so daß Jesus nicht mehr offen in eine Stadt hineingehen konnte, sondern draußen an einsamen Orten blieb. Und sie kamen von überall her zu ihm.

Die Pharisäer befragen Jesus

Es begab sich an einem der Tage, daß er lehrte; da saßen Pharisäer und Gesetzeslehrer, die aus den Ortschaften von Galiläa und Judäa und von Jerusalem gekommen waren.

Da trugen Männer auf einem Bett einen Mann, der gelähmt war. Sie suchten ihn in das Haus hineinzubringen und vor Jesus hinzulegen. Da sie aber wegen der Volksmenge nicht hindurchkommen konnten, stiegen sie auf das Haus und ließen den Gelähmten mit der Tragbahre durch das Ziegeldach hinab vor Jesus hin. Als dieser ihren Glauben sah, sprach er: »Mein Sohn, deine Sünden sind dir vergeben!«

Da fingen die Schriftgelehrten und die Pharisäer an, sich Gedanken zu machen und fragten: »Wer ist dieser, der solche Lästerungen redet? Wer kann Sünden vergeben als Gott allein?«

Als Jesus ihre Gedanken sah, sprach er zu ihnen: »Was macht ihr euch für Gedanken und fragt: 'Was ist leichter, zu sagen: Deine Sünden sind dir vergeben, oder zu sagen: Steh auf und geh?' Damit ihr aber wißt, daß der Menschensohn Macht hat, auf Erden Sünden zu vergeben«, er wandte sich zu dem Gelähmten: »Ich sage dir: Steh auf, hebe dein Bett auf und geh in dein Haus!«

Sofort stand er vor ihren Augen auf, hob die Tragbahre auf, worauf er gelegen hatte, ging hinweg in sein Haus und pries Gott. Staunen ergriff alle; sie priesen Gott, fürchteten sich und sagten: »Wir haben heute unerhörte Dinge gesehen!«

Danach sah Jesus einen Zöllner, der Levi hieß, an der Zollstätte sitzen. Er sagte zu ihm: »Folge mir nach!« Da stand er auf und folgte ihm nach. (Es war der Apostel Matthäus).

Eines Tages kamen viele Zöllner und Sünder und saßen mit Jesus und seinen Jüngern zu Tische. Als die Pharisäer das sahen, sagten sie zu seinen Jüngern: »Warum ißt euer Meister mit den Zöllnern und Sündern?«

Jesus hörte es und sprach: »Nicht die Gesunden bedürfen des Arztes, sondern die Kranken. Gehet aber hin und lernet, was das heißt: 'Barmherzigkeit will ich, und nicht Opfer.' Denn ich bin nicht gekommen, Gerechte zu berufen, sondern Sünder.«

Dann kamen die Jünger des Johannes zu ihm und sagten: »Warum fasten wir und die Pharisäer, deine Jünger aber fasten nicht?«

Jesus sprach zu ihnen: »Können die Hochzeitsleute trauern, solange der Bräutigam bei ihnen ist? Doch es werden Tage kommen, wo der Bräutigam von ihnen genommen sein wird, und dann werden sie fasten.«

Der Sabbattag

Zu jener Zeit wanderte Jesus am Sabbat entlang an Kornfeldern. Seine Jünger hatten Hunger und fingen an, Ähren abzureißen und zu essen. Als die Pharisäer das sahen, sagten sie zu ihm: »Siehe, deine Jünger tun, was am Sabbat nicht erlaubt ist.«

Jesus aber sprach zu ihnen: »Habt ihr nicht gelesen, was David tat, als ihn und seine Begleiter hungerte? Wie er in das Haus Gottes hineinging und sie die Schaubrote aßen, die er nicht essen durfte, noch seine Begleiter, sondern allein die Priester? Oder habt ihr im Gesetz nicht gelesen, daß am Sabbat die Priester im Tempel den Sabbat entheiligen und doch ohne Schuld sind? Ich sage euch aber: Hier ist mehr als der Tempel. Denn der Menschensohn ist Herr über den Sabbat.«

Jesus heilt am Sabbat einen Mann

Jesus ging in ihre Synagoge. Da war ein Mann, der hatte eine verdorrte Hand. Sie fragten Jesus: »Ist es erlaubt, am Sabbat zu heilen?« um ihn anklagen zu können.

Jesus aber sprach zu ihnen: »Welcher Mensch ist unter euch, der ein Schaf hat und, wenn es am Sabbat in eine Grube fällt, es nicht ergreift und herauszieht? Wieviel mehr wert ist aber ein Mensch als ein Schaf! Somit darf man am Sabbat Gutes tun.«

Dann sprach er zu dem Manne: »Strecke deine Hand aus!« Er streckte sie aus, und sie wurde wieder gesund wie die andere. Da gingen die Pharisäer hinaus und hielten Rat gegen ihn, wie sie ihn ins Verderben bringen könnten.

Der Kranke am Teich

Nun ist in Jerusalem am Schaftor ein Teich. Um ihn her lag eine Menge von Kranken, Blinden, Lahmen, die auf die Bewegung des Wassers warteten. Denn ein Engel stieg zu gewissen Zeiten in den Teich hinab und bewegte das Wasser. Wer aber nach der

Bewegung des Wassers zuerst hineinstieg, wurde gesund, mit welcher Krankheit er auch behaftet war.

Es war aber dort ein Mann, der schon 38 Jahre an seiner Krankheit gelitten hatte. Als Jesus diesen sah und erfuhr, daß er schon lange Zeit so lag, sagte er zu ihm: »Willst du gesund werden?«

Der Kranke antwortete ihm: »Herr, ich habe keinen Menschen, der mich in den Teich bringt, wenn das Wasser bewegt wird. Bis ich aber komme, steigt bereits ein andrer vor mir hinab.«

Jesus sprach zu ihm: »Steh auf, nimm dein

Bett und geh umher!« Alsbald wurde der Mensch gesund, hob sein Bett auf und ging umher.

Es war aber Sabbat an jenem Tage. Die Juden sagten zu dem Geheilten: »Es ist Sabbat, und es ist dir nicht erlaubt, das Bett aufzuheben.« Er antwortete ihnen: »Der mich gesund gemacht hat, der sprach zu mir: 'Hebe dein Bett auf und geh umher!'«

Sie fragten ihn: »Wer ist der Mann, der zu dir gesprochen hat: 'Hebe es auf und geh umher'?« Der Geheilte aber wußte nicht, wer es war, denn Jesus war weggegangen, da viel Volk an dem Orte war.

Danach fand ihn Jesus im Tempel und sprach zu ihm: »Siehe, du bist gesund geworden; sündige nicht mehr, damit dir nicht etwas Schlimmeres zustößt!« Der Mann ging weg und sagte den Juden, es war Jesus, der ihn gesund gemacht habe. Deshalb verfolgten die Juden Jesus, weil er dies an einem Sabbat getan hatte.

Jesus aber antwortete ihnen: »Mein Vater wirkt bis jetzt, und ich wirke auch.« Deshalb nun suchten seine Feinde noch mehr, ihn zu töten, weil er nicht nur den Sabbat gebrochen, sondern auch Gott seinen Vater genannt und sich selbst Gott gleich gemacht hatte.

Jesus wählt die zwölf Apostel

Es begab sich aber in diesen Tagen, daß er hinausging auf den Berg, um zu beten. Er verharrte die Nacht hindurch im Gebet zu Gott. Als es Tag geworden war, rief er seine Jünger zu sich und wählte aus ihnen zwölf, die er Apostel nannte. Er gab ihnen die Macht, Dämonen auszutreiben, jede Krankheit und jedes Gebrechen zu heilen.

Die Namen der zwölf Apostel aber sind diese: Zuerst Simon, genannt Petrus, und sein Bruder Andreas, dann Jakobus, der Sohn des Zebedäus, und sein Bruder Johannes, Philippus und Bartholomäus, Thomas und Matthäus, der Zöllner, Jakobus, der Sohn des Alphäus und Thaddäus, Simon, der Eiferer und Judas Ischarioth, der ihn verriet.

Er stieg mit ihnen hinab und machte auf einem ebenen Felde halt. Eine große Schar seiner Jünger und eine zahlreiche Volksmenge aus dem ganzen jüdischen Land und aus Jerusalem und von der Meeresküste von Tyrus und Sidon waren gekommen, um ihn zu hören und von ihren Krankheiten geheilt zu werden. Die von unreinen Geistern Geplagten wurden geheilt. Alles Volk suchte ihn anzurühren, denn eine Kraft ging von ihm aus und heilte alle.

Die Bergpredigt

Als Jesus aber die Volksmenge sah, stieg er auf den Berg. Nachdem er sich gesetzt hatte, traten seine Jünger zu ihm. Da lehrte er sie und sprach:

Selig sind die geistlich Armen,
  denn ihrer ist das Himmelreich.
Selig sind die Trauernden,
  denn sie werden getröstet werden.
Selig sind die Sanftmütigen,
  denn sie werden das Land besitzen.
Selig sind, die hungern und dürsten nach der
  Gerechtigkeit, denn sie werden gesättigt werden.

Selig sind die Barmherzigen,
  denn sie werden Barmherzigkeit erlangen.
Selig sind die reinen Herzens sind,
  denn sie werden Gott schauen.
Selig sind die Friedfertigen,
  denn sie werden Söhne Gottes heißen.
Selig sind die Verfolgung leiden um der
  Gerechtigkeit willen,
  denn ihrer ist das Himmelreich.
Selig seid ihr, wenn sie euch schmähen und
  verfolgen und alles Schlechte wider euch
  lügnerisch reden um meinetwillen.
Freuet euch und frohlocket, denn euer Lohn ist groß
  im Himmel. So haben sie ja auch die
Propheten verfolgt, die vor euch gewesen sind.

Ihr seid das Salz der Erde. Wenn aber das Salz seine Kraft verliert, womit soll es salzig gemacht werden? Es taugt zu nichts mehr, als daß es hinausgeworfen und von den Leuten zertreten werde.

Ihr seid das Licht der Welt. Eine Stadt, die auf dem Berge liegt, kann nicht verborgen sein. Man zündet doch auch nicht ein Licht an und stellt es unter den Scheffel, sondern auf den Leuchter. Dann leuchtet es allen, die im Hause sind. So soll euer Licht vor den Menschen leuchten, damit sie eure guten Werke sehen und euren Vater im Himmel preisen.«

Auslegung des Gesetzes

»Meinet nicht, daß ich gekommen bin, das Gesetz oder die Propheten aufzuheben. Ich bin nicht gekommen, es aufzuheben, sondern es zu erfüllen. Denn wahrlich, ich sage euch: Bis der Himmel und die Erde vergehen, wird nicht ein einziges Jota oder Strichlein vom Gesetz vergehen, bis alles erfüllt ist.

Wer aber eines dieser kleinsten Gebote auflöst und die Menschen so lehrt, wird der Kleinste heißen im Himmelreich. Denn ich sage euch: Wenn eure Gerechtigkeit nicht besser ist als die der Schriftgelehrten und Pharisäer, werdet ihr nicht in das Himmelreich kommen.

Ihr habt gehört, daß zu den Alten gesagt wurde: 'Du sollst nicht töten'; wer aber tötet, soll dem Gericht verfallen sein! Ich aber sage euch: Jeder, der seinem Bruder nur zürnt, soll bereits dem Gericht Gottes verfallen sein. Wer aber seinem Bruder flucht, soll der Hölle mit ihrem Feuer verfallen sein.

Wenn du deine Opfergabe zum Altar bringst und dich dort erinnerst, daß dein Bruder etwas gegen dich hat, so laß deine Gabe dort vor dem Altar, geh zuerst hin und versöhne dich mit deinem Bruder, und dann erst komm und bring deine Gabe dar!

Versöhne dich mit deinem Gegner schnell, während du noch mit ihm zum Richter unterwegs bist, damit dich nicht der Gegner dem Richter, der Richter dem Gerichtsdiener übergibt und du ins Gefängnis geworfen wirst.

Wahrlich, ich sage dir: Du wirst von dort nicht herauskommen, bis du den letzten Pfennig bezahlt hast.

Wiederum habt ihr gehört, daß zu den Alten gesagt wurde: 'Du sollst nicht falsches Zeugnis geben, sondern deine Eide halten.' Ich aber sage euch: Ihr sollt überhaupt nicht schwören, weder beim Himmel, denn er ist Gottes Thron, noch bei der Erde, denn sie ist der Schemel seiner Füße, noch bei Jerusalem, denn sie ist die Stadt des großen Königs. Auch bei deinem Haupte sollst du nicht schwören; denn du vermagst nicht ein einziges Haar weiß oder schwarz zu machen. Vielmehr sei eure Rede: 'Ja, ja; nein, nein.' Was darüber ist, das ist vom Bösen.«

Die Liebe zum Feind

»Ihr habt gehört, daß gesagt wurde: 'Du sollst deinen Nächsten lieben und deinen Feind hassen.' Ich aber sage euch: Liebet eure Feinde, segnet, die euch fluchen, tut Gutes denen, die euch hassen und betet für die, welche euch verfolgen, damit ihr Söhne eures Vaters im Himmel seid! Denn er läßt seine Sonne aufgehen über Böse und Gute und läßt regnen über Gerechte und Ungerechte. Wenn ihr nur die liebt, die euch lieben, was habt ihr für einen Lohn? Tun nicht auch die Zöllner dasselbe? Wenn ihr nur eure Brüder grüßt, was tut ihr Besonderes? Tun nicht auch die Heiden dasselbe? Seid vollkommen, wie euer Vater im Himmel vollkommen ist.

Habet acht, daß ihr eure guten Taten nicht übt vor den Leuten, um von ihnen gesehen zu werden; sonst habt ihr keinen Lohn von eurem Vater im Himmel. Wenn du Almosen gibst, so laß nicht vor dir her posaunen, wie die Heuchler es tun in den Synagogen und auf den Gassen, damit sie von den Leuten gepriesen werden. Wahrlich, ich sage euch: Sie haben ihren Lohn bereits hier auf der Erde. Wenn du Almosen gibst, soll deine linke Hand nicht wissen, was deine rechte tut, damit dein Almosen im Verborgenen sei. Dein Vater aber, der ins Verborgene sieht, wird es dir vergelten.«

Das Gebet des Herrn

»Wenn ihr betet, sollt ihr nicht sein wie die Heuchler. Diese beten in den Synagogen und an den Straßenecken, damit sie von den Leuten gesehen werden. Wahrlich, ich sage euch: Sie haben ihren Lohn bereits empfangen. Wenn du betest, geh in deine Kammer, schließ deine Türe zu und bete im Verborgenen zu deinem Vater. Dein Vater, der ins Verborgene sieht, wird es dir vergelten.

Wenn ihr aber betet, sollt ihr kein unnützes Geschwätz machen wie die Heiden, die meinen, daß sie um ihrer vielen Worte willen erhört werden. Seid daher nicht wie sie, denn euer Vater weiß, was euch not tut, ehe ihr ihn darum bittet. Ihr sollt so beten:

Unser Vater,
der du bist im Himmel,
geheiligt werde dein Name.
Dein Reich komme.
Dein Wille geschehe
wie im Himmel, so auch auf Erden.
Unser tägliches Brot gib uns heute.
Und vergib uns unsere Schulden
wie auch wir vergeben unsern Schuldigern.
Und führe uns nicht in Versuchung,
sondern erlöse uns von dem Übel.

Denn wenn ihr den Menschen ihre Fehler vergebt, wird euer himmlischer Vater euch auch vergeben.

Wenn ihr aber fastet, macht kein finsteres Gesicht wie die Heuchler. Denn sie entstellen ihr Gesicht, damit man sieht, daß sie fasten. Wahrlich, ich sage euch: Sie haben bereits ihren Lohn. Du aber salbe, wenn du fastest, dein Haupt und wasche dein Gesicht, damit die Leute nicht merken, daß du fastest, sondern nur dein Vater. Dein Vater, der ins Verborgene sieht, wird es dir vergelten.«

Schätze im Himmel

»Sammelt euch nicht Schätze auf Erden, wo Motte und Rost sie beschädigen, wo Diebe einbrechen und stehlen. Sammelt euch vielmehr Schätze im Himmel, wo weder Motte noch Rost Schaden tun, noch Diebe einbre-

chen und stehlen! Denn wo dein Schatz ist, da ist auch dein Herz.

Das Licht des Leibes ist das Auge. Wenn nun dein Auge gesund ist, wird dein ganzer Leib licht sein. Wenn aber dein Auge krank ist, wird dein ganzer Leib finster sein. Wenn nun das Licht in dir Finsternis ist, wie groß wird dann die Finsternis sein!

Niemand kann zwei Herren dienen. Denn entweder wird er den einen hassen und den anderen lieben, oder er wird dem einen anhangen und den andern verachten. Ihr könnt nicht Gott dienen und dem Mammon.

Deshalb sage ich euch: Seid nicht besorgt um euer Leben, was ihr essen und was ihr trinken sollt, auch nicht für euren Leib, was ihr anziehen sollt! Ist nicht das Leben mehr als die Speise, und der Leib mehr als die Kleidung? Schaut die Vögel des Himmels an! Sie säen nicht und ernten nicht und sammeln nicht in Scheunen, aber euer himmlischer Vater ernährt sie doch. Seid ihr nicht viel mehr als sie? Wer von euch kann durch sein Sorgen sein Leben um eine einzige Minute verlängern? Warum sorget ihr euch um die Kleidung? Betrachtet die Lilien des Feldes, wie sie wachsen! Sie arbeiten nicht und spinnen nicht; ich sage euch aber, nicht einmal Salomo in all seiner Pracht war gekleidet wie eine von diesen. Wenn aber Gott das Gras des Feldes, das heute wächst und morgen in den Ofen geworfen wird, so kleidet, wird er das nicht viel mehr euch tun, ihr Kleingläubigen?

Darum sollt ihr euch nicht ängstlich sorgen und sagen: 'Was werden wir essen?' Oder: 'Was werden wir trinken?' Oder: 'Womit werden wir uns kleiden?' Euer himmlischer Vater weiß ja, daß ihr all diese Dinge nötig habt. Suchet zuerst das Reich Gottes und seine Gerechtigkeit, dann werden euch alle diese Dinge ebenfalls gegeben. Darum sorget euch nicht um den morgigen Tag, denn der morgige Tag wird wieder neue Sorgen bringen. Jeder Tag bringt genug eigene Sorgen.

Richtet nicht, damit ihr nicht gerichtet werdet! Denn wie ihr richtet, so sollt ihr gerichtet werden, und mit welchem Maß ihr meßt, so werdet ihr gemessen. Warum siehst du den Splitter in deines Bruders Auge, den Balken jedoch in deinem Auge siehst du nicht? Oder wie kannst du zu deinem Bruder sagen: 'Halt, ich will den Splitter aus deinem Auge ziehen', und siehe, in deinem Auge ist ein Balken? Du Heuchler, ziehe zuerst den Balken aus deinem Auge, dann magst du zusehen, daß du den Splitter aus deines Bruders Auge ziehst.

Gebt das Heilige nicht den Hunden und werft eure Perlen nicht vor die Schweine, damit sie nicht mit ihren Füßen diese zertreten und sich umwenden und euch zerreißen.

Bittet, so wird euch gegeben; suchet, und ihr werdet finden; klopfet an, und es wird euch aufgetan! Denn jeder, der bittet, empfängt; wer sucht, der findet; und wer anklopft, dem wird aufgetan! Welcher Mann ist unter euch, der seinem Sohn, wenn er ihn um Brot bittet, einen Stein gibt? Oder wenn er um einen Fisch bittet, ihm eine Schlange gäbe?

Wenn nun ihr, die ihr böse seid, euren Kindern gute Gaben zu geben wißt, wieviel mehr wird euer Vater im Himmel denen Gutes geben, die ihn bitten!«

Die goldene Regel

»Alles nun, was ihr wollt, daß es euch die Menschen tun, das sollt auch ihr ihnen tun; denn darin besteht das Gesetz und die Propheten.

Gehet ein durch die enge Pforte! Denn die Pforte ist weit und der Weg ist breit, der ins Verderben hinführt, und viele sind es, die auf ihm gehen. Wie eng ist die Pforte, und wie schmal ist der Weg, der ins Leben hinführt, und wenige gibt es, die ihn finden.«

An ihren Früchten...

»Hütet euch vor den falschen Propheten, die in Schafskleidern zu euch kommen, inwendig aber sind sie reißende Wölfe! An ihren Früchten werdet ihr sie erkennen. Sammelt man etwa Trauben von Dornen oder Feigen von Disteln? Jeder gute Baum bringt gute Früchte, der schlechte Baum aber bringt schlechte Früchte. Ein guter Baum kann nicht schlechte Früchte bringen, noch kann ein schlechter Baum gute Früchte bringen. Jeder Baum, der nicht gute Frucht bringt, wird umgehauen und ins Feuer geworfen. An ihren Früchten werdet ihr sie erkennen.

Nicht jeder, der zu mir sagt: 'Herr, Herr!' wird in das Himmelreich kommen, sondern wer den Willen meines Vaters im Himmel tut. Viele werden an jenem Tage zu mir sagen; 'Herr, Herr, haben wir nicht in deinem Namen als Propheten geredet, in deinem Namen Dämonen ausgetrieben und in deinem Namen viele Wundertaten vollbracht?' Aber dann werde ich ihnen erklären: 'Ich habe euch niemals gekannt. Weichet von mir, die ihr tut, was gegen das Gesetz ist!'

Jeder nun, der diese meine Worte hört und sie tut, ist einem klugen Mann zu vergleichen, der sein Haus auf den Felsen baute. Ein Platzregen fiel, es kamen Fluten, die Winde stürmten und rüttelten an jenem Haus. Aber es stürzte nicht ein, denn es war auf den Felsen gegründet. Jeder, der diese meine Worte hört und sie nicht befolgt, ist einem törichten Manne zu vergleichen, der sein Haus auf den Sand baute. Ein Platzregen fiel, es kamen Fluten, die Winde stürmten und rüttelten an jenem Haus. Da fiel es ein, und sein Sturz war groß.«

Als Jesus diese Rede vollendet hatte, staunte das Volk über seine Lehre; denn er lehrte wie einer, der Macht hat, und nicht wie ihre Schriftgelehrten.

Jesus fährt fort zu lehren

Nachdem er vor den Ohren des Volkes alle seine Reden vollendet hatte, ging er nach Kapernaum. Dort hatte ein Hauptmann einen Knecht, der ihm sehr viel bedeutete; der lag krank und war am Sterben. Da er aber von Jesus gehört hatte, sandte er die Ältesten der Juden zu ihm und ließ ihn bitten, er möge kommen und seinen Knecht gesund machen. Als die Ältesten zu Jesus kamen, baten sie ihn und sagten: »Er verdient es, daß du dies für ihn tust; denn er hat unser Volk lieb, und er ist es, der uns die Synagoge gebaut hat.«

Da ging Jesus mit ihnen. Als er nicht mehr fern von dem Hause war, schickte der Hauptmann Freunde und ließ ihm sagen: »Herr, bemühe dich nicht! Denn ich bin nicht wert, daß du unter mein Dach kommst. Daher hielt ich auch mich nicht für würdig, selbst zu dir zu kommen, aber sprich nur ein Wort, so wird mein Knecht gesund. Denn auch ich, ein Mann, der Macht hat, habe unter mir Soldaten. Sage ich zu einem: 'Geh!' so geht er, und zu einem andern: 'Komm!' so kommt er; und zu meinem Knecht: 'Tu das!' so tut er's.«

Als Jesus dies hörte, wunderte er sich, wandte sich um und sprach zu dem Volk, das ihm nachfolgte: »Ich sage euch: In Israel habe ich einen solchen Glauben nicht gefunden!« Als die Abgesandten in das Haus zurückkamen, fanden sie den Knecht gesund.

Jesus heilt den Sohn der Witwe

Am nächsten Tag begab es sich, daß er nach einer Stadt namens Nain ging; mit ihm zogen seine Jünger und viel Volk. Als er sich dem Stadttor näherte, siehe, da trug man einen Toten heraus, den einzigen Sohn einer Witwe. Mit ihr ging ein großes Trauergefolge aus der Stadt.

Als der Herr sie sah, fühlte er Erbarmen mit ihr und sprach zu ihr: »Weine nicht!« Er trat hinzu, rührte die Totenbahre an, während die Träger stillstanden, und sprach: »Jüngling, ich sage dir, steh auf!« Da richtete sich der Tote auf und fing an zu reden, und Jesus gab ihn seiner Mutter.

Da ergriff alle große Furcht; sie priesen Gott und sagten: »Ein großer Prophet ist unter uns aufgestanden, und Gott hat sich seines Volkes angenommen!«

Jesu Botschaft an Johannes

Dem Johannes berichteten seine Jünger über dies alles. Da rief Johannes zwei seiner Jünger zu sich, sandte sie zum Herrn und ließ ihm sagen: »Bist du es, der da kommen soll, oder sollen wir auf einen andern warten?«

Zu jener Zeit heilte Jesus viele Menschen von Krankheiten, Qualen und bösen Geistern. Er antwortete: »Gehet hin und berichtet dem Johannes, was ihr gesehen und gehört habt: Blinde sehen, Lahme gehen, Aussätzige werden rein, Taube hören, Tote werden auferweckt, Armen wird die Frohbotschaft verkündet. Selig ist, wer an mir nicht Ärgernis nimmt.«

Als die Boten des Johannes hinweggegangen waren, fing er an, zum Volk über Johannes zu reden: »Was wolltet ihr sehen, als ihr in die Wüste gegangen seid? Ein Rohr, das vom Winde bewegt wird? Oder was wolltet ihr sehen, als ihr hinausgegangen seid? Siehe, die kostbare Kleider tragen und in Üppigkeit leben, sind in den Königspalästen. Oder was wolltet ihr sehen, als ihr hinausgegangen seid? Einen Propheten? Ja, ich sage euch: Er ist mehr als ein Prophet! Dieser ist es, von dem geschrieben steht: ›Siehe, ich sende meinen Boten vor deinem Angesicht, der deinen Weg vor dir bereiten soll.‹ Ich sage euch: Unter denen, die von Frauen geboren sind, ist keiner größer als er. Doch der Kleinste im Reiche Gottes ist größer als er.

Mit wem soll ich nun die Menschen dieses Geschlechtes vergleichen, und wem sind sie gleich? Sie sind wie Kinder, die am Markte sitzen und einander zurufen: ›Wir haben euch mit der Flöte aufgespielt, aber ihr habt nicht getanzt; wir haben Klagelieder gesungen, aber ihr habt nicht geweint!‹ Denn Johannes der Täufer ist gekommen, aß nicht und trank keinen Wein; da sagt ihr: ›Er ist besessen‹. Der Menschensohn ist gekommen, ißt und trinkt; da sagt ihr: ›Seht da, ein Schlemmer und Zecher, ein Freund der Zöllner und Sünder!‹«

Jesus lehrt Vergebung üben

Die Schriftgelehrten und die Pharisäer brachten ihm eine Frau, die bei einer bösen Tat ergriffen worden war, stellten sie vor ihn hin und sagten: »Meister, diese Frau ist auf frischer Tat ergriffen worden. Mose aber hat im Gesetz befohlen, solche zu steinigen. Was sagst du dazu?« Das sagten sie aber nur, um ihn zu versuchen, damit sie ihn anklagen könnten.

Da bückte sich Jesus nieder und schrieb mit dem Finger auf die Erde, als habe er sie nicht gehört. Da sie aber beharrlich weiterfragten, richtete er sich auf und sprach: »Wer unter euch ohne Sünde ist, werfe den ersten Stein auf sie!« Er bückte sich wieder und schrieb auf die Erde.

Sie aber gingen, als sie es hörten, einer nach dem andern hinaus, die Ältesten voran, und er blieb allein zurück mit der Frau. Da richtete sich Jesus auf und sprach zu ihr: »Frau, wo sind deine Ankläger? Hat dich niemand verurteilt?« Sie sagte: »Niemand, Herr!« Da sprach Jesus: »Auch ich verurteilte dich nicht; geh, sündige von jetzt an nicht mehr!«

Es bat ihn aber einer der Pharisäer, mit ihm zu essen. Er ging in das Haus des Pharisäers und setzte sich zu Tische. Nun gab es eine Frau in der Stadt, die eine Sünderin war. Als sie vernahm, daß Jesus im Hause des Pharisäers zu Tische war, brachte sie ein Alabastergefäß voll Salbe, trat von rückwärts zu seinen Füßen, weinte und fing an, seine Füße mit ihren Tränen zu benetzen. Sie trocknete sie mit ihren Haaren, küßte seine Füße und salbte sie mit der Salbe.

Als der Pharisäer, der ihn eingeladen hatte,

das sah, sagte er bei sich: »Wenn dieser Mann ein Prophet wäre, wüßte er, was das für eine Frau ist, die ihn anrührt; er wüßte, daß sie nämlich eine Sünderin ist.« Jesus aber sprach zu ihm: »Simon, ich habe dir etwas zu sagen.« Er erwiderte: »Meister, sprich!«

»Ein Geldverleiher hatte zwei Schuldner. Der eine schuldete ihm viel, der andere wenig. Da sie nicht bezahlen konnten, schenkte er beiden die Schuld. Welcher von ihnen wird ihn mehr lieben?«

Simon antwortete: »Ich denke, der, dem er das meiste erlassen hat.« Da sprach Jesus zu ihm: »Du hast recht geurteilt.« Indem er sich zu der Frau hinwandte, sprach er zu Simon: »Siehst du diese Frau? Ich bin in dein Haus gekommen, und du hast mir kein Wasser für meine Füße gegeben; sie aber hat meine Füße mit ihren Tränen benetzt und mit ihren Haaren getrocknet. Du hast mir keinen Kuß gegeben; sie aber hat, seit sie hereingekommen ist, nicht aufgehört, meine Füße zu küssen. Du hast nicht mein Haupt mit Öl gesalbt; sie aber hat mit Salbe meine Füße gesalbt.

Deshalb sage ich dir: Ihre vielen Sünden werden ihr vergeben, denn sie hat viel geliebt. Wem aber wenig vergeben wird, der liebt wenig.«

Er sprach zu ihr: »Deine Sünden sind dir vergeben.«

Da fingen seine Tischgenossen an, bei sich selbst zu sagen: »Wer ist dieser, der sogar Sünden vergibt?«

Er sprach aber zu der Frau: »Dein Glaube hat dich gerettet; geh hin in Frieden!«

Da wurde ein Besessener zu ihm gebracht, der blind und stumm war. Jesus heilte ihn, so daß der Stumme redete und sah. Die ganze Volksmenge staunte und sagte:»Ist das etwa der Sohn Davids?« Als dies die Pharisäer hörten, sagten sie: »Dieser treibt die Dämonen aus durch Beelzebub, den Herrscher der Dämonen.«

Jesus aber kannte ihre Gedanken und sprach zu ihnen: »Jedes Reich, das in sich selbst uneins ist, wird verwüstet. Keine Stadt und kein Haus, das mit sich selbst entzweit ist, wird bestehen bleiben. Wenn daher der eine Satan den andern austreibt, so ist er mit sich selbst entzweit. Wie wird dann sein Reich bestehen?

Wenn ich durch Beelzebub die Dämonen austreibe, durch wen treiben eure Söhne sie aus? Deshalb werden sie eure Richter sein. Wenn ich dagegen durch den Geist Gottes die Dämonen austreibe, so ist das Reich Gottes zu euch gekommen. Oder wie kann jemand in das Haus des Starken hineingehen und ihm das Haus ausrauben, wenn er nicht zuvor den Starken bindet? Erst dann wird er sein Haus ausrauben. Wer nicht mit mir ist, der ist gegen mich, und wer nicht mit mir sammelt, der zerstreut.

Deshalb sage ich euch: Jede Sünde und Lästerung wird den Menschen vergeben werden; aber die Lästerung gegen den Heiligen Geist wird nicht vergeben werden. Wer ein Wort gegen den Menschensohn redet, dem wird vergeben werden. Wer aber eines gegen den Heiligen Geist redet, dem wird nicht vergeben werden, weder in dieser noch in der künftigen Welt. Von jedem unrechten Wort, das sie reden, werden die Menschen am Tage des Gerichts Rechenschaft geben müssen, denn nach deinen Worten wirst du verurteilt werden.«

Da antworteten ihm einige der Schriftgelehrten und Pharisäer: »Meister, wir wollen von dir ein Zeichen sehen.«

Er aber antwortete: »Ein böses und abtrünniges Geschlecht begehrt ein Zeichen. Das Zeichen wird ihm aber nicht gegeben werden, sondern nur das Zeichen des Propheten Jona. Denn wie Jona drei Tage und drei Nächte im Bauche des Fisches war, so wird der Menschensohn drei Tage und drei Nächte im Schoß der Erde sein.«

Jesus lehrt in Gleichnissen

Jesus durchwanderte Städte und Dörfer und verkündigte die Frohbotschaft vom Reiche Gottes. Die zwölf Apostel begleiteten ihn und auch einige Frauen, die von bösen Geistern und Krankheiten geheilt worden waren, so Johanna, die Frau des Chusa, eines Beamten des Herodes, und Susanna und viele andere, die mit ihrem Vermögen für sie sorgten.

Da versammelte sich am See eine große Volksmenge, so daß Jesus in ein Schiff stieg und zum Volk sprach, das am Ufer stand.

Das Gleichnis vom Sämann

Jesus redete zu ihnen vieles in Gleichnissen und sprach:

»Ein Sämann ging aus, seinen Samen zu säen. Als er säte, fiel einiges auf den Weg, und die Vögel kamen und fraßen es auf. Anderes fiel auf felsigen Boden, wo es nicht viel Erde hatte; als aber die Sonne aufging, verbrannte es, und weil es keine Wurzel hatte, verdorrte es. Anderes fiel unter die Dornen, und die Dornen wuchsen auf und erstickten es. Noch anderes aber fiel auf den guten Boden und brachte Frucht, hundertfältige, sechzigfältige, dreißigfältige.«

Dann rief er: »Wer Ohren hat, der höre!« Die Jünger fragten ihn: »Warum redest du in Gleichnissen zu ihnen?«

Er aber sprach: »Euch ist es gegeben, die Geheimnisse des Reiches Gottes zu erkennen, jenen aber ist es nicht gegeben. Deshalb rede ich in Gleichnissen zu ihnen, weil sie sehen und doch nicht sehen, hören und doch nicht hören und nicht verstehen. Dies Gleichnis aber hat folgende Bedeutung:

Der Same ist das Wort Gottes. Die auf dem Wege sind die, welche es gehört haben; danach kommt der Teufel und nimmt das Wort von ihren Herzen weg, damit sie nicht glauben und gerettet werden.

Die auf dem Felsen sind die, welche das Wort hören und mit Freuden aufnehmen; aber sie haben keine Wurzel, sie glauben nur kurze Zeit und fallen im Augenblick der Versuchung ab.

Was unter die Dornen fiel, das sind die, die es wohl gehört haben, aber in ihrem Leben von Sorgen und Reichtum und Genüssen des Lebens wird es erstickt, und sie bringen die Frucht nicht zur Reife.

Was auf gute Erde fiel, sind die, welche mit einem edlen und guten Herzen das Wort, das sie gehört haben, festhalten und Frucht bringen in Geduld.«

Das Gleichnis vom Senfkorn

Er legte ihnen ein anderes Gleichnis vor und sprach:

»Das Himmelreich gleicht einem Senfkorn, das ein Mensch nahm und auf seinen Acker säte. Es ist zwar das kleinste von allen Samenkörnern; wenn es aber herangewachsen ist, ist es größer als alle anderen Gewächse und wird ein Baum, so daß die Vögel des Himmels kommen und in seinen Zweigen nisten.«

Das Gleichnis vom Unkraut unter dem Weizen

Er gab ihnen ein anderes Gleichnis und sprach:

»Das Himmelreich ist wie ein Mensch, der guten Samen auf seinen Acker säte. Während er aber schlief, kam sein Feind, säte Unkraut unter den Weizen und ging davon. Als aber die Saat aufging und Frucht brachte, da zeigte sich auch das Unkraut.

Da traten die Knechte des Hausherrn herzu und sagten zu ihm: 'Herr, hast du nicht guten Samen auf deinen Acker gesät? Woher kommt das Unkraut?'

Er aber sagte zu ihnen: 'Ein Feind hat

das getan.' Die Knechte fragten: 'Sollen wir hingehen und das Unkraut herausreißen?' Er aber sagte: 'Nein, damit ihr nicht beim Herausreißen des Unkrauts auch den Weizen ausrauft Lasset beides miteinander wachsen bis zur Ernte; zur Zeit der Ernte will ich den Schnittern sagen: Suchet zuerst das Unkraut zusammen und bindet es in Bündel, damit man es verbrenne; den Weizen aber sammelt in meine Scheune!'«

Deutung des Gleichnisses vom Unkraut unter dem Weizen

Dies alles redete Jesus in Gleichnissen zu den Volksscharen, und ohne Gleichnis redete er nichts zu ihnen, damit erfüllt würde, was durch den Propheten gesprochen worden ist, welcher sagt:

'Ich will meinen Mund in Gleichnissen auftun, will Dinge verkündigen, die verborgen waren von Grundlegung der Welt an.'

Da verließ Jesus die Volksmenge und ging in ein Haus. Seine Jünger traten zu ihm und sagten: »Erkläre uns das Gleichnis vom Unkraut auf dem Acker!«

Er antwortete und sprach: »Der den guten Samen sät, ist der Menschensohn. Der Acker ist die Welt. Der gute Same, das sind die Söhne des Reiches; das Unkraut sind die Söhne des Bösen; der Feind, der es aussät, ist der Teufel; die Ernte ist das Ende der Welt; die Schnitter sind die Engel. Wie man das Unkraut heraussucht und mit Feuer verbrennt, so wird es am Ende der Welt sein.

Der Menschensohn wird seine Engel aussenden. Sie werden aus seinem Reich alle sammeln, die ein Ärgernis sind, und die Böses tun. Diese werden sie in den Feuerofen werfen. Dort wird Heulen und Zähneknirschen sein. Dann werden die Gerechten im Reich ihres Vaters leuchten wie die Sonne. Wer Ohren hat, der höre!«

Das Gleichnis vom Fischernetz

»Wiederum ist das Himmelreich gleich einem Netz, das ins Meer geworfen wurde und Fische von aller Art zusammenbrachte. Als

es voll war, zog man es ans Ufer, setzte sich und sammelte die guten in Behälter, die schlechten aber warf man fort.

So wird es auch beim Weltende sein: Die Engel werden ausgehen und die Schlechten von den Gerechten aussondern und sie in den Feuerofen werfen.«

Jesus in Nazareth

Da kehrte Jesus in sein Heimatland Galiläa zurück, und zwar nach Nazareth, wo er aufgewachsen war. Am Sabbattag ging er nach seiner Gewohnheit in die Synagoge. Er stand auf, um vorzulesen. Man reichte ihm das Buch des Propheten Jesaja; er schlug das Buch auf und fand die Stelle, wo geschrieben steht:

'Der Geist des Herrn ruht auf mir, weil er mich gesalbt hat; er hat mich gesandt, den Armen die Frohbotschaft zu bringen, den Gefangenen Befreiung zu verkündigen,

und den Blinden das Augenlicht, die Zerschlagenen zu befreien und ein Gnadenjahr des Herrn zu verkündigen.'

Dann schlug er das Buch zu, gab es dem Diener wieder und setzte sich. Aller Augen in der Synagoge waren auf ihn gerichtet. Er begann damit, ihnen zu sagen: »Heute ist dieses Schriftwort, das ihr gehört habt, erfüllt worden.«

Alle verwunderten sich über die Worte voll Weisheit, die aus seinem Munde kamen. Sie sagten: »Ist dieser nicht der Sohn Josefs? Ist er nicht der Zimmermann, der Sohn Marias und der Bruder des Jakobus und Josef, des Judas und Simon? Sind nicht seine Schwestern hier bei uns?« Und sie nahmen Anstoß an ihm.

Da sprach Jesus zu ihnen: »Kein Prophet ist willkommen in seiner Vaterstadt, bei seinen Verwandten und in seinem Hause.«

Er wunderte sich wegen ihres Unglaubens.

Da wurden alle in der Synagoge, als sie dies hörten, zornig. Sie standen auf, stießen ihn zur Stadt hinaus und führten ihn bis zum Abhang des Berges, auf dem ihre Stadt gebaut war, um ihn hinabzustürzen.

Er aber schritt mitten durch sie hindurch und ging hinweg.

Jesus stillt den Sturm

Es begab sich aber eines Tages, da stieg er in ein Schiff mit seinen Jüngern und sagte zu ihnen: »Lasset uns ans jenseitige Ufer des Sees fahren!« Sie fuhren ab. Als sie aber auf der Überfahrt waren, schlief Jesus ein. Da kam ein Sturm auf den See herab, das Schiff lief voll Wasser, und sie waren in Gefahr. Da weckten die Jünger ihn auf und sagten: »Meister, wir gehen unter!«

Jesus stand auf, bedrohte den Wind und die Wogen des Wassers; sie legten sich, und es wurde ruhig. Da sprach er zu den Jüngern: »Wo ist euer Glaube?«

Sie aber fürchteten und verwunderten sich und sagten zueinander: »Wer ist doch dieser, daß er sogar den Winden gebietet und dem Wasser, und sie ihm gehorsam sind?«

Als sie ans andere Ufer des Sees in die Landschaft der Gerasener kamen, stieg Jesus aus dem Schiff. Da kam ihm ein Mann entgegen, der von Dämonen besessen war. Er zog seit langer Zeit keine Kleider an und blieb in keinem Hause, sondern wohnte in den Grabstätten.

Als dieser Jesus sah, schrie er auf, warf sich vor ihm nieder und sprach mit lauter Stimme: »Was habe ich mit dir zu schaffen, Jesus, du Sohn Gottes, des Allerhöchsten? Ich bitte dich, quäle mich nicht!« Jesus hatte nämlich dem unreinen Geist geboten, aus dem Manne auszufahren; denn der Geist hatte den Mann seit langer Zeit schon ergriffen, und obgleich er mit Ketten und Fesseln gehalten wurde, zerriß er die Fesseln und wurde von dem Dämon in die Wüste getrieben.

Jesus fragte ihn: »Welches ist dein Name?« Er antwortete: »Legion«, denn viele Dämonen waren in ihn gefahren. Sie baten Jesus, er möchte ihnen nicht befehlen, zur Hölle zu fahren.

Es war aber dort eine Herde von vielen Schweinen. Diese weideten auf dem Berg. Da baten die Teufel, er möchte ihnen erlauben, in die Schweine zu fahren, und er erlaubte es ihnen. Da fuhren sie aus dem Manne aus und fuhren in die Schweine. Die ganze Herde stürzte sich den Abhang hinunter in den See und ertrank.

Als aber die Hirten sahen, was geschehen war, flohen sie und erzählten es in der Stadt und auf dem Lande. Da gingen die Leute hinaus, um zu sehen, was geschehen war. Sie kamen zu Jesus und fanden den Mann, von dem die Teufel ausgefahren waren, bekleidet und vernünftig zu den Füßen Jesu sitzen, und sie fürchteten sich.

Die aber, welche es gesehen hatten, erzählten ihnen, wie der Besessene gesund geworden war. Da baten alle Leute aus der Landschaft der Gerasener Jesus, von ihnen wegzugehen, denn große Furcht hatte sie ergriffen. Da stieg er in ein Schiff und kehrte zurück. Der Mann aber, von dem die Teufel ausgefahren waren, bat ihn, bei ihm bleiben zu dürfen. Doch Jesus entließ ihn und sagte: »Geh zurück in dein Haus und erzähle, was

Gott dir Großes getan hat!« Er ging und verkündigte es in der ganzen Stadt, was Jesus ihm Großes getan hatte. Und alle Leute wunderten sich.

Auferweckung der Tochter des Jairus

Als Jesus im Schiffe wieder an das jenseitige Ufer hinübergefahren war, versammelte sich viel Volk bei ihm am See. Da kam einer der Vorsteher der Synagoge mit Namen Jairus. Als er Jesus erblickte, warf er sich ihm zu Füßen und bat ihn inständig: »Mein Töchterlein liegt im Sterben; komme doch und lege ihr die Hände auf, damit sie gerettet wird und am Leben bleibt.« Da ging Jesus mit ihm. Es folgte ihm aber viel Volk nach und umdrängte ihn.

Unterwegs kam eine Frau, die seit zwölf Jahren an Blutungen litt und von vielen Ärzten behandelt worden war. Sie hatte schon ihr ganzes Vermögen aufgewendet. Es hatte ihr aber nichts geholfen, es war im Gegenteil noch schlimmer geworden. Diese Frau hatte von Jesus gehört und kam in der Volksmenge von hinten herzu und rührte sein Gewand an. Denn sie sagte: »Wenn ich auch nur seine Kleider anrühre, werde ich geheilt werden.«

Sofort versiegte das Blut, und sie spürte es am Leibe, daß sie geheilt war. Sofort merkte auch Jesus, daß eine Kraft von ihm ausgegangen war. Er wandte sich in der Menge um und sagte: »Wer hat mein Gewand berührt?«

Seine Jünger sagten zu ihm: »Du siehst doch, wie das Volk dich umdrängt, und du fragst: 'Wer hat mich berührt?'«

Er blickte umher, um die zu sehen, welche dies getan hatte. Die Frau aber kam voll Furcht und Zittern, weil sie wußte, was ihr geschehen war, sie warf sich vor ihm nieder und sagte ihm die ganze Wahrheit. Er aber sprach zu ihr: »Geh in Frieden und sei von deiner Qual geheilt!«

Während er noch redete, kamen Leute des Vorstehers der Synagoge und sagten zu Jairus: »Deine Tochter ist gestorben. Was bemühst du den Meister noch?« Als Jesus aber dies hörte, sagte er zu dem Vorsteher der Synagoge: »Fürchte dich nicht, glaube nur!«

Er ließ niemand mit sich gehen außer Petrus, Jakobus und Johannes, den Bruder des Jakobus. Als er zu dem Hause des Vorstehers der Synagoge kam, hörte er Weinen und lautes Klagen. Er ging hinein und sagte zu ihnen: »Was jammert und weint ihr? Das Kind ist nicht gestorben, sondern es schläft.«

Da verlachten sie ihn. Er aber wies sie alle hinaus, nahm den Vater des Kindes, die Mutter und seine Begleiter mit sich und betrat das Zimmer, wo das Kind aufgebahrt war. Dann ergriff er die Hand des Kindes und sagte zu ihm:

»Talitha kumi!« das heißt: 'Mädchen, ich sage dir, stehe auf!'

Da stand das Mädchen sogleich auf und ging umher. Es war schon zwölf Jahre alt. Sie gerieten in großes Staunen.

Er aber gebot ihnen eindringlich, daß niemand dies erfahren solle, und befahl, ihr zu essen zu geben.

Die Enthauptung Johannes des Täufers

König Herodes vernahm alles, was Jesus getan hatte. Er wunderte sich, denn man sagte, er sei Johannes der Täufer, der von den Toten auferstanden sei. Andere sagten: Er ist Elia, andere wiederum: Er ist einer von den alten Propheten. Als aber Herodes das hörte, sagte er: »Es ist Johannes, den ich habe enthaupten lassen. Er ist auferstanden.«

Herodes hatte Johannes ins Gefängnis werfen lassen wegen Herodias, der Frau seines Bruders Philippus, die er geheiratet hatte. Johannes hatte nämlich zu Herodes gesagt: »Es ist dir nicht erlaubt, die Frau deines Bruders zu heiraten.« Darum grollte Herodias ihm. Sie hätte ihn gern töten lassen, aber sie konnte dies nicht durchsetzen, denn Herodes fürchtete Johannes, weil er ein gerechter und heiliger Mann war.

An seinem Geburtstag aber gab Herodes seinen Würdenträgern, den Kriegsobersten und den Vornehmsten Galiläas ein Festessen. Da trat die Tochter der Herodias herein und tanzte. Sie gefiel dem Herodes und den Tischgenossen sehr. Der König sprach zu dem Mädchen: »Bitte mich, was immer du willst; ich will es dir geben.« Er schwur ihr: »Um was immer du mich bittest, das will ich dir geben, und sei es die Hälfte meines Königreiches.«

Da ging sie hinaus und fragte ihre Mutter: »Was soll ich erbitten?« Die Mutter sagte: »Das Haupt des Täufers Johannes.«

Sogleich ging sie zum König hinein und bat: »Ich will, daß du mir auf einer Schüssel das Haupt des Täufers Johannes gibts.«

Da war der König sehr betrübt. Doch wegen seines Eides und der Tischgenossen wollte er sie nicht abweisen. Er schickte einen Soldaten der Leibwache hin und befahl, das Haupt des Johannes zu bringen. Der Soldat ging hin, enthauptete Johannes im Gefängnis, brachte sein Haupt auf einer Schüssel, gab es dem Mädchen, und das Mädchen gab es seiner Mutter.

Als die Jünger des Johannes das hörten, kamen sie, nahmen seinen Leichnam, legten ihn in eine Gruft und berichteten es Jesus. Da fuhr Jesus mit seinen Aposteln mit dem Schiff weg und begab sich an einen einsamen Ort.

Die Speisung der Fünftausend

Viele Leute sahen sie wegfahren. Sie liefen daher zu Fuß aus allen Städten zusammen und kamen ihnen zuvor. Als Jesus ausstieg, sah er die Volksmenge, und er fühlte Erbarmen mit ihnen, denn sie waren wie Schafe, die keinen Hirten haben. Und er fing an, sie vieles zu lehren.

Als die Stunde schon weit vorgeschritten war, kamen seine Jünger zu ihm und sagten: »Der Ort ist einsam, und es ist schon spät. Entlaß sie, damit sie in die umliegenden Dörfer und Gehöfte gehen und sich etwas zu essen kaufen.«

Er antwortete: »Gebt ihr ihnen zu essen!«

Sie sagten: »Sollen wir vielleicht hingehen und für zweihundert Denare Brot kaufen und ihnen zu essen geben?«

Er aber fragte: »Wieviel Brote habt ihr? Geht hin und seht nach!«

Einer von seinen Jüngern, Andreas, der Bruder des Simon Petrus, sagte zu ihm: »Es ist ein Knabe hier, der hat fünf Gerstenbrote und zwei Fische. Aber was ist das für so viele?«

Jesus sprach: »Laßt die Leute sich lagern!« Es war aber viel Gras an dem Orte. Da lagerten sich die Männer, etwa fünftausend. Jesus nahm die Brote, sprach das Dankgebet darüber und teilte sie unter die Jünger aus. Die Jünger gaben sie denen, welche sich gelagert hatten. Ebenso auch von den Fischen.

Als sie alle satt geworden waren, sagte Jesus zu seinen Jüngern: »Sammelt die übriggebliebenen Stücklein, damit nichts verlorengeht!« Da sammelten sie und füllten zwölf Körbe mit Brotresten von den fünf Gerstenbroten.

Jesus wandelt über den See

Jesus nötigte die Jünger, ins Schiff zu steigen und ihm ans jenseitige Ufer vorauszufahren, bis er die Volksmenge entlassen hätte. Dann stieg er für sich allein auf den Berg, um zu beten. Als es Abend geworden, war er allein dort.

Das Schiff jedoch war schon mitten auf dem See und wurde von den Wellen herumgeworfen, denn es herrschte Gegenwind. Um die vierte Nachtwache kam er zu ihnen, indem er auf dem See wandelte.

Als die Jünger ihn auf dem See wandeln sahen, erschraken sie und sagten: »Es ist ein Gespenst!« Sie schrien vor Furcht. Jesus aber redete sie an und sprach: »Seid getrost, ich bin's; fürchtet euch nicht!«

Da antwortete ihm Petrus: »Herr, wenn du es bist, dann befiehl, daß ich zu dir über das Wasser komme.«

Jesus sprach: »Komm!« Da stieg Petrus aus dem Schiff, wandelte auf dem Wasser und kam auf Jesus zu. Wie er aber den starken Wind sah, fürchtete er sich, und als er anfing zu sinken, schrie er: »Herr, rette mich!« Sogleich streckte Jesus die Hand aus, ergriff ihn und sprach zu ihm: »Du Kleingläubiger, warum hast du gezweifelt?«

Als sie ins Schiff gestiegen waren, legte sich der Wind. Die im Schiff aber warfen sich vor ihm nieder und sagten: »Wahrhaftig, du bist Gottes Sohn!«

Als sie hinübergefahren waren, kamen sie ans Land nach Genezareth. Die Männer jenes Ortes aber erkannten ihn, brachten alle Kranken zu ihm und baten ihn, daß sie auch nur den Saum seines Gewandes anrühren dürften. Alle, die ihn anrührten, wurden gerettet.

Rein und unrein

Da kamen zu Jesus von Jerusalem her Pharisäer und Schriftgelehrte und sagten: »Warum übertreten deine Jünger die Überlieferung der Alten? Sie waschen ihre Hände nicht, ehe sie essen.«

Er antwortete: »Ihr Heuchler! Trefflich hat über euch Jesaja geweissagt: 'Dieses Volk ehrt mich mit den Lippen, doch ihr Herz ist weit weg von mir. Vergeblich verehren sie mich, indem sie Lehren vortragen, die Menschensatzungen sind.'«

Dann rief er das Volk herbei und sprach zu ihnen: »Hört und versteht! Nicht was durch den Mund hineinkommt, verunreinigt den Menschen, sondern was aus dem Munde herauskommt.«

Da traten seine Jünger herzu und sagten zu ihm: »Weißt du, daß die Pharisäer Ärgernis genommen haben, als sie dieses Wort hörten?«

Er aber antwortete: »Jede Pflanzung, die nicht mein himmlischer Vater gepflanzt hat, wird ausgerissen werden. Lasset sie; sie sind blinde Führer von Blinden. Wenn aber ein Blinder einen Blinden führt, fallen beide in eine Grube.«

Da sagte Petrus zu ihm: »Erkläre uns dieses Gleichnis!«

Jesus sprach: »Seid auch ihr immer noch unverständig? Merkt ihr nicht, daß alles, was in den Mund hineinkommt, in den Magen gelangt und dann ausgeschieden wird? Was aber aus dem Mund herauskommt, stammt aus dem Herzen, und das verunreinigt den Menschen. Denn aus dem Herzen kommen die bösen Gedanken, Mord, Ehebruch, Diebstahl, falsches Zeugnis, Lästerung. Das ist es, was die Menschen verunreinigt. Aber mit ungewaschenen Händen essen, verunreinigt den Menschen nicht.«

Von dort ging Jesus nach Tyrus und Sidon.

Dann kehrte er an den galiläischen See zurück, und zwar durch das Gebiet von Dekapolis. Zu Schiff zog er nach Dalmanutha und nach Bethsaida. An all diesen Orten lehrte und heilte er.

Als aber Jesus in die Gegend von Cäsarea Philippi gekommen war, fragte er seine Jünger: »Für wen halten die Leute den Menschensohn?« Da sagten sie: »Einige für Johannes den Täufer, andere für Elia, andere für Jeremia oder einen der Propheten.«

Er sagte zu ihnen: »Ihr aber, für wen haltet ihr mich?« Da antwortete Simon Petrus: »Du bist der Christus, der Sohn des lebendigen Gottes!«

Jesus sprach zu ihm: »Selig bist du, Simon, Sohn des Jona; nicht Fleisch und Blut haben dir das geoffenbart, sondern mein Vater im Himmel.

Und ich sage dir: Du bist Petrus, und auf diesen Felsen will ich meine Kirche bauen, und die Pforten der Hölle werden sie nicht überwältigen. Ich werde dir den Schlüssel des Himmelreichs geben. Was du immer auf Erden binden wirst, wird im Himmel gebunden sein, und was du auf Erden lösen wirst, wird im Himmel gelöst sein.« Dann gab er seinen Jüngern strengen Befehl, niemandem zu sagen, daß er der Christus sei.

Jesus kündigt seine Kreuzigung an

Von da an begann Jesus seinen Jüngern zu zeigen, er müsse nach Jerusalem gehen. Dort müsse er von den Ältesten und Hohenpriestern und Schriftgelehrten vieles erleiden. Er werde getötet, aber am dritten Tage werde er auferstehen. Da fing Petrus an, auf ihn einzureden und sagte: »Gott verhüte es, Herr; das soll dir nicht widerfahren!«

Er aber wandte sich um und sprach zu Petrus: »Hinweg von mir, Satan! Du willst mich versuchen! Du denkst nicht nach Gottes-, sondern nach Menschenart!«

Dann sprach Jesus zu seinen Jüngern: »Wenn einer mit mir gehen will, verleugne er sich selbst, nehme sein Kreuz auf sich und folge mir nach! Denn wer sein Leben retten will, der wird es verlieren; wer aber sein Leben verliert um meinetwillen, der wird es finden. Was nützt es dem Menschen, wenn er die ganze Welt gewinnt, aber vor Gott sein Leben einbüßt? Oder was kann ein Mensch als Gegenwert für seine Seele geben? Wer sich meiner und meiner Worte schämt unter diesem abtrünnigen und sündhaften Geschlecht, dessen wird sich auch der Menschensohn schämen, wenn er kommen wird in der Herrlichkeit seines Vaters mit den heiligen Engeln, einem jeden Menschen nach seinem Werk zu vergelten. Wahrlich, ich sage euch: Einige von denen, die hier stehen, werden den Tod nicht kosten, bis sie den Menschensohn in seinem Reich kommen sehen.«

Die Verklärung Jesu

Nach sechs Tagen nahm Jesus den Petrus, den Jakobus und dessen Bruder Johannes mit sich und führte sie auf einen hohen Berg. Dort wurde er vor ihnen verklärt, und sein Angesicht leuchtete wie die Sonne, und seine Kleider wurden weiß wie das Licht. Und siehe, es erschienen Mose und Elia, die mit ihm redeten.

Petrus aber sagte: »Herr, hier ist gut sein für uns. Wenn du willst, werde ich hier drei Hütten bauen, dir eine, dem Mose eine und dem Elia eine.«

Während er noch redete, siehe, da überschattete sie eine lichte Wolke, und eine Stimme aus der Wolke sprach: »Dieser ist mein geliebter Sohn, an dem ich Wohlgefallen habe! Höret auf ihn!« Als das die Jünger hörten, warfen sie sich auf ihr Angesicht nieder und fürchteten sich sehr.

Jesus aber trat hinzu, berührte sie und sprach: »Steht auf und fürchtet euch nicht!« Als sie ihre Augen erhoben, sahen sie niemanden als Jesus allein.

Als sie vom Berge herabstiegen, gebot ihnen Jesus: »Sagt niemandem von der Erscheinung, bis der Menschensohn von den Toten auferstanden ist!« Die Jünger fragten ihn: »Warum sagen die Schriftgelehrten, erst müsse Elia kommen?«

Er antwortete: »Elia soll zwar eher kommen und wird alles herstellen; ich sage euch aber: Elia ist schon gekommen, nur haben sie ihn nicht erkannt, sondern mit ihm getan, was sie wollten. So wird auch der Menschensohn durch sie leiden müssen.«

Da verstanden die Jünger, daß er zu ihnen vom Täufer Johannes redete.

Jesus lehrt seine Jünger

Es begab sich aber am nächsten Tag, als sie von dem Berge hinabgingen, da kam ihm viel Volk entgegen. Ein Mann aus dem Volke rief: »Meister, ich bitte dich, nimm dich doch meines Sohnes an, denn er ist mein einziger! Ein Geist hat ihn ergriffen, und manchmal schreit er plötzlich auf. Er fällt häufig ins Feuer und häufig ins Wasser. Ich brachte ihn zu deinen Jüngern, aber sie konnten ihn nicht heilen.«

Da antwortete Jesus und sprach: »O du ungläubiges und verkehrtes Geschlecht, wie lange soll ich euch ertragen? Bringt ihn mir hierher!« Jesus bedrohte den Dämon, dieser fuhr aus, und der Knabe war von jener Stunde an geheilt.

Da traten die Jünger im stillen zu Jesus und sagten: »Warum konnten wir ihn nicht austreiben?« Er sagte zu ihnen: »Wegen eures Kleinglaubens. Wahrlich, ich sage euch: Wenn ihr Glauben hättet auch nur so groß wie ein Senfkorn, und sagtet zu diesem Berge: 'Hebe dich hinweg von hier dorthin!', so wird er sich hinwegheben. Nichts wird euch unmöglich sein. Diese Art aber kann nur mit Gebet und Fasten ausgetrieben werden.«

Während sie in Galiläa umherzogen, sprach Jesus zu seinen Jüngern: »Der Menschensohn wird in die Hände der Menschen ausgeliefert werden. Sie werden ihn töten, aber am dritten Tage wird er auferstehen.« Sie aber verstanden das Wort nicht und fürchteten sich, ihn zu fragen.

Sie kamen nach Kapernaum, und in einem Hause fragte er sie: »Was habt ihr unterwegs gesprochen?« Sie aber schwiegen, denn sie hatten unterwegs besprochen, wer von ihnen der Größte sei.

Jesus setzte sich, rief die Zwölf zu sich und sprach: »Wenn jemand der Erste sein will, sei er der Letzte von allen und der Diener von allen!« Er nahm ein Kind, stellte es mitten unter sie, umarmte es und sprach zu ihnen: »Wer ein Kind um meines Namens willen aufnimmt, der nimmt mich auf. Wer aber mich aufnimmt, nimmt nicht mich auf, sondern den, der mich gesandt hat.«

Johannes sagte zu ihm: »Meister, wir sahen einen in deinem Namen Dämonen austreiben, und wir hinderten ihn, denn er gehörte nicht zu uns.« Jesus aber sprach: »Wehret es ihm nicht; denn niemand wird auf meinen Namen hin ein Wunder tun und gleich darauf Böses von mir reden. Wer nicht gegen uns ist, der ist für uns. Denn wer euch einen Becher Wasser zu trinken gibt auf meinen Namen hin, weil ihr Christo angehört, wahrlich, ich sage euch: Er soll seinen Lohn haben!

Wer aber eines von diesen Kleinen, die an mich glauben, verführt, dem wäre es besser, wenn ihm ein Mühlstein um den Hals gehängt und er ins Meer versenkt würde. Wenn dich deine Hand zur Sünde verführt, so haue sie ab! Es ist besser, daß du verstümmelt in das Leben eingehst, als mit beiden Händen in das ewige Feuer geworfen zu werden. Wenn dich dein Fuß zur Sünde verführt, so haue ihn ab! Es ist besser, daß du lahm in das Leben eingehst, als mit beiden Füßen in die Hölle geworfen zu werden. Wenn dein Auge dich zur Sünde verführt, so reiß es aus! Es ist besser, einäugig in das Reich Gottes einzugehen, als mit zwei Augen in die Hölle geworfen zu werden.

Wenn aber dein Bruder sündigt, so geh hin und weise ihn unter vier Augen zurecht! Hört er auf dich, so hast du deinen Bruder gewonnen. Hört er dagegen nicht, so nimm noch einen oder zwei mit dir, daß die Sache Zeugen habe. Hört er auch diese nicht, so sage es der Gemeinde! Wenn er aber auch auf die Gemeinde nicht hört, so sei er dir wie ein Heide oder Zöllner!

Wahrlich, ich sage euch: Wenn zwei von

euch auf Erden einig sind, irgendeine Sache zu erbitten, wird es ihnen von meinem Vater im Himmel so geschehen. Denn wo zwei oder drei in meinem Namen versammelt sind, da bin ich mitten unter ihnen.«

Das Gleichnis vom unbarmherzigen Knecht

Da kam Petrus zu ihm und sagte: »Herr, wie oft muß ich meinem Bruder, der gegen mich sündigt, vergeben? Vielleicht siebenmal?«

Jesus sagte zu ihm: »Ich sage dir: Nicht bis zu siebenmal, sondern bis zu siebzigmal siebenmal.

Darum gleicht das Himmelreich einem König, dessen Knecht ihm zehntausend Talente schuldete. Weil er jedoch nicht bezahlen konnte, befahl der Herr, daß er, seine Frau, seine Kinder und alles, was sein war, verkauft und die Zahlung geleistet werden sollte. Da warf sich der Knecht vor ihm nieder und bat: 'Habe Geduld mit mir, dann werde ich dir alles bezahlen.'« Da hatte der Herr Erbarmen mit jenem Knecht, ließ ihn frei und schenkte ihm sogar die Schuld.

Als aber jener Knecht hinausging, fand er einen seiner Mitknechte, der ihm hundert Denare schuldete. Er ergriff ihn, würgte ihn und sagte: 'Bezahle, was du mir schuldig bist!' Sein Mitknecht warf sich nun nieder und bat ihn: 'Habe Geduld mit mir, und ich will dir's bezahlen!' Er aber wollte nicht, sondern ging hin und ließ ihn ins Gefängnis bringen, bis er die Schuld bezahlt habe.

Als nun seine Mitknechte sahen, was geschehen war, wurden sie sehr traurig. Sie gingen hin und berichteten ihrem Herrn alles, was geschehen war.

Da ließ sein Herr ihn herbeirufen und sagte ihm: 'Du böser Knecht, deine ganze Schuld habe ich dir erlassen, weil du mich gebeten hast. Hättest nicht auch du dich deines Mitknechtes erbarmen sollen, wie ich mich deiner erbarmt habe?' Sein Herr wurde zornig und übergab ihn den Folterknechten, bis er die ganze Schuld bezahlt hätte. So wird auch mein himmlischer Vater

mit euch verfahren, wenn nicht jeder von euch seinem Bruder von Herzen verzeiht.«

Als Jesus diese Reden beendet hatte, brach er aus Galiläa auf und zog jenseits des Jordan in das Gebiet von Judäa. Eine große Volksmenge folgte ihm nach, und er heilte sie dort.

Unterwegs sagte ein Mann zu ihm: »Ich will dir nachfolgen, wohin du auch gehst.« Jesus sprach zu ihm: »Die Füchse haben ihre Höhlen und die Vögel des Himmels ihre Nester. Der Menschensohn aber hat nichts, wo er sein Haupt hinlegen kann.«

Zu einem andern sprach er: »Folge mir nach!« Der aber antwortete: »Erlaube mir, zuvor hinzugehen und meinen Vater zu begraben.« Da sprach Jesus zu ihm: »Laß die Toten ihre Toten begraben! Du aber geh hin und verkündige das Reich Gottes!«

Noch ein anderer sagte: »Ich will dir nachfolgen, Herr; zuvor jedoch erlaube mir, von denen, die in meinem Hause sind, Abschied zu nehmen.« Da sprach Jesus zu ihm: »Niemand, der seine Hand an den Pflug legt und zurückblickt, ist tauglich für das Reich Gottes.«

Jesus erwählt siebzig weitere Jünger

Danach bestimmte Jesus noch siebzig andere Jünger und sandte sie zu zweien vor sich her in alle Städte und Orte, wohin er selbst kommen wollte. Er sagte zu ihnen: »Die Ernte ist groß, aber der Arbeiter sind wenige. Bittet daher den Herrn der Ernte, daß er Arbeiter in seine Ernte sende! Gehet hin! Siehe, ich sende euch wie Schafe mitten unter die Wölfe. Traget keinen Beutel, keine Tasche, keine Schuhe, und grüßt unterwegs niemand! In welches Haus ihr auch immer eintretet, sprechet zuerst: 'Friede diesem Hause!'

In diesem Haus aber sollt ihr bleiben, essen und trinken, was ihr von ihnen bekommt; denn der Arbeiter ist seines Lohnes wert. Geht aber nicht von einem Hause ins andere!

Kommt ihr in eine Stadt, in der man euch aufnimmt, dann esset, was euch vorgesetzt wird! Heilt die Kranken, die dort sind, und sagt ihnen: ʼDas Reich Gottes ist nahe!ʼ Kommt ihr aber in eine Stadt, in der man euch nicht aufnimmt, dann geht auf ihre Straßen hinaus und sprecht: ʼAuch den Staub, der sich von eurer Stadt an unsere Füße gesetzt hat, schütteln wir gegen euch ab. Aber das sollt ihr wissen, daß das Reich Gottes nahe ist.ʼ Ich sage euch: Es wird Sodom an jenem Tag erträglicher ergehen als dieser Stadt.

Wer euch hört, der hört mich; und wer euch verwirft, der verwirft mich; wer aber mich verwirft, der verwirft den, der mich gesandt hat.«

Der barmherzige Samariter

Und siehe, ein Gesetzeslehrer trat auf, um ihn zu versuchen, und sagte: »Meister, was muß ich tun, damit ich das ewige Leben erlange?« Jesus antwortete: »Was steht im Gesetze geschrieben? Wie liest du?«

Darauf antwortete er: »Du sollst den Herrn, deinen Gott, lieben aus deinem ganzen Herzen, mit deiner ganzen Seele, mit deiner ganzen Kraft und mit deinem ganzen Denken, und deinen Nächsten wie dich selbst.«

Da sprach Jesus zu ihm: »Du hast recht geantwortet; tue das, so wirst du leben.« Der andere aber wollte sich rechtfertigen und sagte zu Jesus: »Wer ist aber mein Nächster?«

Jesus erwiderte: »Ein Mann ging von Jericho und fiel unter die Räuber; diese zogen ihn aus, schlugen ihn, gingen davon und ließen ihn halbtot liegen. Zufällig aber ging ein Priester jene Straße hinab; dieser sah ihn und ging vorüber. Ebenso kam auch ein Levit an den Ort, sah ihn und ging vorüber. Ein Samariter aber, der unterwegs war, kam in seine Nähe, und als er ihn sah, hatte er Mitleid mit ihm. Er trat hinzu, goß Öl und Wein in seine Wunden und verband sie; dann hob er ihn auf sein Lasttier, brachte ihn in eine Herberge und pflegte ihn.

Am folgenden Tage gab er dem Wirt Geld und sagte: ʼPflege ihn! Wenn du mehr benötigst, will ich es dir bezahlen, wenn ich wiederkomme!ʼ

Wer von diesen dreien scheint dir der Nächste des Mannes gewesen zu sein, der unter die Räuber gefallen war?«

Der Gesetzeslehrer sagte: »Der, welcher ihm Barmherzigkeit erwiesen hat.« Da sprach Jesus zu ihm: »Geh hin und tue desgleichen!«

Der reiche Jüngling

Es kam einer herbei und sagte zu ihm: »Guter Meister, was muß ich tun, um das ewige Leben zu gewinnen?« Jesus sprach zu ihm: »Was nennst du mich gut? Niemand ist gut, außer Gott allein. Du kennst die Gebote: ʼDu sollst nicht töten, du sollst nicht ehebrechen, du sollst nicht stehlen, du sollst nicht falsches Zeugnis geben, du sollst deinen Vater und deine Mutter ehren!ʼ«

Er aber sagte zu Jesus: »Meister, dies alles habe ich von meiner Jugend an beachtet.« Da blickte Jesus ihn an, gewann ihn lieb und sprach zu ihm: »Eins fehlt dir. Geh hin, verkaufe alles, was du hast, und gib den Erlös den Armen, und du wirst einen Schatz im Himmel haben. Dann komm und folge mir nach.«

Der Jüngling aber wurde traurig wegen dieser Worte und ging betrübt hinweg; denn er hatte viele Besitztümer.

Jesus schaute um sich und sprach zu seinen Jüngern: »Wie schwer ist es doch für die Reichen, in das Reich Gottes zu kommen!« Die Jünger erstaunten über seine Worte. Da begann Jesus wiederum und sprach zu ihnen: »Wie schwer ist es doch, in das Reich Gottes zu kommen! Es ist leichter, daß ein Kamel durch ein Nadelöhr geht, als daß ein Reicher in das Reich Gottes kommt.«

Sie aber erschraken über die Maßen und sagten zueinander: »Wer kann dann gerettet werden?« Jesus blickte sie an und sprach: »Für Menschen ist es unmöglich, aber nicht für Gott. Denn für Gott ist alles möglich.«

Da sagte Petrus: »Siehe, wir haben alles verlassen und sind dir nachgefolgt. Was wird uns also zuteil werden?«

Jesus sprach zu ihnen: »Wahrlich, ich sage euch: Ihr, die ihr mir gefolgt seid, werdet, wenn der Menschensohn auf dem Throne

seiner Herrlichkeit sitzen wird, auf zwölf Thronen sitzen, um die zwölf Stämme Israels zu richten. Jeder, der Haus, Brüder, Schwestern, Vater, Mutter, Weib, Kinder oder Äcker um meinetwillen verlassen hat, dem wird es vielfältig vergolten, und er wird das ewige Leben erben. Viele Erste aber werden Letzte, viele Letzte Erste werden.«

Das Gleichnis von den Arbeitern im Weinberg

»Denn das Himmelreich gleicht einem Hausherrn, der am frühen Morgen ausging, um Arbeiter für seinen Weinberg zu dingen. Als er sich mit den Arbeitern auf einen Denar für den Tag geeinigt hatte, schickte er sie in seinen Weinberg.

Als er um die dritte Stunde wieder ausging, sah er andere müßig auf dem Markte stehen und sagte zu diesen: ›Geht auch ihr in den Weinberg; was recht ist, das will ich euch geben.‹ Sie gingen hin. Wiederum ging er um die sechste und um die neunte Stunde aus und tat ebenso. Als er aber um die elfte Stunde ausging, fand er andere dastehen und sagte zu ihnen: ›Was steht ihr hier müßig?‹ Sie antworteten ihm: ›Uns hat niemand gedungen.‹ Er sagte zu ihnen: ›Geht auch ihr in meinen Weinberg!‹

Als es Abend geworden war, sagte der Herr des Weinbergs zu seinem Verwalter: ›Rufe die Arbeiter und zahle den Lohn aus, indem du bei den Letzten anfängst, bis zu den Ersten!«

Da kamen die von der elften Stunde und erhielten je einen Denar. Als die Ersten kamen, meinten sie, sie würden mehr empfangen, aber auch sie erhielten je einen Denar.

Als sie ihn aber empfangen hatten, murrten sie gegen den Hausherrn und sagten: ›Diese Letzten haben nur eine Stunde gearbeitet, und du hast sie uns gleich gemacht, die wir die Last und Hitze des Tages getragen haben!‹ Er jedoch antwortete und sprach zu einem von ihnen: ›Freund, ich tue dir nicht Unrecht. Hast du dich nicht auf einen Denar mit mir geeinigt? Nimm das Deine und geh hin! Ich will aber diesem Letzten so viel geben wie dir. Steht es mir nicht frei, mit dem Meinigen zu tun, was ich will? Oder ist dein Auge neidisch, weil ich gut bin?‹

So werden die Letzten Erste und die Ersten Letzte sein.«

Das Gleichnis vom verlorenen Schaf

Es nahten sich aber alle Zöllner und Sünder, um Jesus zu hören. Da murrten die Pharisäer und Schriftgelehrten und sagten: »Dieser nimmt Sünder auf und ißt mit ihnen.«

Da erzählte Jesus ihnen folgendes Gleichnis: »Wer von euch, der hundert Schafe hat und eins davon verliert, läßt nicht die 99 in der Wüste zurück und geht dem verlornen nach, bis er es findet? Hat er es gefunden, legt er es voll Freude auf seine Schultern; und wenn er nach Hause kommt, ruft er seine Freunde und seine Nachbarn zusammen und sagt zu ihnen: ʼFreut euch mit mir, denn ich habe mein Schaf gefunden, das verloren war!ʼ Ich sage euch: So wird im Himmel mehr Freude sein über einen Sünder, der sich bekehrt, als über 99 Gerechte, die der Bekehrung nicht bedürfen.

Oder welche Frau, die zehn Drachmen besitzt, zündet nicht, wenn sie eine Drachme verliert, ein Licht an, kehrt das Haus und sucht eifrig, bis sie sie findet? Hat sie diese gefunden, ruft sie ihre Freundinnen und Nachbarinnen zusammen und sagt: ʼFreut euch mit mir, denn ich habe die Drachme gefunden, die ich verloren hatte!ʼ So sage ich euch, ist bei den Engeln Gottes Freude über einen Sünder, der sich bekehrt.«

Das Gleichnis vom verlorenen Sohn

Jesus sprach weiter:

»Ein Mann hatte zwei Söhne. Der jüngere von ihnen sagte zum Vater: ʼVater, gib mir den Teil des Vermögens, der mir zukommt!ʼ Da verteilte er unter sie das Vermögen. Nach wenigen Tagen nahm der jüngere Sohn alles mit sich und zog in ein fernes Land; dort vergeudete er sein Vermögen durch ein verschwenderisches Leben. Nachdem er alles durchgebracht hatte, kam eine gewaltige Hungersnot über jenes Land, und er fing an, Mangel zu leiden. Da ging er hin und verdingte sich bei einem Bürger jenes Landes, der ihn auf seine Felder schickte, um die Schweine zu hüten. Dort hätte er gerne seinen Hunger mit den Schoten gestillt, die die Schweine fraßen; aber niemand gab sie ihm. Da ging er in sich und sprach: ʼWie viele Tagelöhner meines Vaters haben Brot im Überfluß; ich aber komme hier vor Hunger um! Ich will mich aufmachen und zu meinem

Vater gehen und zu ihm sagen: ’Vater, ich habe gesündigt gegen den Himmel und vor dir; ich bin nicht mehr wert, dein Sohn zu heißen; nimm mich wenigstens als einen deiner Tagelöhner!’

Da machte er sich auf und ging zu seinem Vater. Als er aber noch weit entfernt war, sah ihn sein Vater und ward von Mitleid gerührt. Er lief ihm entgegen, fiel ihm um den Hals und küßte ihn. Der Sohn aber sprach zu ihm: ’Vater, ich habe gesündigt gegen den Himmel und vor dir; ich bin nicht mehr wert, dein Sohn zu heißen.’

Doch der Vater befahl seinen Knechten: ’Bringt schnell das beste Gewand und zieht es ihm an! Steckt ihm einen Ring an die Hand und tut Schuhe an seine Füße. Dann holt das gemästete Kalb, schlachtet es und lasset uns essen und fröhlich sein! Denn dieser mein Sohn war tot und ist wieder lebendig geworden; er war verloren und ist wiedergefunden worden.’

Da fingen sie an, fröhlich zu sein.

Sein älterer Sohn aber war auf dem Felde; als er heimkehrte und sich dem Hause näherte, hörte er Musik und Tanz. Da rief er einen der Knechte herbei und erkundigte sich, was das bedeute. Der sagte zu ihm: ’Dein Bruder ist gekommen, da hat dein Vater das gemästete Kalb geschlachtet, weil er ihn gesund wiedererhalten hat.’

Da wurde er zornig und wollte nicht hineingehen. Doch sein Vater kam heraus und redete ihm gut zu. Er aber antwortete: ’Siehe, so viele Jahre diene ich dir und habe nie dein Gebot übertreten! Mir hast du nie ein Böcklein gegeben, damit ich mit meinen Freunden fröhlich essen könnte. Wie aber dieser dein Sohn kommt, der deine Habe aufgezehrt hat mit zügellosem Leben, schlachtest du ihm das gemästete Kalb!’

Da sagte der Vater zu ihm: ’Kind, du bist allezeit bei mir, und alles, was mein ist, ist dein. Du solltest fröhlich sein und dich freuen; denn dieser dein Bruder war tot und ist lebendig geworden, er war verloren und ist wiedergefunden.’«

Das Gleichnis vom reichen Mann und vom armen Lazarus

»Es war ein reicher Mann, der kleidete sich in Purpur und kostbares Leinen und lebte alle Tage herrlich und in Freuden. Ein Armer aber mit Namen Lazarus lag vor seiner Tür. Er war mit Geschwüren bedeckt und hätte gerne die Brosamen gehabt, die vom Tische des Reichen abfielen; aber nur die Hunde kamen und beleckten seine Geschwüre.

Nun starb der Arme und wurde von den Engeln in Abrahams Schoß getragen. Aber auch der Reiche starb und wurde begraben, und als er in der Hölle, von Qualen geplagt, seine Augen erhob, sah er Abraham von ferne und Lazarus in seinem Schoß.

Da rief er mit lauter Stimme: »Vater Abraham, erbarme dich meiner! Sende Lazarus, damit er die Spitze seines Fingers ins Wasser tauche und meine Zunge kühle; denn ich leide Pein in dieser Flamme.’

Abraham aber sprach: ’Kind, erinnere dich, daß du in deinem Leben dein Gutes empfangen hast und Lazarus nur Böses; jetzt dagegen wird er hier getröstet, du aber leidest Pein. Außerdem besteht zwischen uns und euch eine große Kluft, damit die, welche von hier zu euch hinübergehen wollen, es nicht vermögen, und die, welche dort sind, nicht zu uns herüber gelangen können.’

Da sagte der Reiche: ’Dann bitte ich dich, Vater, ihn in das Haus meines Vaters zu senden, zu meinen fünf Brüdern, damit er sie warne, so daß sie nicht auch an diesen Ort der Qual kommen.’

Abraham aber sprach: ’Sie haben Mose und die Propheten; die sollen sie hören!’ Er aber sagte: ’Nein, Vater Abraham, aber wenn einer von den Toten zu ihnen geht, werden sie Buße tun.’

Da sprach Abraham zu ihm: ’Wenn sie auf Mose und die Propheten nicht hören, werden sie sich auch nicht überzeugen lassen, wenn einer von den Toten aufersteht.’«

Die Reise nach Jerusalem

Auf der Wanderung nach Jerusalem kam Jesus durch Samaria und Galiläa. Da zogen ihm vor einem Dorf zehn Aussätzige entgegen, die von ferne stehenblieben. Sie erhoben ihre Stimmen und riefen: »Jesus, Meister, erbarme dich unser!« Als er sie sah, sagte er zu ihnen: »Geht und zeigt euch den Priestern!« Während sie hingingen, wurden sie rein. Einer aber von ihnen, der sah, daß er geheilt war, kehrte um, pries Gott mit lauter Stimme, warf sich vor Jesus auf sein Angesicht und dankte ihm. Und dieser war ein Samariter.

Da sprach Jesus: »Sind nicht alle zehn geheilt worden? Wo sind denn die neun? Ist nur dieser Fremde zurückgekehrt, Gott die Ehre zu geben?« Und er sprach zu ihm: »Steh auf und geh hin! Dein Glaube hat dich gerettet.«

Das Gleichnis vom Pharisäer und vom Zöllner

Jesus sagte dieses Gleichnis zu einigen, die stolz darauf waren, gerecht zu sein und die übrigen verachteten: »Zwei Männer gingen hinauf in den Tempel, um zu beten; der eine war ein Pharisäer, der andere ein Zöllner.

Der Pharisäer stellte sich für sich allein hin und betete so: 'O Gott, ich danke dir, daß ich nicht bin wie die übrigen Menschen, die Räuber, Übeltäter, Ehebrecher oder auch wie dieser Zöllner da! Ich faste zweimal in der Woche, ich gebe den Zehnten von meinem ganzen Einkommen den Armen.'

Der Zöllner aber stand von ferne und wagte nicht einmal, seine Augen zum Himmel zu erheben, sondern schlug an seine Brust und sprach: 'O Gott, sei mir Sünder gnädig!'

Ich sage euch: Dieser ging gerechtfertigt in sein Haus zurück, jener nicht. Denn jeder, der sich selbst erhöht, wird erniedrigt, und wer sich aber selbst erniedrigt, wird erhöht werden.«

Jesus bereitet die Jünger vor

Sie waren aber unterwegs nach Jerusalem, und Jesus ging ihnen voran. Die Jünger erstaunten; die aber, welche nachfolgten, fürchteten sich. Er nahm die Zwölf abermals an seine Seite und fing an, ihnen zu sagen, was ihm widerfahren sollte:

»Siehe, wir ziehen hinauf nach Jerusalem. Der Menschensohn wird den Hohenpriestern und den Schriftgelehrten ausgeliefert werden, und sie werden ihn zum Tode verurteilen und ihn den Heiden ausliefern. Sie werden ihn verspotten, anspeien, geißeln und töten. Aber nach drei Tagen wird er auferstehen.«

Jakobus und Johannes, die Söhne des Zebedäus, gingen zu ihm und sagten: »Meister, wir wollen, daß du für uns tust, um was wir dich bitten.« Er sprach zu ihnen: »Was soll ich für euch denn tun?« Da sagten sie zu ihm: »Gewähre uns, daß wir einer zu deiner Rechten und einer zu deiner Linken sitzen dürfen in deiner Herrlichkeit!«

Jesus aber sprach zu ihnen: »Ihr wißt nicht, um was ihr bittet. Könnt ihr den Kelch trinken, den ich trinke, oder euch taufen lassen mit der Taufe, womit ich getauft werde?«

Sie sagten: »Wir können es.« Da sprach Jesus zu ihnen: »Den Kelch, den ich trinke, werdet ihr trinken, und mit der Taufe, womit ich getauft werde, werdet ihr getauft werden; aber das Sitzen zu meiner Rechten oder zu meiner Linken zu gewähren, steht mir nicht zu, sondern es wird denen zuteil, welchen es bestimmt worden ist.«

Als die anderen Zehn das hörten, wurden sie über Jakobus und Johannes unwillig. Jesus aber rief sie zu sich und sagte zu ihnen: »Ihr wißt, daß die Fürsten der Völker sie hart knechten. Bei euch sei es aber nicht so! Wer unter euch groß sein will, sei euer Diener, und wer unter euch der Erste sein will, der sei der Knecht aller; denn auch der Menschensohn ist nicht gekommen, sich bedienen zu lassen,

sondern um zu dienen und sein Leben als Lösegeld für viele zu geben.«

Dann kam Jesus nach Jericho und zog hindurch. Da war ein Mann mit Namen Zachäus; er war Oberzöllner und sehr reich. Dieser wollte Jesus gern sehen, aber er konnte es nicht wegen der Volksmenge, weil er von Gestalt klein war. Da lief er voraus und stieg auf einen Maulbeerfeigenbaum, um ihn zu sehen; denn Jesus sollte auf jenem Wege hindurchziehen.

Als Jesus an die Stelle kam, blickte er empor, sah ihn und sprach zu ihm: »Zachäus, steige schnell herab! Denn heute muß ich in deinem Hause bleiben.« Da stieg er schnell herab und nahm ihn mit Freuden auf.

Alle, die das sahen, murrten und sagten: »Bei einem Sünder ist er eingekehrt!«

Zachäus aber trat hin und sagte zum Herrn: »Siehe, Herr, die Hälfte meines Vermögens gebe ich den Armen, und wenn ich jemand übervorteilt habe, erstatte ich es vierfach zurück.«

Da sprach Jesus zu ihm: »Heute ist diesem Hause Heil widerfahren, ist doch auch er ein Sohn Abrahams. Der Menschensohn ist gekommen, zu suchen und zu retten, was verloren war.«

Martha und Maria

Es begab sich, als sie weiterzogen, da kam er in ein Dorf. Eine Frau mit Namen Martha nahm ihn in ihr Haus auf. Sie hatte eine Schwester namens Maria; die setzte sich zu den Füßen des Herrn und hörte seiner Rede zu. Martha dagegen machte sich viel zu schaffen mit der Bedienung. Sie trat hinzu und sagte: »Herr, kümmert es dich nicht, daß meine Schwester das Bedienen allein mir überlassen hat? Sage ihr doch, sie solle mir helfen!«

Doch der Herr antwortete ihr: »Martha, Martha, du machst dir Sorge und bekümmerst dich um viele Dinge. Nur weniges aber ist notwendig. Maria aber hat den besten Teil erwählt, der ihr nicht genommen werden soll.«

Die Auferweckung des Lazarus

Ein anderes Mal war Lazarus, der Bruder Marias, krank. Die Schwestern sandten zu Jesus und ließen sagen: »Herr, dein Freund ist krank.« Denn Jesus hatte Martha, ihre Schwester und Lazarus lieb.

Als er nun hörte, er sei krank, blieb er zwei Tage länger an dem Ort, wo er gerade war. Danach sagte er zu den Jüngern: »Unser Freund Lazarus ist entschlummert; aber ich gehe hin, um ihn aufzuwecken.«

Da sagten die Jünger zu ihm: »Herr, ist er entschlummert, so wird er gesund werden.« Da sagte ihnen Jesus frei heraus: »Lazarus ist gestorben, und ich freue mich um euretwillen, daß ich nicht dort war, damit ihr zum Glauben kommt! Aber laßt uns zu ihm gehen!«

257

Thomas, der auch 'Zwilling' genannt wurde, sagte zu den Mitjüngern: »Laßt uns auch hingehen, um mit ihm zu sterben!«

Als Jesus ankam, fand er Lazarus bereits vier Tage im Grabe liegend. Bethanien war aber nahe bei Jerusalem, etwa fünf Stadien entfernt. Viele von den Juden waren zu Martha und Maria gekommen, um sie wegen des Verlustes ihres Bruders zu trösten.

Als nun Martha hörte, daß Jesus komme, ging sie ihm entgegen. Maria aber blieb zu Hause. Martha sagte zu Jesus: »Herr, wärest du hier gewesen, so wäre mein Bruder nicht gestorben. Aber ich weiß trotzdem: Alles, um was du Gott bitten wirst, wird Gott dir geben.«

Jesus sagte zu ihr: »Dein Bruder wird auferstehen.« Martha antwortete: »Ich weiß, daß er bei der Auferstehung am Jüngsten Tag auferstehen wird.«

Jesus sprach zu ihr: »Ich bin die Auferstehung und das Leben. Wer an mich glaubt, der wird leben, auch wenn er gestorben ist, und jeder, der lebt und an mich glaubt, wird in Ewigkeit nicht sterben. Glaubst du das?«

Sie sagte zu ihm: »Ja, Herr, ich glaube, daß du der Messias, der Sohn Gottes bist, der in die Welt kommen soll.« Als sie das gesagt hatte, ging sie fort, rief ihre Schwester Maria und sagte: »Der Meister ist da und läßt dich rufen.« Als jene das hörte, stand sie schnell auf und ging zu ihm.

Jesus war aber noch nicht in das Dorf gekommen, sondern er war noch an dem Orte, wo ihm Martha begegnet war. Als nun die Juden, die bei ihr im Hause waren und sie trösteten, sahen, wie diese aufstand und hinausging, folgten sie ihr nach in der Meinung, sie gehe zum Grabe, um sich dort auszuweinen.

Als nun Maria an den Ort kam, wo Jesus war, fiel sie ihm zu Füßen und sagte zu ihm: »Herr, wärest du hier gewesen, so wäre mein Bruder nicht gestorben.«

Als Jesus sah, wie sie weinte, und wie auch die Juden, die mit ihr gekommen waren, weinten, war er tief bewegt und erschüttert. Er sagte: »Wo habt ihr ihn begraben?«

Sie sagten zu ihm: »Herr, komm und sieh!« Jesus weinte. Da sagten die Juden: »Seht, wie er ihn lieb hatte!« Einige aber von ihnen sagten: »Konnte er, der dem Blinden die Augen geöffnet hat, nicht auch bewirken, daß Lazarus nicht zu sterben brauchte?«

Jesus, abermals tief bewegt, kam zum Grab. Es war aber eine Gruft, und ein Stein lag davor. Jesus sagte:

»Nehmt den Stein weg!«

Da sagte Martha: »Herr, er riecht schon, denn er ist schon seit vier Tagen tot.« Jesus sagte ihr: »Habe ich dir nicht gesagt, wenn du glaubst, wirst du die Herrlichkeit Gottes schauen?«

Da hoben sie den Stein weg. Jesus aber richtete die Augen nach oben und sprach: »Vater, ich danke dir, daß du mich erhört hast. Ich wußte, daß du mich allezeit erhörst; doch um des Volkes willen, das hier steht, habe ich es gesagt, damit sie glauben, daß du mich gesandt hast.«

Als er dies gesprochen hatte, rief er mit lauter Stimme: »Lazarus, komm heraus!«

Da kam der Verstorbene heraus, an Händen und Füßen mit Binden gebunden, und sein Angesicht war mit einem Schweißtuch umwickelt. Jesus sagte zu ihnen: »Bindet ihn los und laßt ihn gehen!«

Viele von den Leuten, die zu Maria gekommen waren und sahen, was er getan hatte, glaubten an ihn. Einige aber von ihnen gingen hin zu den Pharisäern und sagten ihnen, was Jesus getan hatte.

Die Hohenpriester und Pharisäer wollen Jesus töten

Da beriefen die Hohenpriester und die Pharisäer eine Versammlung des Hohen Rates ein und sagten: »Was sollen wir tun? Dieser Mann tut so viele Wunder. Wenn wir ihn gewähren lassen, werden alle an ihn glauben; die Römer werden kommen und unser Land und auch unser Volk wegnehmen.«

Einer aber von ihnen, Kaiphas, der in jenem Jahr Hoherpriester war, sagte zu ihnen: »Ihr wißt nichts! Auch bedenkt ihr nicht, daß es für euch besser ist, wenn *ein* Mensch für das Volk stirbt und nicht das ganze Volk umkommt.«

Dies sagte er aber nicht aus sich selbst, sondern weil er Hoherpriester jenes Jahres war, weissagte er. Denn Jesus sollte für das Volk sterben, aber nicht für das Volk allein, sondern damit er auch die zerstreuten Kinder Gottes wieder zusammenbrächte.

Von jenem Tage an waren sie entschlossen, ihn zu töten.

Darum ging Jesus nicht mehr öffentlich unter den Juden umher, sondern zog weg in die Gegend nahe der Wüste, in eine Stadt, die Ephraim heißt, und hielt sich mit den Jüngern dort auf.

Das Mahl in Bethanien

Es war aber das Passah der Juden nahe. Viele aus dem ganzen Lande zogen vor dem Passah nach Jerusalem hinauf, um sich zu heiligen. Sie suchten nun nach Jesus und sagten, als sie im Tempel standen: »Was meint ihr? Wird er nicht zum Feste kommen?« Die Hohenpriester und die Pharisäer aber hatten Befehl gegeben, es anzuzeigen, wenn jemand wisse, wo er sei, damit sie ihn festnehmen könnten.

Jesus kam sechs Tage vor dem Passah nach Bethanien, wo Lazarus war, den er von den Toten auferweckt hatte. Dort bereiteten sie ihm ein Mahl, und Martha besorgte die Bedienung.

Da nahm Maria ein Pfund echter, kostbarer Nardensalbe, salbte Jesus die Füße und trocknete mit ihren Haaren seine Füße ab; das Haus aber war erfüllt vom Duft der Salbe.

Judas aus Karioth aber, einer von seinen Jüngern, der ihn verraten sollte, sagte: »Warum hat man diese Salbe nicht für dreihundert Denare verkauft und den Erlös den Armen gegeben?« Er sagte dies aber nicht, weil ihm die Armen am Herzen lagen, sondern weil er ein Dieb war und da er die Kasse hatte, die Einkünfte beiseite zu schaffen pflegte.

Da sprach Jesus: »Laß sie gewähren! Für den Tag meines Begräbnisses hat sie es aufbewahrt. Die Armen habt ihr allezeit unter euch; mich aber habt ihr nicht allezeit.«

Viele Leute erfuhren nun, daß er dort sei, und sie kamen nicht allein um Jesu willen, sondern auch um Lazarus zu sehen, den er von den Toten auferweckt hatte. Die Hohenpriester aber beschlossen, auch Lazarus zu töten; denn seinetwegen gingen viele der Juden hin und glaubten an Jesus.

Kreuzigung Auferstehung Himmelfahrt

Einzug in Jerusalem

Es begab sich, als Jesus in die Nähe von Bethphage und Bethanien an den Berg kam, der Ölberg heißt, entsandte er zwei seiner Jünger mit dem Auftrag: »Geht in das nächste Dorf; wenn ihr hineinkommt, werdet ihr darin ein Füllen angebunden finden, auf dem noch nie ein Mensch gesessen hat; bindet es los und führt es her! Wenn euch aber jemand fragt: 'Warum bindet ihr es los?' sollt ihr sagen: 'Der Herr bedarf seiner.'«

Da gingen die beiden Jünger hin und fanden es so, wie er ihnen gesagt hatte. Als sie aber das Füllen losbanden, sagten seine Besitzer zu ihnen: »Warum bindet ihr das Füllen los?« Sie antworteten: »Der Herr bedarf seiner.«

Sie führten es zu Jesus, luden ihre Kleider auf das Füllen und ließen Jesus aufsteigen. Während er dahinzog, breiteten sie auf den Weg ihre Kleider.

Als er sich dem Abhang des Ölbergs näherte, fingen alle Jünger an voll Freude Gott mit lauter Stimme zu loben und riefen: »Gesegnet sei der König, der im Namen des Herrn kommt! Friede im Himmel und Ehre in der Höhe!«

Da sagten aus der Volksmenge heraus einige von den Pharisäern zu ihm: »Meister, verbiete es deinen Jüngern!«

Er antwortete: »Ich sage euch: Wenn

diese schweigen würden, würden die Steine
schreien.«

Als er näher kam und die Stadt sah, weinte
er über sie und sprach: »Wenn doch auch du
an diesem deinem Tage erkannt hättest, was
dir zum Frieden dient! Jetzt aber ist es vor
deinen Augen verborgen. Es werden Tage

kommen, da werden deine Feinde einen Wall um dich aufwerfen und dich ringsum einschließen. Sie werden dich dem Erdboden gleichmachen, deine Kinder, die in dir sind, zu Boden schmettern und keinen Stein in dir auf dem anderen lassen, weil du die Zeit, da Gott dich heimsuchte, nicht erkannt hast.«

Als er dann in Jerusalem einzog, kam die ganze Stadt in Bewegung und fragte: »Wer ist das?« Die Volksmenge aber sagte: »Das ist der Prophet Jesus aus Nazareth in Galiläa.«

Jesus treibt die Wechsler aus dem Tempel

Jesus ging in den Tempel, trieb alle, die im Tempel verkauften und kauften, hinaus, stieß die Tische der Wechsler und die Sitze der Taubenverkäufer um und sprach zu ihnen: »Es steht geschrieben: 'Mein Haus soll ein Haus des Gebetes sein'; ihr aber habt es zu einer Räuberhöhle gemacht.«

Es kamen Blinde und Lahme zu ihm in den Tempel, und er heilte sie.

Als aber die Hohenpriester und die Schriftgelehrten die Kinder sahen, die im Tempel schrien: »Hosanna dem Sohne Davids!« wurden sie unwillig und sagten zu ihm: »Hörst du, was diese sagen?« Da sprach Jesus: »Ja, habt ihr nie gelesen: 'Aus dem Munde der Unmündigen und Säuglinge hast du dir Lob bereitet, o Gott'?«

Darauf verließ er sie, ging zur Stadt hinaus nach Bethanien und übernachtete dort.

Der verdorrende Feigenbaum

Als er am Morgen wieder in die Stadt ging, hungerte ihn. Er sah einen Feigenbaum am Wege, ging zu ihm hin und fand aber an ihm nur Blätter. Da sprach er zu ihm: »Nie mehr soll Frucht von dir kommen in Ewigkeit!« Sofort verdorrte der Feigenbaum.

Als die Jünger das sahen, verwunderten sie sich und sagten: »Wie ist der Feigenbaum sofort verdorrt?« Jesus antwortete und sprach

zu ihnen: »Wahrlich, ich sage euch: Wenn ihr Glauben habt und nicht zweifelt, werdet ihr nicht nur das tun, was dem Feigenbaum widerfahren ist, sondern selbst wenn ihr zu diesem Berge da sagt: 'Hebe dich hinweg und stürze dich ins Meer', so wird es geschehen. Alles, was ihr im Gebet erbittet, werdet ihr, wenn ihr nur glaubt, empfangen.«

Das Gleichnis von den bösen Winzern

Als Jesus in den Tempel kam, traten die Hohenpriester und die Ältesten des Volkes zu ihm, während er lehrte, und sagten: »Kraft welcher Vollmacht tust du dies? Wer hat dir diese Vollmacht gegeben?«

Jesus aber beantwortete ihre Fragen nicht, sondern fing an, in Gleichnissen zu ihnen zu reden und sagte:

»Ein Mann pflanzte einen Weinberg, zog einen Zaun darum, grub eine Kelter darin und baute einen Turm; dann verpachtete er ihn an Winzer und zog außer Landes.

Als nun die Zeit der Ernte herangekommen war, sandte er seine Knechte zu den Pächtern, um seine Früchte in Empfang zu nehmen. Die Pächter aber ergriffen seine Knechte und schlugen den einen, den anderen töteten sie, den dritten steinigten sie.

Wieder sandte er andere Knechte hin, und mit ihnen machten sie es ebenso. Zuletzt sandte er seinen Sohn zu ihnen, weil er sich sagte: 'Vor meinem Sohn werden sie Respekt haben.'

Als aber die Pächter den Sohn sahen, sagten sie zueinander: 'Das ist der Erbe. Kommt, wir wollen ihn töten und sein Erbe behalten.'

Sie ergriffen ihn, stießen ihn zum Weinberg hinaus und töteten ihn.

Wenn nun der Besitzer des Weinbergs kommt, was wird er mit diesen Pächtern tun?«

Sie sagten zu Jesus: »Er wird sie als Übeltäter umbringen und den Weinberg an andere Winzer verpachten, die ihm die Früchte zu ihrer Zeit abliefern.«

Als die Hohenpriester und die Pharisäer sein Gleichnis gehört hatten, merkten sie, daß er von ihnen redete. Sie wollten ihn festnehmen, fürchteten aber das Volk, weil es ihn für einen Propheten hielt.

Die Steuer für den Kaiser

Die Pharisäer beobachteten Jesus und sandten Aufpasser hin, die sich stellten, als seien sie ehrliche Menschen; diese sollten ihn bei einem Ausspruch fassen, so daß sie ihn der Gewalt und Macht des Statthalters ausliefern könnten.

Sie fragten ihn: »Meister, wir wissen, du redest und lehrst, was recht ist. Du schaust nicht auf die Person, sondern lehrst den Weg Gottes. Nun sage uns: Ist es erlaubt, dem Kaiser Steuer zu zahlen oder nicht?«

Er aber merkte ihre Arglist und sprach zu ihnen: »Zeigt mir einen Denar! Wessen Bild und Aufschrift trägt er?« Sie antworteten: »Des Kaisers.«

Da sprach er zu ihnen: »Dann gebt also dem Kaiser, was des Kaisers ist, und Gott, was Gottes ist!«

So vermochten sie nicht, ihn vor dem Volke bei einem Wort zu fassen, und verwundert über seine Antwort schwiegen sie still.

Die Gabe der armen Witwe

Als Jesus aufblickte, sah er wie die Reichen ihre Gaben in den Opferstock legten. Er sah aber auch eine arme Witwe, die dort zwei Pfennige einlegte. Er sprach:

»Wahrlich, ich sage euch: Diese arme Witwe hat mehr gegeben als alle. Denn alle diese haben aus ihrem Überfluß, sie aber hat aus ihrem Mangel heraus all ihr Gut gegeben, das sie hatte.«

Das Gleichnis vom Gast ohne Hochzeitskleid

Jesus redete wieder zu ihnen in Gleichnissen und sprach:

»Mit dem Himmelreich verhält es sich wie mit einem König, der seinem Sohne die Hochzeitsfeier bereitete. Er sandte seine Knechte aus, um die Geladenen zur Hochzeit zu rufen; aber sie wollten nicht kommen.

Noch einmal sandte er andere Knechte aus und sprach: 'Sagt den Geladenen, daß ich mein Mahl bereitet habe. Meine Ochsen und das Mastvieh sind geschlachtet, und alles ist bereit. Kommt zur Hochzeit!'

Sie aber kümmerten sich nicht darum, sondern gingen hinweg, der eine auf seinen Acker, der andere zu seinem Geschäft. Die übrigen aber ergriffen seine Knechte, mißhandelten und töteten sie.

Da wurde der König zornig, sandte seine Heere aus, ließ jene Mörder umbringen und ihre Stadt anzünden.

Dann sagte er zu seinen Knechten: 'Die Hochzeit ist bereitet, aber die Geladenen waren unwürdig. So geh nun an die Kreuzungen der Straßen und ladet zur Hochzeit ein, wen immer ihr findet!'

Die Knechte gingen hinaus auf die Straßen und brachten alle zusammen, die sie fanden, Böse und Gute, und der Hochzeitssaal füllte sich mit Gästen.

Als der König eintrat, um sich die Gäste zu betrachten, sah er dort einen Mann, der kein Hochzeitsgewand anhatte. Er sagte zu ihm: 'Freund, wie konntest du es wagen, ohne Hochzeitsgewand zu erscheinen?' Der Mann aber verstummte.

Da sprach der König zu seinen Dienern: 'Bindet ihm Hände und Füße und werft ihn hinaus in die Finsternis!' Dort wird Heulen und Zähneknirschen sein. Denn viele sind berufen, wenige aber auserwählt.«

Jesus und seine Jünger

Als Jesus den Tempel verließ, traten seine Jünger zu ihm, um ihm die Bauten des Tempels zu zeigen. Er aber sagte: »Von allem, was ihr hier seht, wird kein Stein auf dem andern bleiben, der nicht zerstört würde.«

Als er aber auf dem Ölberg saß, traten die Jünger allein zu ihm und sprachen: »Sage uns, wann wird dies geschehen? Und was ist das Zeichen deiner Wiederkunft und des Endes der Welt?«

Jesus antwortete »Gebt acht, daß euch niemand verführt! Denn viele werden in meinem Namen kommen und sagen: 'Ich bin der Messias', und werden viele irreführen. Ihr werdet aber von Kriegen und Kriegsgerüchten hören. Gebt acht, erschreckt nicht, denn es muß so kommen, aber es ist noch nicht das Ende.

Denn erheben wird sich Volk gegen Volk, und Reich gegen Reich, und es werden da und dort Hungersnöte und Erdbeben kommen. Dies alles aber ist erst der Anfang der Not.

Dann wird eine große Drangsal sein, wie von Anfang der Welt bis jetzt keine gewesen ist und auch keine sein wird. Wenn jene Tage nicht abgekürzt würden, würde kein Lebewesen gerettet werden; aber um der Auserwählten willen werden jene Tage abgekürzt werden.«

Das Ende der Zeiten

»Dann wird sich die Sonne verfinstern, der Mond wird seinen Schein nicht geben, die Sterne werden vom Himmel fallen und die Kräfte des Himmels werden erschüttert werden.

Dann wird das Zeichen des Menschensohnes am Himmel erscheinen, und alle Völker der Erde werden wehklagen. Sie werden den Menschensohn auf den Wolken des Himmels kommen sehen mit großer Macht und Herrlichkeit. Er wird seine Engel aussenden mit lautem Posaunenschall, und sie werden seine Auserwählten versammeln von den vier Winden her, von einem Ende des Himmels bis zum andern.

Vom Feigenbaum aber lernt dies: Wenn sein Zweig schon saftig wird und Blätter hervortreibt, so merkt man, daß der Sommer nahe ist. So sollt auch ihr, wenn ihr dies alles seht, erkennen, daß er nahe vor der Türe ist.

Wahrlich, ich sage euch: Dieses Geschlecht wird nicht vergehen, bis dies alles geschieht. Himmel und Erde werden vergehen, meine Worte aber werden nicht vergehen.

Jenen Tag aber und die Stunde weiß niemand, auch nicht die Engel des Himmels, sondern nur der Vater. Darum wachet! Denn ihr wißt nicht, an welchem Tag euer Herr kommt. Das aber merket: Wenn der Hausherr wüßte, zu welcher Stunde der Dieb kommt, würde er wachen und nicht in sein Haus einbrechen lassen.

Deshalb sollt auch ihr bereit sein! Denn der Menschensohn kommt zu einer Stunde, da ihr nicht daran denkt. Wohl jenem Knecht, den sein Herr, wenn er kommt, wachend finden wird! Wahrlich, ich sage euch: Er wird ihn über sein ganzes Besitztum setzen.«

Das Gleichnis von den klugen und törichten Jungfrauen

»Dann wird es sich mit dem Himmelreich verhalten wie mit zehn Jungfrauen, die ihre Lampen nahmen und dem Bräutigam entgegengingen. Fünf von ihnen waren töricht, und fünf klug.

Die Törichten nahmen zwar ihre Lampen, aber kein Öl mit. Die Klugen dagegen nahmen zu ihren Lampen noch Öl in Gefäßen mit.

Als nun der Bräutigam länger ausblieb, wurden sie alle schläfrig und schliefen ein. Mitten in der Nacht aber erscholl der Ruf: 'Der Bräutigam kommt! Geht hinaus, ihm

entgegen!' Da erwachten alle Jungfrauen und machten ihre Lampen zurecht. Die Törichten sagten zu den Klugen: 'Gebt uns von eurem Öl, denn unsere Lampen verlöschen!' Da antworteten die Klugen: 'Es reicht nicht für uns und für euch; geht lieber zu den Krämern und kauft euch welches!'

Während sie hingingen, um Öl zu kaufen,

kam der Bräutigam; und die, welche bereit waren, gingen mit ihm hinein zum Hochzeitsmahl, und die Türe wurde verschlossen. Später kamen auch die übrigen Jungfrauen und sagten: 'Herr, Herr, öffne uns!' Er aber antwortete: 'Wahrlich, ich sage euch: Ich kenne euch nicht.'

Darum wachet! Denn ihr wißt weder den Tag noch die Stunde, zu der der Menschensohn kommt!«

Das Gleichnis von den Talenten

»Mit dem Himmelreich ist es wie mit einem Manne, der in ein fernes Land reisen wollte. Er rief seine Knechte und übergab ihnen sein Vermögen. Dem einen gab er fünf Talente, dem andern zwei, dem dritten eins, jedem nach seinen Fähigkeiten. Dann reiste er ab.

Alsbald ging der, der die fünf Talente empfangen hatte, hin, handelte damit und gewann fünf andere dazu. Ebenso gewann der, der die zwei empfangen hatte, zwei andere dazu. Der aber, der das eine empfangen hatte, ging hin, grub ein Loch in die Erde und verbarg darin das Geld seines Herrn.

Nach langer Zeit aber kam der Herr jener Knechte zurück und rechnete mit ihnen ab. Der, welcher die fünf Talente empfangen hatte, trat herzu, brachte fünf weitere Talente und sagte: 'Herr, fünf Talente hast du mir übergeben; siehe, ich habe fünf weitere Talente dazugewonnen.'

Sein Herr sprach zu ihm: 'Recht so, du guter und treuer Knecht! Du bist über weniges treu gewesen, ich will dich über vieles setzen. Komm, geh ein in die Freude deines Herrn!'

Auch der, welcher die zwei Talente empfangen hatte, trat herzu und sagte: 'Herr, zwei Talente hast du mir übergeben; siehe, ich habe zwei weitere Talente dazugewonnen.'

Sein Herr sprach zu ihm: 'Recht so, du guter und treuer Knecht! Du bist über weniges treu gewesen, ich will dich über vieles setzen. Komm, geh ein in die Freude deines Herrn!'

Aber auch der, welcher das eine Talent empfangen hatte, trat herzu und sagte: 'Herr, ich wußte, daß du ein harter Mann bist, daß du erntest, wo du nicht gesät hast, und sammelst, wo du nicht ausgestreut hast. Weil ich mich fürchtete, ging ich hin und vergrub dein Talent in der Erde. Siehe, da hast du das Deine!'

Sein Herr aber antwortete: 'Du böser und fauler Knecht! Du wußtest, daß ich ernte, wo ich nicht gesät habe, und sammle, wo ich nicht ausgestreut habe! Dann hättest du mein Geld wenigstens zu einer Bank bringen sollen, und ich hätte bei meiner Rückkehr mein Geld mit Zinsen zurückerhalten!'

Darum nehmt ihm das Talent und gebt es dem, der die zehn Talente hat! Denn jedem, der hat, wird gegeben werden, und er wird Überfluß haben! Wer aber nichts hat, dem wird auch das genommen werden, was er hat. Und nun stoßet den unnützen Knecht hinaus in die Finsternis! Dort wird Heulen und Zähneknirschen sein.«

Der Tag des Gerichts

»Wenn aber der Menschensohn in seiner Herrlichkeit kommt und alle Engel mit ihm, dann wird er sich auf den Thron seiner Herrlichkeit setzen. Alle Völker werden vor ihm versammelt werden, und er wird sie voneinander scheiden, wie der Hirt die Schafe von den Böcken scheidet. Die Schafe wird er zu seiner Rechten stellen, die Böcke aber zu seiner Linken.

Dann wird der König zu denen auf seiner Rechten sagen: 'Kommt her, ihr Gesegneten meines Vaters, nehmt das Reich in Besitz, das euch von Anbeginn der Welt bereitet ist! Denn ich war hungrig, und ihr habt mich gespeist; ich war durstig, und ihr habt mich getränkt; ich war ein Fremdling und ihr habt mich beherbergt; ich war nackt, und ihr habt mich bekleidet; ich war krank, und ihr habt mich besucht; ich lag im Gefängnis, und ihr seid zu mir gekommen.'

Dann werden die Gerechten antworten: 'Herr, wann sahen wir dich hungrig und haben dich gespeist? Oder durstig und haben dich getränkt? Wann sahen wir dich als Fremdling und haben dich beherbergt? Oder nackt und haben dich bekleidet? Wann sahen wir dich krank oder im Gefängnis, und sind zu dir gekommen?'

Der König wird ihnen antworten: 'Warlich, ich sage euch: Alles, was ihr einem von diesen meinen geringsten Brüdern getan habt, das habt ihr mir getan.'

Dann wird er auch sagen zu denen zur Linken: 'Geht hinweg von mir, ihr Verfluchten, in das ewige Feuer, das mein Vater dem Teufel und seinen Engeln bereitet hat! Denn ich war hungrig, und ihr habt mich nicht gespeist; ich war durstig, und ihr habt mich nicht getränkt; ich war ein Fremdling, und ihr habt mich nicht beherbergt; ich war nackt, und ihr habt mich nicht bekleidet; ich war krank und lag im Gefängnis, und ihr habt mich nicht besucht.'

Dann werden auch sie antworten: 'Herr, wann sahen wir dich hungrig oder durstig oder als Fremdling oder nackt oder krank oder im Gefängnis und haben dir nicht gedient?'

Dann wird er ihnen antworten: 'Wahrlich, ich sage euch: Alles, was ihr einem dieser Geringsten nicht getan habt, habt ihr auch mir nicht getan.'

Diese werden in die ewige Strafe gehen, die Gerechten aber in das ewige Leben.«

Judas will Jesus verraten

Und es begab sich, als Jesus alle diese Reden beendet hatte, da sprach er zu seinen Jüngern: »Ihr wißt, daß nach zwei Tagen das Passahfest ist; dann wird der Menschensohn verraten und gekreuzigt werden.«

Da versammelten sich die Hohenpriester und die Ältesten des Volkes im Palast des Hohenpriesters, Kaiphas mit Namen, und berieten sich, um Jesus mit List festzunehmen und zu töten.

Sie sagten aber: »Nicht am Fest, damit kein Aufruhr im Volk entsteht!«

Da ging einer der Zwölf, namens Judas Iskariot, zu den Hohenpriestern und sagte: »Was wollt ihr mir geben, wenn ich ihn euch verrate?«

Als die Hohenpriester das hörten, freuten sie sich und boten ihm dreißig Silberlinge. Judas nahm an, und von da an suchte er eine gute Gelegenheit, ihn auszuliefern.

Das Abendmahl

Am ersten Tag der ungesäuerten Brote, an dem man das Passahlamm schlachtete, sprachen die Jünger zu Jesus: »Wo willst du, daß wir die Vorbereitungen treffen, damit du das Passahmahl essen kannst?«

Da sandte er zwei von seinen Jüngern ab und sprach zu ihnen: »Geht in die Stadt! Da wird euch ein Mann begegnen, der einen Wasserkrug trägt; folgt ihm in das Haus, das er betritt. Dort sagt zu dem Hausherrn: 'Der Meister läßt sagen: Wo ist meine Herberge, in der ich mit meinen Jüngern das Passahmahl essen kann?' Er wird euch ein großes Obergemach zeigen, das mit Polstern versehen ist. Dort bereitet für uns das Mahl zu!«

Da gingen die Jünger hin, fanden es so, wie er gesagt hatte, und bereiteten das Passahmahl.

Als es Abend geworden war, kam Jesus und setzte sich mit den Zwölfen zu Tisch. Dann sprach er: »Sehnlichst habe ich verlangt, dieses Passahmahl mit euch zu essen, bevor ich sterbe. Denn ich sage euch: Ich werde es nicht mehr essen, bis es in seiner Vollendung gefeiert wird im Reiche Gottes.«

Als sie aßen, nahm er Brot, sprach das Dankgebet darüber, brach es, und gab es ihnen mit den Worten: »Nehmt, eßt! Das ist mein Leib, der für euch hingegeben wird. Dies tut zu meinem Gedächtnis!«

Ebenso nahm er nach dem Mahle den Becher, sprach das Dankgebet darüber, gab ihnen denselben und sprach: »Trinket alle daraus! Denn das ist mein Blut des neuen Bundes, das für viele vergossen wird zur Vergebung der Sünden. Ich sage euch aber: Ich werde von jetzt an nicht mehr von diesem Gewächs des Weinstocks trinken bis zu jenem Tag, an dem ich es mit euch neu trinken werde im Reiche meines Vaters.«

Nach dem Mahle stand Jesus auf, legte die Kleider ab, nahm ein leinenes Tuch und

band es sich um. Dann goß er Wasser in ein Becken und fing an, den Jüngern die Füße zu waschen und mit dem leinenen Tuch abzutrocknen, das er sich umgebunden hatte.

Als er zu Simon Petrus kam, sagte dieser zu ihm: »Herr, *du* willst *mir* die Füße waschen?«

Jesus antwortete: »Was ich tue, verstehst du jetzt nicht, aber du wirst es später verstehen.«

Simon Petrus sagte: »Nimmermehr sollst

du mir die Füße waschen!«

Jesus antwortete ihm: »Wenn ich dich nicht waschen darf, hast du keine Gemeinschaft mit mir.«

Da sagte Simon Petrus zu ihm: »Herr, nicht nur meine Füße, sondern auch die Hände und das Haupt!« Jesus aber antwortete: »Wer rein ist, braucht nur seine Füße zu waschen, um ganz rein zu sein. Auch ihr seid rein, aber nicht alle.«

Denn er kannte seinen Verräter; deshalb sagte er: »Ihr seid nicht alle rein.«

Tut, wie ich euch getan habe!

Als er ihnen die Füße gewaschen, seine Kleider wieder angelegt und sich wieder zu Tische gesetzt hatte, sprach er zu ihnen: »Versteht ihr, was ich an euch getan habe? Ihr nennt mich Meister und Herr, und ihr habt recht, denn ich bin es. Wenn nun ich, der Herr und Meister, euch die Füße gewaschen habe, dann müßt auch ihr einander die Füße waschen. Denn ein Vorbild habe ich euch gegeben, damit auch ihr tut, wie ich euch getan habe.

Wahrlich, wahrlich, ich sage euch: Der Knecht steht nicht größer als sein Herr, der Gesandte nicht höher als der ihn gesandt hat. Wenn ihr das versteht und danach handelt, so seid ihr selig!«

Jesus entlarvt seinen Verräter

»Nicht von euch allen sage ich das. Ich weiß, wen ich erwählt habe. Aber die Schrift muß erfüllt werden: 'Der mit mir das Brot ißt, hat seine Ferse gegen mich erhoben.'«

Als Jesus dies gesprochen hatte, war er tief betrübt und sagte: »Wahrlich, wahrlich, ich sage euch: Einer von euch wird mich verraten.«

Die Jünger sahen einander an, ratlos darüber, von wem er redete. Einer von seinen Jüngern, den Jesus lieb hatte, saß dicht neben ihm. Diesem winkte Simon Petrus und sagte ihm: »Frage du, wen er meint.« Er lehnte sich hinüber zu Jesus und fragte: »Herr, wer ist es?«

Jesus antwortete: »Der ist es, dem ich den Bissen eintauchen und reichen werde.« Darauf tauchte er einen Bissen Brot ein und gab ihn dem Judas Iskariot, dem Sohn des Simon.

Als Judas den Bissen genommen hatte, fuhr der Satan in ihn. Jesus sagte zu ihm noch: »Was du tun willst, tue bald!«

Aber keiner von denen, die zu Tische saßen, verstand, warum er ihm das sagte. Einige meinten, weil Judas die Kasse hatte, wolle Jesus ihm sagen, er solle kaufen, was sie zum Feste benötigten, oder er solle den Armen etwas geben.

Als Judas den Bissen genommen hatte, ging er sofort hinaus. Es war aber Nacht.

Abschied von den Jüngern

Als Judas hinausgegangen war, sagte Jesus: »Kinder, nur noch kurze Zeit bin ich bei euch. Ihr werdet mich suchen, aber wie ich schon zu den Juden gesagt habe, so sage ich jetzt euch: Wohin ich gehe, dahin könnt ihr nicht kommen.

Ein neues Gebot gebe ich euch: Liebet einander! Wie ich euch geliebt habe, so sollt auch ihr einander lieben! Daran sollen alle erkennen, daß ihr meine Jünger seid, wenn ihr einander liebt.

Eine größere Liebe hat niemand als die, daß einer sein Leben hingibt für seine Freunde. Ihr seid meine Freunde, wenn ihr tut, was ich euch gebiete. Ich nenne euch nicht mehr Knechte, denn der Knecht weiß nicht, was sein Herr tut. Freunde habe ich euch genannt, denn alles, was ich von meinem Vater gehört habe, habe ich euch geoffenbart.

Euer Herz erschrecke nicht! Glaubt an Gott und glaubt an mich! In meines Vaters Haus sind viele Wohnungen. Habe ich euch nicht gesagt, daß ich hingehe, um euch eine Stätte zu bereiten? Wenn ich hingegangen bin und euch eine Stätte bereitet habe, komme ich wieder und werde euch zu mir nehmen, damit auch ihr seid, wo ich bin.«

Simon Petrus sagte zu ihm: »Herr, wohin gehst du?«

Jesus antwortete: »Wohin ich gehe, dahin kannst du mir jetzt nicht folgen. Später aber wirst du mir folgen.«

Petrus sagte: »Herr, warum kann ich dir jetzt nicht folgen? Mein Leben will ich für dich hingeben.«

Jesus antwortete: »Dein Leben willst du für mich hingeben? Wahrlich, wahrlich ich sage dir: Ehe der Hahn kräht, wirst du mich dreimal verleugnet haben.«

Dann sprach er zu ihnen: »Als ich euch ohne Beutel und Tasche und ohne Schuhe aussandte, habt ihr da etwa Mangel gehabt?«

Sie sagten: »Nein!«

Da sprach er zu ihnen: »Wer aber jetzt einen Beutel hat, nehme ihn, und auch, wer eine Tasche hat. Wer kein Schwert hat, verkaufe seinen Mantel und kaufe eins! Denn ich sage euch, dieses Schriftwort muß sich an mir erfüllen: 'Und er ist unter die Übeltäter gezählt worden.' Denn was mir bestimmt ist, kommt jetzt zu Ende.«

Sie aber sagten: »Herr, siehe, hier sind zwei Schwerter.«

Er sprach: »Es ist genug.«

Im Garten Gethsemane

Nachdem sie den Lobgesang gesungen hatten, gingen sie hinaus an den Ölberg. Da sagte Jesus zu ihnen: »Ihr werdet mich alle verlassen in dieser Nacht; denn es steht geschrieben: 'Ich werde den Hirten schlagen, und die Schafe der Herde werden sich zerstreuen.' Nach meiner Auferstehung werde ich euch nach Galiläa vorausgehen.«

Da antwortete Petrus und sagte zu ihm: »Wenn alle dich verlassen, werde ich dich doch niemals verlassen.« Jesus sprach zu ihm: »Wahrlich, ich sage dir: In dieser Nacht, ehe der Hahn kräht, wirst du mich dreimal verleugnen.«

Petrus sagte zu ihm: »Selbst wenn ich mit dir sterben müßte, werde ich dich nicht verleugnen.« Ebenso sagten auch alle anderen Jünger.

Darauf ging Jesus mit ihnen in einen Garten, der Gethsemane genannt wurde, und sagte zu seinen Jüngern: »Setzt euch hier, bis ich dorthin gehe und bete!«

Er nahm nun den Petrus und die zwei Söhne des Zebedäus, Jakobus und Johannes mit sich und fing an, bekümmert zu werden und heftig zu zagen. Dann sprach er zu ihnen: »Meine Seele ist betrübt bis zum Tode; bleibet hier und wachet mit mir!«

Jesus betet

Er ging ein wenig weiter, warf sich auf sein Angesicht nieder und betete: »Mein Vater, wenn es möglich ist, so gehe dieser Kelch an mir vorüber. Doch nicht mein, sondern dein Wille geschehe!«

Es erschien ihm ein Engel vom Himmel und stärkte ihn. Er geriet in Todesangst und betete noch inständiger. Und sein Schweiß wurde wie Blutstropfen, die auf die Erde fielen.

Als er zu den Jüngern zurückkam, fand er sie schlafend. Da sagte er zu Petrus: »Konntet ihr nicht eine Stunde wachen? Wachet und betet, daß ihr nicht in Versuchung geratet! Der Geist ist zwar willig, aber das Fleisch ist schwach.«

Wieder, zum zweitenmal, ging er hin und betete: »Mein Vater, wenn dieser Leidenskelch nicht an mir vorübergehen kann, ohne daß ich ihn trinke, so geschehe dein Wille!« Und als er zurückkam, fand er sie wieder schlafend, denn ihre Augen waren vom Schlafe schwer.

Er ließ sie schlafen, ging wieder weg, betete zum drittenmal mit den gleichen Worten. Darauf kam er zu den Jüngern, fand sie wiederum schlafend und sagte zu ihnen: »Schlaft nur weiter und ruht! Siehe, die Stunde hat sich genaht, da der Menschensohn in die Hände der Sünder überliefert wird. Steht auf, wir wollen gehen! Siehe, der mich verrät, ist da!«

Simon Petrus aber, der ein Schwert hatte, zog es, schlug auf den Knecht des Hohenpriesters ein und hieb ihm das rechte Ohr ab. Da sagte Jesus zu ihm: »Stecke dein Schwert in die Scheide! Denn alle, die zum Schwerte greifen, werden durch das Schwert

Die Gefangennahme Jesu

Während er noch redete, siehe, da kam Judas, einer von den Zwölfen, und mit ihm eine große Schar mit Schwertern und Knütteln von den Hohenpriestern und Ältesten des Volkes her.

Der aber, der ihn verraten wollte, hatte ihnen ein Zeichen angegeben und gesagt: »Der, den ich küssen werde, der ist's; den nehmt fest!«

Sogleich trat er auf Jesus und sagte: »Sei gegrüßt, Meister!« und küßte ihn.

Jesus sprach zu ihm: »Freund, wozu bist du hier?« Da traten sie hinzu, legten Hand an Jesus und nahmen ihn fest.

umkommen. Oder meinst du, ich konnte nicht meinen Vater bitten, und er würde mir sogleich mehr als zwölf Legionen Engel zur Verfügung stellen? Wie würden dann aber die Schriften erfüllt, die sagen, daß es so kommen muß?« Und er rührte das Ohr an und heilte ihn.

In jener Stunde sprach Jesus zu der Menge: »Wie gegen einen Räuber seid ihr ausgezogen mit Schwertern und Knütteln, mich zu ergreifen. Dabei saß ich täglich im Tempel und lehrte, und ihr habt mich nicht festgenommen.«

Dies alles aber ist geschehen, damit die Schriften der Propheten erfüllt werden. Da verließen ihn alle Jünger und flohen.

Petrus verleugnet Jesus

Sie aber ergriffen Jesus, führten ihn ab zum Hohenpriester Kaiphas, wo die Schriftgelehrten und die Ältesten sich versammelt hatten. Petrus aber folgte ihm von ferne bis zum Palast des Hohenpriesters. Er ging hinein und setzte sich zu den Dienern, um zu sehen, wie die Sache ausgehen werde.

Die Hohenpriester aber und der ganze Hohe Rat suchten falsche Zeugen gegen Jesus, um ihn zum Tode verurteilen zu können. Aber sie fanden keinen Anklagepunkt, obgleich viele falsche Zeugen auftraten.

Schließlich kamen zwei und sagten: »Dieser hat gesagt: 'Ich kann den Tempel Gottes niederreißen und in drei Tagen wieder aufbauen!'«

Da stand der Hohepriester auf und sprach zu ihm: »Antwortest du nicht auf das, was diese Zeugen gegen dich sagen?«

Jesus aber schwieg. Da sprach der Hohepriester zu ihm: »Ich beschwöre dich beim lebendigen Gott, daß du uns sagst, ob du der Messias, der Sohn Gottes bist.«

Jesus antwortete ihm: »Du hast es gesagt. Aber ich sage euch: Von nun an werdet ihr den Menschensohn sitzen sehen zur Rechten der Kraft und kommend auf den Wolken des Himmels.«

Da zerriß der Hohepriester seine Kleider und sprach: »Er hat gelästert! Was brauchen wir noch weitere Zeugen? Seht, jetzt habt ihr die Lästerung gehört. Was meint ihr?«

Sie antworteten: »Er ist des Todes schuldig.«

Da spien sie ihm ins Gesicht und schlugen ihn auf den Kopf. Andere schlugen ihn ins Gesicht und sagten: »Messias, weissage uns: Wer ist's, der dich geschlagen hat?«

In der Zwischenzeit saß Petrus draußen im Hof. Eine Magd trat zu ihm und sagte: »Auch du warst bei Jesus, dem Galiläer.« Er aber leugnete vor allen und sagte: »Ich weiß nicht, was du meinst.«

Die Knechte und die Diener aber hatten sich ein Kohlenfeuer gemacht, denn es war kalt; sie standen da und wärmten sich. Auch Petrus stand bei ihnen und wärmte sich.

Sie sagten zu ihm: »Bist du nicht auch einer von seinen Jüngern?« Er leugnete und sagte: »Ich bin's nicht.«

Einer von den Knechten des Hohenpriesters, ein Verwandter dessen, dem Petrus das Ohr abgehauen hatte, sagte: »Habe ich dich nicht im Garten bei ihm gesehen?«

Da leugnete Petrus wiederum. Und alsbald krähte der Hahn.

Da wandte sich der Herr um und blickte Petrus an. Und Petrus erinnerte sich an das Wort des Herrn: 'Ehe der Hahn kräht, wirst du mich dreimal verleugnen.' Da ging er hinaus und weinte bitterlich.

Judas erhängt sich

Als dann Judas, der ihn verraten hatte, sah, daß Jesus verurteilt war, reute es ihn. Er brachte die dreißig Silberlinge den Hohenpriestern und Ältesten zurück und sagte: »Ich habe unrecht getan, daß ich unschuldiges Blut verraten habe.«

Doch sie sagten: »Was geht das uns an? Das ist deine Sache!«

Da warf er das Geld in den Tempel und entfernte sich, ging hin und erhängte sich.

Die Hohenpriester aber nahmen das Geld und sagten: »Man darf es nicht in den Tempelschatz legen, weil es Blutgeld ist.« Nachdem sie Rat gehalten hatten, kauften sie dafür den Acker des Töpfers als Begräbnisplatz für die Fremden. Daher heißt jener Acker »Blutacker« bis auf den heutigen Tag.

Jesus wird vor Pilatus gebracht

Als es Morgen geworden war, faßten alle Hohenpriester und Ältesten des Volkes den Beschluß, Jesus töten zu lassen. Sie ließen ihn fesseln, abführen und dem römischen Statthalter Pontius Pilatus überliefern. Sie selber aber gingen nicht in das Amtsgebäude hinein, um nicht unrein zu werden, sondern das Passahlamm essen zu können.

Da kam Pilatus zu ihnen heraus und sagte: »Welche Anklage erhebt ihr gegen diesen Menschen?«

Sie antworteten: »Wäre dieser nicht ein Verbrecher, so hätten wir ihn dir nicht überliefert.«

Daruf sagte Pilatus zu ihnen: »Nehmt ihr ihn und richtet ihn nach eurem Gesetz!«

Die Juden sagten zu ihm: »Uns ist es nicht erlaubt, jemand hinzurichten.«

Pilatus ging nun wieder in das Amtsgebäude hinein, ließ Jesus rufen und fragte ihn: »Bist du der König der Juden?«

Jesus antwortete: »Sagst du das aus dir selbst, oder haben es dir andere von mir berichtet?«

Pilatus erwiderte: »Dein Volk und die Hohenpriester haben dich mir überliefert. Was hast du getan?«

Jesus antwortete: »Mein Reich ist nicht von dieser Welt. Wäre mein Reich von dieser Welt, so hätten meine Diener gekämpft, damit ich den Juden nicht ausgeliefert würde. Aber mein Reich ist nicht von dieser Welt.«

Pilatus sagte zu ihm: »Du bist also doch ein König?«

Jesus antwortete: »Ja, du sagst es, ich bin ein König. Ich bin dazu geboren und in die Welt gekommen, daß ich für die Wahrheit zeuge. Jeder, der aus der Wahrheit ist, hört auf meine Stimme.«

Pilatus sagte zu ihm: »Was ist die Wahrheit?«

Pilatus gibt nach

Dann ging er wieder zu den Juden hinaus und sagte zu ihnen: »Ich finde keine Schuld an ihm. Es besteht aber ein Brauch bei euch, daß ich euch am Passahfest einen Gefangenen freilasse. Wollt ihr nun, daß ich euch Jesus freilasse?«

Doch die Hohenpriester wiegelten das Volk auf, damit er ihnen lieber den Barra-

bas, einen anderen Gefangenen, überlasse und Jesus töte.

Da schrien sie alle: »Nicht diesen, sondern Barrabas!« Barrabas aber war ein Räuber.

Während Pilatus aber auf dem Richterstuhl saß, sandte seine Frau zu ihm und ließ sagen: »Habe nichts zu schaffen mit diesem Gerechten, denn ich habe heute im Traum seinetwegen viel gelitten.«

Da fragte Pilatus abermals: »Welchen von den beiden soll ich euch freigeben: Barrabas oder Jesus, der sich Messias nennt?« Sie schrien: »Barrabas.« Pilatus sagte: »Was soll ich mit Jesus tun, den man den Messias nennt?« Sie sagten alle:

»Kreuzige ihn!«

Der Statthalter fragte: »Warum? Was hat er denn Böses getan?« Da schrien sie überlaut: »Kreuzige ihn!«

Als aber Pilatus sah, daß er nichts ausrichtete, sondern daß der Tumult immer noch größer wurde, nahm er Wasser, wusch sich vor dem Volk die Hände und sagte: »Ich bin unschuldig am Blute dieses Gerechten.«

Da antwortete das ganze Volk: »Sein Blut komme über uns und unsere Kinder!«

Da ließ Pilatus, um das Volk zu befriedigen, den Barrabas frei und übergab Jesus zur Kreuzigung.

Da nahmen die Soldaten des Statthalters Jesus in das Amtsgebäude und versammelten eine ganze Kohorte um ihn. Sie zogen ihn aus und hängten ihm einen roten Mantel um, flochten eine Krone aus Dornen, setzten sie ihm aufs Haupt, gaben ihm ein Rohr in seine rechte Hand, warfen sich vor ihm aufs Knie und verspotteten ihn mit den Worten: »Heil dir, König der Juden!« Sie spien ihn an, nahmen das Rohr und schlugen ihm damit auf das Haupt. Dann zogen sie ihm den Mantel aus, legten ihm seine Kleider wieder an und führten ihn hinaus zur Kreuzigung.

Die Kreuzigung

Sie nahmen Jesus und führten ihn hinweg. Er trug sein Kreuz selbst hinaus zum Richtplatz, Schädelstätte genannt, auf Hebräisch Golgatha.

Als sie ihn wegführten, ergriffen sie einen gewissen Simon von Cyrene, der vom Felde kam, und luden ihm das Kreuz auf, damit er es Jesus nachtrage.

Es folgte ihm eine große Menge des Volkes und viele Frauen, die über ihn klagten und weinten.

Jesus wandte sich zu ihnen um und sprach: »Ihr Töchter Jerusalems, weint nicht über mich! Weint vielmehr über euch selbst und über eure Kinder! Denn siehe, es kommen Tage, da wird man zu den Bergen sagen:

'Fallt über uns!' und zu den Hügeln: 'Bedeckt uns!'«

Es wurden aber auch noch zwei Verbrecher mit ihm zur Hinrichtung geführt. Als sie an den Platz kamen, der Schädelstätte oder Golgatha heißt, kreuzigten sie dort ihn und die Verbrecher, den einen zur Rechten, den andern zur Linken.

Jesus aber sprach:

»Vater, vergib ihnen, denn sie wissen nicht, was sie tun!«

Der Mantel wird geteilt

Als die Soldaten Jesus gekreuzigt hatten, nahmen sie seine Kleider und machten vier Teile daraus, für jeden Soldaten einen Teil. Auch den Rock nahmen sie. Der Rock war aber ohne Naht, von oben ganz gewebt. Da sagten sie zueinander: »Wir wollen ihn nicht zerteilen, sondern darum losen, wem er gehören soll!« Dies geschah, damit das Schriftwort erfüllt würde: 'Sie haben meine Kleider unter sich verteilt und über mein Gewand das Los geworfen.'

Die Soldaten nun taten dies.

Beim Kreuze Jesu aber standen seine Mutter und die Schwester seiner Mutter, Maria, die Frau des Klopas, und Maria von Magdala. Als nun Jesus seine Mutter sah und neben ihr den Jünger, den er liebte, sagte er zu seiner Mutter: »Frau, siehe, dein Sohn!« Hierauf sagte er zu dem Jünger: »Siehe, deine Mutter!«

Von jener Stunde an nahm sie der Jünger in sein Haus.

Das Volk verspottet Jesus

Das Volk stand da und sah zu. Andere, die vorübergingen, schüttelten die Köpfe und sagten: »Wenn du der Sohn Gottes bist, so steige vom Kreuz herab!« Ebenso spotteten auch die Hohenpriester und die Schriftgelehrten und sagten: »Anderen hat er geholfen, sich selbst aber kann er nicht retten. Wenn er der König Israels ist, so steige er vom Kreuz herab, damit wir sehen und glauben! Er hat auf Gott vertraut, so helfe der ihm jetzt heraus, wenn er ihn liebhat. Er hat ja gesagt: 'Ich bin Gottes Sohn.'«

In der sechsten Stunde aber kam eine Finsternis über die ganze Erde bis zur neunten Stunde.

In der neunten Stunde rief Jesus mit lauter Stimme: »Mein Gott, mein Gott, warum hast du mich verlassen?« Da Jesus wußte, daß nunmehr alles vollbracht war, sagte er weiter, damit die Schrift vollständig erfüllt würde: »Mich dürstet.« Alsbald lief einer von den dort Stehenden, nahm einen Schwamm, füllte ihn mit Essig, steckte ihn auf ein Rohr und gab ihm zu trinken, indem er sagte: »Wir wollen sehen, ob Elias kommt, ihn zu retten!«

Es war aber auch eine Inschrift über ihm in Griechisch, Latein und Hebräisch: 'Dies ist der König der Juden.'

Einer der gekreuzigten Verbrecher lästerte ihn: »Bist du nicht der Messias? Dann rette doch dich und uns!« Der andere wies

ihn zurecht und sagte: »Hast du denn gar keine Furcht vor Gott, da du doch auch verurteilt bist? Wir allerdings sind gerechterweise verurteilt, denn wir empfangen nur, was wir für unsre Taten verdient haben. Dieser aber hat nichts Unrechtes getan.«

Zu Jesus sprach er:

»Jesus, gedenke meiner, wenn du in dein Reich kommst!«

Da sprach Jesus zu ihm: »Wahrlich, ich sage dir: Heute noch wirst du mit mir im Paradiese sein.«

Jesus gibt seinen Geist auf

Da verlor die Sonne ihren Schein, der Vorhang im Tempel aber zerriß mitten entzwei. Die Erde erbebte, die Felsen zerrissen und die Grüfte öffneten sich.

Jesus rief mit lauter Stimme: »Vater, in deine Hände befehle ich meinen Geist!« Dann sprach er noch: »Es ist vollbracht.« Darauf neigte er das Haupt und gab seinen Geist auf.

Als aber der Hauptmann das Erdbeben und alle die andern Dinge sah, die geschahen, da pries er Gott und sagte: »Dieser war wirklich Gottes Sohn.«

Die ganze Volksmenge, die zu diesem Schauspiel zusammengekommen war, schlug sich beim Anblick dessen, was geschehen war, an die Brust und kehrte zurück.

Es standen aber alle seine Bekannten von ferne, auch die Frauen, die ihm von Galiläa her nachgefolgt waren, und sahen dies.

Die Grablegung

Damit nun die Leiber nicht über den Sabbat am Kreuze blieben, richtete das Volk an Pilatus die Bitte, daß sie herabgenommen würden. Doch als die Soldaten zu Jesus kamen, stach ihn einer mit einer Lanze in die Seite, und alsbald kam Blut und Wasser heraus.

Als es Abend geworden war, kam ein reicher Mann aus Arimathäa mit Namen Josef, der ein Jünger Jesu war. Dieser ging zu Pilatus und bat um den Leib Jesu. Da befahl Pilatus, ihn auszuliefern. Josef nahm den Leib, wickelte ihn in reine Leinwand und legte ihn in seine eigene neue Grabstätte, die er im Felsen hatte aushauen lassen.

Die Grabstätte lag in einem Garten nahe dem Platz, wo Jesus gekreuzigt worden war. Die Frauen, die Jesus von Galiläa her begleitet hatten, waren mitgegangen und sahen die Grabstätte und wie sein Leib beigesetzt wurde. Als sie nach Hause zurückgekehrt waren, be-

reiteten sie Balsam und Salben. Am folgenden Tag ruhten sie, weil es der Sabbat war.

Am Sabbat gingen die Hohenpriester und die Pharisäer zu Pilatus und sagten: »Herr, es ist uns in Erinnerung gekommen, daß jener Verführer, als er noch lebte, gesagt hat: 'Nach drei Tagen werde ich auferstehen.' Gib nun Befehl, daß das Grab bis zum dritten Tage sicher bewacht werde. Sonst könnten seine Jünger kommen, ihn stehlen und dann dem Volke sagen: 'Er ist von den Toten auferstanden.' Dann wäre der letzte Betrug schlimmer als der erste.«

Pilatus sagte zu ihnen: »Ihr sollt eine Wache haben! Geht hin und sichert das Grab, so gut ihr es könnt!«

Da gingen sie hin, versiegelten den Grabstein und bewachten das Grab gemeinsam mit der Wache.

Die Auferstehung

Nach dem Sabbat aber, als es zum ersten Tag der Woche dämmerte, kamen Maria von Magdala und die andere Maria, um das Grab zu sehen. Und siehe, da entstand ein großes Erdbeben. Ein Engel des Herrn kam aus dem Himmel herab, trat hinzu, wälzte den Stein vom Eingang und setzte sich darauf. Sein Aussehen war wie der Blitz, und sein Gewand war weiß wie Schnee.

Aus Furcht vor ihm erbebten die Wächter und wurden wie tot. Der Engel aber sprach zu den Frauen: »Fürchtet euch nicht! Ich weiß: Ihr sucht Jesus, den Gekreuzigten. Er ist nicht hier, denn er ist auferstanden, wie er gesagt hat. Kommt, seht den Ort, wo er gelegen hat!

Und geht schnell hin und sagt seinen Jüngern: Er ist von den Toten auferstanden! Siehe, er geht euch voran nach Galiläa. Dort werdet ihr ihn sehen. Siehe, ich habe es euch gesagt.«

Sie gingen in Eile von der Grabstätte weg, voll Furcht und großer Freude, und liefen, es seinen Jüngern zu verkündigen. Und siehe, Jesus kam ihnen entgegen und sprach: »Seid gegrüßt!« Sie aber traten hinzu, umfaßten seine Füße und warfen sich vor ihm nieder.

Da sagte Jesus zu ihnen: »Fürchtet euch nicht! Geht hin und verkündigt meinen Brüdern, sie sollen nach Galiläa gehen, und dort werden sie mich sehen.«

Jesus erscheint den Jüngern

Am selben Tage wanderten zwei von den Jüngern nach einem Dorf namens Emmaus, das etwa dreizehn Kilometer von Jerusalem entfernt ist. Unterwegs redeten sie miteinander über alle diese Ereignisse. Und es begab sich, während sie miteinander redeten, nahte sich Jesus und ging mit ihnen. Sie aber erkannten ihn nicht.

Er sprach zu ihnen: »Was sind das für Reden, die ihr da miteinander führt?« Da blieben sie traurig stehen.

Einer von ihnen mit Namen Kleopas antwortete: »Bist du der einzige Fremdling in Jerusalem, der nicht weiß, was dort in diesen Tagen geschehen ist?«

Jesus fragte: »Was?«

Sie antworteten: »Das mit Jesus von Nazareth, der ein Prophet war, mächtig in Wort und Tat vor Gott und allem Volke. Die Hohenpriester und unsere Ratsherren haben ihn dem Tod überantwortet und ihn gekreuzigt. Sie aber hofften, er sei es, der Israel erlösen werde.

Heute ist aber schon der dritte Tag, seit dies geschehen ist. Einige Frauen haben uns allerdings in Bestürzung versetzt, als sie erzählten, daß sie zum Grab gegangen sind, wo er begraben wurde, und ihnen ein Engel erschienen ist und gesagt hat, daß Jesus lebe.

Einige von den Unseren gingen hin zur Gruft und fanden es so, wie die Frauen gesagt hatten; ihn selbst aber haben sie nicht gesehen.«

Da sprach Jesus zu ihnen: »O ihr Unverständigen, wie träge sind eure Herzen, um an alles zu glauben, was die Propheten gesagt haben!« Dann fing er an von Mose und von allen Propheten und erklärte ihnen in allen Schriften, was über ihn geschrieben steht.

Als sie sich dem Dorf näherten, wohin sie wanderten, stellte Jesus sich, als wolle er weitergehen. Sie aber nötigten ihn und sagten: »Bleibe bei uns, denn es will Abend werden, und der Tag hat sich schon geneigt!« Da ging er hinein und blieb bei ihnen.

Jesus bricht das Brot

Als er mit ihnen zu Tische saß, nahm er das Brot, sprach das Dankgebet, brach es und gab es ihnen. Da wurden ihre Augen aufgetan, und sie erkannten ihn; er selbst aber entschwand ihren Blicken. Sie sagten zueinander: »Brannte nicht unser Herz in uns, als er auf dem Weg mit uns redete und uns die Schriften erklärte?«

Sie kehrten in derselben Stunde nach Jerusalem zurück, fanden die Elf versammelt und sagten: »Der Herr ist wirklich auferstanden und dem Simon erschienen!« Sie aber erzählten, was auf dem Wege nach Emmaus geschehen und wie sie ihn beim Brechen des Brotes erkannt hatten.

Jesus ißt den gebratenen Fisch

Während sie dies redeten, trat Jesus selbst in ihre Mitte und sprach zu ihnen: »Friede sei mit euch!«

Da waren sie bestürzt, fürchteten sich und meinten, einen Geist zu sehen.

Er sprach zu ihnen: »Warum seid ihr erschrocken, und warum steigen Bedenken in euren Herzen auf? Seht meine Hände und meine Füße, daß ich selbst es bin! Rührt mich an und seht! Denn ein Geist hat nicht Fleisch und Bein, wie ihr seht, daß ich es habe.« Indem er dies sagte, zeigte er ihnen die Hände und die Füße.

Da sie aber vor Freude noch nicht glauben wollten und sich verwunderten, sagte er zu ihnen: »Habt ihr etwas zu essen hier?« Da reichten sie ihm ein Stück von einem gebratenen Fisch und eine Honigscheibe. Er nahm es und aß vor ihren Augen.

Dann sprach er zu ihnen: »Dies sind meine Worte, die ich zu euch geredet habe, als ich noch bei euch war: Alles muß erfüllt werden, was im Gesetz des Mose, in den Propheten und Psalmen über mich geschrieben steht.«

Dann erschloß er ihnen den Sinn, damit sie die Schriften verständen, und sprach zu ihnen: »So steht es geschrieben, daß der Messias leiden und am dritten Tage von den Toten auferstehen werde. In seinem Namen soll Buße zur Vergebung der Sünden gepredigt werden unter allen Völkern, beginnend mit Jerusalem. Ihr aber seid dafür Zeugen.«

Thomas glaubt nicht

Thomas aber, einer von den Zwölfen, der auch Didymus, der Zwilling, genannt wird, war nicht bei ihnen, als Jesus kam. Die andern Jünger sagten ihm: »Wir haben den Herrn gesehen.« Er aber antwortete: »Wenn ich nicht an seinen Händen das Mal der Nägel sehe und meinen Finger in das Mal der Nägel lege und meine Hand in seine Seite lege, werde ich es nicht glauben.«

Nach acht Tagen waren seine Jünger wiederum versammelt, und Thomas war bei ihnen. Während all Türen verschlossen waren, trat Jesus in die Mitte und sprach: »Friede sei mit euch!«

Dann sagte er zu Thomas: »Lege deinen Finger hierher und sieh meine Hände! Nimm deine Hand und lege sie in meine Seite, und sei nicht ungläubig, sondern gläubig!«

Thomas antwortete ihm darauf: »Mein Herr und mein Gott!«

Jesus sagte zu ihm: »Weil du mich gesehen hast, hast du geglaubt. Selig sind, die nicht sehen und doch glauben.«

Am See von Tiberias

Darauf offenbarte sich Jesus den Jüngern wiederum am See von Tiberias. Es waren beisammen Simon Petrus und Thomas, genannt der Zwilling, Nathanael aus Kana, die Söhne des Zebedäus und zwei andere von seinen Jüngern.

Simon Petrus sagte zu ihnen: »Ich gehe fischen.« Sie sagten: »Auch wir kommen mit dir.« Sie gingen hinaus und stiegen ins Schiff, aber in jener Nacht fingen sie nichts.

Als es bereits Morgen wurde, stand Jesus am Ufer. Die Jünger wußten aber nicht, daß es Jesus war. Er sagte zu ihnen: »Kinder, habt ihr etwas zu essen?«

Sie antworteten: »Nein.«

Er sprach: »Werfet das Netz an der rechten Seite des Schiffes aus, so werdet ihr Fische finden!« Sie warfen es aus, und sie konnten es wegen der Menge der Fische nicht mehr heraufziehen. Da sagte Johannes, der Jünger, den Jesus liebhatte, zu Petrus: »Es ist der Herr!« Als Simon Petrus hörte, daß es der Herr sei, legte er sich das Oberkleid um — denn er war nackt — und warf sich in den See.

Die andern Jünger aber kamen mit dem Schiffe, denn sie waren nicht fern vom Land, und schleppten das Netz mit den Fischen nach. Als sie ans Land gestiegen waren, sahen sie ein Kohlenfeuer am Ufer, einen Fisch und Brot darauf liegend.

Jesus sagte zu ihnen: »Bringt von den Fischen, die ihr jetzt gefangen habt!« Simon Petrus stieg auf das Schiff und zog das Netz aufs Land, das mit 153 großen Fischen gefüllt war. Und obwohl es so viele waren, zerriß das Netz nicht.

Jesus sagte zu ihnen: »Kommt, haltet das Mahl!« Weil sie aber wußten, daß es der Herr war, wagte keiner der Jünger zu fragen: 'Wer bist du?'

Jesus nahm das Brot und gab es ihnen, und ebenso den Fisch. Dies war schon das drittemal, daß sich Jesus den Jüngern offenbarte, nachdem er von den Toten auferweckt worden war.

Jesus fährt auf zum Himmel

Jesus erschien seinen Jüngern während vierzig Tagen und redete über das Reich Gottes. Er gebot ihnen, Jerusalem nicht zu verlassen, sondern auf die Verheißung des Vaters zu warten.

Er sprach: »Johannes hat mit Wasser getauft, ihr aber werdet mit Heiligem Geist getauft werden, nicht lange nach diesen Tagen. Ihr werdet Kraft des Heiligen Geistes empfangen, und ihr werdet meine Zeugen sein in Jerusalem, in ganz Judäa, in Samaria und bis an die Grenzen der Erde.«

Dann führte er sie hinaus bis in die Nähe von Bethanien, erhob die Hände und segnete sie. Während er sie segnete, wurde er vor ihren Augen emporgehoben. Eine Wolke nahm ihn auf, so daß er ihren Blicken entschwand.

Als sie zum Himmel aufschauten, während er emporfuhr, da standen zwei Männer in weißen Kleidern bei ihnen und sagten: »Ihr Männer aus Galiläa, was steht ihr da und schaut zum Himmel empor? Dieser Jesus, der von euch weg in den Himmel aufgenommen wurde, wird so wiederkommen, wie ihr ihn in den Himmel auffahren saht.«

Sie warfen sich anbetend vor ihm nieder und kehrten mit großer Freude nach Jerusalem zurück. Dort waren sie allezeit im Tempel und priesen Gott.

Die Predigt der Apostel

Die Ausgießung des Heiligen Geistes

Am Pfingstfest waren die Jünger alle an einem Ort beisammen. Plötzlich kam vom Himmel her ein Brausen, wie wenn ein gewaltiger Wind daherfährt, und erfüllte das ganze Haus, in dem sie saßen.

Es erschienen ihnen Zungen wie Feuer und setzten sich auf jeden von ihnen. Sie wurden alle mit Heiligem Geist erfüllt und fingen an, in anderen Sprachen zu reden, wie der Geist ihnen zu sprechen eingab.

In Jerusalem aber wohnten Juden, gottesfürchtige Männer aus allen Völkern unter dem Himmel. Als dieses Getöse kam, liefen die Bewohner zusammen und waren verwirrt, denn jeder hörte sie in seiner Sprache reden.

Sie staunten alle, verwunderten sich und sagten: »Siehe, sind nicht alle, die hier reden, Galiläer? Wie kommt es, daß jeder von uns seine eigene Sprache hört, in der er geboren ist? Parther, Meder, Elamiter, Bewohner von Mesopotamien, Judäa und Kappadozien, Pontus und Asia, Phrygien und Pamphylien, Ägypten und die Gebiete Libyens bei Cyrene, und hier weilende Römer, Juden und Proselyten, Kreter und Araber. Wir alle hören sie in unserer Sprache von den großen Taten Gottes reden!«

Sie erstaunten alle, waren ratlos und sagten einer zum andern: »Was soll das bedeuten?«

Andere aber spotteten und sagten: »Sie sind voll des süßen Weines.«

Da trat Petrus mit den Elfen auf – denn sie hatten den Matthias an Stelle des Verräters Judas gewählt –, erhob seine Stimme und redete sie an: »Ihr jüdischen Männer und ihr alle, die ihr in Jerusalem wohnt, höret auf meine Worte: Diese Männer sind nicht, wie ihr annehmt, betrunken — es ist ja erst die dritte Stunde des Tages —, sondern hier erfüllt sich, was Gott durch den Propheten Joel gesprochen hat: 'Es wird geschehen in den letzten Tagen, da werde ich ausgießen von meinem Geist über alle Menschen. Eure Söhne und Töchter werden dann weissagen, eure Jünglinge werden Gesichte schauen und eure Greise werden Traumgesichte träumen.'« Dann redete er zu ihnen von Jesus Christus, dem Sohn Gottes.

Die nun sein Wort annahmen, wurden getauft, und es kamen an jenem Tage etwa dreitausend Seelen dazu. Sie folgten getreu der Lehre der Apostel und ihrer Gemeinschaft, brachen das Brot und beteten gemeinsam.

Über jeden Menschen aber kam Furcht, denn viele Wunder geschahen durch die Apostel. Alle Gläubigen blieben beisammen und hatten alles gemeinsam. Sie verkauften ihren Besitz und ihre Habe und verteilten den Erlös unter alle, so wie es jeder brauchte.

Täglich gingen sie gemeinsam in den Tempel, das Brot aber brachen sie abwechselnd nach Hausgemeinschaften und nahmen Speise zu sich mit Frohlocken und in Lauterkeit des Herzens, lobten Gott und waren beim ganzen Volke beliebt. Der Herr aber brachte täglich zu der Gemeinde solche hinzu, die gerettet werden sollten.

Petrus heilt einen Lahmen

Petrus und Johannes gingen zur neunten Gebetsstunde in den Tempel hinauf. Da wurde ein Mann herbeigetragen, der von Geburt an lahm war. Man setzte ihn täglich an die Türe des Tempels, welche 'die Schöne' heißt, um von denen, die in den Tempel hineingehen wollten, Almosen zu erbitten.

Als dieser Petrus und Johannes sah, die in den Tempel hineingehen wollten, bat er sie um ein Almosen. Petrus aber blickte ihn an und sprach: »Sieh uns an!« Er sah sie an in der Erwartung, etwas von ihnen zu empfangen. Da sprach Petrus: »Silber und Gold besitze ich nicht; was ich aber habe, das gebe ich dir: Im Namen Jesu Christi, des Nazareners, steh auf und geh umher!«

Zugleich ergriff er ihn bei der rechten Hand und richtete ihn auf. Sofort wurden seine Füße und seine Knöchel fest; er sprang auf, stellte sich hin und ging umher. Dann trat er mit ihnen in den Tempel, ging umher und sprang und lobte Gott.

Das Volk sah ihn umhergehen und Gott preisen. Sie erkannten ihn als den, der bettelnd an der Schönen Pforte des Tempels zu sitzen pflegte. Verwunderung und Staunen über das, was ihm widerfahren war, erfüllte sie.

Als Petrus das sah, begann er zum Volke zu reden: »Ihr Männer aus Israel, was verwundert ihr euch über diesen, und was blickt ihr auf uns, als hätten wir durch eigene Macht

oder Frömmigkeit bewirkt, daß er umher-
geht?

Der Gott Abrahams, Isaaks und Jakobs, der
Gott unserer Väter, hat seinen Sohn Jesus
verherrlicht, den ihr ausgeliefert und vor Pilatus verleugnet habt, während dieser ihn
freilassen wollte. Ihr jedoch habt den Heiligen
und Gerechten verleugnet und habt gefordert,
daß man euch einen Mörder freigebe. Den
Anführer des Lebens habt ihr getötet,
Gott aber hat ihn von den Toten auferweckt,
dessen sind wir Zeugen. Weil wir an seinen
Namen glauben, hat sein Name den Mann,
den ihr da seht und kennt, gesund gemacht.«

Die Apostel werden gefangen genommen

Während sie aber zum Volke redeten, traten
die Priester auf sie zu und der Tempelhauptmann und die Sadduzäer, die unwillig darüber
waren, daß sie das Volk lehrten und in Jesus
die Auferstehung von den Toten verkündigten. Sie legten Hand an sie und setzten sie ins
Gefängnis bis zum folgenden Tag, denn es
war schon Abend.

Viele von den Hörern aber wurden gläubig,
so daß die Zahl der Männer auf ungefähr
fünftausend stieg.

Am folgenden Tag versammelten sich in Jerusalem die Vorsteher, Ältesten und Schriftgelehrten, die Hohenpriester Hannas, Kaiphas und Johannes und Alexander und alle, die aus hohepriesterlichem Geschlecht waren.

Sie berieten miteinander: »Was sollen wir mit diesen Menschen tun? Denn daß ein unleugbares Zeichen durch sie geschehen ist, das ist allen, die Jerusalem bewohnen, offenbar. Auch wir können es nicht bestreiten. Aber damit es nicht weiter verbreitet wird, wollen wir ihnen drohen, damit sie zu keinem Menschen mehr in diesem Namen reden.« Sie ließen sie rufen und geboten ihnen, auf keinen Fall mehr im Namen Jesu zu reden oder zu lehren.

Petrus und Johannes aber antworteten: »Ob es vor Gott recht ist, auf euch mehr zu hören als auf Gott, beurteilt ihr. Es ist unmöglich, nicht zu reden von dem, was wir gesehen und gehört haben.«

Sie aber bedrohten sie noch mehr, ließen sie aber dann frei, weil sie wegen des Volkes keinen Weg fanden, wie sie sie strafen könnten.

Durch die Hände der Apostel aber geschahen viele Zeichen und Wunder unter dem Volke, so daß man die Kranken sogar auf die Straße hinaustrug, sie auf Bahren und Betten legte, damit, wenn Petrus käme, wenigstens sein Schatten auf sie falle.

Es kam aber auch die Menge aus den Städten um Jerusalem zusammen. Sie brachten Kranke und von unreinen Geistern Geplagte, und sie wurden alle geheilt.

Es machte sich aber der Hohepriester und sein Anhang, die Sadduzäer, auf. Sie wurden mit Eifersucht erfüllt, legten Hand an die Apostel und setzten sie ins öffentliche Gefängnis.

Die Befreiung der Apostel

Ein Engel des Herrn jedoch öffnete während der Nacht die Türen des Gefängnisses, führte sie heraus und sprach: »Geht hin, tretet auf und verkündigt im Tempel dem Volk alle diese lebenspendenden Worte!« Als sie dies gehört hatten, gingen sie gegen Morgen in den Tempel und lehrten.

Der Hohepriester und sein Anhang jedoch riefen den Hohen Rat und die ganze Vorsteherschaft des Volkes Israel zusammen und sandten in das Gefängnis, um sie herführen zu lassen. Als aber die Diener hinkamen, fanden sie diese nicht im Gefängnis. Da kehrten sie zurück und meldeten: »Das Gefängnis fanden wir fest verschlossen und die Wärter an den Türen stehen; doch als wir öffneten, war niemand drinnen.«

Es kam aber einer und meldete ihnen: »Siehe, die Männer, die ihr ins Gefängnis gesetzt habt, sind im Tempel und lehren das Volk.« Als nun der Hohepriester, der Tempelhauptmann und die Hohenpriester dies hörten, wußten sie nicht, was sie mit ihnen machen sollten.

Stephanus, der erste Märtyrer

Die Apostel wählten sieben Männer, um ihnen bei ihren täglichen Aufgaben behilflich zu sein. Unter ihnen war Stephanus, ein Mann voll des Glaubens und erfüllt vom Heiligen Geist. Er tat große Wunder und Zeichen unter dem Volk. Es disputierten auch einige aus der sogenannten Synagoge der Libertiner mit ihm. Aber sie konnten der Weisheit und dem Geiste, mit dem er redete, nicht widerstehen.

Da wiegelten sie Männer auf, die aussagten: »Wir haben ihn Lästerungen gegen Mose und Gott führen hören.« Sie hetzten das Volk, die Ältesten und die Schriftgelehrten auf, traten auf ihn zu, schleppten ihn mit sich fort und führten ihn vor den Hohen Rat.

Sie stellten dann falsche Zeugen auf, die aussagten: »Dieser Mann hört nicht auf, Reden gegen die heilige Stätte und das Gesetz zu führen. Wir haben ihn nämlich sagen hören, dieser Jesus von Nazareth werde diese Stätte zerstören und die Gebräuche abschaffen, die uns Mose überliefert hat.«

Alle, die im Hohen Rate saßen, blickten ihn an und sahen sein Gesicht verklärt wie das Angesicht eines Engels.

Stephanus verteidigt sich

Da fragte der Hohepriester: »Verhält sich das so?«

Stephanus sprach: »Ihr Brüder und Väter, höret! Der Höchste wohnt nicht in Bauwerken von Menschenhand, denn der Prophet sagt: 'Der Himmel ist mein Thron, die Erde aber ist der Schemel meiner Füße. Was für ein Haus wollt ihr mir bauen', spricht der Herr. 'Oder welches wäre die Stätte meines Wohnens? Hat nicht meine Hand dies alles gemacht!'

Ihr Halsstarrigen, ihr Ungläubigen an Herzen und an Ohren! Ihr widersteht allezeit dem Heiligen Geist, wie eure Väter, so auch ihr. Wen von den Propheten haben eure Väter nicht verfolgt? Sie haben die getötet, die vorher die Ankunft des Gerechten verkündigten. Ihr seid jetzt seine Verräter und Mörder geworden, die ihr das Gesetz auf Anordnung von Engeln empfangen und es nicht gehalten habt!«

Als sie das hörten, wurden sie in ihren Herzen aufs äußerste empört und knirschten mit den Zähnen gegen ihn. Er jedoch, voll Heiligen Geistes, blickte zum Himmel auf und sah die Herrlichkeit Gottes, und Jesus zur Rechten Gottes stehen.

Er sagte: »Siehe, ich sehe den Himmel offen und den Menschensohn zur Rechten Gottes stehen.«

Sie aber schrien mit lauter Stimme, hielten sich die Ohren zu und stürmten einmütig auf ihn ein. Sie stießen ihn zur Stadt hinaus und steinigten ihn. Die Zeugen aber legten ihre Kleider zu den Füßen eines jungen Mannes, namens Saulus.

Als sie den Stephanus steinigten, rief er den Herrn an und sprach: »Herr Jesus, nimm meinen Geist auf!« Er kniete nieder und rief mit lauter Stimme: »Herr, rechne ihnen diese Sünde nicht an!« Nach diesen Worten entschlief er.

Die Bekehrung des Saulus

Saulus war nicht nur mit der Steinigung des Stephanus einverstanden, sondern er leitete auch eine große Verfolgung gegen die Christen in Jerusalem. Er verwüstete die Gemeinde, indem er in die Häuser eindrang, Männer und Frauen fortschleppte und sie ins Gefängnis überlieferte. Unter Morddrohungen gegen die Jünger des Herrn ging er zum Hohenpriester und erbat sich von ihm Schreiben nach Damaskus an die Synagogen, um, wenn er Anhänger der Lehre Christi fände, Männer sowohl als Frauen, sie gefesselt nach Jerusalem zu führen.

Unterwegs aber, in der Nähe von Damaskus, umstrahlte ihn plötzlich ein Licht vom Himmel. Er stürzte zu Boden und hörte eine Stimme, die zu ihm sprach: »Saulus, Saulus, warum verfolgst du mich?« Da fragte er: »Wer bist du, Herr?« Der aber sprach: »Ich bin Jesus, den du verfolgst.«

Mit Zittern und Schrecken sprach er: »Herr, was willst du, daß ich tun soll?« Der Herr sagte zu ihm: »Steh auf und geh hinein in die Stadt; dort wird dir gesagt werden, was du tun sollst.«

Die Männer aber, die mit ihm reisten, standen sprachlos da, weil sie zwar die Stimme hörten, aber niemand sahen.

Da stand Saulus vom Boden auf; und obgleich seine Augen geöffnet waren, sah er nichts. Sie nahmen ihn an der Hand und führten ihn nach Damaskus hinein. Drei Tage lang konnte er nicht sehen, aß nicht und trank nicht.

Es war aber in Damaskus ein Jünger mit Namen Ananias. Zu dem sprach der Herr in einer Erscheinung: »Ananias!« Er antwortete: »Hier bin ich, Herr!«

Der Herr sprach zu ihm: »Mache dich auf und geh in die Straße, welche 'die Gerade' heißt, und frage im Hause des Judas nach einem Mann aus Tarsus mit Namen Saulus. Denn er betet und hat im Geist einen Mann mit Namen Ananias gesehen, der hereinkommt und ihm die Hände auflegt, damit er wieder sehend werde.«

Ananias antwortete: »Herr, ich habe von vielen über diesen Mann gehört, wieviel Böses er deinen Heiligen in Jerusalem zugefügt hat. Auch hier hat er Vollmacht von den Hohenpriestern, alle, die deinen Namen anrufen, gefangenzunehmen.«

Aber der Herr sprach zu ihm: »Geh hin, denn dieser ist mir ein auserwähltes Werkzeug,

um meinen Namen vor Heiden, Könige und Israeliten zu tragen. Ich werde ihm zeigen, was er um meines Namens willen leiden muß.«

Saulus wird Christ

Da ging Ananias hin und trat in das Haus. Er legte Saulus die Hände auf und sprach: »Bruder Saulus, der Herr, der dir erschienen ist auf dem Wege, den du gekommen bist, Jesus, hat mich gesandt, damit du wieder sehend und mit Heiligem Geist erfüllt werdest.«

Sofort fiel es ihm wie Schuppen von seinen Augen, und er konnte wieder sehen; er stand auf und ließ sich taufen.

Nachdem er Speise zu sich genommen hatte, kam er wieder zu Kräften und blieb einige Tage bei den Jüngern in Damaskus. Er begann in den Synagogen zu predigen, daß Jesus der Sohn Gottes sei. Alle aber, die ihn hörten, staunten und sagten: »Ist das nicht der, der in Jerusalem diejenigen ausrotten wollte, die diesen Namen anrufen? Und war er nicht zu dem Zweck hierhergekommen, um sie gefesselt zu den Hohenpriestern zu führen?«

Saulus aber wurde noch mehr mit Kraft erfüllt und brachte die Juden, die in Damaskus wohnten, in Verwirrung, da er bewies, daß Jesus der Messias sei.

Nach Verlauf einer Reihe von Tagen beschlossen die Juden, ihn zu töten; Saulus aber

erfuhr von ihrem Anschlag. Sie bewachten die Tore bei Tag und Nacht in der Absicht, ihn zu töten. Da nahmen ihn die Jünger und ließen ihn bei Nacht in einem Korb über die Mauer herab. Als Saulus dann nach Jerusalem kam, schloß er sich dort den Jüngern an.

Die Lehren des Petrus

Ein Mann war in Cäsarea mit Namen Kornelius, ein Hauptmann des römischen Heeres. Er war fromm und gottesfürchtig mit seinem ganzen Hause, gab dem Volke viele Almosen und betete allezeit zu Gott. Er sah in einer Erscheinung eines Nachmittags deutlich, wie ein Engel Gottes zu ihm hereinkam und sprach: »Kornelius!« Er sah zu ihm auf und sagte voll Furcht: »Was ist, Herr?«

Der Engel antwortete: »Deine Gebete und deine Almosen sind als Opfer vor Gott emporgestiegen, und er hat ihrer gedacht. Jetzt sende Männer nach Joppe und laß einen gewissen Simon kommen, der den Beinamen Petrus trägt! Er ist zu Gaste bei einem Gerber Simon, der ein Haus am Meere hat. Der wird dir sagen, was du tun sollst.«

Als der Engel hinweggegangen war, rief Kornelius zwei von seinen Dienern und einen Soldaten, und nachdem er ihnen alles erzählt hatte, sandte er sie nach Joppe.

Am folgenden Tage, als jene auf dem Wege

waren und sich der Stadt näherten, stieg Petrus um die Mittagszeit auf das Dach, um zu beten. Da traten die von Kornelius abgesandten Männer, die das Haus des Simon erfragt hatten, ans Tor und erkundigten sich laut rufend, ob Simon mit dem Beinamen Petrus hier zu Gaste sei.

Während aber Petrus betete, sprach der Heilige Geist zu ihm: »Siehe, drei Männer suchen dich. Mache dich auf, steige hinab und reise ohne Bedenken mit ihnen, denn ich habe sie gesandt.«

Da stieg Petrus zu den Männern hinab und sagte: »Siehe, ich bin der, den ihr sucht. Weshalb seid ihr gekommen?« Sie sagten: »Kornelius, der Hauptmann, ein gerechter und gottesfürchtiger Mann und von gutem Ruf bei dem ganzen Volk der Juden, hat von einem heiligen Engel die Weisung erhalten, dich in sein Haus kommen zu lassen und zu hören, was du zu sagen hast.«

Nun rief er sie herein und beherbergte sie. Am folgenden Tag aber machte sich Petrus mit ihnen auf, auch einige Brüder aus Joppe zogen mit ihnen.

Petrus und der Hauptmann

Am folgenden Tage kam er nach Cäsarea. Kornelius aber erwartete sie, nachdem er seine Verwandten und nächsten Freunde zusammengerufen hatte. Als Petrus hineinging, kam ihm Kornelius entgegen, warf sich ihm zu Füßen und begrüßte ihn unterwürfig. Petrus aber richtete ihn auf und sagte: »Steh auf! Auch ich bin nur ein Mensch.«

Im Gespräch mit ihm trat er ein und fand viele versammelt. Er sagte zu ihnen: »Ihr wißt, wie ungehörig es für einen Juden ist, mit einem Heiden zu verkehren oder zu ihm zu gehen. Mir aber hat Gott gezeigt, daß ich keinen Menschen unrein und niedrig nennen darf. Daher bin ich auch ohne Widerrede gekommen, als man nach mir schickte. Ich frage nun: Warum habt ihr mich holen lassen?«

Kornelius berichtete ihm von seiner Erscheinung. Da sprach Petrus zu ihm: »Jetzt erkenne ich in Wahrheit, daß Gott kein Ansehen der Person kennt. Vielmehr ist ihm in jedem Volk der willkommen, der ihn fürchtet und Gerechtigkeit übt.«

Noch während Petrus redete, fiel der Heilige Geist auf alle, die seine Worte hörten. Die Gläubigen unter den Juden, die mit Petrus gekommen waren, erstaunten, daß die Gabe des Heiligen Geistes auch über die Heiden ausgegossen worden ist. Denn sie hörten sie seltsame Worte reden und Gott hoch preisen. Da begann Petrus: »Kann jemand das Taufwasser denen verweigern, die, wie auch wir, den Heiligen Geist empfangen haben?« Und er ordnete an, sie im Namen Jesu Christi zu taufen. Dann baten sie ihn, noch einige Tage zu bleiben.

Die Gefangennahme des Petrus

Zu jener Zeit legte der König Herodes Hand an, um einigen, die zur Gemeinde gehörten, Böses zuzufügen. So ließ er Jakobus, den Bruder des Johannes, mit dem Schwert hinrichten. Als er sah, daß es den Juden gefiel, ließ er auch noch den Petrus gefangennehmen.

Nachdem er sich seiner bemächtigt hatte, ließ er ihn ins Gefängnis setzen und übergab ihn vier Abteilungen von Soldaten zur Bewachung in der Absicht, ihn nach dem Passah dem Volke vorzuführen. So wurde Petrus im Gefängnis bewacht; von der Gemeinde aber wurde ohne Unterlaß für ihn zu Gott gebetet.

In jener Nacht, als ihn Herodes vorführen lassen wollte, schlief Petrus, mit zwei Ketten gefesselt, zwischen zwei Soldaten. Wächter vor der Türe bewachten das Gefängnis. Und siehe, ein Engel des Herrn trat hinzu, und ein Licht leuchtete im Kerker auf. Er berührte die Seite des Petrus, weckte ihn und sagte:» Steh eilends auf!« Da fielen die Ketten von seinen Händen.

Der Engel sagte: »Ziehe dich an und binde dir die Sandalen unter!« Da tat er dies. Dann sagte der Engel: »Wirf deinen Mantel um und folge mir!«

Die Befreiung des Petrus

Er ging hinaus und folgte ihm. Petrus aber wußte nicht, daß das, was durch den Engel geschah, Wirklichkeit war, sondern meinte, es sei eine Erscheinung.

Als sie durch die erste Wache und durch die zweite hindurchgegangen waren, kamen sie an das eiserne Tor, das in die Stadt führte. Es öffnete sich ihnen von selbst. Sie traten hinaus und gingen durch eine Straße, und sogleich schied der Engel von ihm.

Da kam Petrus zu sich und sagte: »Jetzt weiß ich in Wahrheit, daß der Herr seinen Engel gesandt hat und mich aus der Hand des Herodes und aus allem, was das Volk der Juden erwartet, errettet hat.«

In diesem Bewußtsein ging er zum Haus der Maria, der Mutter des Johannes mit dem Beinamen Markus, wo viele versammelt waren und beteten.

Als Petrus an die Türe des Vorhofes klopfte, kam eine Magd mit Namen Rhode herbei, um zu öffnen. Als sie aber die Stimme des Petrus erkannte, tat sie vor Freude nicht auf, sondern lief hinein und meldete, Petrus stehe vor der Türe.

Sie aber sagten zu ihr: »Du bist von Sinnen!« Doch sie versicherte, es sei wirklich so. Da sagten sie: »Es ist sein Engel.«

Petrus aber fuhr fort zu klopfen. Als sie nun öffneten, sahen sie ihn und waren außer sich vor Erstaunen. Da winkte er ihnen mit der Hand, zu schweigen, und erzählte ihnen, wie der Herr ihn aus dem Gefängnis herausgeführt habe. Er sagte: »Meldet dies dem Jakobus und den Brüdern!« Dann ging er fort und begab sich an einen andern Ort.

Nachdem es aber Tag geworden war, entstand unter den Soldaten große Bestürzung, was wohl aus Petrus geworden sei. Als ihn Herodes holen lassen wollte und nicht fand, nahm er die Wächter ins Verhör und befahl, sie zur Hinrichtung abzuführen.

Aussendung des Barnabas und Saulus

Es waren in der Gemeinde zu Antiochia Propheten und Lehrer: Barnabas, Simeon, genannt der Schwarze, Lucius aus Cyrene, Manahen, ein Jugendgefährte des Fürsten Herodes, und Saulus, genannt Paulus.

Als sie nun dem Herrn dienten und fasteten, sprach der Heilige Geist: »Schickt mir doch den Barnabas und Saulus zu dem Werke aus, zu dem ich sie herbeigerufen habe!«

Da fasteten sie und beteten, legten ihnen die Hände auf und verabschiedeten sie. So zogen Barnabas und Paulus, vom Heiligen Geist ausgesandt, nach Seleucia hinab und fuhren von da zu Schiff nach Cypern. Und als sie nach Salamis gekommen waren, verkündigten sie dort das Wort Gottes in den Synagogen der Juden.

Die erste Missionsreise des Paulus

Nachdem sie auf Cypern gepredigt hatten, fuhren sie auf das Festland nach den Städten Perge in Pamphylien und Antiochien in Pisidien.

In Antiochien gingen sie am Sabbat in die Synagoge und setzten sich. Nach der Vorlesung aus dem Gesetz und den Propheten sandten die Vorsteher der Synagoge zu ihnen und ließen ihnen sagen: »Wenn ihr ein Wort des Zuspruchs an das Volk habt, so redet!«

Da stand Paulus auf, winkte mit der Hand und sprach zu der Gemeinde von Jesus und der Geschichte Israels.

»Ihr Männer aus Israel«, sagte er, »und ihr, die ihr Gott fürchtet, höret! Der Gott dieses Volkes Israel erwählte unsere Väter und hat das Volk in der Fremde im Lande Ägypten erhöht. Mit großer Macht befreite er sie von ihren Bedrückern und erhielt sie vierzig Jahre lang in der Wüste. Er vertilgte sieben Völker im Lande Kanaan und gab ihnen deren Land zum Erbteil. Danach bestellte er Richter bis zu Samuel, dem Propheten.

Da begehrte das Volk einen König, und Gott gab ihnen Saul, den Sohn des Kis, einen Mann aus dem Stamme Benjamin, für vierzig Jahre. Dann setzte er David an Sauls Stelle zum König ein und sprach: 'Ich habe David, den Sohn des Isai, als einen Mann nach meinem Herzen gefunden, der in allem meinen Willen tun wird.'

Aus Davids Nachkommenschaft hat Gott gemäß der Verheißung Jesus als Heiland für Israel hervorgehen lassen. Euch und allen, die Gott fürchten, ist das Wort dieses Heiles gesandt worden.«

Am folgenden Sabbat versammelte sich fast die ganze Stadt, um Paulus und Barnabas zu hören. Aber ihre Feinde wiegelten die Vornehmsten der Stadt gegen sie auf; da schüttelten sie den Staub der Stadt Antiochien von ihren Füßen.

Wohin sie auch gingen, predigten sie in den Synagogen und in den Straßen und brachten Juden und Heiden die Botschaft von Jesus, denn sie sagten: »Der Herr hat uns geboten: 'Ich habe euch zum Licht der Heiden gesetzt, damit ihr allen zum Heil gereicht, bis an die Grenzen der Erde.'«

Es geschah aber in Ikonium, daß sie in die Synagoge gingen und so zu ihnen redeten, daß eine große Menge Juden sowohl als auch Griechen gläubig wurde. Doch die Juden, die nicht glaubten, reizten und stachelten die Gemüter der Heiden gegen Paulus und Barnabas auf. Die Bevölkerung der Stadt spaltete sich; die einen waren mit den ungläubigen Juden, die anderen mit den Aposteln.

Als sie jedoch versuchten, Paulus und Barnabas zu steinigen, flohen diese in die Städte von Lykaonien, nach Lystra und Derbe und in die Umgebung. Dort verkündigten sie die Frohbotschaft.

Nun war in Lystra ein Mann, lahm von Geburt an, der nie hatte gehen können. Dieser

hörte Paulus reden und blickte fest auf ihn. Als Paulus bemerkte, daß er Vertrauen hatte, geheilt zu werden, sprach er mit lauter Stimme: »Stelle dich aufrecht auf deine Füße!« Da sprang er auf und ging umher.

Als die Scharen sahen, was Paulus getan hatte, erhoben sie ihre Stimme und sagten in ihrer Sprache: »Die Götter sind in Menschengestalt zu uns herabgestiegen.« Sie nannten den Barnabas Zeus, den Paulus aber Hermes, weil er der Wortführer war.

Der Priester des Zeus, dessen Tempel vor der Stadt stand, brachte Stiere und Kränze und wollte ihnen mit dem Volke opfern. Als die Apostel Barnabas und Paulus das hörten, zerrissen sie ihre Oberkleider, sprangen unter das Volk und riefen laut: »Männer, was macht ihr da? Auch wir sind gleich euch sterbliche Menschen! Wir verkündigen euch das Evangelium, damit ihr euch von diesen nichtigen Dingen abwendet zu dem lebendigen Gott, der den Himmel, die Erde und das Meer und alles, was darin ist, gemacht hat.

In den vergangenen Zeiten hat er alle Menschen ihre eigenen Wege gehen lassen, doch hat er uns Zeugnis gegeben von seinen Wohltaten, indem er vom Himmel herab Regen und fruchtbare Zeiten gab, und so eure Herzen mit Speise und Freude erfüllte.«

Doch auch durch diese Worte konnten sie das Volk kaum davon abbringen, ihnen zu opfern.

Aus Antiochien und Ikonium aber kamen Männer herbei, die hetzten das Volk gegen Paulus auf. Sie steinigten den Paulus und schleiften ihn vor die Stadt hinaus in der Meinung, er sei tot. Als ihn aber die Jünger umringten, stand er auf und ging wieder in die Stadt hinein.

Am folgenden Tage zog er mit Barnabas hinweg nach Derbe. Als sie dort das Evangelium gepredigt hatten, kehrten sie nach Lystra, Ikonium und Antiochien zurück.

Sie durchzogen Pisidien und kamen nach Pamphylien. Nachdem sie in Perge das Wort verkündigt hatten, zogen sie nach Attalia hinab. Von dort aus fuhren sie zu Schiff nach Antiochien. Dort hielten sie sich geraume Zeit bei den Jüngern auf.

DIE ERSTE MISSIONSREISE DES PAULUS

Die zweite Missionsreise des Paulus

Von Antiochien kehrten Paulus und Barnabas vorübergehend nach Jerusalem zurück, wo eine Versammlung der Apostel und der Urgemeinde eine Frage zu klären versuchte, die den Gemeinden Galatiens viel zu schaffen machte: Müssen Heiden zuerst Juden werden, um Christen werden zu können? Paulus und andere überzeugten die Versammlung der Apostel in Jerusalem, daß Heiden unmittelbar Christen werden können. Damit war die Frage entschieden, ob das Christentum eine jüdische Sekte bleiben oder nach dem Willen Jesu Christi eine Weltreligion werden soll. Nach der Beschlußfassung kehrten Paulus und Barnabas nach Antiochien zurück, wo sie das Wort Gottes verkündigten.

Nach einigen Tagen sagte Paulus zu Barnabas: »Laß uns doch wieder ausziehen und in jenen Städten, wo wir bereits das Wort des Herrn verkündigt haben, nach den Brüdern sehen, wie es um sie steht!« Doch es kam zu einem Streit zwischen ihnen wegen ihres Begleiters Johannes, mit Beinamen Markus, so daß sie sich voneinander trennten. Barnabas fuhr nach Cypern. Paulus aber zog durch Syrien und Cilicien und einen Teil Galatiens; nachdem er durch Mysien gezogen war, kam er nach Troas.

Dort hatte Paulus während der Nacht eine Erscheinung. Ein mazedonischer Mann stand da und forderte ihn auf: »Komm herüber nach

Mazedonien und hilf uns!« Als er die Erscheinung gesehen hatte, machte er sich sofort nach Mazedonien auf. Von Troas gelangte er in gerader Fahrt nach Samothrake, am folgenden Tag nach Neapolis und von da nach Philippi; es ist die Hauptstadt dieses Bezirks von Mazedonien, eine römische Kolonie.

Als Paulus und Silas, ein Jünger von Jerusalem, den er mitgenommen hatte, zur Gebetsstätte gingen, begegnete ihnen eine Magd, die einen Wahrsagergeist hatte und ihrem Herrn dadurch großen Gewinn verschaffte. Diese folgte ihnen und schrie: »Diese Männer sind Diener des höchsten Gottes, die euch den Weg des Heils verkündigen!« Das tat sie an vielen Tagen.

Paulus aber wurde unwillig, wandte sich um und sprach zu dem Geist: »Ich befehle dir im Namen Jesu Christi, von ihr auszufahren!« Da fuhr er in derselben Stunde aus.

Als ihre Herren merkten, daß ihre Hoffnung auf Gewinn dahin war, ergriffen sie Paulus und Silas, schleppten sie vor die Vorsteher der Stadt und sagten: »Diese Männer, die Juden sind, bringen unsere Stadt in Verwirrung. Sie verkündigen Gebräuche, die anzunehmen uns nicht erlaubt ist, da wir Römer sind.«

Paulus und Silas werden ins Gefängnis geworfen

Das Volk erhob sich ebenfalls gegen sie. Die Vorsteher ließen ihnen die Kleider herabreißen und befahlen, sie mit Ruten zu schlagen. Nachdem sie ihnen viele Schläge hatten geben lassen, warfen sie sie ins Gefängnis und befahlen dem Kerkermeister, sie sicher zu verwahren. Er brachte sie daher in das innere Gefängnis und spannte ihre Füße in den Block.

Um Mitternacht beteten Paulus und Silas und sangen Gott Loblieder; die anderen Gefangenen hörten ihnen zu. Plötzlich entstand ein großes Erdbeben, so daß die Grundmauern des Gefängnisses erschüttert wurden. Sofort öffneten sich alle Türen, und die Fesseln aller Gefangenen lösten sich.

Als der Kerkermeister aus dem Schlaf erwachte und sah, daß die Türen des Gefängnisses offen standen, zog er sein Schwert und wollte sich töten, weil er meinte, die Gefangenen seien entflohen. Doch Paulus rief mit lauter Stimme: »Tue dir kein Leid an, denn wir sind ja alle hier!«

Da forderte der Kerkermeister Licht, sprang hinein und warf sich zitternd vor Paulus und Silas nieder. Er führte sie alle hinaus und sprach: »Ihr Herren, was muß ich tun, damit ich gerettet werde?«

Sie sprachen: »Glaube an den Herrn Jesus, dann wirst du und dein Haus gerettet werden!« Sie verkündeten ihm und allen in seinem Hause das Wort des Herrn. Noch in jener Stunde nahm er sie zu sich, wusch ihnen die Wunden; dann wurden er und seine Familie getauft. Nun führte er sie hinauf in das Haus, setzte ihnen eine Mahlzeit vor und jubelte laut, daß er mit seinem ganzen Hause zum Glauben an Gott gekommen war.

Bei Tagesanbruch aber sandten die Oberen Gerichtsdiener mit dem Auftrag: »Laß jene Männer frei!« Der Kerkermeister berichtete dieses dem Paulus und sagte: »Die Befehlshaber haben hergesandt, damit ihr freigelassen werdet. So geht jetzt hinaus und reist in Frieden weiter!«

Paulus jedoch sagte zu ihnen: »Obwohl wir Römer sind, hat man uns ohne Gerichtsurteil öffentlich gegeißelt und ins Gefängnis werfen lassen. Und jetzt wollt ihr uns heimlich wegschicken? Nein, sie sollen selbst kommen und uns hinausführen!«

Die Gerichsdiener meldeten diese Worte den Oberen. Nun gerieten sie in Angst, als sie hörten, daß sie Römer seien. Sie kamen, entschuldigten sich, führten sie hinaus und baten sie, die Stadt zu verlassen.

Als sie das Gefängnis verlassen hatten, gingen sie in das Haus der Lydia, um die Brüder zu sehen. Sie ermunterten diese und reisten ab.

Paulus in Thessalonich

Nachdem sie über Amphipolis und Apollonia gereist waren, kamen sie nach Thessalonich, wo eine Synagoge der Juden war. Nach seiner

Gewohnheit ging Paulus zu ihnen hinein und unterhielt sich mit ihnen drei Wochen hindurch über die Schriften. Er sprach: »Dieser Jesus, den ich euch verkündige, ist der Messias.« Einige von ihnen ließen sich überzeugen und gesellten sich zu Paulus und Silas, ebenso eine große Menge gottesfürchtiger Griechen und nicht wenige vornehme Frauen.

Die Juden aber wurden eifersüchtig; sie griffen einige schlechte Leute von der Straße auf, rotteten sich zusammen, erregten einen Tumult in der Stadt und schrien: »Diese Leute, die den ganzen Erdkreis in Aufruhr versetzt haben, sind auch hierher gekommen. Sie alle handeln gegen die Verordnungen des Kaisers, indem sie sagen, ein anderer sei König, nämlich Jesus!«

Flucht aus Beröa

So brachten sie das Volk und die Stadtvorsteher, die das hörten, in Verwirrung. Darum schickten die Brüder noch während der Nacht Paulus und Silas fort nach Beröa.

Als sie dort angekommen waren, gingen sie in die Synagoge der Juden. Diese aber waren edler gesinnt als die in Thessalonich; sie nahmen das Wort mit aller Bereitwilligkeit auf und forschten täglich in den Schriften, ob sich diese Dinge wirklich so verhielten.

Als jedoch die Juden in Thessalonich erfuhren, daß auch in Beröa von Paulus das Wort Gottes verkündigt werde, kamen sie auch dorthin und brachten das Volk in Erregung. Da brachten die Brüder den Paulus sogleich bis ans Meer. Sie führten ihn bis nach Athen. Mit dem Auftrag an Silas und Timotheus, so bald wie möglich zu ihm zu kommen, reisten sie ab.

Paulus in Athen

Während Paulus in Athen Silas und Timotheus erwartete, wurde er vom Zorn gepackt, als er die Stadt voller Götzenbilder sah. Er redete in der Synagoge zu den Juden und den Gottesfürchtigen, und jeden Tag auf dem Markt zu denen, die gerade zugegen waren.

Es ließen sich auch einige der epikureischen und stoischen Philosophen mit ihm ein. Einige sagten: »Was will dieser Schwätzer sagen?« Andere aber meinten: »Er scheint ein Verkünder fremder Götter zu sein«, weil er das Evangelium von Jesus und von der Auferstehung verkündigte.

Sie ergriffen ihn, führten ihn zum Areopag, der obersten Behörde der Stadt Athen, und sagten: »Können wir erfahren, was das für eine Lehre ist, die von dir vorgetragen wird? Denn du bringst uns fremde Dinge zu Ohren. Wir wollen nun erfahren, was das bedeutet.« Alle Athener und die Fremden, die sich dort aufhalten, haben nämlich für nichts anderes Zeit, als das Neueste zu sagen oder zu hören.

Da trat Paulus in die Mitte des Areopags und sprach: »Ihr Männer von Athen, ich sehe, daß ihr in jeder Hinsicht sehr gottesfürchtig seid! Denn als ich umherging und eure Heiligtümer betrachtete, fand ich einen Altar mit der Aufschrift: 'Einem unbekannten Gott'. Was ihr da verehrt, ohne es zu kennen, das verkünde ich euch.

Gott, der die Welt und alles, was darin ist, erschaffen hat, er, der Herr des Himmels und der Erde ist, wohnt nicht in Tempeln, die von Menschen gemacht sind. Auch braucht er nicht von Menschenhänden bedient zu werden, als ob er irgend etwas bedürfe, gibt er doch allen Wesen Leben und Atem und alles. Er ließ auch von *einem* Menschen alle Völker abstammen.

Denn in ihm leben wir, bewegen wir uns und sind wir, wie ja auch einige eurer Dichter (Paulus bezieht sich hier auf den Dichter Aratus) gesagt haben: 'Seines Geschlechts sind ja auch wir.' Da wir also göttlichen Geschlechtes sind, dürfen wir nicht glauben, die Gottheit sei Gold oder Silber oder Stein, einem Gebilde menschlicher Kunst und Erfindung gleich.

Über die Zeiten der Unwissenheit hat Gott hinweggesehen. Jetzt verkündet er den Menschen, alle sollten überall Buße tun. Denn er hat einen Tag festgesetzt, an dem er den Erdkreis in Gerechtigkeit richten wird durch einen Menschen, den er dafür bestimmt und für alle durch die Auferstehung von den Toten beglaubigt hat.«

DIE ZWEITE MISSIONSREISE DES PAULUS

Als sie von der Auferstehung der Toten hörten, spotteten die einen, andere sagten: »Darüber wollen wir dich ein andermal hören.«

So ging Paulus aus ihrer Mitte hinweg. Einige Männer schlossen sich ihm an und wurden gläubig, unter ihnen auch Dionysius, ein Mitglied des Areopag, auch eine Frau namens Damaris, und andere mit ihnen.

Paulus in Korinth

Danach verließ Paulus Athen und kam nach Korinth. Dort redete er an jedem Sabbat in der Synagoge und suchte Juden und Griechen zu überzeugen.

Als Silas und Timotheus aus Mazedonien kamen, war Paulus ganz davon in Anspruch genommen, die Juden zu überzeugen, daß Jesus der Messias sei. Krispus aber, der Vorsteher der Synagoge, glaubte mit seinem ganzen Hause an den Herrn; auch viele Korinther, die zuhörten, wurden gläubig und ließen sich taufen. Paulus blieb dort ein Jahr und sechs Monate und lehrte unter ihnen das Wort Gottes.

Die Briefe an die Thessalonicher

Als Flüchtling in Korinth machte sich Paulus große Sorgen wegen der Gefahren, die seiner Arbeit im Norden Griechenlands drohten. In einem der

296

beiden Briefe an die Thessalonicher erwähnt er, er werde bald einen seiner engsten Mitarbeiter schicken, um ihnen Mut zuzusprechen. Daß die Nachrichten, die er kurze Zeit später aus Thessalonich erhielt, gut gewesen sein müssen, geht aus seinem Schreiben hervor, von dem hier Auszüge folgen. Der erste Brief an die Thessalonicher ist übrigens der älteste uns erhaltene Brief des Apostels Paulus und wohl im Jahre 51 in Korinth entstanden.

»An die Gemeinde der Thessalonicher in Gott, dem Vater, und im Herrn Jesus Christus. Gnade euch und Friede!

Wir danken Gott allezeit für euch alle und gedenken unablässig euer in unseren Gebeten. Wir sind eingedenk eures Glaubenswerkes. Ihr seid unserem Beispiel und dem des Herrn gefolgt. Da ihr unter vieler Trübsal das Wort mit Freude aufnahmt, seid ihr allen Gläubigen in Mazedonien und Achaja ein Vorbild geworden.

Denn ihr wißt selbst, daß unser Kommen zu euch nicht fruchtlos war. Obschon wir vorher, wie ihr wißt, in Philippi gelitten hatten und mißhandelt worden waren, hat unser Gott uns Mut gegeben, bei euch das Evangelium Gottes zu verkündigen trotz vielen Widerstandes.

Wir aber, zwar von euch dem Angesicht, nicht aber dem Herzen nach entfernt, strebten desto mehr, euch wiederzusehen. Wir wollten zu euch kommen, ich Paulus, nicht nur einmal, sondern zweimal, aber der Satan hinderte uns. Daher sandten wir den Timotheus, unsern Bruder und Diener Gottes am Evangelium Christi, um euch zu stärken und zu ermahnen in eurem Glauben.

Wegen der Bruderliebe aber habt ihr nicht nötig, daß ich euch schreibe; seid ihr doch selbst von Gott belehrt, einander zu lieben. Wir ermahnen euch aber, ihr Brüder, noch mehr darin fortzuschreiten.

Wir wollen euch aber über die Entschlafenen nicht in Unkenntnis lassen, damit ihr nicht trauert wie die übrigen, die keine Hoffnung haben. Denn wenn wir glauben, daß Christus gestorben und auferstanden ist, so wird auch Gott die Entschlafenen durch Jesus mit ihm herbeiführen.

Denn der Herr selbst wird auf einen Befehlsruf, wenn die Stimme des Erzengels und die Posaune Gottes erschallt, vom Himmel herabsteigen, und die Toten, die in Christus starben, werden zuerst auferstehen. Darauf werden wir, die Lebenden, die zurückbleiben, zugleich mit ihnen auf Wolken entrückt werden, dem Herrn entgegen, in die Luft. Und so werden wir allezeit mit dem Herrn sein. Tröstet also einander mit diesen Worten!

Die Gnade unseres Herrn Jesus Christus sei mit euch!«

Im Frühjahr des Jahres 52 n. Chr. nahm Paulus von den Brüdern in Korinth Abschied und fuhr nach Syrien. Er gelangte nach Ephesus, wo er in die Synagoge ging und den Juden predigte. Als sie jedoch baten, er möchte für längere Zeit bleiben, willigte er nicht ein, sondern nahm Abschied und sagte: »Ich muß dieses Fest einhalten, das in Jerusalem gefeiert wird. Aber so Gott will, werde ich zu Euch zurückkommen.«

Dritte Missionsreise des Paulus

Von Ephesus segelte Paulus nach Cäsarea. Hier stieg er an Land, ging hinauf nach Jerusalem, begrüßte die Gemeinde, und zog dann hinab nach Antiochien. Nachdem er einige Zeit dort zugebracht hatte, zog er wiederum aus, durchreiste nacheinander das galatische Land und Phrygien und stärkte alle Jünger.

Über die nördlichen Küstengegenden kam Paulus dann zurück nach Ephesus. Dort ging er in die Synagoge und trat drei Monate hindurch freimütig auf, indem er das Reich Gottes verkündete und die Leute davon zu überzeugen suchte.

Ungewöhnliche Wunder wirkte Gott durch die Hände des Paulus. Man legte sogar Schweißtücher und Binden, die er getragen hatte, den Kranken auf, da wichen die Krankheiten von ihnen und die bösen Geister fuhren aus.

Auch einige von den umherziehenden jüdischen Teufelsbeschwörern unternahmen es, über Besessene den Namen des Herrn Jesus zu nennen mit den Worten: »Ich beschwöre euch bei Jesus, den Paulus predigt!« Die das taten, waren die sieben Söhne eines gewissen Skeuas, eines jüdischen Hohenpriesters.

Der böse Geist aber antwortete ihnen: »Jesus kenne ich, und von Paulus weiß ich; wer aber seid ihr?« Der Mann, in dem der böse Geist war, stürzte sich auf sie, überwältigte sie beide, so daß sie nackt und verwundet entflohen.

Das wurde allen, die in Ephesus wohnten, Juden und Griechen, bekannt. Alle überfiel Furcht und der Name des Herrn Jesus wurde verherrlicht. Viele von denen, die gläubig geworden waren, kamen und bekannten ihre Sünden. Nicht wenige von denen, die sich mit Zauberei abgegeben hatten, trugen ihre Zauberbücher zusammen und verbrannten sie vor aller Augen. Man berechnete ihren Wert und kam auf 50 000 Silberstücke. So wuchs das Wort des Herrn mit Macht und erstarkte.

Der Brief des Paulus an die Galater

Während seines Aufenthaltes in Ephesus schrieb Paulus im Jahre 54 oder 55 einen Brief an die christliche Gemeinde, die er in der römischen Pro-

vinz Galatien mitgegründet hatte (*Apostelge-*
schichte 16, 6; 18, 23). *Es ist einer von vielen, die*
er an die verschiedenen Gemeinden schrieb. Diese
Briefe bilden mehr als ein Viertel des Neuen
Testamentes und enthalten Rat und Zuspruch für
den Glauben, das Leben der Christen und ihre
Religionsausübung. Der Brief an die Galater, aus
dem hier Auszüge folgen, ist eine Kampfschrift,
die Paulus offenbar schrieb, um diese Gemeinde vor
einem Rückfall in das Judentum zu bewahren.

»Paulus, Apostel nicht von Menschen, auch
nicht durch einen Menschen, sondern durch
Jesus Christus und Gott, den Vater, der ihn
von den Toten erweckt hat, und alle Brüder,
die mit mir sind, an die Gemeinden von Galatien:

O ihr unverständigen Galater, wer hat euch
bezaubert, daß ihr der Wahrheit nicht gehorcht, ihr, denen Jesus Christus als Gekreu-
zigter vor Augen gezeichnet worden ist? Das
allein will ich von euch wissen: Habt ihr den
Geist aus den Werken des Gesetzes empfangen
oder aus dem Hören der Glaubenspredigt?

Seid ihr so unverständig? Nachdem ihr im
Geist angefangen habt, wollt ihr jetzt im
Fleische vollenden? Der euch den Geist dar-
reicht und Wunderkräfte in euch wirkt, tut
er es auf Grund von Werken des Gesetzes
oder auf Grund der Glaubenspredigt?

Da seht also: Die aus dem Glauben, die sind
Abrahams Söhne.

Christus hat uns von dem Fluch des Gesetzes losgekauft. Ehe der Glaube kam, wurden wir unter dem Gesetz in Gewahrsam gehalten, eingeschlossen, bis uns der Glaube
geoffenbart werden sollte. So ist das Gesetz
unser Erzieher auf Christus geworden, damit
wir durch den Glauben gerechtfertigt würden.
Nachdem aber der Glaube gekommen ist,
sind wir nicht mehr unter einem Erzieher.

Denn ihr alle seid durch den Glauben an
Jesus Christus Söhne Gottes in Christus Jesus.
Da ist nicht mehr Jude noch Grieche, nicht
mehr Sklave noch Freier, nicht mehr Mann
noch Frau; denn ihr alle seid einer in Christus
Jesus. Wenn ihr aber Christus angehört, dann
seid ihr ja Abrahams Nachkommenschaft und
Erben auf Grund der Verheißung.«

Die Briefe des Paulus an die Korinther

Als Paulus im Frühjahr 52 n. Chr. Korinth ver-
ließ, schien es, als lasse er eine im Glauben gefestigte
Gemeinde dort zurück. Sehr bald erreichten ihn je-
doch Nachrichten von schweren Zerwürfnissen inner-
halb der Gemeinde. Diese waren der Grund für
seine beiden strengen Briefe an die Korinther, die
längsten, die er geschrieben hat. Der erste Brief an
die Christengemeinde von Korinth wurde 56 in
Ephesus, der zweite in Mazedonien während des
Winters 57/58 geschrieben.

»An die Gemeinde Gottes zu Korinth: Gnade
und Frieden von Gott, unserm Vater, und dem
Herrn Jesus Christus!

Ich ermahne euch, liebe Brüder, um des
Namens unseres Herrn Jesus Christus willen,
daß ihr alle einig seid und keinerlei Spaltungen
unter euch entstehen. Denn es ist mir mitgeteilt worden, daß es unter euch Streitig-
keiten gibt.

Ich danke Gott, daß ich keinen von euch getauft habe. Denn Christus hat mich nicht gesandt, zu taufen, sondern das Evangelium zu
verkündigen; nicht in Weisheit der Rede, damit
das Kreuz Christi nicht entwertet werde.

Denn das Wort vom Kreuz ist denen, die
verlorengehen, Torheit, uns aber, die wir gerettet werden, ist es eine Kraft Gottes. Es
steht ja geschrieben: 'Vernichten werde ich die
Weisheit der Weisen und den Verstand der
Verständigen werde ich vernichten.'

Wo ist ein Weiser? Wo ein Schriftgelehrter?
Wo ein Erforscher dieser Weltzeit? Hat nicht
Gott die Weisheit der Welt zur Torheit ge-
macht? Denn die Juden fordern Zeichen, die
Griechen suchen Weisheit. Wir aber predigen
Christus, den Gekreuzigten, den Juden ein
Ärgernis, den Heiden eine Torheit. Den Be-
rufenen aber, Juden wie Griechen, predigen
wir Christus, Gottes Kraft und Gottes Weis-
heit. Was der Welt töricht erscheint, hat Gott
auserwählt, um die Weisen zu beschämen.
Denn die Torheit Gottes ist weiser als die
Menschen und die Schwäche Gottes stärker als
die Menschen.«

DIE DRITTE MISSIONSREISE DES PAULUS

Die Rolle der Apostel

»Ich glaube, daß Gott uns, die Apostel, als die Geringsten hingestellt hat, wie zum Tode Verurteilte. Ein Schauspiel sind wir der Welt geworden, sowohl Engeln als Menschen. Wir sind Toren um Christi willen, ihr aber seid klug in Christus. Wir sind schwach, ihr aber seid stark. Ihr seid geachtet, wir aber sind verachtet.

Bis zu dieser Stunde leiden wir Hunger und Durst, sind nackt, werden geschlagen, haben keine bleibende Stätte und mühen uns ab mit unserer Hände Arbeit. Werden wir geschmäht, so segnen wir; werden wir verfolgt, so dulden wir es; werden wir verleumdet, so trösten wir.

Wie Kehricht für alle Welt sind wir geworden, ein Abschaum von allen.

Nicht um euch zu beschämen, schreibe ich dies, sondern um euch als meine geliebten Kinder zu ermahnen. Was wollt ihr? Soll ich mit dem Stock zu euch kommen oder in Liebe und im Geiste der Milde?

Dem einen wird nämlich durch den Geist Weisheitsrede gegeben, einem anderen Erkenntnisrede von demselben Geist, einem anderen Glaube von demselben Geist, einem anderen Gabe der Heilungen von demselben Geist, einem anderen Wunderwirkungen, einem anderen Prophetengabe, einem anderen Unterscheidung der Geister, einem anderen verschiedene Arten von Zungenreden, einem anderen Auslegung der Zungenreden. Alles das wirkt ein und derselbe Geist, der jedem das Seine zuteilt, wie er will.«

Ein Leib und viele Glieder

»Denn wie der Leib einer ist und viele Glieder hat, alle Glieder des Leibes, obgleich ihrer viele sind, *einen* Leib bilden, so auch Christus. Denn wir sind alle in *einem* Geiste, daß *ein* Leib getauft werde, Juden wie Griechen, Sklaven wie Freie. Und wir alle sind mit *einem* Geist getränkt worden. Besteht doch auch der Leib nicht aus *einem* Glied, sondern aus vielen. Wenn der Fuß sagt: 'Weil ich nicht Hand bin, gehöre ich nicht zum Leibe', so gehört er darum doch zum Leibe. Und wenn das Ohr sagt: 'Weil ich nicht Auge bin, gehöre ich nicht zum Leibe', so gehört es darum doch zum Leibe. Wenn der ganze Leib Auge wäre, wo bliebe das Gehör? Wenn er ganz Gehör wäre, wo bliebe der Geruch?

Jetzt aber hat Gott den Gliedern eine Bestimmung gegeben am Leibe, wie er es wollte. Wenn das Ganze *ein* Glied wäre, wo bliebe der Leib? Jetzt gibt es zwar viele Glieder, doch nur *einen* Leib. Das Auge aber kann nicht zur Hand sagen: 'Ich bedarf deiner nicht'; oder der Kopf zu den Füßen: 'Ich bedarf euer nicht.'

Wenn *ein* Glied leidet, leiden alle Glieder mit; wenn *ein* Glied geehrt wird, freuen sich alle Glieder mit. Ihr aber seid Christi Leib und, als Teile betrachtet, Glieder. Gott hat die einen in der Kirche erstens zu Aposteln bestimmt, zweitens zu Propheten, drittens zu Lehrern, dann Wunderkräfte, dann Heilungsgaben, Hilfeleistungen, Leitungen, allerlei Art von Zungenreden.

Sind etwa alle Apostel? Sind etwa alle Propheten? Sind etwa alle Lehrer? Haben etwa alle Wunderkräfte? Haben etwa alle Heilungsgaben? Reden etwa alle in Zungen? Legen etwa alle aus? Eifert um die größeren Gnadengaben! Und ich zeige euch einen weit besseren Weg!«

Der bessere Weg

»Wenn ich mit Menschen- und mit Engelszungen rede und habe die Liebe nicht, so bin ich ein tönendes Erz und eine klingende Schelle. Und wenn ich die Gabe der Weissagung habe und alle Geheimnisse kenne und alle Wissenschaft, und wenn ich allen Glauben habe, daß ich Berge versetzen kann und habe die Liebe nicht, so bin ich nichts. Und wenn ich meine ganze Habe den Armen gebe und meinen Leib hingebe zum Verbrennen und habe die Liebe nicht, es nützt mir nichts.

Die Liebe ist langmütig, sie ist gütig; die Liebe eifert nicht, sie bläht sich nicht auf, sie tut nichts Unschickliches, sie sucht nicht das Ihre, sie läßt sich nicht verbittern, sie rechnet das Böse nicht an. Sie freut sich nicht am Unrecht, sie freut sich aber an der Wahrheit. Sie erträgt alles, sie glaubt alles, sie hofft alles, sie erduldet alles.

Die Liebe hört niemals auf. Sind es Weissagungen, sie werden abgetan werden; sind es Zungenreden, sie hören auf; ist es Erkenntnis, sie wird abgetan. Denn Stückwerk ist unser Erkennen und Stückwerk ist unser Weissagen. Wenn aber die Vollendung kommt, wird das Stückwerk abgetan werden.

Als ich ein Kind war, redete ich wie ein Kind, dachte wie ein Kind, urteilte wie ein Kind. Da ich nun ein Mann geworden bin, tat ich das Kindhafte ab. Wir schauen jetzt noch durch einen Spiegel im Rätsel, dann aber sehen wir von Angesicht zu Angesicht. Jetzt ist mein Erkennen Stückwerk, dann aber werde ich erkennen, wie ich selbst erkannt bin.

Nun aber bleiben Glaube, Hoffnung, Liebe, diese drei; aber die größte von diesen ist die Liebe.«

Der Brief Christi

»Beginnen wir wieder mit einer Selbstempfehlung? Oder brauchen wir etwa wie gewisse Leute Empfehlungsbriefe an euch oder von euch? Ihr Korinther seid unser Brief, geschrieben in unser Herz; er kann erkannt und gelesen werden von allen Menschen. Es ist doch offenkundig, daß ihr Christi Brief seid, ausgefertigt durch unseren Dienst, geschrieben nicht mit Tinte, sondern mit dem Geist des lebendigen Gottes, nicht auf steinerne Tafeln, sondern auf Tafeln menschlicher Herzen.

Nicht daß wir von uns selbst aus tüchtig wären, etwas zu denken aus uns selbst heraus. Unsere Tüchtigkeit stammt von Gott, der uns auch tüchtig gemacht hat zu Dienern des Neuen Bundes, nicht des Buchstabens, sondern des Geistes. Denn der Buchstabe tötet, der Geist macht lebendig. Der Herr aber ist der Geist. Wo aber der Geist des Herrn ist, da ist Freiheit.

Im übrigen, ihr Brüder, freuet euch! Lasset euch ermahnen! Seid eines Sinnes, haltet Frieden, und der Gott der Liebe und des Friedens wird mit euch sein.«

Der Silberschmied erregt einen Aufstand

Um jene Zeit aber entstand eine nicht geringe Erregung in Ephesus. Ein Mann mit Namen Demetrius, ein Silberschmied, verfertigte kleine silberne Nachbildungen vom Tempel der Artemis. Er rief die Kunsthandwerker und ihre Arbeiter zusammen und sagte: »Ihr Männer, ihr wißt, daß aus diesem Gewerbe unser Wohlstand kommt. Jetzt seht und hört ihr aber, daß dieser Paulus viel Volk nicht nur in Ephesus, sondern fast in ganz Asien überredet und abwendig gemacht hat, indem er sagt, die mit Händen gemachten seien keine Götter.

So ist nicht nur unser Geschäft, sondern auch das Heiligtum der großen Göttin Artemis in Gefahr, für nichts geachtet zu werden, während sie doch ganz Asien und der Erdkreis verehrt.«

Als sie das hörten, gerieten sie in Wut und schrien: »Groß ist die Artemis der Epheser!« Die Stadt wurde von dem Aufruhr ergriffen; massenweise strömte man zum Theater und schleppte die beiden Reisegefährten des Paulus mit. Als aber Paulus unter das Volk gehen wollte, ließen seine Anhänger das nicht zu. Aber auch einige Vorsteher von Ephesus, die ihm freundlich gesinnt waren, schickten zu ihm, und ließen ihn mahnen, sich nicht ins Theater zu begeben. Alles schrie durcheinander; denn die Versammlung war bunt zusammengewürfelt und die meisten wußten nicht, weshalb sie zusammengekommen waren.

Aus der Volksmenge heraus schickten die Juden einen Mann namens Alexander zur Rednertribüne. Alexander winkte nur mit der Hand und wollte vor dem Volk eine Verteidigungsrede für die beiden Reisegefährten des Paulus halten. Als die Menge jedoch merkte, daß er ein Jude war, erhob sie die Stimme und schrie etwa zwei Stunden lang: »Groß ist die Artemis der Epheser!«

Da brachte der Stadtschreiber das Volk zum Schweigen und sagte: »Ihr Männer von Ephesus, wo gibt es einen Menschen, der nicht wüßte, daß die Stadt der Epheser die Anbeterin der großen Artemis und des vom Himmel gefallenen Bildes ist? Da man dem nicht widersprechen kann, müßt ihr euch ruhig verhalten und nichts Übereiltes tun. Denn ihr habt diese Männer hierhergeführt, die weder Tempelräuber noch Lästerer unserer Göttin sind.

Wenn nun Demetrius und seine Kunsthandwerker gegen jemand eine Anklage haben, so werden Gerichtstage gehalten und gibt es Statthalter; sie mögen einander verklagen! Wenn ihr aber darüber hinaus noch etwas begehrt, soll es in der gesetzmäßigen Volksversammlung erledigt werden. Denn wir laufen Gefahr, wegen des heutigen Aufruhrs angeklagt zu werden, weil kein Grund vorhanden ist, mit dem wir diese Zusammenrottung rechtfertigen könnten.« Nach diesen Worten löste er die Versammlung auf.

Nachdem der Tumult sich gelegt hatte, ließ Paulus die Jünger kommen und sprach ihnen zu. Dann nahm er Abschied und trat die Reise nach Mazedonien an. Von dort kam er nach Griechenland, wo er drei Monate verbrachte. Als er sich aber nach Syrien einschiffen wollte, wurde von seinen Feinden ein Anschlag gegen ihn gemacht; er kehrte deshalb nach Mazedonien zurück. Dabei begleiteten ihn eine ganze Anzahl von Gefährten. Diese zogen voraus und warteten in Troas auf Paulus.

Paulus aber segelte am Tag der ungesäuerten Brote von Philippi weg und kam nach fünf Tagen zu seinen Gefährten, die in Troas auf ihn warteten. Dort blieben sie noch sieben Tage.

Der tödliche Sturz des Eutychus

Als am Tag vor seiner Abreise die Jünger in Troas sich zum Brotbrechen versammelt hatten, redete Paulus zu ihnen und dehnte die Rede bis Mitternacht aus.

Es brannten viele Lampen in dem Obergemach, wo sie versammelt waren. Ein junger Mann mit Namen Eutychus, der in einer Fensteröffnung saß, war in tiefen Schlaf gesunken, weil Paulus länger sprach. Vom Schlaf überwältigt stürzte er vom dritten Stockwerk herab und wurde tot aufgehoben.

Da ging Paulus hinab, beugte sich über ihn, umfaßte ihn und sagte: »Macht keinen Lärm, er lebt noch.«

Dann ging er hinauf, brach das Brot und aß. Er redete noch lange bis zum frühen Morgen, dann zog er weiter nach Korinth. Den Jüngling aber brachten sie lebend heim und waren nicht wenig getröstet.

Brief des Apostels Paulus an die Christengemeinde in Rom

Paulus hatte immer den Wunsch, Rom zu besuchen, die Hauptstadt des mächtigen Reiches. In der Vorfreude auf diese Reise schrieb er zu Beginn des Jahres 58 von Korinth aus einen Brief an die in Rom bereits bestehende Christengemeinde. Er wollte die Reise nach Abschluß der Mission in Jerusalem antreten. Die unglückseligen Umstände aber, unter denen sie schließlich erfolgte, waren zu der Zeit, als Paulus den Brief an die römische Christengemeinde schrieb, noch nicht zu übersehen.

»An alle Geliebten Gottes zu Rom und berufenen Heiligen: Unablässig gedenke ich euer in meinen Gebeten mit der Bitte, daß es mir endlich einmal nach Gottes Willen vergönnt sei, zu euch zu kommen. Denn mich verlangt, euch zu sehen, um euch eine geistliche Gabe mitzuteilen, wie unter den übrigen Heiden. Ich bin Schuldner den Griechen und Nichtgriechen, den Weisen und Unständigen. Daher mein Wunsch, auch euch in Rom das Evangelium zu predigen.«

Die Liebe Gottes

»Wenn aber Gott für uns ist, wer kann wider uns sein?

Was sollte uns trennen von der Liebe Christi? Trübsal, Angst, Verfolgung, Hunger, Blöße, Gefahr oder Schwert? Es steht geschrieben: ›Deinetwegen werden wir getötet den ganzen Tag, sind wir angesehen wie Schlachtschafe‹.

Aber in allem bleiben wir Sieger um dessentwillen, der uns geliebt hat. Denn ich bin überzeugt, daß weder Tod noch Leben, weder Engel noch Gewalten, weder Gegenwärtiges noch Zukünftiges, noch Kräfte, weder Höhe noch Tiefe, noch irgendein anderes Geschöpf uns trennen kann von der Liebe Gottes in Christus Jesus, unserem Herrn.«

Betet, daß ich zu euch kommen möge

»Da ich in diesen Gebieten keinen Wirkungskreis mehr habe, seit vielen Jahren jedoch das

Verlangen habe, zu euch zu kommen, hoffe ich, euch zu sehen, wenn ich nach Spanien reise.

Jetzt aber reise ich nach Jerusalem, um den dortigen Christen zu dienen. Denn Mazedonien und Achaja haben beschlossen, eine Sammlung für die Armen unter den Heiligen in Jerusalem zu veranstalten. Wenn ich nun dies erledigt habe, werde ich über euch nach Spanien reisen.

Ich ermahne euch aber, ihr Brüder, um unseres Herrn Jesus Christus, steht mir bei durch eure Gebete für mich bei Gott, damit ich vor den Ungläubigen in Judäa gerettet werde und mein Dienst, der mich nach Jerusalem führt, den Heiligen wohlgefällig sei. Dann werde ich, wenn Gott es will, mit Freude zu euch kommen und mich bei euch ausruhen. Der Gott des Friedens sei mit euch allen.«

Paulus eilt nach Jerusalem

Paulus hatte es eilig, denn er wollte, wenn es möglich wäre, am Tage des Pfingstfestes in Jerusalem sein. Von Troas ging er nach Assus, von dort zu Schiff entlang der Küste nach Mytilene, Chios, Samos, Trogyllium und Miletus, dann nach Kos, Rhodos und Patara. Von dort segelten Paulus und seine Begleiter nach Syrien und landeten in Tyrus. Dann kamen sie nach Ptolemais und am folgenden Tag nach Cäsarea.

Während sie dort waren, kam aus Judäa ein Prophet mit Namen Agabus. Er kam, nahm den Gürtel des Paulus, band sich die Füße und die Hände und sprach: »Das spricht der Heilige Geist: 'Den Mann, dem dieser Gürtel gehört, werden in Jerusalem die Juden ebenso binden und in die Hände der Heiden ausliefern.'«

Als sie das hörten, baten sie Paulus, nicht nach Jerusalem hinaufzuziehen. Doch Paulus antwortete: »Warum weint ihr und macht mir das Herz schwer? Ich bin ja bereit, in Jerusalem nicht nur mich binden zu lassen, sondern auch zu sterben für den Namen des Herrn Jesus.« Da er sich nicht überreden ließ, beruhigten sie sich und sagten: »Der Wille des Herrn geschehe!«

Nach diesen Tagen machten sie sich gemeinsam mit einigen Jüngern aus Cäsarea auf den Weg nach Jerusalem hinauf.

Die Gefangennahme des Paulus in Jerusalem

In Jerusalem brachten die Feinde des Paulus aus Asien, die ihn im Tempel sahen, das ganze Volk in Aufruhr. Sie legten Hand an ihn, schrien und beschuldigten ihn falscher Lehren. Die ganze Stadt kam in Bewegung, das Volk lief zusammen. Sie nahmen den Paulus fest und schleppten ihn aus dem Tempel heraus. Sofort wurden die Tore geschlossen.

Als sie ihn zu töten suchten, kam eine Meldung zum Obersten der Kohorte, ganz Jerusalem sei in Aufruhr. Dieser nahm sogleich Soldaten und Hauptleute mit sich und eilte hinab zum Tempel. Als sie den Obersten und die Soldaten sahen, hörten sie auf, den Paulus zu schlagen. Da ging der Oberst hinzu, ließ ihn ergreifen und befahl, ihn mit zwei Ketten zu fesseln. Dann erkundigte er sich, wer er sei und was er getan habe.

In der Volksmenge riefen die einen dies, die anderen das. Da der Oberst vor Lärm nichts Sicheres erfahren konnte, befahl er, Paulus in die Kaserne zu führen. Als er dann auf die Treppe kam, mußte er von den Soldaten getragen werden wegen der andrängenden Volksmasse. Denn das ganze Volk drängte nach und schrie: »Töte ihn!«

Paulus verteidigt sich

Als Paulus in die Kaserne geführt werden sollte, sagte er zu dem Obersten: »Ist es gestattet, an dich ein Wort zu richten?« Er antwortete: »Du kannst Griechisch? Du bist also nicht der Ägypter, der jüngst das Volk aufgewiegelt und viertausend von den radikalen Nationalisten (die auch den politischen Mord für erlaubt halten) in die Wüste hinausgeführt hat?«

Paulus sagte: »Ich bin ein Jude aus Tarsus in Cilicien, Bürger einer nicht unbekannten Stadt. Ich bitte dich, erlaube mir, zum Volke zu reden.« Als er es gestattet hatte, winkte

Paulus, auf der Treppe stehend, dem Volke mit der Hand. Als Stille eingetreten war, redete er sie in hebräischer Sprache an. Er sagte:

»Ihr Brüder und Väter, höret meine Verteidigung, die ich an euch richte!« Als sie aber hörten, daß er sie in hebräischer Sprache anredete, verhielten sie sich noch stiller. »Ich bin ein Jude, geboren zu Tarsus in Cilicien, erzogen in dieser Stadt, zu den Füßen des Gamaliel, unterrichtet nach der Strenge des Gesetzes der Väter, ein Eiferer für Gott, wie ihr alle es heute seid.

Ich verfolgte die Anhänger Christi bis auf den Tod, indem ich Männer und Frauen fesselte und in die Gefängnisse überlieferte, wie es mir auch der Hohepriester und der ganze Hohe Rat bezeugt. Nachdem ich von diesen Briefe an die Brüder empfangen hatte, zog ich nach Damaskus, um auch die dort Befindlichen gefesselt nach Jerusalem zu bringen, damit sie bestraft würden.«

Dann berichtete Paulus von seiner Bekehrung und Taufe, seiner Anwesenheit beim Tode des Stephanus, und wie der Herr ihm befohlen hatte, Jerusalem zu verlassen, indem er sagte: »Geh, denn ich will dich unter die Heiden hinaus in die Ferne senden.«

Das Volk hörte ihn an bis zu diesem Wort. Dann erhoben sie ihre Stimmen und riefen: »Fort mit einem solchen Menschen von der Erde! Es darf nicht sein, daß er lebt.«

Sie schrien, warfen ihre Kleider hin und schleuderten Staub in die Luft. Da befahl der Oberst, ihn in die Kaserne hineinzuführen, und gebot, ihn unter Geißelhieben zu verhören, damit er erfahre, aus welchem Grunde man ein solches Geschrei gegen ihn erhob.

Paulus beruft sich auf sein römisches Bürgerrecht

Als sie ihn aber für die Geißelung in die Riemen binden wollten, sagte Paulus zu dem Hauptmann, der dabeistand: »Ist es euch erlaubt, einen römischen Bürger, noch dazu ohne Gerichtsurteil, zu geißeln?«

Als der Hauptmann das hörte, ging er zum Obersten, machte Meldung und sagte: »Sieh

dich vor! Dieser Mann ist ein Römer!« Da kam der Oberst herbei und sagte zu Paulus: »Sage mir, bist du ein Römer?« Er antwortete: »Ja.« Da erwiderte der Oberst: »Ich habe dieses Bürgerrecht um eine große Summe erworben.« Paulus entgegnete: »Ich bin darin geboren.«

Sofort ließen die, welche ihn verhören wollten, von ihm ab; aber auch der Oberst fürchtete sich, da er erfahren hatte, daß er ein Römer sei, und er hatte ihn fesseln lassen.

Da er sicher erfahren wollte, wessen die Juden ihn anklagten, ließ er ihm am folgenden Tag die Fesseln abnehmen und befahl, die Hohenpriester und der ganze Hohe Rat sollten zusammenkommen. Dann ließ er den Paulus hinabführen und vor sie hinstellen.

Da nun großer Zwist entstand, befürchtete der Oberst, Paulus möchte von ihnen zerrissen werden. Er ließ seine Truppe herabkommen, ihn aus ihrer Mitte fortnehmen und in die Kaserne führen.

In der folgenden Nacht trat der Herr zu ihm und sprach: »Sei getrost! Wie du in Jerusalem meine Sache bezeugt hast, so sollst du auch in Rom mein Zeuge sein.«

Verschwörung gegen das Leben des Paulus

Als es Tag geworden war, rotteten sich seine Feinde zusammen und verpflichteten sich, weder zu essen noch zu trinken, bis sie den Paulus getötet hätten. Sie gingen zu den Hohenpriestern und Ältesten und sagten: »Bittet den Obersten, er möge ihn zu euch herabführen lassen, als wolltet ihr ihn weiter verhören. Wir sind bereit, ihn zu töten, wenn er kommt.«

Als jedoch ein Schwestersohn des Paulus von dem Anschlag hörte, ging er in die Kaserne und meldete es dem Paulus. Paulus ließ einen der Hauptleute zu sich rufen und den jungen Mann zum Obersten führen. Als dieser ihm von dem Plan erzählt hatte, entließ der Oberst den jungen Mann und gebot ihm: »Verrate niemandem, daß du mir dies angezeigt hast!«

Dann ließ er zwei seiner Hauptleute zu sich rufen und sagte: »Haltet zweihundert Soldaten bereit, damit sie mit siebzig Reitern und zweihundert Schützen nach Cäsarea ziehen. Geht zur dritten Stunde der Nacht und bringt ihn sicher zum Statthalter Felix.«

Die Soldaten nahmen den Paulus, wie ihnen befohlen, und brachten ihn nach Cäsarea.

Paulus wird zum Statthalter Felix gebracht

Nach fünf Tagen zog der Hohepriester Ananias mit einigen Ältesten und einem Anwalt namens Tertullus hinab. Dieser sprach beim Statthalter gegen Paulus und sagte:

»Da wir diesen Mann als eine Pest und als Anstifter von Unruhen für alle Juden auf dem Erdkreis und als Vorkämpfer der Sekte der Nazarener gefunden haben, der auch den Tempel zu entheiligen versuchte, haben wir ihn festgenommen und wollten ihn nach unserem Gesetz richten. Aber der Oberst kam dazu, ließ ihn mit großer Gewalt aus unseren Händen hinwegführen und befahl seinen Anklägern, vor dich zu kommen.«

Als ihm der Statthalter winkte, er solle reden, antwortete Paulus: »Sie haben mich weder im Tempel dabei getroffen, daß ich zu jemandem geredet oder einen Volksauflauf gemacht hätte, noch in den Synagogen noch irgendwo in der Stadt. Sie können dir keinen Beweis für die Anklagen bringen, die sie jetzt gegen mich erheben.«

Als Felix dies hörte, sagte er: »Wenn der Oberst herabkommt, werde ich eure Sache entscheiden.« Er befahl dem Hauptmann, den Paulus in Haft zu halten, ihm aber Erleichterung zu gewähren und keinen seiner Leute zu hindern, ihm zu dienen. Felix ließ ihn auch öfter zu sich kommen und besprach sich mit ihm. Als aber zwei Jahre verflossen waren, erhielt Felix den Porcius Festus zum Nachfolger; da er den Juden eine Gefälligkeit erweisen wollte, ließ Felix den Paulus in Haft zurück.

Paulus legt Berufung an den Kaiser ein

Als Festus in der Provinz angekommen war, befahl er nach einiger Zeit, als er auf dem Richterstuhl saß, den Paulus vorzuführen.

Die Juden, die von Jerusalem herabgekommen waren, brachten viele und schwere Beschuldigungen gegen Paulus vor, die sie jedoch nicht beweisen konnten.

Paulus sagte zu seiner Verteidigung: »Weder gegen das Gesetz der Juden, noch gegen den Tempel, noch gegen den Kaiser habe ich etwas verbrochen.«

Festus jedoch, der den Juden eine Gunst erweisen wollte, fragte den Paulus: »Willst du nach Jerusalem hinaufziehen und dich dort dieser Dinge wegen von mir richten lassen?«

Paulus aber sagte: »Ich stehe vor dem Richterstuhl des Kaisers, und da muß ich gerichtet werden. Den Juden habe ich kein Unrecht getan, wie auch du recht gut einsiehst. Bin ich nun im Unrecht und habe ich etwas Todeswürdiges begangen, so weigere ich mich nicht, zu sterben. Ist aber nichts an der Anklage dieser Männer, so kann mich niemand ihnen preisgeben. Ich lege Berufung an den Kaiser ein.«

Da besprach sich Festus mit seinem Rat und antwortete: »An den Kaiser hast du Berufung eingelegt; zum Kaiser sollst du ziehen.«

Paulus wird vor König Agrippa geführt

Nach einigen Tagen kamen der König Agrippa und seine Schwester Berenike nach Cäsarea, um Festus zu begrüßen. Da sie sich mehrere Tage dort aufhielten, legte Festus dem König die Angelegenheit des Paulus vor. Darauf sagte Agrippa zu Festus: »Ich möchte den Mann selbst hören.«

»Morgen«, sagte Festus, »sollst du ihn hören. Wenn du ihn befragt hast, weiß ich vielleicht, was ich schreiben soll. Denn es scheint mir seltsam und unvernünftig, einen Gefangenen nach Rom zu schicken, ohne die Anschuldigungen anzugeben, die gegen ihn vorliegen.«

Am folgenden Tag erschien Paulus vor Agrippa und Berenike und vielen anderen, beschrieb, wie er bekehrt wurde und predigte Buße und die Gebote Gottes.

Agrippa sagte zu Paulus: »Fast hättest du mich überredet, ein Christ zu werden.«

Paulus aber sagte: »Ich möchte wohl zu Gott beten, daß nicht nur du, sondern auch alle, die mich heute hören, so würden, wie ich bin, ausgenommen diese Fesseln.«

Nun stand der König auf, der Statthalter, Berenike und die mit ihnen dasaßen. Sie zogen sich zurück, besprachen sich miteinander und sagten: »Dieser Mann hat nichts getan, was Tod oder Kerker verdient.«

Agrippa aber sagte zu Festus: »Man könnte diesen Mann freilassen, wenn er nicht Berufung an den Kaiser eingelegt hätte.«

Die Reise des Paulus nach Rom

Nachdem beschlossen worden war, daß Paulus nach Italien segeln sollte, übergaben sie ihn und einige andere Gefangene einem Hauptmann der kaiserlichen Kohorte, namens Julius.

Sie bestiegen ein Schiff aus Adramyttion und fuhren ab, längs der Küste von Asia.

Am anderen Tage liefen sie in Sidon ein, wo Julius sich freundlich zu Paulus erwies

und ihm erlaubte, zu seinen Freunden zu gehen, und sich für die Reise versorgen zu lassen.

Von da fuhren sie an Cypern vorbei, weil Gegenwind herrschte. Dann kamen sie nach Myra in Lycien, wo der Hauptmann ein alexandrinisches Schiff fand, das nach Italien segelte, und er brachte seine Gefangenen an Bord.

Nach vielen Tagen langsamer Fahrt ohne günstige Winde erreichten sie einen Ort, 'Schönhafen' genannt, in dessen Nähe die Stadt Lasäa lag. Da schon viel Zeit verflossen war, war die Schiffahrt gefährlich, denn der Winter kam heran.

Paulus warnte sie: »Ihr Männer, ich sehe, daß wir die Fahrt mit Schaden und Verlust

nicht nur für die Ladung und das Schiff, sondern auch für unser Leben machen werden.«

Der Seesturm

Der Hauptmann jedoch glaubte dem Steuermann und dem Schiffsherrn mehr als dem, was Paulus sagte. Da der Hafen zum Überwintern ungeeignet war, faßte die Mehrheit den Beschluß, von dort wegzufahren, um, wenn möglich, Phönix, einen Hafen von Kreta, zu erreichen und dort zu überwintern.

Da ein leichter Südwind aufkam, meinten sie, ihr Vorhaben sicher ausführen zu können. Sie lichteten die Anker und fuhren längs der Küste von Kreta. Doch nicht lange danach brach ein Wirbelsturm los; da das Schiff mitgerissen wurde und nicht gegen den Wind Richtung halten konnte, ließen sie es treiben.

Als sie dann eine kleine Insel namens Kauda anliefen, vermochten sie nur mit Mühe das Rettungsboot des Schiffes festzumachen. Nachdem sie es heraufgezogen hatten, zogen sie Stricke unter dem Schiff hindurch, um es zu sichern. Dann strichen sie, aus Angst, auf Sand zu laufen, die Segel und trieben dahin.

Da sie vom Sturm hin und her getrieben wurden, warfen sie am nächsten Tag einen Teil der Ladung über Bord. Am dritten Tag warfen sie mit eigener Hand das Gerät des Schiffes fort. Als aber mehrere Tage lang weder die Sonne noch die Sterne schienen und das große Unwetter anhielt, gaben sie schließlich alle Hoffnung auf Rettung auf.

Da die Leute schon lange ohne Nahrung waren, trat Paulus mitten unter sie und sagte: »Ihr Männer, ihr hättet zwar auf mich hören und von Kreta nicht abfahren sollen. Jetzt aber ermahne ich euch, guten Mutes zu sein, denn kein einziger von euch wird das Leben verlieren; nur das Schiff wird verloren sein. Denn in dieser Nacht trat zu mir ein Engel des Gottes, dem ich gehöre und diene, und sprach: 'Fürchte dich nicht, Paulus! Du wirst vor den Kaiser treten; und siehe, Gott hat alle unter deinen Schutz gestellt, die mit dir fahren.' Darum seid guten Mutes, ihr Männer! Denn ich vertraue auf Gott, daß es so kommen wird, wie es zu mir geredet wurde. Auf irgendeine Insel aber müssen wir auflaufen.«

Der Schiffbruch

Als die vierzehnte Nacht angebrochen war, vermuteten um Mitternacht die Schiffsleute, daß man sich dem Lande näherte. Sie warfen das Lot und vier Anker vom Heck des Schiffes aus. Als sie jedoch das Rettungsboot ins Meer hinabgelassen hatten und entfliehen wollten, sagte Paulus zum Hauptmann und zu den Soldaten: »Wenn die Männer nicht im Schiff bleiben, könnt ihr nicht gerettet werden.« Da hieben die Soldaten die Taue des Bootes durch und ließen es treiben.

Als der Tag anbrach, ermahnte Paulus alle, Speise zu sich zu nehmen, und sagte: »Es ist heute der vierzehnte Tag, daß ihr ohne Nahrung geblieben seid. Darum fordere ich euch auf, zu essen, weil es zu eurer Rettung dient. Es soll keinem von euch ein Haar vom Haupte verlorengehen.«

Nachdem er dies gesagt hatte, nahm er Brot, dankte Gott, brach es und fing an zu essen. Da wurden alle guten Mutes und holten sich ebenfalls Speise. Es waren 276 Menschen auf dem Schiff.

Nachdem sie sich satt gegessen hatten, erleichterten sie das Schiff und warfen auch das Getreide ins Meer. Als es Tag geworden war, erkannten sie das Land nicht; sie sahen eine Bucht mit einem flachen Strand. Auf ihn beschlossen sie das Schiff womöglich auflaufen zu lassen. Sie schnitten die Anker ab, machten die festgebundenen Steuerruder los, setzten das Vordersegel und hielten mit dem Wind auf den Strand zu.

Als sie auf ein Riff stießen, lief das Schiff auf. Das Vorderteil saß unbeweglich fest, das Hinterteil aber drohte durch die Gewalt der Wellen auseinanderzubrechen.

Da beschlossen die Soldaten, die Gefangenen zu töten, damit keiner durch Schwimmen entkäme. Weil aber der Hauptmann den Paulus retten wollte, hinderte er sie an ihrem Vorhaben und befahl denen, die schwimmen konnten, zuerst ins Meer zu springen und an Land zu gehen; dann sollten die übrigen teils auf Brettern, teils auf Schiffstrümmern nachfolgen. Und so wurden alle ans Land gerettet.

Aufenthalt auf Malta

Nach der Rettung erfuhren sie, daß die Insel Malta hieß. Die Bewohner erwiesen ihnen viel Freundlichkeit, indem sie ein Feuer anzündeten und alle wegen des Regens und wegen der Kälte aufnahmen.

Als Paulus einen Reisighaufen zusammenraffte und auf das Feuer legte, fuhr infolge der Hitze eine Schlange heraus und biß sich an seiner Hand fest.

Als die Bewohner das giftige Tier an seiner Hand hängen sahen, sagten sie zueinander: »Dieser Mann ist gewiß ein Mörder, den die Rache nicht leben läßt, nachdem er eben aus dem Meer gerettet wurde.«

Paulus aber schleuderte das Tier ins Feuer, und es geschah ihm kein Leid. Sie aber warteten, daß er anschwellen oder plötzlich tot niederfallen werde. Als sie jedoch lange warteten und sahen, daß ihm nichts Schlimmes widerfuhr, änderten sie ihre Meinung und sagten, er sei ein Gott.

In der Umgebung jenes Ortes hatte der oberste Beamte der Insel namens Poplius Landbesitz. Er nahm Paulus freundlich auf und beherbergte ihn drei Tage lang. Nun lag der Vater des Poplius an Fieber und Ruhr krank darnieder; Paulus betete und heilte ihn. Nachdem dies geschehen war, kamen auch die übrigen Bewohner der Insel, die Krankheiten hatten, herbei und wurden geheilt. Sie erwiesen dem Paulus viel Ehre, und als er abfuhr, gaben sie ihm alles, was er nötig hatte.

Nach drei Monaten fuhr er ab auf einem alexandrinischen Schiff, das auf der Insel überwintert hatte. Die Fahrt ging nach Syrakus, nach Rhegium, nach Puteoli; und so kam Paulus nach Rom.

Die letzten Jahre des Paulus

Als die Brüder in Rom hörten, daß Paulus angekommen war, kamen sie ihm entgegen bis Forum Appii und Tres Tabernae. Als Paulus sie sah, dankte er Gott und faßte Mut.

Als sie nach Rom hineingekommen waren, übergab der Hauptmann die Gefangenen dem Befehlshaber der Leibwache. Dem Paulus aber wurde gestattet, für sich allein zu wohnen mit einem Soldaten, der ihn bewachte.

Nach drei Tagen ließ Paulus die vornehmsten Juden zusammenrufen und sagte zu ihnen: »Liebe Brüder, obwohl ich nichts gegen das Volk oder die Gebräuche der Väter getan habe, wurde ich doch von Jerusalem aus als Gefangener in die Hände der Römer überliefert.«

Darauf sagten sie zu ihm: »Wir haben weder Briefe über dich aus Judäa empfangen, noch ist jemand von den Brüdern gekommen und hat über dich etwas Böses berichtet. Wir wollen aber von dir hören, was du denkst, denn von dieser Sekte ist uns bekannt, daß ihr überall widersprochen wird.«

Als sie ihm nun einen Tag bestimmt hatten, kamen viele zu ihm in die Wohnung. Vom Morgen bis zum Abend sprach Paulus zu ihnen vom Reich Gottes und suchte sie von Jesus zu überzeugen. Einige glaubten, was er sagte, andere blieben ungläubig. Da sie aber untereinander uneinig waren, sagte Paulus: »Trefflich hat der Heilige Geist durch den Propheten Jesaja zu euren Vätern geredet, als er sagte: 'Hören werdet ihr und doch nicht verstehen, sehen werdet ihr und doch nicht sehen. Denn das Herz dieses Volkes ist verstockt, und ihre Ohren sind schwerhörig, und ihre Augen haben sie geschlossen.'

Ihr sollt daher wissen, daß dieses Heil Gottes den Heiden gesandt worden ist, und sie werden hören.« Als er dieses gesagt hatte, gingen die Juden hinweg und hatten viel Streit untereinander.

Paulus blieb zwei volle Jahre in seiner Mietwohnung und nahm alle auf, die zu ihm kamen.

Er verkündigte ungehindert und mit allem Freimut das Reich Gottes und die Lehre über den Herrn Jesus Christus.

Die Briefe aus Rom

Während des langen Aufenthaltes in Rom, da Paulus in Untersuchungshaft war, schrieb er Briefe an viele Gemeinden und Einzelpersonen. Diese Briefe, die zusammen mit anderen in den letzten Kapiteln des Neuen Testaments zu finden sind, enthalten ebenso wie die früheren Briefe religiöse Gedanken, die zu den Grundelementen des christlichen Glaubens gehören. Einige ausgewählte Textstellen sind hier unter Angabe der Gruppen oder Person, an die sie gerichtet sind, wiedergegeben.

Über die Rüstung des Glaubens

»Werdet stark im Herrn und in der Kraft seiner Stärke! Ziehet die Waffenrüstung Gottes an, damit ihr den listigen Anschlägen des Teufels standhalten könnt! Denn unser Kampf geht nicht gegen Fleisch und Blut, sondern gegen die Mächte, gegen die Weltherrscher dieser Finsternis, gegen die bösen Geister in der Himmelswelt.

Stehet alle da, eure Lenden umgürtet mit Wahrheit und angetan mit dem Panzer der Gerechtigkeit, eure Füße beschuht mit Bereitschaft für das Evangelium des Friedens. Ergreifet vor allem den Schild des Glaubens, mit dem ihr alle feurigen Pfeile des Bösen auslöschen könnt. Und nehmt den Helm des Heiles und das Schwert des Geistes, das ist das Wort Gottes!«

Seid bedacht!

»Im übrigen, ihr Brüder, was immer wahr, was ehrbar, was gerecht, was rein, was liebenswert, was wohllautend ist, was irgendeine Tugend und irgendein Lob ist, darauf seid bedacht! Was ihr gelernt und übernommen, gehört und an mir gesehen habt, das tut! Dann wird der Gott des Friedens mit euch sein.«

Suchet das, was droben ist

»Wenn ihr nun mit Christus auferweckt seid, dann sucht, was droben ist, wo Christus sitzt zur Rechten Gottes. Richtet euren Sinn auf das, was droben ist, nicht auf das, was auf Erden ist!«

In einem kurzen Brief an Philemon, einen alten Freund des Paulus und Führer der Christen von Kolossus, bittet Paulus den Philemon, einen entlaufenen Sklaven zurückzunehmen, den er bekehrt hat.

»Denn vielleicht ist er deshalb auf eine Stunde von dir getrennt gewesen, daß du ihn ewig wiederhättest, nicht mehr als einen Sklaven, sondern als einen, der mehr ist als ein Sklave: ein geliebter Bruder. Wenn du mich nun für deinen Freund hältst, so nimm ihn auf wie mich. Wenn er dir aber einen Schaden zugefügt hat oder etwas schuldig ist, das setze mir auf die Rechnung! Ich, Paulus, schreibe es mit eigener Hand: Ich will es bezahlen.«

Vom Glauben ohne Wanken

»Lasset uns das Bekenntnis des Glaubens festhalten ohne Wanken, denn treu ist der, welcher die Verheißung gegeben hat: ʼMein Gerechter aber wird aus Glauben leben; und wenn er feig zurückweicht, hat meine Seele keinen Gefallen an ihm.ʼ

Der Glaube aber ist Zuversicht auf das, was man hofft, eine Überzeugung von Dingen, die man nicht sieht. Durch Glauben erkennen wir, daß die Weltzeiten durch Gottes Wort hergestellt wurden, so daß das Sichtbare nicht aus der Welt der Erscheinungen hervorgegangen ist.«

Was aus Paulus nach diesen zwei Jahren in Rom geworden ist, weiß man nicht. Die Apostelgeschichte, die über seine Missionsreisen berichtet,

schließt damit, daß er seinen Prozeß erwartet. Einige Wissenschaftler glauben, daß er freigesprochen wurde und Rom verließ. Gemeinhin jedoch wird angenommen, daß er auch während der Christenverfolgung unter Kaiser Nero noch dort war und enthauptet worden ist.

In dem zweiten Brief an Timotheus, den Paulus seinem alten, treuen Gefährten schreibt, klingt die Todeserwartung, gleichzeitig aber auch seine Arbeit für Christus auf.

»Ich werde nunmehr als Opfer hingegeben, und die Zeit meines Sterbens ist da. Ich habe den guten Kampf gekämpft, den Lauf vollendet, den Glauben bewahrt. Im übrigen liegt für mich bereit der Kranz der Gerechtigkeit,

den der Herr, der gerechte Richter, nicht nur mir an jenem Tage geben wird, sondern allen, die sein Erscheinen liebgewonnen haben.

Beeile dich, bald zu mir zu kommen! Die anderen haben mich im Stich gelassen. Nur Lukas ist bei mir. Nimm den Markus und bringe ihn mit dir! Denn er ist mir nützlich zum Dienst. Den Mantel, den ich in Troas bei Karpus zurückgelassen habe, bringe mit, wenn du kommst, und die Bücher, besonders die Pergamente!

Der Herr sei mit deinem Geiste! Die Gnade sei mit euch!

Die Briefe des Petrus

Die letzten Seiten des Neuen Testaments wurden während und nach der Verfolgung der ersten Christen durch die Römer geschrieben. Sie verweisen auf die zukünftige Herrlichkeit als Lohn für gegenwärtige Leiden und warnen vor geistiger Schwäche. Die folgenden Seiten bringen Auszüge aus Briefen von weiteren Führern der anwachsenden Gemeinde, unter anderem von Petrus.

»Wen gibt es, der euch etwas Böses zufügen könnte, wenn ihr dem Guten nacheifert? Doch wenn ihr auch leiden solltet um der Gerechtigkeit willen, selig seid ihr! Furcht aber hegt nicht und laßt euch nicht erschrecken. Denn es ist besser, daß ihr, wenn es der Wille Gottes sein sollte, um der Gerechtigkeit willen leidet, als für Unrechttun. Ist doch auch Christus einmal für die Sünden gestorben, der Gerechte für Ungerechte, damit er uns zu Gott hinführte, getötet nach dem Fleische, aber lebendig gemacht nach dem Geiste.«

Ermahnung zur Demut

»Alle aber seid demütig gegeneinander, denn Gott widersteht dem Hochmütigen, den Demütigen aber gibt er Gnade. Demütiget euch alle unter die mächtige Hand Gottes, damit er euch zur rechten Zeit erhöhe! Werfet alle eure Sorgen auf ihn, denn er sorgt für euch.

Seid nüchtern und wachet! Euer Widersacher, der Teufel, geht umher wie ein brüllender Löwe und sucht, wen er verschlinge. Widerstehet ihm fest im Glauben, da ihr wißt, daß sich die gleichen Leiden an euren Brüdern in der ganzen Welt vollziehen.«

Von der Wiederkunft Christi

»Dies eine aber soll euch nicht verborgen sein, Geliebte, daß ein Tag bei dem Herrn wie tausend Jahre und tausend Jahre wie ein Tag sind. Der Herr zögert nicht mit der Verheißung, wie einige es für eine Verzögerung halten, sondern er ist langmütig gegen euch, weil er nicht will, daß jemand verlorengehe, sondern daß alle zur Buße gelangen.

Der Tag des Herrn aber wird kommen wie ein Dieb; die Himmel werden mit gewaltigem Getöse vergehen, die Elemente aber im Feuer sich auflösen, und die Erde und die Werke auf ihr werden gänzlich verbrannt werden. Wir erwarten aber nach seiner Verheißung einen neuen Himmel und eine neue Erde, in denen Gerechtigkeit wohnt.

Darum, Geliebte, weil ihr das erwartet, befleißigt euch, unbefleckt und untadelig von ihm in Frieden erfunden zu werden. Haltet die Langmut unseres Herrn für Rettung, wie auch unser geliebter Bruder Paulus euch geschrieben hat in allen Briefen, in denen er über diese Dinge redet.

Wachset in der Gnade und Erkenntnis unseres Herrn und Heilandes Jesus Christus!«

Die Offenbarung des Johannes

Das letzte, um 95 n. Chr. niedergeschriebene Buch der Bibel, die Offenbarung des Johannes, öffnet in einer Fülle von Bildern den Blick auf die Wiederkunft Christi und das letzte Gericht Gottes.

Das Buch schildert Gegenwart und Zukunft in Form von Visionen. Viele seiner Prophezeiungen sind versteckte Angriffe auf Rom, die Großmacht des ersten Jahrhunderts, so zum Beispiel die Anspielungen auf Babel. Diese antike Hauptstadt der Verfolgung ließ sich in den Augen der frühen Christen mit dem Rom ihrer Tage vergleichen. Daher waren die folgenden Textstellen für viele ermutigend: Nicht der römische Kaiser, sondern Christus wird am Ende der Geschichte der Sieger sein!

»Danach sah ich einen anderen Engel vom Himmel herabkommen, der große Gewalt hatte. Er rief mit mächtiger Stimme: 'Gefallen ist die große Stadt Babylon und ist eine Behausung der Dämonen, ein Schlupfwinkel aller unreinen Geister und ein Kerker aller unreinen und verhaßten Vögel geworden.'

Und ich hörte eine andere Stimme aus dem Himmel sagen: 'Zieh aus, mein Volk, von ihr, damit ihr euch nicht an ihren Sünden beteiligt und nicht Anteil an ihren Plagen bekommt. Denn ihre Sünden reichen bis zum Himmel, und Gott hat ihrer Verbrechen gedacht.

Die Könige der Erde werden, wenn sie den Rauch ihres Feuerbrandes sehen, aus Furcht vor ihrer Peinigung von ferne stehen und sagen: 'Wehe, wehe, die große Stadt, die mächtige Stadt Babylon!'«

Ein neuer Himmel — eine neue Erde

»Und ich schaute einen neuen Himmel und eine neue Erde; denn der erste Himmel und die erste Erde sind vergangen, auch das Meer ist nicht mehr. Und ich sah die heilige Stadt, das neue Jerusalem, von Gott her aus dem Himmel herabkommen, gerüstet wie eine Braut, geschmückt für ihren Mann.

Und ich hörte eine gewaltige Stimme vom Thron her sagen: 'Siehe, das Zelt Gottes unter den Menschen, und er wird bei ihnen wohnen, und sie werden sein Volk sein. Und er wird jede Träne abwischen aus ihren Augen, und der Tod wird nicht mehr sein, noch Trauer, noch Klage, noch Mühsal.

Und er trug mich hinweg im Geist auf einen großen und hohen Berg und zeigte mir die heilige Stadt Jerusalem. Ihr Licht war wie ein kostbarer Edelstein, wie ein kristallener Jaspis. Sie hat eine große und hohe Mauer mit zwölf Toren. Und die Mauer der Stadt hat zwölf Grundsteine und auf ihnen zwölf Namen der zwölf Apostel des Lammes.

Und einen Tempel sah ich nicht in ihr; denn der Herr, der allmächtige Gott, ist ihr Tempel, und das Lamm. Und die Stadt braucht nicht die Sonne noch den Mond, daß sie ihr leuchten; denn die Herrlichkeit Gottes hat sie erleuchtet, und ihre Leuchte ist das Lamm.

Die Völker werden in ihrem Lichte wandeln, und die Könige der Erde bringen ihre Herr-lichkeit in sie. Und ihre Tore werden nicht geschlossen werden über Tag, denn dort wird es keine Nacht mehr geben.

Und ich, Johannes, bin es, der dies hörte und sah.«

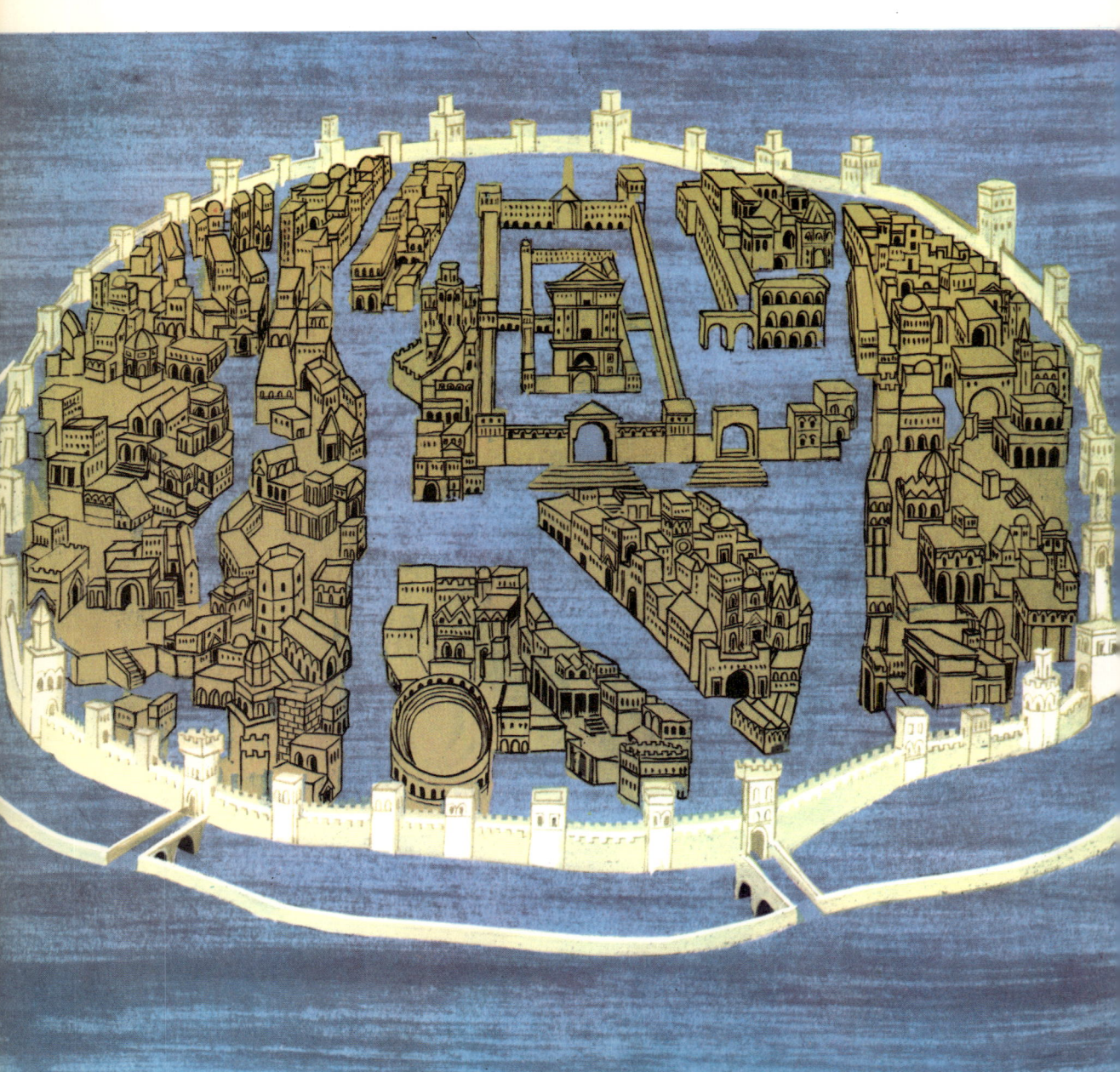

Die Bibel auf einen Blick

DIE BÜCHER DER BIBEL

Die Bücher des Alten Testaments

Die Geschichtsbücher
Das 1. Buch Mose (Genesis)
Das 2. Buch Mose (Exodus)
Das 3. Buch Mose (Leviticus)
Das 4. Buch Mose (Numeri)
Das 5. Buch Mose (Deuteronomium)
Das Buch Josua
Das Buch der Richter
Das Buch Ruth
Das 1. Buch Samuel
Das 2. Buch Samuel
Das 1. Buch von den Königen
Das 2. Buch von den Königen
Das 1. Buch der Chronik
Das 2. Buch der Chronik
Das Buch Esra
Das Buch Nehemia
Das Buch Esther

Die prophetischen Bücher
Jesaja
Jeremia
Die Klagelieder Jeremias
Hesekiel
Daniel
Hosea
Joel
Amos
Obadja
Jona
Micha
Nahum
Habakuk
Zephanja
Haggai
Sacharja
Maleachi

Die Lehrbücher
Das Buch Hiob
Der Psalter
Die Sprüche Salomos
Der Prediger Salomo
Das Hohelied Salomos

Die Apokryphen des Alten Testaments
Das Buch Tobit
Das Buch Judith
Die Weisheit Salomos
Das Buch Jesus Sirach
Das Buch Baruch
Das 1. und 2. Buch der Makkabäer

Die Bücher des Neuen Testaments

Die Geschichtsbücher
Evangelium des Matthäus
Evangelium des Markus
Evangelium des Lukas
Evangelium des Johannes
Die Apostelgeschichte des Lukas

Die Lehrbücher
Der Brief des Paulus an die Römer
Der 1. Brief des Paulus an die
Korinther
Der 2. Brief des Paulus an die
Korinther
Der Brief des Paulus an die Galater
Der Brief des Paulus an die Epheser
Der Brief des Paulus an die Philipper
Der Brief des Paulus an die Kolosser
Der 1. Brief des Paulus an die
Thessalonicher

Der 2. Brief des Paulus an die
Thessalonicher
Der 1. Brief des Paulus an Timotheus
Der 2. Brief des Paulus an Timotheus
Der Brief des Paulus an Titus
Der Brief des Paulus an Philemon
Der 1. Brief des Petrus
Der 2. Brief des Petrus
Der 1. Brief des Johannes
Der 2. Brief des Johannes
Der 3. Brief des Johannes
Der Brief an die Hebräer
Der Brief des Jakobus
Der Brief des Judas

Das prophetische Buch
Die Offenbarung des Johannes

Einige Tatsachen über die Bibel

Das Wort Bibel ist abgeleitet vom griechischen Wort »biblos« und bedeutet »Buch«. Tatsächlich stellen jedoch sowohl das Alte als auch das Neue Testament eine Sammlung verschiedener Bücher und Schriften dar.

* * *

Die Bibel, wie wir sie heute kennen, ist im Laufe von 1200 Jahren entstanden (etwa von 1000 v. Chr. bis 200 n. Chr.). Sie enthält Lieder, Briefe, Gleichnisse, volkstümliche Erzählungen, Militärberichte, Reden, Skandalgeschichten, Stammbäume, Liebesgedichte, Liturgien und Erzählungen, die an Kriminalromane erinnern.

* * *

Bis auf den heutigen Tag ist die Bibel in mehr als 1500 Sprachen übersetzt worden, darunter sind Sprachen, die in Europa kaum ein Mensch kennt: Nsenga, Mpoto, Bachama, Bruj-Bhasa, Kachchhi, Panaieti und Ponèri-houen.

* * *

Bevor der Buchdruck erfunden wurde, schrieb man die Bücher mit der Hand. In Archiven und Bibliotheken gibt es heute noch etwa 12 000 handgeschriebene Bibeln aus dem Mittelalter. Das ist nur ein kleiner Bruchteil dessen, was einmal existiert hat.

Das erste gedruckte Buch der Weltgeschichte war die Bibel. Zwischen 1443 und 1445 druckte Johannes Gutenberg, der Erfinder der Buchdruckerkunst, 150 Exemplare einer zweibändigen lateinischen Bibelausgabe, von der heute noch 45 Exemplare — teilweise nur als Bruchstücke — erhalten sind. Bei Erscheinen der Gutenberg-Bibel kostete jeder Band etwa 40 bis 50 Gulden, was einem heutigen Gegenwert von ca. 10 000. — DM entspricht.

* * *

Die Zahl der Bibeln, die seit 1804 von Verlagen und Bibelgesellschaften in aller Welt herausgegeben worden sind, ist astronomisch, nämlich 1 250 000 000 Bibeln und Bibelteile. Damit liegt die Bibel weit vor allen andern Bestsellern der Weltliteratur.

* * *

Der gesamte Inhalt der Bibel ist auf Computer-Lochkarten übertragen worden. Das bedeutet für die Wissenschaftler, die die Bibel erforschen, eine große Erleichterung, z. B. wenn es darum geht festzustellen, wie oft ein bestimmter Ausdruck, ein Name oder ein Ort in der Bibel vorkommen.

* * *